中国证券一百年（1840–1949）

近代中国证券思想、证券市场和证券法律研究

孙春蕾／著

A CENTURY OF CHINESE SECURITIES

法律出版社 LAW PRESS·CHINA

谨以此书献给帮助支持我的蒲坚老师

序　一

中国社会科学院法学博士孙春蕾同学，在学习期间认真刻苦，成果丰硕。前后花费两年半时间搜集原始档案和文献资料，完成这部专著。

《中国证券一百年（1840—1949）——近代中国证券思想、证券市场和证券法律研究》有一些思想观念创新，“以史为鉴”，总结经验教训，对历史进行梳理和反思。孙春蕾同学把法律史和经济思想史相结合，把历史上“法商结合”作为整体化进行研究，是当前学科研究的创新，为打造“营商法治化国际标准和中国特色”的证券市场和法治氛围提供了智力支持。

蒲　坚

2021年4月21日

序　二

金融在现代经济发展中占据着核心地位。在经济全球化的背景下，中国经济快速发展，经济水平大幅提升，金融不仅在宏观上影响社会的运行，更在微观上影响人民群众生活的方方面面。面对国外激烈的竞争环境与社会的飞速发展，金融对于中国经济的运行有重要的作用。第一，金融具有资源配置功能。金融不仅在微观上调节生产要素的分配，更在宏观上调节财富、风险等方面的再分配，促进社会资源和效率的提高。第二，金融具有促进经济发展的功能。金融贯穿于一切现代社会活动中，从国内的角度看，金融连接着各个行业、部门乃至个体的生产经营活动，是国家调控宏观经济运行，维持社会生产生活稳定的重要杠杆与手段。从国外的角度看，金融的对外开放提高了中国在国际舞台上的地位，促进了中国与其他国家的沟通与交流，激发了中国金融市场发展的潜力与规模。作为中国经济发展的发动机，金融有助于及时调节供给端和需求端的不平衡发展，检查社会经济运行出现的问题，促进资本市场的基础制度建设和长远健康发展。

古人云："以史为镜，可以知兴替。"大哲学家培根也说："读史使人明智。"从国家的角度看，历史记载着文化的形成，记载着国家软实力的发展过程，通过一个大国的崛起历史，我们可以看到每个国家崛起过程中的关键时点，看到人类从陆地到海洋，从海洋到天空的历程，总结出掌握先进技术对国家发展的重要性，做好面对全球化时代的金融市场。从企业的角度看，企业的奋斗史是企业文化形成的历史，积淀着几代人的智慧，是企业发展壮大的精神财富，不管是发展史还是血泪史，都为企业提供了一面知得失的镜子。从个人的角度看，每个人的过往都是一段微小的历史，是塑造个体必不可少的过程，激励着每个人向着未来前进。正因为有着无数历史闪光的瞬间，文明的历程得到了推动。对于中国金融市场而言，证券市场是重要的组成部分，有利于优化市场经济，促进金融市场的完善壮大。然而，中国的证券市场起步时间是较晚的，与欧美国家成熟的证券市场相比，尚存在一定的差距，因此，通过研究欧美国家成熟证券市场的成功经验与教训总结，结合中国证券市场的发展历程，有助于探索出一条适合中国证券市场发展的道路。

现在，很高兴读到孙春蕾的《中国证券一百年（1840—1949）——近代中国证券思想、证券市场和证券法律研究》一书，该书学术功底深厚，系统全面，逻辑清晰。该书的内容包括近代中国证券思想以及证券法律等诸多领域，通过对历史进行梳理和反思，尤其是“纵向”的反思来总结经验教训。该书结合经济思想史、经济金融史、法律史、法律人类学和法律社会学进行了综合性的研究，根据时间的发展顺序对中国近代到现在的经济思想发展予以全面而深入的分析。该书进行了三个方面的创新。第一，在研究内容方面，作者秉承“法商不分家”的原则，第一次尝试性地将社会经济史、经济思想史、法律史、法律人类学以及法律社会学多学科融为一体，进行综合性的研究，更加注重研究的整体性，开拓了一个崭新的思路。第二，在研究理论方面，作者重视理论框架与主线，以经济理论为指导，考察近代中国证券市场存在的问题，寻找有借鉴意义的启示与解决方法。第三，在研究方法方面，作者不只是注重史实的描述，更注重理论与史实的结合，运用实证研究的方法对中国证券市场进行了实证分析，完善以往研究中存在的不足。

孙春蕾是中国社会科学院大学法学系的博士研究生，兼任中国人民公安大学法学硕士研究生合作指导教师和团中央中国青年创业导师。主要研究领域包括法律社会学、法律人类学、法律史、社会经济史和经济思想史的交叉研究等。她秉承着兼容并包的想法，将法律史、社会学和经济史交叉研究，坚持“法商不分家”的信念。孙春蕾拥有多年的海外求学经历，一直致力于将西方理论与中国的实践相结合，在业界工作多年，不忘初心，有着强烈的求知探索精神。作为一位坚强的女性，她在求学和工作的过程中克服了重重困难，积极探索，不懈努力。在法律行业多年的从业经历，使她积累了丰富的实践经验，本书中，她在梳理中国证券市场的发展历史中融入了法律的角度，为读者打开了新的思路与视野。

随着中国经济的快速发展，中国的国力日益增强。1840—1949年的百年艰苦卓绝的探索，多少中华儿女仁人志士都是为了中国走向富强。在工业化和信息化的发展道路上，中国用几十年的时间走过了西方发达国家几百年走过的路程。在证券市场的发展道路上，中国正在向世界的前列稳步迈进，正在更好地使金融发挥资源配置和促进经济发展的功能。与此同时，中国证券市场的制度和法律建设也面临着更加艰巨的任务，在不断地艰辛探索下，中国证券市场的制度和法律建设一定会更加完善，走出一条适合中国国情发展的特色道路，最终成为全球资本和智慧的聚集地，促进经济的发展与人民生活水平的提高。希望本书有助于吸引更多的人对中国证券市场研究产生兴趣，为中国金融市场的发展进步贡献力量！因此，我很高兴为本书作序，并向广大的读者朋友们郑重推荐。

北京大学经济学院

冯　科　于燕园

2020年4月22日

序　三

孙春蕾君要我为她的大著《中国证券一百年（1840—1949）—— 近代中国证券思想、证券市场和证券法律研究》（以下简称《中国证券一百年》）写一篇序言。老实说，我没有资格给这部超出了我的专业范围的书作序，因为我是做人类学研究的，于经济史、法律史，尤其是证券史全然是一个门外汉。但春蕾君一再邀请，我只好抱着学习的态度阅读这部书稿。读书过程中慢慢发现，书里提供的历史事实或材料可以思考人类学的一些问题。当然，作者有些观点已经趋近了人类学的认识，尽管没有人类学强调的田野工作做支撑。故勉为其难，在此啰唆几句。

第一，证券可以作为近代中国或现代中国的认识论工具。以经验研究著称的人类学，百余年来一直思考时间中国的生成问题。即中国如何从传统中国转换出来而进入现代中国。这其中，自然包括什么是传统中国、什么是现代中国等问题。《中国证券一百年》建基于各种文献梳理基础上，把证券作为一个实在的对象或实体加以描述和呈现，详细考察了从1840年至1949年的百年时光中西方的证券如何进入中国，并在中国得以扎根及发展的历程，并最终成为近代或现代中国内涵的一部分。具体来说，春蕾君考察了100年间的中国证券思想史、中国证券制度史和中国证券法律史，还有证券交易的历史等。

所谓证券无非包括债券、股票等形式，是实现社会资源流动与配置的一种手段和方式。但是，就是这样一种形式和手段却在传统中国社会里难以觅到。之所以中国传统社会里没有证券这类经济形式，乃因为它是一个以农耕文明为主导的社会，一切从土地里刨食。由于人口过密，房支和家的分化，农村的土地不断细化，广大农民在极其细碎的无数小土地上精耕细作，不得不实现“内卷化”的农业经济模式，无法发展起大规模农业资本主义。故对于依赖土地为生的农民、牧民而言，不需要筹集大规模资金来发展生产。是故，传统社会里难以见到证券的身影。即便有类似的存在，那也不是近现代意义上的、西方工业商业社会里的证券。

但现代社会是一个工业文明及商业文明社会，谋求社会化大生产和商品经济的充分发展是其特色。证券能帮助这样的社会实现大量资金或资本的筹措，广泛动员和集中社会里的各种闲散资金。所以说，证券是与近现代工商社会相适应的一种经济方式。

1840年前后，在遭遇西方文明冲击的情况下，中国的国家形态和社会形态开始发生了变化，部分中国人试图按照西方的国家和社会的概念来重新设计自我。到1920年，则发生了“以农立国”和“以工立国”的争论。之后，用西方国家和社会的概念来想象中国则成为主流。所以，在这样的情境下，中国日益在“工业中国”和“商业中国”道路上演绎自己。由此，证券这种形式也就进入了中国，并成为现代中国的实质性内涵之一。

所以，从这个意义上讲，证券是理解近代中国和现代中国的一把钥匙。从方法论上讲，是一个认识论工具。

第二，证券可以作为一个民族的集体表象来加以认识。集体表象（collective representation），又称集体意识（collective consciousness），是社会学与人类学共享鼻祖杜尔干所提出的一个概念。这一概念的要义在于：我们可以把一个社会事实（social fact）看作某个社会的集体心理投射。通过考察这样的社会事实，去洞明一个社会的集体心理状态。证券，在中国近现代史上的命运就是这样一个表象、一个社会事实。中国人诉诸它表达一种民族主义感情，附着了一层民族主义的象征意义。这大约可以从以下三个方面来理解。

首先，在从传统中国迈向现代中国的过程中，很大程度上不得不参考或者依赖西方文明已有的成就，甚至文化模式。因而，在一个社会转型的交接期，中国资本与证券市场从一开始就包含了华洋两个不同的体系。从经济意义上讲，外资银行及相关资本的注入和证券的引入、举借、发行，都会扰乱中国自身的经济金融秩序，进而控制中国的经济命脉。中国政府和人民自然想主导自己的命运。因而，证券不单单是一个经济利益的问题，相反，会成为一个中外争夺的象征领域，甚至涉及主权问题。比如，北洋政府期间，为了实现资本在中国的扩张，以达到通过资本来操纵中国证券市场的目的，日商在中国成立了不少银行和证券交易所。但由于当时中国民众思想觉悟有所提升，遂产生了自觉主动的抵制，结果没有一个中国人在日本商人创办的银行和交易所里投资，许多交易所开业不久即面临着倒闭的危机。同时，中国的商人也对日本银行和交易所进行了抵制，最终导致了日本资本扩张阴谋的落败。

其次，证券可以直接为应对战争提供军费。太平洋战争爆发后，国民政府为了顽强抵抗日本的侵略，运用了扩大直接税征收体系、稳定粮价、举办专卖事业、掌握物资以及加强金融外汇管理等各种各样的方法，以保证国内经济的稳定发展。然而战争期间，财力耗损非常严重，加之国统区缩小，使财源进一步的收缩。国民政府不得不采用发行公债的方式以筹措军费。而出于民族主义感情，反对日本对中国的占领和摆脱中华民族的屈辱，中国民众主动且愿意购买政府发行的公债。然而在长期的影视剧中，我们看到的情景是国民党不断跑到乡下催粮、要钱。而在人类学过往的乡村调查中所得到的印象也是如此。乡村社会成了国民政府，甚至中国共产党领导的武装力量动员和组织一切应对战争的资源和人力的来源地。孙春蕾书稿中提供的这些细节改变了过往的刻板印象。

最后，如何规范和管理证券交易？是完全照搬西方的模式，还是结合中国社会自身的特点而有所调整，努力变成“我文化”的东西？证券市场制度并非中国自创的，自发的，而是将已在西方市场经济国家运作了数百年的股份制制度、债券制度和证券市场制度学习且引进来的。随着时间的推进，其中越来越包含了更多中国社会及文化的元素。诚如作者所言：“近代中国证券市场的产生与发展的过程，从某种意义上讲，也是西方证券市场制度的引入和本土化的过程，具有制度变迁的学习性，展现出明显的‘边干边学’、‘学中干’和‘干中学’的制度的移植特质。”能够按照中国文化自身的逻辑进行运作，无疑是一个更深层次的民族主义意识诉求与表达。

总之，证券在某种意义上，成了表达民族主义感情和利益的一个工具。通过这个表征，我们能挖掘出其中的民族主义意识和认同意识。

第三，作为一种文化形式，证券的最初传播是利用了中国社会里固有的社会脉络及文化资源。这如同基督教在华传播一样。在经纪人出现之前，股票的交易和转让，最初没有一个完善的规则体系，也没有一个固定的场所。转让过程中，常常是靠亲戚介绍亲戚、朋友介绍朋友，通过人际交往关系来实现。饮茶是中国人的生活习惯，很多城市自古以来都设有茶楼和茶馆。这里是各社会阶层出现的场所，因而，社会的信息流通量较大，也较快速。最初大多数股票交易完成都是在茶楼中进兴的。所以，证券交易市场又叫“茶座会”。可见，一种文化的传播需要借助所要布化社会里的社会关系脉络、框架和文化机制。

第四，证券问题既然作为一个事实，就应该放回到它所存在的社会里加以研究。证券绝不仅仅是国家、银行家、企业家、精英所“玩”的东西。证券无疑在细部上搅动了中国民众的生活，进入了日常生活世界，尽管孙春蕾君没有提供案例或资料，但我想应该是有的。20世纪90年代初期，我在山东省沂蒙山区一个贫困县教书。除了国库券外，那个县里还发行了一份债券，用于地方的发展。由于大家对债券投资的认识觉悟不高，很多人并不愿意购买。事实上，即使行政事业单位的职工，工资也是极其有限的。结果，当地政府就采取了派发措施，要求每个乡镇、每个单位完成一定数额任务，弄得大家怨声载道。大家用的词是“扣”，而不是“买”。从这个词汇里可以读出职工们的态度。当时，我所在的一所中学一对青年老师结婚，结果许多老师就用债券随礼，居然达到了总礼金的一半还要多。在当地，计划生育罚款，即因超生问题而交社会抚养费，许多家庭没有现金，亲戚凑了不少债券以充抵（当然，也有借了人家的）。又如，前些年理财热盛行，几乎到了在校大学生人人炒股的局面，严重干扰了教学工作。

证券研究应该在一部制度史外，还要有血有肉。

以上就是我个人粗浅的认识，权算作孙春蕾大著的序言，提出来愿与之分享和讨论。当然，这部书的价值和贡献应该仰赖专业学者予以评论和推荐。我相信，读者阅读了这部书后也自会有自己的判断。

最后我想把张大千先生说过的一句话抄来送给孙春蕾君：

三年不见秋云起，万里重来江月深。

写于山东省临沂市故乡岭前村老宅

杜　靖

2020年5月9日子夜

目　　录

附录：中国证券市场大事记（1840—1949）

主要参考文献

导　论

第一节　现实意义与理论意义

一、现实意义：现实问题的历史求解

金融是现代经济的重要构成要素。国内证券市场的快速发展和自身水平的不断提高，使得国内经济运行体系有了翻天覆地的变化。证券市场作为国内市场经济机制当中必不可少的一项内容，对促进国有公司的进一步发展，显著提升国有经济的发展速度和水平，推动市场经济更深层次的优化和完善，起着至关重要的作用。然而就现阶段而言，国内证券市场的起步时间较晚，和海外国家相比还仍有较大的差距，怎样进一步发展证券市场还没有摸清道路。除此之外，我国的经济正处在一个特殊的变革时期，社会背景同样较为特殊，证券市场的运行机制等诸多方面的水平还有待进一步的提升。不仅如此，对证券市场的发展还会起到一定不利的影响。如果想要妥善地处置上述问题，一定要从诸多的成功经验中汲取精华，从失败和教训当中总结经验。具体来说，可以分为“横向”和“纵向”两个不同的方面。

从“横向”角度来说，应从西方发达国家的证券市场的发展当中探寻到能够妥善处理我国实际问题的路径与方案。证券市场制度最早出现在西方国家，在经过了400多年的长期发展之后，证券市场的运行机制已经慢慢得以形成并逐渐发展起来。反观我国，证券市场的发展时间不长，起步时间较晚。我国可以有针对性地参考西方国家的与证券市场相关的各项学说，梳理

和归纳西方发达国家证券市场在发展当中的成功经验以及失败教训，高效和妥善地处理现阶段证券市场所出现的种种问题。

大量翻看和查阅前人已经发表的理论成果，从中能够不难发现，绝大多数的专家学者均是以“横向”的角度来对西方发达国家的证券市场进行深入研究，同时获得了诸多的理论成果。然而，在研究的过程中，需要注意的一点是，我国社会无论是从时空的角度来说，还是从社会背景的层面而言，均和西方社会有着较大的差别。西方国家证券市场的形成与出现离不开当时历史时期的社会环境，具有非常显著的时代性。所以，我们在参考和借鉴西方实际经验的过程中，要根据自身的实际情况，找寻到最为契合自身发展的一条路径。“横向”借鉴西方发展经验，固然十分必要，但却不是“万能的钥匙”，不能解决全部问题，因此在重视“横向”借鉴的同时，我们还必须充分认识到“纵向”借鉴的重要性。

“纵向”是指立足于中国证券市场的发展进程中，从中找寻和探索成功经验，努力摸清能够妥善处理现实问题的正确答案。我国的证券市场是根据中国政治、经济、文化的实际建立的，具有中国特色的证券市场。当前证券市场出现的问题，不仅仅涉及现代技术要素，同时也涉及历史进程对它的影响。“近代化”是人类社会走向更高台阶的一条必由之路。具体来说，也就是将科技作为先决性要素，将工业化作为核心要义，将机器生产作为主要动力，使社会经济制度以及民众的生活方式有了翻天覆地的变化的一种改革。近代中国证券市场的出现与形成，与当时的历史社会环境背景有密不可分的联系。“近代化”这一特性尤为显著。所以，我们要立足于历史的层面之上，对中国近代证券市场展开深入和全面的分析，这是尤其关键的。换句话说，通过这种方式不单单能够清晰地反映出近代中国证券市场的发展历程，还可以为现阶段证券市场的进一步发展提供夯实的经验基础。

概括而言，倘若想使中国证券市场的建设水平得以更深层次地提高，构建出能够立足于我国自身实际情况的运行体系，确保证券市场能够又好又快地发展下去。不单单要对西方发达国家中的证券市场的成功经验予以有针对性的归纳和总结。除此之外，还需要从历史的角度对中国证券市场的发展进行全面而透彻的研究。研究近代中国证券市场是在总结前人成败得失的基础上梳理和归纳失败教训，这对推动中国证券市场进一步发展起到非常关键的作用。

二、理论意义：探索经济史研究新范式

科学研究，并不是一种纯粹的文字积累。具体来说，在科学研究当中涉及标准以及理论学说等多个方面，是一种"范式"，同时也是一种知识的集合体[1]。"范式"是科学研究当中不可或缺的一项条件。换句话说，无论哪一门学科，均要有一定的"范式"来作为学科发展的有力支撑。值得注意的一点是，一门学科的"范式"并不仅仅只有一种，然而在特定的时间范围内，通常来讲只会有一种"范式"。因为经济史自身的属性与特征是独一无二的，所以在对我国经济史研究的过程中会出现两种类型不一的"范式"。具体来说，一种"范式"是立足于历史学方法的层面之上，侧重于对历史文献的分析和考究。另外一种"范式"则立足于经济学方面的层面之上，侧重于经济数据的整理和研究。[2]国内研究人士吴承明曾经对这两种"范式"予以了这样的一种解释，"经济学是深入探索和分析经济史的一种重要手段。反过来说，历史则是全面和系统性地剖析经济学的一种重要方式"[3]，无论是谁，也没有办法说出哪一种方法更好，或者哪一种方法不好[4]。换句话说，这两种方法的关系是相得益彰的。"如果在分析经济史的过程当中，对经济学的方法表示否定或者不认可，这无疑是百害而无一利的。"[5]具体来说，倘若对西方经济理论成果予以一定的研究，从中不难发现，经济学方法能够对经济史的发展历程予以详细而充分的阐述。[6]"新经济史学派"就是由此形成和出

---

〔1〕 参见［美］托马斯·库恩：《科学革命的结构》，金吾伦、胡新和译，北京大学出版社2003年版，第9页。

〔2〕 参见吴承明：《谈谈经济史研究方法的问题》，载《中国经济史研究》2005年第1期。

〔3〕 参见吴承明：《经济学理论与经济史研究》，载《经济研究》1995年第4期。

〔4〕 参见吴承明：《中国经济史研究的方法论问题》，载《中国经济史研究》1992年第1期。

〔5〕 李伯重：《历史上的经济革命与经济史的研究方法》，载《中国社会科学》2001年第6期。

〔6〕 参见张杰：《二重结构与制度演进——对中国经济史的一种新的尝试性解释》，载《社会科学战线》1998年第6期。

现的。然而，就现阶段而言，国内绝大多数的专家学者在研究经济史的过程当中，往往会选择历史学研究方法，而选择经济学学说作为切入点的人数并不多。

怎样又好又快地“融入全球”，已经成为我国经济史学上的一个重要讨论[1]，想要快速地“融入全球”，要将中国经济史学和理论经济学这两者有机地联系在一起[2]。具体而言，就是把经济学作为一种重要的研究手段，对于中国经济史展开深入而全面的探索与分析。在这之后，再从历史实践的角度对经济学说予以考证和检验[3]。值得一提的是，在参考西方经济学学说的过程中，不能将其生搬硬套地运用到我国社会当中，要根据我国自身的实际发展情况，有针对性地参考某些基本原则以及特定的逻辑思路，通过这种方式，对中国经济史予以更深层次的探究与剖析[4]。笔者在此次的写作中，把经济学说和中国经济史研究这两者有机地联系在一起，希望能够用一种与众不同的方式来展现历史的深刻内涵，同时在此基础之上对经济现象予以全面的阐述和说明。笔者尝试构建出与早期完全不同的一种“范式”，将西方经济学说有机融入近代史研究当中，试图将制度的发展历程作为切入点，将近代中国证券市场制度的发展和变化作为此次研究的主要目标，全面而深入地对其予以阐述和分析，在此基础之上努力找寻更深层次的理论内涵与所出现的各种问题。

第二节　理论逻辑与研究方法

本书主要采用经济思想史和法律史结合的方法，同时，将历史研究范式

---

〔1〕 参见李伯重:《理论、方法、发展趋势:中国经济史研究新探》，清华大学出版社2002年版，第247、258页。

〔2〕 参见杜恂诚:《关于中国近代经济史研究方法的创新》，载《中国经济史研究》1996年第1期。

〔3〕 参见王玉茹:《经济史与经济学理论》，载《学术月刊》2007年第1期。

〔4〕 参见尹振涛:《经济史学研究范式探索——兼评杜恂诚〈金融制度变迁史的中外比较〉》，载《中国经济史研究》2008年第4期。

与经济学理论分析相结合，力求在中国经济史和法律史结合的研究方法上有所创新。

一、新制度经济史学的产生

经济史作为一门独立的学科，大约出现在 19 世纪晚期，主要得益于经济学理论本身的发展和成熟。因为学者和专家可以使用经济学理论来分析和解释历史中的经济内容，故而使经济史能够独立于历史学，自成一门学科。但因为其脱胎于史学理论，难免受到当时史学潮流的影响，特别是受到历史主义史学理论的影响。因此，这一时期的经济史虽然采用经济学理论和原理解释和分析历史，但仍然具有历史主义的特征。

英国经济史学的开山鼻祖坎宁翰（Williams Cuningha，1849—1919）强调经济变动中政治和心理因素的作用，主张利用历史学方法研究经济学。英国经济学家阿什莱（Williams J.Ashley，1860—1927）认为在经济史研究中不能完全采用经济学原理和方法，需要根据不同社会、不同时期修正或者创新理论，他把经济史看作既包括理论分析又包括历史评价的边缘科学。德国经济学家施穆勒（Gustav von Schnoller，1838—1917）在经济史研究中强调民族特征，否认一般性的经济规律，注重史料考证，建立了"国民经济发展史"的体系。总之，这一时期很多经济学家有关经济史的著作仍然带有历史主义和社会学的痕迹。[1]

第二次世界大战之后，西方史学界发生了根本性的变化，历史主义的缺陷日渐明显，众多的观点逐步被抛弃，其影响力也日渐式微。历史学不断地和其他学科交流、融合，显示出一种整体化和综合化的趋势，众多的社会科学方法应用于史学研究，史学研究的社会科学化趋势明显，分析的史学逐渐代替了叙述的史学。因此出现了新经济史学、新政治史学和新社会史学等众多的新流派。在现代经济学理论方面，也同样出现了革命性的变化。在凯恩斯后，宏观经济学兴起，国民经济核算理论日渐成熟，经济增长理论成为研

---

〔1〕 参见行龙：《经济史与社会史》，载《山西大学学报》2003 年第 4 期。

究热点，经济发展理论也不断得到深化，数理分析和计量研究方法逐渐成为主流分析手段。

经济学理论的完善和分析手段的发展都为经济史研究提供了强有力的分析工具，极大地扩展了经济史研究的视野，为经济史研究注入了新活力。

在历史学和经济学双方革命性变化的背景下，经济史也随之发生了革命性的变化，出现了当代西方学术界的三大经济史学派。它们分别是以法国年鉴学派第二代大师布罗代尔（Fernand Braudel，1902—1985）为代表的出现于 20 世纪 40 年代的结构主义整体观的经济史学，以美国福格尔（Robert W.Fogel，1926—）为代表的出现于 20 世纪 60 年代的计量经济史学（Econometric History），以美国诺斯（Douglass C.North，1920—）为代表出现于 20世纪 70 年代的新制度经济史学（New Institutionalism Economic History）[1]。这三大经济史学派都对当代的经济史研究产生了革命性的影响，其中，计量经济史学和新制度主义经济史学构成了新经济史（New Economic History）的主要内容。

二、制度变迁和国家政府理论

从制度变迁理论当中能够清晰地看到，新古典经济学学说出现在该理论的各个章节当中。然而，新制度经济史学对新古典经济学进行修正的同时，保留了新古典经济学的“需求—供给”“成本—收益”等分析方法。因为一切制度安排的调整都有可能影响到原有的收入分配和资源配置效率的格局[2]，因此，唯有将现阶段所实施的制度予以进一步的调整，才可以让制度的需求者从中获得应得的利益。制度的供给是由决策者的边际成本决定的，若决策者从制度变迁中获得的预期收益超过边际成本，则制度的供给才更有保障。任何制度变迁都会影响收入分配和资源配置效率，制度变迁成本与收益之比对促进或推迟制度变迁起着关键作用，一项新制度安排只有在创新的预

〔1〕 参见吴承明：《经济史：历史观与方法论》，上海财经大学出版社2006 年版，第 5 页。
〔2〕 参见车维汉主编：《发展经济学》，清华大学出版社2006 年版，第 198 页。

期净收益大于预期成本时，才会被做出。因此，在“需求—供给”的总体框架下，对制度变迁可以进行新古典经济学的“成本-收益”分析。

三、研究方法

笔者在前人所发表的理论研究成果的层面之上，不单单将制度变迁理论作为主要的研究对象，还将遵循“史无定法”的研究原则指导本书的写作，运用各种各样的方式和手段对所研究的问题予以全面而透彻的阐述。详细而言，笔者选择了理论研究以及实证研究等多种手段，希望通过这种方式能够让论证过程更加的清晰和透彻，让论证的结论能够经得起反复的琢磨与推敲。

第一章 中国近代证券概述

历史上，荷兰阿姆斯特丹证券交易所的建立意味着西方证券市场的形成和出现，它的发展时间已经超过三百余年。但是，如果从债券以及股票的角度来说，那么则可追溯到公元前9世纪的古罗马时期。

在15世纪的后叶，新航路的开辟让世界贸易的发展发生了翻天覆地的变化。西班牙以及英国等贸易水平较高的国家，展开了激烈的追逐与竞争，使海外贸易的各种不确定性显著增加。在这样的社会背景之下，新型股份公司得以形成并出现。

因为股份公司不单单能够快速筹集到大量的营运资金，同时还可以将各种不确定性因素出现的概率大大降低。所以，在法国及丹麦等国家也逐渐出现了股份公司的身影。

在这之后，海上保险业和远洋渔业得到了快速的发展，随后金融业以及公共事业的发展也被带动了起来。这些股份公司为了能够筹集到大量的营运资金，开始对外界发行股票。证券市场就是在这样的社会环境中慢慢形成并出现。

证券市场最早起源于16世纪的欧洲西部地区。在那个特定的历史时期，里昂和阿姆斯特丹等诸多地区纷纷建立起了证券交易所。因为股份企业在成立的早期阶段，发行股票及债券的数目并不多。所以，在那个时期最为主流的一种证券形式是国家公债。

从国家的角度而言，通常国家会选择发行公债的方式得到快速的资本积累，使自身的经济水平得到显著性的提高。国家公债的出现则可以追溯到公元14世纪威尼斯等城市所发行的军事债券。然而，如果要说第一个实行公债制度的，则是荷兰这个国家。公债制度的实施与大面积的应用，使证券市场得以快速形成并出现。所以，从这个角度来说，绝大多数的民众会认为证券市场的出现与国家发行公债有着密不可分的关系。

在这之后，股份公司的组织形式被予以持续性的优化，发行股票和债券已经是社会中最为常见的一种现象，同时在这两者不断的发展过程中，逐渐将公债取而代之。

在18世纪的后叶，英国爆发了轰轰烈烈的工业革命，其他西方国家开始纷纷效仿。机器生产慢慢将原来的手工业取而代之。在当时大规模兴起了修建铁路以及创办工矿公司的热潮。

从英国的角度来说，在300年之前，就已经有了证券经纪人这一职业。由此可以见得英国证券市场的发展速度是如此之快。在17世纪的后叶，伦敦证券交易所被正式建立起来。

除英国之外，美国证券市场的发展速度也非常迅速。17世纪的后叶，在费城这座城市建立起了费城证券交易所。除此之外，证券市场在德国与法国这两个国家受到了民众的热烈欢迎。从宏观的角度来说，在19世纪的初叶，证券市场就已经在资本主义国家中得到了长足的发展，同时也获得了诸多的成功经验。

股份公司的出现和普遍设立提供了现实的物质基础。不仅如此，近代信用制度的构建与实施，还是证券市场得以快速发展的先决性条件。

近代信用制度的建立与发展。资本主义制度在西方国家的形成以及兴起，使西方国家的商品经济的发展水平得到了进一步的提高。在这样的社会背景当中，信用制度得以形成和出现。

具体来说，第一，信用制度作为一种货币资本，它与高利贷资本有明显的不同之处。只要货币资本在社会中被民众大范围认可和接受时，信用工作自身的效用才能得以充分地发挥出来。

第二，信用制度能够让信用工具的类型更加丰富和多元。换句话说，只有通过这种方式，货币资本才能够将高利贷信用取而代之，将自身的规模和发展速度予以进一步的扩大。

第三，票据的出现、商人银行大规模的发展，在诸多要素的影响下，信用制度得以逐渐形成并出现。在这之后，直接融资信用形式的出现，使证券市场得到了更深层次的发展。综上所述，证券、证券市场和证券法律制度是社会商品经济高度发展的产物。

中国古代并没有“证券”一词，是近代清末从日文移译而来。

关于本书的研究时间起止，需要特别作出说明如下：

中国近代的起始时期由于研究的领域有所差异，所以在分期方面也有显著性的区分。笔者将18世纪40年代清政府对外正式出台的《钦定商律》这部法律文件作为开端，将1949年国民政府对外颁布的《上海证券交易所复业办法》[1]作为末端。前后时间跨度已经明显超过了100年，所以简略称为“中国证券一百年”。

第一节　近代中国证券的概念

在日语中，将Security这个单词翻译成“证券”，由于它和汉字的文意没有明显的区别，所以就被沿用下来。[2]证券理论的不断完善，使“证券”这两个字的内涵也持续性地增多。

“证券”这个词语被解释为“作为一种凭证，将证明或者设立权利作为核心要义”。[3]换句话说，也就是证券能够证明证券持有主体自身享有某种与众不同的权利。由以上定义可知，“证券”这个词语主要有以下要素：证券不单单是一种凭证，还是一种权利凭证。如果行为主体的手中持有证券，他也

〔1〕参见上海档案馆编：《旧上海的证券交易所》，上海古籍出版社1992年版，第258页。

〔2〕参见俞寰澄：《民元来我国之证券交易》，载《银行周报》1921年第30卷第2、3期合刊。《说文解字》：“证，告也，从言，登声。”“券，契也。券，别之书，以刀判契其旁，故曰契券。”古时君臣之约，一券中分，君执左券，臣执右券，君以是责臣，考其是否尽臣之责。“如持左券”“稳操胜券”，意义相类。

〔3〕陈至主编：《辞海》（缩印本），上海辞书出版社1980年版，第384页。

就能够被证券所证明。

从宏观的角度来说，证券涉及金券及有价证券等。[1]文章第一步先对“证券”这两个字的内涵予以解释：在证券思想的层面，研究一件事物，首先要确定内涵和外延，确定此事物的边界和界限所在，此为“本”。万变不离其宗，只有守住本，才能在变化和其他语境下理解变幻后的其他形式。

只有守住本，在证券市场层面，才能有的放矢，有所为而有所不为，更好地理解证券的历史演进、制度变迁等。

只有立足于证券法律制度，才可以将权利与义务的界限予以明确的划分。“证券并不是权利本身，它只是权利的一种外在表现方式。从本质上看，证券又等同于权利。这种权利的价值较高，是一种财产性的权利。因此，尽管专家学者们对于证券进行各种各样的解释与阐述，但是一般来说，对于证券只是从微观的角度对其进行解释，也就是指有价证券。”[2]

持有有价证券的行为主体，自身有某些特殊的物权请求权，无论是行使这项请求权，还是将这项请求权予以让渡，均要以占有证券作为其先决性条件。所以，从这一点上来说，权利和证券这两者的关系是紧密相连的。尽管制作证券的这种物质本身并没有价值，如果持有有价证券的行为主体在还没有行使这项请求权的期间，因为盗窃等其他缘由导致证券丢失，即便行为主体自身的权利没有丧失，同时从法律的层面来说还有挽救的措施，但是在证券没有找到之前，行为主体自身所拥有的权利已经等同于丧失。这是有价证券的一个显著性特征。[3]

从有价证券的角度来说，它是“私法主体自身手中所拥有的一项权利，具有一定的财产价值”。[4]

而从民商法的角度来说：

有价证券，以展现某种民事权利作为核心要义，持有有价证券的行为主

---

〔1〕 参见杨志华：《证券法律制度研究》，中国政法大学出版社1995年版，第4页。

〔2〕 王志华：《中国近代证券法律制度研究》，中国政法大学2003年博士学位论文，第23页。

〔3〕 张一凡、潘文安主编：《财政金融大辞典》，世界书局1936年版，第572页。

〔4〕 周伯棣：《论证券》，载《证券市场》1923年第11期。

体在行使权利的过程当中，需要以持有证券作为其自身的先决性条件。[1]

有价证券本身作为一种权利凭证，它代表的是财产权。无论权利主体做出了什么样的行为，均要以持有有价证券作为其先决性要件。而从种类的角度来说，则涉及了无记名式以及指示式等多种类型。

近代中国对于证券法上的有价证券的领域划分，比民商法上的有价证券范围要狭窄，不涉及汇票以及本票等货币证券。

第二节 中国证券及证券市场的历史渊源

从前文当中不难发现，“证券”这个词语是在19世纪从日文翻译过来。但是，纵观历史，在很早之前我国就已经有了“证券”一词所特指的经济现象，在当时只是没有用“证券”一词来代为表示。

提及证券最早的出处，首先要对“债券”一词进行说明。之所以这么做，是因为它是债的一种外在表现形式。

中国古代经济文化中的“债”的发生，可以往前追溯至原始社会。距今5000年以前，在我国黄河流域一代的原始居民，因为农业及手工业等的快速发展，使当时的社会关系与早期相比发生了翻天覆地的变化。

第一，生产力的快速发展是造成私有制出现的最为主要的缘由。换句话说，生产力水平的逐步提高，使剩余生产物的数量不断上升。第二，因为在当时特定历史时期，家庭人员数量、劳动能力还有在当时发生的自然灾害等要素的不断变化，再加上在私有制的社会背景，社会成员的贫富加剧。经济实力较低的社会成员，为了能够在当时正常地生存与发展下去，被迫向经济实力较强的其他社会成员借款，在特定的历史条件下，为了还债，有些社会成员是通过服役的方式来清偿自己的债务。这是债出现的最早开端。然而，上文中所阐述的这种债，只是社会成员和社会成员之间的一种私人行

〔1〕 杨志华：《证券法律制度研究》，中国政法大学出版社1995年版，第8页。

为，和公债还有着显著不同。那么公债是在什么时候形成并出现的？首先要去史书当中去探寻一番。

从史料中能够发现，周赧王这位君王，因为找其他人借了钱，没有在特定的时间清偿债务，有可能是由于债权人的多次催债，周赧王并没有及时还债，因此债权人跑到王宫的周围向周赧王讨要自己的债款，周赧王情急之下，不得不跑到高台来躲避债权人的讨要。[1]周赧王作为一国的君王，他所借来的款项，有极大的概率是打着国家的旗号借来的公债。之所以下这样一种结论，是由于在周平王迁都至河南之后，周天子手中的权力已经发挥不出实质性的作用。然而当时各个诸侯为了扩展自己国家的版图与规模，让自己拥有更多的权力，在当时还是要打着周天子的这个名义来做一些事情。所以，各个诸侯总是隔三差五去朝贡。在当时，周朝廷的财政收入主要是靠各个诸侯的朝贡所得。朝贡已没有了长期连贯性，经济来源也就没有了稳定的保证。所以周天子不得不向经济实力较强的大户人家借债，来维持国家的生计。

虽然周赧王对外借款到底是属于公债还是私债，还需要历史学家从更深层次的挖掘与探究，但是在这里我们可以把这件史实作为公债最早出现的一个有力证明。

到了春秋战国年间，冶铁业和煮盐业这两大行业发展的速度明显加快，因此在这两个行业中从事经营的商人们，非富即贵，拥有大量的资金。这种局面的出现，正好为国家战争需要提供了物质基础。在西汉景王时期，诸侯王之间接二连三发起了战争，朝廷不得不派兵去扭转当时的不利局势，然而当时国库所储蓄的资金并不多，朝廷在被迫无奈之下，开始向社会中的放高利贷的专业户借款。然而，绝大部分的放高利贷的专业户，由于“吴处七国在关东，战争是否能够打赢还不能够确定，所以不肯将资金借给朝廷”。[2]在当时，唯独有一个名字叫作无盐氏的放高利贷的专业户愿意出资借

〔1〕 参见《通志》，“三五纪”“周”“赧王虽居天子之位，为诸侯所侵，与家人无异，多负于人，无以归之。乃止台逃避。”《晋书食货志》，“(报王)乃上层台以避其责(债)。”

〔2〕《史记·货殖列传》。

给朝廷。[1]自秦朝以来，当政君王向经济实力雄厚的大户人家借钱的事常有发生。

但是，在明朝和清朝的时候，公债出现的次数并不多。在这里有两种不同的说法。一是因为明朝和清朝这两个朝代的经济水平较高，国家的财政收入较为丰厚，所以不需要通过举债的方式来获得资金。二是国家举债的现象时常发生，只不过在当时封建思想根深蒂固，只要是与君王借钱有关的事情，不得向外界四处传播，需要在秘密的情况下进行。也就是说，君王的脸面在当时是要放在第一位的。

从根本上说，近代意义上的公债自19世纪中叶才得以形成。然而如果要从债的本质来看，它出现的时间能追溯到原始父系社会时期。

和债务相互对比来说，股票出现的时间要比债务出现的时间晚，之所以会出现这种情况，是因为股票和我国商品经济的发展有着紧密的联系。换句话说，唯有股份制得以形成并出现，股票才会随之而出现。而从股份制的角度来说，它是社会商品经济发展的一种外在形式。中国商品经济在夏商时期就形成并出现。到了明朝和清朝这两个朝代，中国商品经济的发展水平更是上了新的一个台阶，同时在当时的一些行业中出现了资本主义的发展势头。举例来说，高风险高收益的行业，如上海沙船业和广东矿冶业等相关行业，绝大多数会选择招商集资的方式来获取大量的资金。而这些行业所运用的手段均带有显著的资本主义色彩。

举例来说，四川井盐业就是高收益高风险行业的代表。通常来说，倘若想凿一口井，所花费的数额至少要在一千两以上，银两上万的也不计其数。这么多的投资成本显然是普通民众无法承担得起的。虽然投资的数额过高，却依旧有许多经营人士愿意将资本投入这个行业当中。他们之所以会选择这么做，是因为高投资也就意味着高回报。有一部分盐井，尽管在开凿的过程中会花费千辛万苦，然而只要任务完成，那么经营者就会因此而获得大额的利润。反过来说，高投资并不等于高回报。换句话说，高投资的还意味着

〔1〕 参见《史记·货殖列传》。

高风险。第一，凿井时间并不能够明确的了知，一般来说会在5年的时间当中完工，然而几十年才凿完一口井的事情也时有发生。第二，凿井这项任务能不能圆满完成也无法确定。换句话说，这项凿井任务最后如果不是成功完成，就是以失败告终。如果成功，那么经营者在凿井过程中所花费的大量人力与物力都是值得的。凿井任务一旦失败，也就意味着经营者为此所花费的千辛万苦都是白费的。即便凿井成功，最终所获得的产量还是无法确定。如果产量高，那么自然经营者从中能够获取高昂的利润。如果产量不高，也就刚好能够用来缴纳各种费用，勉强维持生计。在这样的前提条件下，"集资合股"以及股份制由此出现并形成。

国内研究人士彭久松在早期曾经对于四川井盐业所选择的股份制进行了深入的剖析。这位研究人士把股份制的基本内涵总结成合资模式、股东人数、集资机制、债务有限责任原则，还有不成文法等几个方面[1]。自19世纪初叶至20世纪中叶，在这几百年的实践中，股份制成为当时主流的一种企业组织形式。

自清朝中叶后，在汇兑庄当中流行起了"股俸制"，"股俸制"的出现并发展，对票号的经营管理水平起到了极大的推动作用。股俸有正本还有银股等诸多的分类。从正本的角度来说，也就是商店的所有者的一种合约投资，每股的数额不等，能够依照股份获得分红，然而并没有孳息。银股，也就是商店的所有者投入票号的资金。[2]

在史书对清代手工业的记载当中，能够看到"股分"一词出现的频率颇高。从当时社会发展的层面而言，集股合资的这种经营形式已经出现在了矿冶以及沙船等诸多的行业中。在这里也就不再予以详细说明。

从上文不难发现，在西方证券还没有进入我国的时候，我国就已经出现了利用国家信用对外借债的现象，同时在社会发展的过程中，中国契约式股份制悄然出现并形成。一言以蔽之，中国证券市场的出现，并不是偶然的，也并不是由西方推动而主导。

---

〔1〕 参见彭文松：《中国契约股份制概论》，载《中国经济史研究》1994年第1期。
〔2〕 参见徐珂编：《清稗类钞》"农商类"。

第三节 证券思想、证券市场、证券法律的范围和特征

一、证券思想

本书的证券思想章节，通过对中国证券市场100多年的发展历程中显现的证券思想的梳理，从历史发展的长时间轴跨度，总体反映中国证券市场形成以及发展的整个过程。详细地说明中国证券市场在演变过程中所展现出的不同特征。能够让大众对中国证券思想有了一个更深层次的认知。

从晚清启蒙思想家，到洋务派；从资产阶级改良派到资产阶级革命派；从北洋政府到南京国民政府，各时期都有不同的代表人物和典型的证券思想。包括但不限于公债思想、政府债信思想、股票发行思想、证券交易所设立和发展、证券监管和经纪人限制，等等。

二、证券市场的范围和特征

在近代，我国不只有证券交易所，除此之外还有其他行业所建立起的交易所，如金业交易所以及物品交易所等。笔者所说的交易所，指的是证券交易所。

从立法的角度来说，《证券交易所法》这部法律文件的公布并实施标志着我国证券从法律层面被予以认可和确立。具体来说，南京国民政府把证券和物品有机地联系在一起，并对其作出总结性的说明。之后，又对外界公布并实施了《交易所法》以及《修正交易所法》这两部法律文件。上述所说的这3部法律文件均围绕着“交易所”，对各种证券行为予以了规范和说明。

从历史的角度来说，交易所这一名称并不是一成不变的，随着社会的发展也曾经出现过几次较大的变动。这一名称，英文被称为“Exchange”，在早些时候我国学者将“Exchange”翻译成贸易场。[1]到了民国年间，又将其称作

---

〔1〕 参见《论各国取引所及中国取引所》，载《东方杂志》1907年第1期。

“交易所”。“交易所”这个名称，实质上是要表达的是“交换场所”，其能够准确地反映出当时人们所做出的行为的意义所在。[1]

从相关法律条文当中能够不难发现，立法人员并没有称为“证券法”，而是叫作“交易所法”。从名称中能够看到，立法人员把“交易所”放在了核心位置。如果深入探索立法人员这么做的缘由，还要从移译外文语词的这个角度作为出发点。在20世纪30年代，美国对外公布并实施了《证券交易所法》，“Exchange”这个词语翻译过来也被称为交易所。这能够全面地展现出在证券市场早期的发展阶段，交易所在证券市场中有着极其重要的地位。换句话说，政府尽管有相关法律条文作为自己依法办事的依据，然而在对证券市场进行管理的过程中，自身所拥有的实践经验并不多，所以在这种情况下，也就不能够将相关的规定和章程落实到具体实践中去。只能把一定的管理权力交到证券交易所，由证券交易所代为行使自己的权力。从相关文字资料中也能充分证明这一点。

各国和地区会根据自身的实际情况对证券范围予以认定，从宏观的角度来说，各个国家对证券范围的认定并不是统一的，有明显的差异。

从美国的角度来说，在这个国家所实施的证券法中，对于证券的范围予以明确的规定。具体来说，在20世纪30年代对外公布的《美国证券法》这部法律文件中能够清晰地看到：

“证券”这个词语也就指的是所有的本票、库存股票、公司信用债券、债权凭证、用证券作抵押的信用证书、可转让股票、股权信托证、所有的证券上特权、涉及其上利益或在全国性证券交易所有关外国货币之卖出以及买入、临时证书以及认购权等。

就日本的层面而言，从《日本证券交易法》第2条的规定当中能够看到对有价证券的范围认定：

国债证券、依照特殊的法律法人发行的债券、股票或表示新股认购书的

〔1〕 参见杨荫溥：《中国交易所》，商务印书馆1930年版，第1页。

证书以及其他通过政令规定的证券等。[1]

就全球的层面而言，在市面上流通的证券有这几种：(1)债券，具体来说，也就是涉及政府债券以及公司债券等；(2)股票；(3)认股权证等。

国内证券法所说的债券，需要对其作狭义解释。详细而言，则涉及股票、投资基金等证券。

在20世纪初叶，《证券交易所法》这部法律文件的出台并实施，不单单对证券交易所作出了详细的解释。除此之外，还对有价证券的范围作出了具体的说明：

只要是以平准市价以及让交易活跃度提升为目的，将国债票、公司债票等证券流通于市面之上的，也就被称为证券交易所。

（一）国债

国债，又被称为公债。具体来说，国债有内债和外债这两种不同的类型。由于外债只在海外证券市场上发行，在我国证券市场中并不流通。所以，在这里，国债也就特指的是内国公债。

自清朝后期，内国公债就已经出现在市面当中并且快速地发行和流通。无论是北洋政府还是南京国民政府，均对外发行了公债。除此之外，地方政府为了能够进一步扩大自己的势力范围以及提升自己的财政收入，同样选择了对外发行公债的方式。除此之外，内国公债的发行还从法律的层面予以明确的规范，每一次的发行均要标明发行的总额、清偿本金还有孳息的方式以及发行的利率等。因为绝大多数的公债券有抵押条款作为保障，所以公债券能够在证券市场上予以大面积的流通。在20世纪初叶，公债成为一种主流的交易品种。换句话说，公债买卖的活跃程度较高，而股票的交易数量却少之又少。

然而，内国公债在证券市场上发行和流通是要有一系列的限制条件的。证券交易所会挑选那些能够快速发行，能够给自己带来巨额利润的公债。在20世纪初叶，上海华商证券交易所有长六等十余种不同类型的证券。金融公

〔1〕［日］河本一郎、［日］大武泰南：《证券交易法概论》，侯水平译，陈永忠校，法律出版社2001年版，第31页。

债在北京和上海均有交易。[1]

在抗日战争爆发之后，公债交易无法正常开展。在解放战争结束之后，南京国民政府退居我国台湾地区，这也意味着国民党政府发行的内国公债的衰亡。

（二）股票

股票，换句话说，也就是股份公司对股东自身所持有的股份颁发的一种证明。能够充分展现出股东自身所应承担的责任和义务。股票一般来说会有两种不同的类型，即公开发行和非公开发行。与证券相关的法律条文，一般而言只是对前者进行一定程度的规范。而后者，则由公司法对其予以明确说明。公开发行，一定要将公司法和证券法这两部法律文件作为发行的准则。一般而言，公司法对股票的发行作出明确的说明，而上市交易的相关内容则由证券法这部法律文件予以规范。这两者的关系密不可分，但又有显著性的不同。

自19世纪70年代轮船招商局发行股票后，发行的股票量慢慢提升，在证券市场中开始逐渐活跃起来。在19世纪80年代，平准股票公司在上海这座城市被正式建立起来，[2]建立平准股票公司的目的是能够更加高效和快速地进行集中股票交易。然而天有不测风云，金融风潮的出现，对逐渐发展成形的股票交易市场予以致命的一击。在20世纪20年代，日本经营者在上海建立取引所，在这之后，上海同业迅速发展。

然而在不久之后，交易所注册失去了控制，于是在证券交易市场中出现了大量的投机行为，导致了“信交风潮”的出现。使处于发展萌芽阶段的股票业再一次受到重创。更为主要的是，“信交风潮”的出现，让社会各界人士对公司股票纷纷丧失了信心。正因为这样，在当时的特定历史时期，内国公债独占了证券市场的鳌头，迅速发展起来。尽管政府在公债方面总是会出现这样或那样的问题，但和公司企业相比，信誉度还是较高的。

---

〔1〕 参见马寅初：《中国公债票之买卖》，载马寅初：《马寅初全集》（第3卷），浙江人民出版社1999年版，第254页。

〔2〕 参见上海市档案馆编：《旧上海的证券交易所》，上海古籍出版社1992年版，第263页。

如果从我国近代证券市场发展的角度来说，西商股票业曾经在证券市场中留下了浓墨添彩的一笔。换句话说，在我国还没有公布和实施相关的法律文件的时候，英国的商业人士就已经看准了我国的市场，在上海建立起了交易所，名字叫作“上海众业公所”。在当时的特定历史时期，在该交易所发行和流通的股票种类已经超过了120种。该交易所发展了较长的一段时间，一直到汪伪政府命令其禁止营业，才逐渐隐没在历史的潮流当中。

自20世纪中叶，由于公债以及外商股票不被允许在市面上流通和发行，我国公司股票在这个期间开始迅速地发展起来，股份公司的数量呈现直线式的上升。在抗战结束之后，虽然证券交易所重新对外营业，但是在市面上流通和发行的也只有股票这一种类型。

（三）公司债

尽管近代公司制度对于公司债予以详细的说明，然而公司债的发行量不大，在证券市场中出现的次数并不多，所以，在证券市场中，并没有出现过公定市价这一做法。虽然会有一部分公司债对外进行公开发售，却都卖给了指定的认购者。比如，在20世纪20年代通泰盐垦五公司将总共数额为500万元的公司债交付给上海银团，由上海银团对外界进行公司债的发行与流通。[1]

（四）其他有价证券

除此之外，在我国近代证券市场中，还曾经发行和流通过这样几种证券：

1.股款收据

在抗日战争时期，企业股东为了进一步扩大自己的股权，使企业的资金得以增加，在获得大量的股款之后，公司股票并没有获得当时相关部门的批准和认可，新增加的资本还没有予以登记备案。在当时的特殊时期，股款临时收据也可以在交易商场出售和流通。持有股款临时收据的持有人可以在公司手续办齐全后进行过户。

当时无论是发行商还是股票公司均没有对这项规定予以高度的重视。

〔1〕 上海档案馆编：《旧中国的股份制（1968–1949）》，中国档案出版社1984年版，第176~179页。

在召开股东会以及交完股款之后，相关凭证就会在市面上流通，这样的情况在当时时常发生。[1]

在上海证券交易所再一次对外营业后，为了让市场交易筹码的额度进一步提升，法律在那个时候同意新增股份能够在市面上出售和流通，前提条件是要在特定的时间范围内和在办理完相关手续才可以发行。如果超过了特定的时间范围，这种股据也就不可以在市面上流通。

2.各种货币

因为在近代，帝国主义入侵我国，战争接二连三地爆发，国内政府的势力较弱，金融市场一度尤为混乱。所以，在那个特定的历史时期，在证券市场中能够看到各种各样的货币交易，以北洋政府时期作为典型。[2]

在北洋政府执政的时期，无论是国内的银行，还是外资银行，均发行过各种各样的货币。外国银行发行纸币这一举动不在我国法律的管辖范围之内，不需要通过我国政府的认可和审批。有中国以及东三省官银号等多家银行对外发行纸币。在20世纪20年代，麦加利银行发行纸币的货币总量已经将近有194万磅，汇丰银行发行纸币的货币总量总计港洋45,298,871元，一般会流通向香港以及广州沿海以及经济较为发达的地区。而从中外合办银行的角度来说，则有华俄道胜银行、中华汇业以及北洋保商银行等多家银行。

而到了20世纪20年代末，各种货币在我国各个地区开始出售和流通，这样一来，就会有差价的现象发生，货币交换也就是大势所趋。所以，各种货币在近代早期证券市场中交易的活跃度非常的高。比方说有洋钞交易以及老头票交易等。[3]老头票是从朝鲜流入的一种日本纸币。因为天津商务和日本走动的较多，所以老头票在天津地区的流通非常的发达。自1919年开始，洋钞的价格开始大幅度下跌，在这种情况下，在证券市场中的各个投机家纷纷将目光聚焦到了老头票的身上。老头票的交易在当时以口头约定为准，在经过账本登记备案之后就相当于已经完成交易的手续。从交易的角度来说，

---

〔1〕 参见吴毅堂编:《中国股票年鉴》，商务印书馆1947年版，第12页。

〔2〕 参见金伯琴:《取缔外钞问题》，载《银行周报》1947年第13期。

〔3〕 参见张一凡、潘文安主编:《财政金融大辞典》，世界书局1936年版，第425页。

结算的方式一共分为两种，一种为短期结算，另一种则为长期结算。从前者的角度来说，则是将每个月的10日作为交割的期限，而从后者的层面而言，则是将每个月的25日作为交割的期限。在那个历史阶段，老头票的买卖数额非常多。然而自1928年11月10日开始，在证券市场中禁止了老头票的交易。于是，老头票的买卖数额呈现直线下降的趋势。

3.刑法上的有价证券

在20世纪30年代，在新《中华民国刑法》中新加入了“伪造有价证券罪”这一章节。新《中华民国刑法》中对于证券的认定范围是比较广的。换句话说，不单单有公债票和各种货币，还有邮票和车传票等多种不同类型的证券。[1]

三、证券法律范围及体系

（一）证券法律的范围

证券法可以分为宏观以及微观两种不同的类型。从微观的角度来说，证券法也就是相关部门为了进一步规范证券交易行为所制定的法律条文，也就指的是证券法典。而从宏观的层面而言，证券法就是指涵盖证券法典和相关部门为了规范证券交易关系所制定的社会规范的集合体。[2]

笔者所提到的证券法，则是从宏观意义上所说。

（二）中国近代证券法体系

近代的证券法律规范体系，概括而言，由这几个要素共同构成：

1.《证券交易所法》与《交易所法》及其施行细则

（1）《证券交易所法施行细则》（1915年5月25日）以及《交易所法施行细则》（1930年3月1日）；

（2）《物品交易所条例施行细则》（1921年4月16日）以及《交易所法》（1929年10月3日）；

---

〔1〕 吴经熊编：《袖珍六法全书》，会文堂新记书局1937年版，第26~29页。

〔2〕 参见顾肖荣主编：《证券法教程》，法律出版社1999年版，第1页。

（3）《物品交易所条例》（1921年3月5日）以及《证券交易所法》（1914年12月29日）。

2.规范公司股票与债券发行的公司法规

（1）1904年清政府颁布的《公司律》:《申报》1904年3月1日；

（2）1914年北洋政府颁布施行的《公司条例》及其施行细则:《政府公报》1919年1月14日第606号；

（3）1929年南京国民政府指定施行《公司法》:《工商法规汇编》，大东书局；

（4）1946年南京国民政府指定施行《公司法》。

3.主管机关依据证券基本法规授权制定的细则或简章

（1）《上海华商证券交易所业务规则》以及《上海证券交易所股份有限公司暂行营业规则》（1946年7月3日）；

（2）《上海证券物品交易所股份有限公司营业细则》以及《上海证券交易所股份有限公司组织大纲》（1946年9月14日）；

（3）《上海证券物品交易所股份有限公司章程》以及《北京证券交易所业务规则》；

（4）《上海证券交易所股份有限公司章程》（1946年9月3日）以及中央银行经济研究处编《金融法规大全》，商务印书馆1947年版；

（5）《上海证券通则》:（1946年7月9日），上海档案馆馆藏档案，档案号Q327/1/14。

4.司法解释

如司法院对适用南京国民政府《公司法》相关条款的详细说明。

5.证券交易所章程、业务规则、交易所经纪人工会章程、临时章程

如1946年《上海证券交易所股份有限公司章程》以及《北京证券交易所期货简章》等。

6.其他相关法规

（1）《交易所交易税条例》以及《交易所监理员暂行规程》等；

（2）《交易所税条例》以及《上海证券交易所复业办法》等；

（3）《交易所监理官条例》等。

7.商事惯例

在民国时期，制定法的效力要超过商事惯例。因此，如果审判人员在遇到商事纠纷但是没有与之对应的法律条文对其进行规制的情况下，则要以商事惯例作为审判的主要依据。在20世纪90年代末，对外界实施的《民法》总则当中就能够清晰地看到：

如果没有被民法所规定的，那么则要根据一般习惯，如果没有一般习惯，那么则要根据治理。[1]

〔1〕 吴经熊：《中华民国六法理由判解汇编》（第2册民法），会文堂新记书局1947年版，第4页。

第二章　晚清时期的证券思想与证券市场（1840—1911）

第一节　晚清时期的证券思想

到了晚清时期，社会发生了巨大的变革，无论是社会经济还是民众的思想观念都受到了强大的外来冲击。

甲午战争结束后，资产阶级早期维新派登上历史舞台。最后登场的是以孙中山为主要代表的资产阶级民主革命派。

每一种思想都代表了当时的社会状况，都是历史转折的催化剂。不同思想组合在一起就组成了中国近代思想史，形成了百花齐放、百家争鸣的局面。

一、魏源的证券思想

在19世纪40年代，鸦片战争的爆发，使我国一直以来闭关锁国的局面被打破。鸦片战争失败后，国人开始反思。开启了近代中国第一场资本主义知识的启蒙运动。

秉持“师夷长技以制夷”的原则，有一些思想观念较为超前的知识分子，开始对海外国家进行深入的探索与研究。用编撰书籍的方式来介绍海外国家的情况，鼓动和激励社会各界人士踊跃地学习西方先进的科学技术。尽管启蒙思想家有林则徐以及洪仁轩等人，但是最具代表性的还是魏源。魏源（1794—1857），湖南邵阳人。魏源在步入中年后，一直在江浙区域担任政府参谋员，为当时的政治经济改革贡献出了自己的一份力量。

从《海国图志》这本著作中就能够看出魏源的经济思想。详细而言，魏源对西方股份制公司予以详细的说明，同时还主张国内要大规模设立起这种类型的公司。

他是最早对“公司”一词予以具体介绍的学者。在他所编写的《海国图志》这本著作中能够清晰地看到：

绝大多数的西方国家，并没有建立起公司这种形式，但是英国却有。公司，具体来说也就是由多家共同出资建立起来的一种营运集合体。如果获得利润，那么每家则按照出资的比例获取收益。[1]

然而，在当时魏源对于“公司”的内涵还没有一个深入的了解，在他经过一番深入学习之后，提出了“集股公司”等相关概念和理论。

在早些时候，林则徐曾经提出过“朋资伙办”，但是他所说的“朋资伙办”并不指的是西方国家所建立起的股份公司。魏源则立足于利商思想的层面之上，表示“管局”的产品不单单能够在市面上流转和出售，反过来说，经商人士同样可以兴办新式工业。“居住在沿海地区的经商人士可以主动和自发地建立起厂局，通过这种方式，来让自己获得利润。”[2]“厂局”一词，就是参照西方股份制所建立起来的企业。

从魏源他个人所倡导的公司思想中，能够明显地看到有资本主义的影子。除此之外，他的公司思想还具有显著性的时代进步性和前瞻性。

二、李鸿章的证券思想

第二次鸦片战争失败后，封建统治集团受到巨大震动，开始反思救亡图存。“洋务派”即“自强”“求富”的“洋务运动”的组织官员及其追随者，为了完全抵抗帝国主义的入侵，努力学习西方超前的技术，进一步将军事工业的发展水平予以显著性的提升。

---

〔1〕（清）魏源：《海国图志》卷二《筹海篇四》，载中华书局编辑部编：《魏源集》，中华书局1983年版，第36~39页。

〔2〕（清）魏源：《海国图志》卷二《筹海篇四》，载中华书局编辑部编：《魏源集》，中华书局1983年版，第42~48页。

详细来说，在有一部分洋务官员以及经商人士的头脑当中同样存在证券思想。

李鸿章（1823—1901），他从小生长在安徽地区。李鸿章是洋务运动的代表性人物之一。李鸿章的证券思想能够反应在他的奏折还有他书写的信件当中。概括来说，他的证券思想包含两个方面。一方面是外债思想；另一方面则是股份制公司思想。

他表示社会各界人士要学习西方先进的科技技术，“取西方国家先进的科学技术来让我国的科技技术实力大增”[1]，而对于西方国家所建立起的股份公司，李鸿章明确表示要用“赖商承办”的这样一种方式。换句话说，由政府来组织，而由出资者自己去筹集大量的资金来建立。“建立起的公司在营运的过程中无论是获得了利润，还是出现了亏损的情况，都要由出资者来负责和承担，和政府没有关系”[2]。从本质上来说，“赖商承办”是对西方股份制公司这种组织形式进行过一定加工，让其能够更好地适应当时我国国情的一种产物。李鸿章就是沿着这条道路，建立起了轮船招商局，同时发行了我国历史上的第一只股票。（见图2-1、图2-2）

图2-1　轮船招商局上海办事处

〔1〕《李文忠公全集·海关函稿》卷九《墨办外国铁厂机器折》。

〔2〕《李文忠公全集·海关函稿》卷三《议驳僚谏阻铁路各奏》。

图2–2 轮船招商局码头照片

他所倡导的股份制公司思想不单单能够在制造业当中有所体现，同时还在铁路交通业方面有了一定的展现。1888年，李鸿章明确表示，招商入股是“中国实力增强的一个关键性要素”。[1]同时，他还对铁路股份公司予以详细的说明：

公司，具体来说也就是经营者们一起筹集股本，共同出资，财政上的收入与支出，经营者们全都能够知晓，这就叫作公司。

他不单单大力支持通过招商入股的这种方式修铁路。除此之外，他还对举借外债修铁路的这种方式表示高度的认可。一位名字叫薛福成的政治参谋家，他向李鸿章主张“借款铁路”。李鸿章不仅没有反对，还就此提出了以下几点原则：

我国自主修建铁路，提防西方帝国主义干预。不允许西方帝国主义参股，提防西方帝国主义渗透。在完成工作任务之后，国家获得的利润所得，将用来清偿债务，提防西方帝国主义的侵掠。如果不这样做的话，那么则不要举借外债。

〔1〕《李文忠公全集·海关函稿》卷三《议铁路驳恩相徐尚书原函》。

三、张之洞的证券思想

张之洞（1837—1909），他出生在河北沧州。与李鸿章他们一样，是洋务运动的发起人之一。不单从他所发表的学说中看到他的经济思想，同时他的经济思想还能够全面地展现在他的实际行动中。具体而言，张之洞的经济思想大致上讲能够分为两个方面。一是股份制公司思想；二是举借外债推动经济。

从股份制思想的角度来说，他的主张和李鸿章的主张并没有明显的不同之处，在本章节当中则对于张之洞的外债思想予以详细的说明。他在担任两广总督的时候，就已经明确地表示要“借洋债”。等到甲午战争爆发之后，张之洞看到由于帝国主义的侵略，当时的社会已经变得满目疮痍。他更加觉得要大力发展实业建设，因为只有对实业建设予以高度的重视，才能够让政府和社会得到快速的恢复。然而因为实业建设的“费用过高，不容易快速地筹集”，于是他呼吁政府要“多借洋债”。

张之洞在《吁请修备储才折》当中明确说道：

现阶段因为赔款等事项已经向西方帝国主义借了许多的外债，然而如果不这样继续下去的话，那么则会让国家再无恢复之力。虽然再次的举借外债，让自身背负的债务明显加重，但是这样做能够让国家得以快速的恢复元气。而债务，则可等到下一年再清偿。不用担心无法清偿完债务。[1]

张之洞主张，需要用举借外债的这种方式来推动实业建设的发展，只有这样做，才能够扭转现在不利的局势。

而提到应该用怎样一种手段来还债，他则表示：

经商者借款那么必然是经商者自己来还，而政府借款那么则由政府来偿还。所以不管用什么样的一种借法，一定要实际的抵押物。我国在早期所举借的各项外债，均由海关来作担保。[2]

张之洞所主张的外债思想已经贴近和趋向于近代公债制度，特别是政

〔1〕 王树楠:《张文襄公全集》，文海出版社1970年版，第35~36页。
〔2〕 宓汝成:《中国近代铁路史资料（1863-1911）》（第1册），中华书局1963年版，第314页。

府用举借外债来修建铁路，提升实业建设的水平的这种做法已经和西方帝国主义的做法相差无几。

张之洞，不单单提倡实业上的建设，同时他还表示要用招商筹股的方式，大力发展矿业。他明确表示：

华商自己的手中不单单没有大量的储备金，同时又对矿学方面没有一个较为深入的了解和研究，怎么能筹集到大量的股本呢？不如采用和西方商人合办的这种方式。

所以，张之洞曾经为了让政府的手中持有真实的股权，明确表示在招洋股的过程中一定要遵循以下两个先决性要素：一是，是洋股不可以超过半数；二是从法律的层面上对招洋股予以明确的规定，也就是从立法的角度对我国的主权进行强有力的保护。

张之洞的这一主张，不单单是洋务股份制思想的进一步发展，同时还是显著性提升我国经济水平的一种新的重要方式。

洋务企业家对于西方国家的各项事务极为清楚和了解。以唐廷枢、郑观应以及盛宣怀等人为代表。在这些人当中，郑观应的经济思想尤为出名。除此之外，郑观应还是资产阶级早期维新派的一个非常著名的代表人物。

上述所说的这些人，他们的证券思想体现在两个方面。一是公司的经营形式；二是公司在营运过程当中的实际活动。比如，商人徐润则明确主要运用“招聚公司”的这种手段。而经元善则大力提倡开设股份公司，通过这种方式，来使民族经济的水平得以大幅度的提升。经元善认为股份公司的这种组织形式能够极大的推动公司的发展。

而郑观应在19世纪中叶就开始着手编写政论，从郑观应所编写的“商战论”当中能够看到他的证券思想：

首先，从组织形式的角度来说，郑观应表示政府要参照和模仿西方股份公司，对于在坊间招商集股的这种做法表示认可。只要是涉及通商口岸的，那么则要大力开展铁路、开矿以及纺织等行业，无论是采用集股的这种方式，还是运用自办的这种方式，均要表示应允，不可禁止和取消[1]。其次，明确表示银行金融机构自身所能够发挥出的重要作用。

他在戳穿外商银行种种的不实做法时表明，即便华商股票的资金实力雄厚，也不允许抵押，只有西方国家的货物以及股票才允许抵押。只要西商的手中掌握了权利，那么华商自身的利益受损。而华商供给以资金上的支持，西商则可以从中得利，[2]说明了银行对证券的流通所起到的重要推动作用。除此之外，他明确表示可以用举借国债的这种方式来解决财政收入困难这个问题。他表明国债共有两种不同的类型，一种为内债，另外一种则为外债。对于内债，他将西方发达国家作为研究的对象。而对于外债，他虽然表示举借外债可以显著性增强国家的经济建设实力，但他又不认同举借外债要以放弃国家主权为前提条件。

四、王韬的证券思想

19世纪中后期，资产阶级在发展中逐步形成了以改良为核心的经济思想，其发展中经历了两个阶段：第一个阶段就是19世纪中期开始产生了改良派的意识形态，也就是初期发展的阶段，代表人物有马建忠、陈炽以及王韬等；第二个阶段从1894年开始，自此进入资产阶级改良思想的后期发展阶段，代表人物有：谭嗣同以及康有为等。

在改良思想的初期阶段，大部分的改良派都与洋务运动有非常紧密的联系，由于他们都与西方各国都有着实质性的接触，对于经济问题既有丰富的理论基础，又有实际有效的解决经验与举措，因此他们所拥有的经济思想是非常超前的，最明显的表现就在于他们能够认同股份制公司与公债。

王韬针对企业应当采取怎样的组织形式为出发点，为其探寻到了具体的方法，为了促进中国商务的进一步发展，他主张参考西方国家的做法，实

---

〔1〕 郑观应：《盛世危言·商务二》，载《郑观应集》（上册），上海人民出版社1988年版，第612页。

〔2〕 郑观应：《盛世危言·银行上》，载《郑观应集》（上册），上海人民出版社1988年版，第67~80页。

行公司形式，他认为：

中国商贾之道，实鲜善法。莫如仿西国法，设立公司，流通有无[1]。

薛福成与陈帜针都发表了相关的著作来探究股份制公司，其代表著作有：《论公司不举之病》《续富国策·公司》。

三位学者（钟天纬、马建忠和薛福）的思想形成了中国国内最早的公债理念，其表现为他们探究与分析了以修建铁路领域中存在的与筹措资金相关问题。钟天纬在《中国创设铁路利弊论》和《中国铁路如何取道为便论》两部著作中，指出应当采取举借内外债及其股份制公司这两种形式来解决此问题。他认为可以通过三种途径来缓解修建铁路过程中资金短缺的问题：其一，成立公司，然后由海关招募公司内部的股份进行资金的筹集；其二，将抵押物选择为铁路，然后将铁路债券面向外国人进行发行；其三，临时的借用商款来充当国债，将现银以印发的票证来进行代替。

马建忠十分赞同通过借债的方式来修铁路。其著作《借债以开铁道论》中提到，在国外虽然他们的情况为"地广人稀"，但是他们却非常喜欢以借债的方式来进行建设，究其根源在于他们循序"取信有本，告贷有方，偿付有期"这一核心理念。

五、马建忠的证券思想

马建忠为此还进行了深入的分析：

如果借来的外债被应用于民生、国家发展等生产生活领域，那么就有非常牢固的还本信用；如果在一些非生产生活领域中（战争等）应用到举借的外债，那么还本信用基本就不会得到保障。

在告贷方式上，他经过分析认为：

应当采取一切办法在西方国家（英、法等）来举借洋债，避免在国内实行此举措。其原因在于设在国内的洋行其资金是非常有限的，一旦出现了举债的行为，那么就非常容易被国外进行垄断制约；如果将举债的行为放在海外

[1] （清）王韬：《兴列》，载（清）王韬：《韬园文录外编》（卷二），中华书局1959年版，第46页。

来实现，就可以购买相应的轨道材料与机车，这样在兑换时避免了损失，同时也不会收到西方国家针对我国的经济垄断与政治挟制。他主张在偿还债务时，债券的票面上只留编号即可，这样即易流通，也易于赎回。

第二节　晚清时期的证券市场

一、股票的发行

公司股票是证券市场的核心所在，证券市场的繁荣程度与产业证券的发达程度是息息相关的。在中国近代史中，外商在中国开办的股份制企业与银行中，就首次出现了产业证券。在洋务运动的深远影响下，商业股票开始出现于官商共同合办、官督商办类型的工业企业当中，此时在业主与商人中间开始热衷于股票交易。

1872年出现了官办性质的轮船招商局，次年其性质就变为了商办。1876年该企业所发行的股票市价范围为40~50两，股票面值为100两，但是6年之后，票面面值上升到了200两。此时由于股票价格的急剧增值，出现了“每一新公司起，千百人争购之以得股为幸”[1]的景象。

19世纪中后期，集股活动在工矿企业中兴起，涌现了以上海机器织布局、中国电报局、轮船招商局等为主的民用企业。[2]这些企业筹集资金的方式是将股票以面向民间的方式来实现的。截至1887年，《申报》中总共登载了36家企业的股票价格，预估资金为1000万两白银。[3]自从甲午战争（1895年）失败以后，中国提出了商战强国的口号，在此形势之下，中国在近代民族工业的发展上又实现了一次飞跃式的发展，另外根据杜恂诚先生的统计数据显示：民用性质的工矿企业在1912年新增的数量为1984家，总资本额为4584.5

---

〔1〕 马建忠：《借债以开铁道论》，载《申报》1882年8月12日，第8版。

〔2〕 参见匡家在：《旧中国证券市场初探》，载《中国经济史研究》1994年第4期。

〔3〕 参见朱荫贵：《近代中国的第一批股份制企业》，载《历史研究》2001年第5期。

万元，其中每一家企业都有超过1万元的资本额。[1]

中国近代史中，金融与工商企业的核心就在上海。在战时沦陷的阶段内，不仅股份制公司的发展势头迅猛，同时还有诸多老企业进行增资扩股，企业的发展态势呈现出兴旺的景象。国民政府在战后针对国有企业尝试将其性质改变为股份制，将国有性质的企业股份进行卖出，设想在证券市场中针对股票进行交易，但最终不了了之。

（一）1883年以前中国早期的股票市场

1840年鸦片战争后第3年上海便实现了开埠，之后市场的规模逐步扩大，大规模的社会资金纷纷涌入地产与洋行的买卖活动中，各个行业的商人也将此作为了投机取利的目标。

除上海之外，广州、福州以及宁波等地也先后实现了开埠通商，从此有价证券和交易便在中国出现。国内在证券方面的交易则出现在19世纪中期华商将股权依附在外资企业中，70年代初真正的华商证券交易才零散出现。

一方面由于19世纪中期出现了太平天国运动和小刀会起义（上海），因此上海租界内集合了大规模的社会资金；另一方面由于国内新创办的近代企业在短时间内获得了巨大的利润，因此商人除了在针对地产与洋行进行买卖投机之外，又开始热衷于新创办企业的股票与债券。自此上海市场中涌入了股票与债券。

随着中外进出口贸易规模的逐渐扩大，外国资本开始广泛地参与到与贸易有关的金融、保险与航运领域，并且也开始逐步地渗入船舶修造还有其租界共用等行业。西方国家在中国设立的股份制度的企业为中国带来了以资本主义为主的生产方式，同时也将股份制度企业中具体的生产经营模式与集股筹资的方法带到中国。

最初，在华企业中所有的集股筹资活动的范围只存在于英国本土、伦敦及其相关受殖民统治地区的证券市场，但从19世纪50年代起，他们把领地拓

〔1〕参见杜恂诚：《民族资本主义与旧中国政府（1840–1937）》，上海社会科学院出版社1991年版，第107页。

展到中国，后来逐渐把中国变成主战场。

1894年甲午战争以后，帝国主义又将投资特权延伸到开矿、在华设厂、建铁路等，进一步控制清政府虚弱的财政。随后，西方国家选择中国成为国际商品的销售市场和投资国际资本的场所。西方列强国家还针对中国进行了直接的投资，不仅增设了9家银行，而且创办了100多家从事不同行业的企业，在华发行的外资证券规模迅速扩大。

轮船招商局、开平矿务局等厂矿性质的企业在1882年前后实现了高额的利润增长，股票价格也增长迅猛，开平煤矿在实现投产之前，也就是1881年年末，在上海市场中面值为100两的股票最终涨到了150两；次年6月，还有人以237两每股的价格进行收购，[1]在此刺激下，人们针对新上市的矿业股票进行疯抢行为，很快这些股票的价格就远远地超过了实际票面的价值，以长乐铜矿为例，股票初始发行的面值为100两，但是到了1882年时股票就上涨到了220余两[2]。在当时，《申报》等报纸都对此进行了专门的报道，新上市的矿业股票共筹集到了资金为300万两白银，保守估计的市场交易总额超过了1000万两。

其余在上市中属于洋务企业性质的股票价格也因为此次的投资波动使其股票价格实现了疯长的态势。其中上海电报局股票发行时的票面价值为100两，但是到了1882年就涨到了200两[3]。

华商在最初的证券交易中，由于无场所，无规则，因此在交易时遵循“以亲带友、以友及友”的原则。由外商的证券行情和证券自身的市场供求来决定其价格，市场这只看不见的手在调控。之后，随着证券交易的日益频繁，在1882年9月成立了上海平准股票公司，[4]该公司明确了组织构架和严格的买卖规则。这标志着中国证券市场进入新时代，是中国第一家证券交易所，具有里程碑的意义。

---

〔1〕 参见王权：《平准公司各股份市价》，载《申报》1886年6月13日，第8版。
〔2〕 参见王权：《平准公司各股份市价》，载《申报》1886年8月12日，第2版。
〔3〕 参见王权：《平准公司各股份市价》，载《申报》1886年9月16日，第5版。
〔4〕 参见王权：《平准公司各股份市价》，载《申报》1882年9月27日，第4版。

由于受到矿业股票不正常的投机，胡光墉在丝业投机中的失败以及中法的紧张关系影响，倒账的金融风潮自此出现（1883年10月），华商与矿业股票开始下跌。招商局、开平矿务局的股票价格也低到谷底，矿业股票更是形同虚设，相关的股票投机者与从事股票质押的钱庄纷纷破产与倒闭，自此股票市场便跌入冰点，商人在10年后仍对其有心理阴影〔1〕。

（二）1883年以前的上海早期外商证券市场

外资证券最早是以商贸公司股票形式出现的，之后是航运公司和附属性质企业的股票。银行与共用事业两种股票在19世纪60年代之后开始出现。外国的资本在1895年后便开始涌入中国，开始了设厂、办矿、修铁路的活动。其中纺织、矿业、铁路行业所发行的股票极具代表性。

1.航运公司股票

航运业与进出口贸易关系最为紧密，除了商贸业利润最大，排第二位的就是航运业，受到若干外商投资青睐。19世纪40年代，最先进入中国的远洋航运业的大英轮船公司于首开中西贸易远洋运输航线，接着其他几个外资远洋轮船公司加入远洋运输中来。

中国开放沿海和内河航运之后，外资进入中国沿海和内河航运业。19世纪50年代，在我国经营的外国商行们开始纷纷经营起航运公司用于运输业务。因此在19世纪中期一度出现国外投资者间因利益冲突而引起的争辩。

从那以后涌现出了一大批专业的运输团队和公司。与此同时，外资驳船公司也有很大的发展，远洋、沿海和内河轮船公司外，上海会德丰拖驳公司和天津大沽拖驳公司最为著名。

为适应运输船队的发展，相关的沿海城市地区建设有便于装卸货物的码头和仓库，主要以公和祥码头和金利源仓库为代表。这其中很大部分公司都发行过金额较大的股票。在19世纪60年代成立的旗昌轮船公司，依据总的资本总额将股份分为千份，只有一小半的股份被中国商人买走。到了19世纪80年代成立的怡和轮船公司，依据公司资本数将股份分为十几万只股，接近

〔1〕 参见蔡亮：《论商务以公司为最善》，载《申报》1891年8月13日，第6版。

1/6的投资额是从英国本地筹集的，另外小部分投资额是在香港和上海地区筹得的。进入20世纪初，由清政府和日本合办的日清轮船公司，为避免今后利益的差异化，故有意对当时中国市场招集很少的资本投入。

2.洋行商贸公司股票

当时的外国商行主要是经营进出口商品的一种贸易公司，在经历了鸦片战争后开放了各个口岸间通商的权限，因此也吸引了西方很多的商人前来投资经营，以至于各大洋商行在各个口岸迅速增长。从19世纪40年代的六十几家，到了50年代迅速增长了近3倍还多，到了中期更是超出5倍多。

关于在19世纪中期的建立的这些外国商行，因没有足够雄厚的资金实力，为了融资扩大规模，并一步步对外发售自己商行的股票，只为了获取更多的投资资金。

当时也有一部分的外国商行除了经营出口商品，也开始独自开设运输公司和相关保险，且跨行业投资例如：产品加工业、银行和房地产等行业，由单一的经营角色向多元化角色的转变。其中典型代表为美国的旗昌洋行、琼记洋行、同孚洋行；英国的仁记洋行、沙逊洋行、怡和洋行、太古洋行、宝顺洋行；德国的礼和洋行、禅臣洋行等。

3.铁路、矿业公司股票

1874年英商组织的吴淞铁路公司非法修建吴淞铁路，开启了外资对中国铁路、矿业大规模投资。从19世纪末期开始，由于一些蛮横霸道的帝国主义国家对当时中国政府的侵略，通过签订种种不平等条约的前提下，成立了各个地区的铁路公司，并修建了中东、胶济、滇越和南满铁路。

在各个地区铁路公司成立后，西方帝国主义列强就开始通过从这些铁路公司发行大量的铁路股票和债券。值得一提的是，当时的第一张铁路股票是吴淞铁路公司发行的，该公司属于英国的商人投资，于19世纪70年代成立，当时只有很少的投资资本，其中绝大部分是采取发行股票和债券的方法筹得来的。因此到了后半期，在各个地方又成立了一系列铁路公司，并开始发行各自的股票。

4.保险、银行股票

从19世纪末开始从西方带入的保险行业正式面向中国市场，主要是运输业下的一个附属行业。之后，逐渐从运输业剥离出来，成为一个专门的金融管理企业。

对于保险的发展历程，开始是由国外的资本家设立的机构于19世纪30年代成立，分别是于仁洋面和谏当这两家保险行，随着发展的需求又相继成立9家左右保险公司，涉及的保险范围包括水、火和人寿等范围。

于仁洋面保险行是当时做得很好的保险公司，也被西方的一些资本看作保险业的领军人，而谏当保险行则是从19世纪80年代才开始被人关注，还是通过发行保险公司的股票，吸收当时国人的资金并完成了该公司的资本扩充。19世纪中期成立的各个保险公司，也都是通过该方法完成资金融入。

银行也是最早在中国发展的企业，且大部分都是由国外的资本企业设立。第一家外国资本银行在香港和广州成立，是由英国的丽如银行开设的，同时期又在上海开设了分行。之后相继有多家英国殖民银行分别在中国设立分行。

因外资银行在华看到投资的甜头，从19世纪中期开始外资银行都纷至沓来，多家银行相继在华成立，包括汇川银行、利生银行、利华银行、利升银行和汇丰银行等，而著名的汇丰银行是当时帝国资本主义重要的银行。除此之外，另外两个西方列强国家，法国和德国也都较早在华投资过银行。直到清朝末期，在华的外国投资银行分支数量接近百家，从19世纪60年代开始这些外国投资银行开始发售银行股票，且当时中国人民都纷纷认购银行股票，热度高涨不减，因为中国人认购非常踊跃，其500万两资本共4万股不到半年就全部认足。

5.租界公用事业、房地产公司股票、债券

清朝晚期，在上海等开放程度相对较高的地方，各国租界林立，当时由外资经营的公用事业有很多，如上海英商煤气公司等，这些公司霸占了人们日常生活的很多必需品，如油、煤、电等，这种现象在一定程度上导致了当时国内大部分的行业运营都被外国资本所控制。与此同时，这些公司基本都是以对外发行股票的方式进行自我资本的筹借，同时作为房屋买卖行业，在当时也是备受人们的关注，这主要还是因为其有着暴利式的利润存在。在这些企业中比较有代表性的有当时的业广地产公司和哈同洋行等。这些企业其实也与上述的公司一样，基本都采用发行股票或者债券等方式保障其运行。

6.工业公司股票

其实在当时的中国，虽然国内也有很多人提出要实业救国，但是与同时期的其他国家相比，还是比较落后的，而在国内最早由外国出资的工业便是船舶建造行业，因此在当时的上海各类船厂也是遍地林立，如上海祥生船厂、耶松船厂等。随着时间的不断推进，社会的不断发展，这类船厂也经过不断的整合，最终形成了几家较大的船厂。1901年，耶松船厂和祥生船厂合并组成了新的工厂，该厂的资本也得到了很大程度的扩张。

相对于其他行业而言，船厂的股票可以说是当时所有行业中比较耀眼的，其实在当时的中国，外国的客商除了在上海创办船厂外，也涉足了很多轻工业，以及某些加工行业，鸿源纱厂就是相对比较著名的，这些厂也都曾在我国发行过相应的股票，且也都在当时的上海众业公所上市交易。

随着社会经济的不断发展与进步，加之国外商人的不断涌入，各类型企业的层出不穷，因此在19世纪60年代的中国，可以说是证券、股票发展得比较顺利的时期，如当时的《上海新报》就刊登了一则有关股票的广告，这也是迄今为止所发现的最早关于上海早期外商证券交易的文字资料。

其实当时上海的某些洋行就有一些已经开始经营证券类的买卖，但是因为各种原因，还是有很多公司不愿意将自己企业的股票拿到市面上进行交易，所以这类洋行在这方面的盈利自然也是少的，所以笔者认为证券业务应该只是它的副业。

同时，在1862年后，相关的报刊等上有关这方面的信息资料也相对变得越来越多，比如，从相关文献资料我们就能够得出下面的信息：

一、《上海新报》在1865年之前，唯一刊登的股票转让广告就是1862年7月19日的广告。这间接反映出外商证券方面的买卖相对不够活跃。二、同时

1862年由美国商人发行的有关轮船公司的股票，其市场价格也处于不断下滑的状态。其实造成这种局面的主要原因还是因为其本公司当时还处于刚起步状态。其实在1865年，整体而言当时上海的证券交易市场还是非常活跃的，曾一度出现某些船厂股票大浮上涨，引得人们纷纷购买。1865年后，上海外商证券市场交易已经比较活跃。1866年，据相关资料显示，当时的股票尤其是外国商人发行的股票就已经涉及了多个方面，1865年以后，《上海新报》刊登的招募股份和出售股票日益增多。

而在1869年以前，在当时上海的外国客商的股票交易中，主要还是以通过上海的洋行进行，比如，会德丰洋行、宝顺洋行、义泰洋行。股票交易的方式，大概有两种：拍卖和面议价格。也因为由此，当时上海的股票证券发行进入了一个崭新的发展阶段，除此之外，由英国商人成立的长利洋行，可以说是当时上海第一家以股票经营为主要业务的商家。在这之后，很多国家也都开始在我国创设了类似这样的洋行。这些洋行的出现，在某种程度上也就意味着当时上海的证券市场尤其是外商证券市场其实已经开始初步的形成。同时我们也能够很明显地看出来，至此以后，上海的股票交易市场也都开始逐步地走上正轨，比如，相关的办理费用开始变得统一化，再者买卖双方的价格也相对有一定的依据，不再像过去一样毫无章法可依，整个交易市场也不像过去那般处于混乱，毫无秩序的状态。

而除去1869年的盛况之外，在1871年也是出现了一个小高潮，主要表现在以下几点：

首先，当时的股票价格出现暴涨现象，尤其是当时的旗昌轮船公司的股票。根据相关的史料记载，1870年之前，整个股票市场的行情并不被人看好，但是在此后的一年，该公司的证券股票一路看涨，而到了此后的第二年即1872年，当时即便人们拿出212两的高价也无法买到该企业的股票。

其次，也出现了各类投机倒把的活动，因为当时的市场相对活跃了很多，所以很多人开始投机倒把股票市场，尤其是当时的热门公司股票，不管是通过正规渠道买还是投机倒把，它们自然成为很多人的首选，这在当时一些报刊中都能够发现，而1871年7月，更是当时市场变动活跃度最高的一个月份，同样也是投机活动盛行的时间段。

1871年相较于1865年出现的股票交易高潮，程度和范围更甚。整体上来看，这是国内股票证券交易市场发展比较活跃的时代，当时的外国的企业也都因此获得了很多的利益，比较有代表的性的事项就是1871年的旗昌轮船公司股票，当时该企业的股票成为人们的抢手货。

通过前文的相关叙述，我们对当时上海地区的股票证券市场也有了大致的了解，从历史资料的研究中，我们看到当时的很多企业尤其是外国人创办的公司，其股息都相对较高，也正是因为这些高额的股息诱惑，导致很多投资者开始慢慢地将眼光放在股票证券上。简言之，高额的利益，是吸引投资者的最直接原因。资本是追逐利润的。

有暴涨就有暴跌。在1871年高潮中，发生了投机过度的现象。1873年前后，股票等开始慢慢地下滑，当时涨速最快的旗昌轮船企业的股票，是涨的最快的一只，同时也是跌落的较快的一只，通过前文的相关描述，我们知道该公司的高潮期的股票曾一度达到了212两也难购的现象，而在1873年以后直接跌落至只有84两。除此之外，其他各家的股票也是大幅度回落。至此，由外国商人主办的证券市场，也随之进入了低迷时期[1]。

（三）1883年之后中国早期的股票市场

商业性质的铁路企业以及各大银行建立离不开近代化第二次高潮的冲击，证券交易又出现新的起色。随之而来的便是交易买卖以债券、铁路和银行股票为中心，这些现象集中发生在1895年之后。

交通银行和户部银行是清政府时期“官商合办”性质的银行，两个银行成立于1897年中国通商银行上海分行运营后。该阶段，由于投资人热衷股票发行，私营商业银行和地区各省银行随之兴起。

“寓商于路”理念实施于1903年，商人受清政府邀请投资铁路事业，成立铁路企业，建设铁路轨道。在1903年至1907年，全商办、官商一体性质的铁路企业在国内已有18家，铁路股票炙手可热，全国15个省份争相购买。随

〔1〕 参见王易：《上海西商证券交易所之略史》，载《银行周报》1919年总第116期。

后，基础建设行业和银行股票的大量买卖，推动近代证券市场形成。

证券交易所即“股份悬迁公司”概念最早由梁启超在1904年考虑实施推行，周金篇、袁子壮等多位上海买办企业家向清政府申请学习和设立日本取引所组织，未果。尤其是华商证券组织，运营随意、缺乏管理。

主营证券业务的“公平易”企业建立在光绪末年，郁屏翰、王一亭等来自上海的企业家将其建立在南市关桥地区。随后，第二家主营证券业务的“信通公司”位于上海九江路渭水坊，是企业家孙静山创立。两家企业的能力和证券业务与上海平准股票企业有较大差距。兼职股票交易的掮客不少，如杂货商和茶商等，做好本业务的同时，他们进出茶馆交易股票。值得一提的便是惠芳茶楼，地址位于上海福州路，成为20世纪20年代及后期股票交易的主要场所，因此，“茶会”证券买卖时代来临。

1895年，西商上海股份公所得到了质的发展，首先是因为鸿源、瑞记以及怡和纱厂在此所发行股票，其次是德国、英国在公所的借款和续借款业务，此外还有法国、俄罗斯的借款业务，由于证券交易增多，但缺乏买卖商定场所，西商上海股份公所在1898年将汇丰银行门前阶沿以及旧西商总会作为固定交易地点。

1900年发生八国联军战争，中国拥有的开平煤矿的经营权被英国商人夺取，煤矿股票持有人大多为华人商人，因此该股票被转让和出售，导致当时的股票市场一度起伏，更是雪上加霜。1900年，上海股份公所租了多处屋址作为交易消息传达的场所。

紧接着，上海证券交易所在1903年诞生，正式在名称上代替了上海股份公所。上海证券交易所实行“会员制”。简言之，从事证券交易必须得到该所的会员资质认可，短期内已形成百人会员规模，从会员的国籍来看，13名的华商人数远低于87名的西方国家商人，西商会员主要以美国、法国、英国、德国为主。来自远东商人的企业债券、国内商行债券、清政府金币公债以及南阳地区橡皮股票等是上交所的主要证券范围辐射，[1]而后，市政公债也属

〔1〕 参见上海银行学会编：《民国经济史》，京华书局1948年版，第153页。

于其范围内。公和祥码头、公益纱厂、老公茂纱厂、扬子保险、业广地产、电车公司、蓝格志煤油和其他一些橡皮股票是该所按顺序向市场公开发行的股票。随后在1909年，上海证券交易所将上海外滩1号作为办公地点。

在中国能够快速筹集资金是西方商人在国内证券市场注册的主要原因，存在投机劫商的负面性质。此外，1910年橡皮股票波动使洋商再次搅乱国内证券市场和趁机囤积资金的证明，直接造成了国内市场的稳定。

蓝格志拓殖公司由麦边在1903年建立，该公司发展前期情况不佳。20世纪的国际橡胶市场，尤其是1909年是典型大丰收的一年，投资和种植买卖橡胶的群体收益丰厚，麦边于1910年年初趁机在国内劫商，公开声明所在公司将在澳洲承包和种植橡胶，假造橡胶经营计划，承诺将回馈给投资者每年45%的利润分红，以此吸引国内投资者争相购买橡胶股票。另外，麦边虚造声势，“原本价值英镑十先令的股票，在公开发行之前，已经有喊出70两国银的投资者”[1]，使股票价格高涨。同时，花旗、汇丰等银行在已知真相的情况下，却选择了利益，向国内投资者发行橡胶股票的抵押贷款。外商银行这一行为直接重塑了国民投资者对麦边公司的信任，众多投资者和钱庄银号争相购买。

据历史勘察出，在不到3个月的股票发行期间，面值已经翻到27~28倍，[2]而麦边在计划得逞后，选择在股票最高面值时，携款离开，众多外商在买入股票后，快速转让和出售给其他投资者，随着，花旗和汇丰等外资银行终止橡胶股票贷款[3]。商业骗局因此被揭穿，手握橡胶股票的投资者情势所迫低价出售股票，但几乎没人买入，橡胶股票骗局不了了之。20余家钱庄倒闭，投资者倾家荡产，国内经济局面动荡，金融危机紧跟而来，刚起步的证券市场也被殃及，国内市场低迷。

（四）华资股份公司的设立和证券发行

清政府在1960年开始进行洋务运动，决定自立自强，兴办军事工业，提

〔1〕 张睿：《上海西商证券交易所史略》，载《银行周报》1912年9月，第116号。

〔2〕 参见张睿：《上海西商证券交易所史略》，载《银行周报》1912年9月，第116号。

〔3〕 参见中国人民银行上海市分行编：《上海钱庄史料》，上海人民出版社1960年版，第67页。

高国家实力。但由于资金短缺以及众多基础设施企业发展水平低，该项目被搁置。

而19世纪70年代，中国仿效西方，采用股份制发行证券组织近代企业公司的活动。将希望寄托于民间私人资本家，来帮扶清政府财政短缺问题。之后，洋务派借鉴西方国家的股份制理念，以“求福”为目的，成功建设出多个近代民用企业，多数民用企业采用了“全商办”“官商合办”“官督商办”等模式。

众所周知，上海轮船招商局是民用企业的代表，由李鸿章部署管理，而朱其诏、朱其昂等上海商人筹资建设。上海轮船招商局首次股本任选和集资，代表着中国近代历史上第一张国人公开于市场的股票面世，也是股份制模式下的第一个中国企业。随后，通讯电报、纺织等行业也开始纳入股份制企业模式，华商股票种类和数量增多，上海机器织布局、济和保险、开平煤矿等都是近代中国首批发行的华商股票，这直接改变了国人投资西商企业的观念，国人专项投资各大民用工业企业，甚至主动投身民用企业的创业热潮，形成峥峥向荣的良好情景。

截至1980年，洋务运动影响下创办的工矿企业，且已经公开发行股票的，数量超过15家，属于国人的企业增多，发展趋势良好，促进了华商证券的转变。

国内近代企业的第二次创办热度发生在甲午战争失败后，清政府在经验中总结出，要想自强求富必须重视工商业。光宣新政和戊戌变法等运动的推进，助力清政府制定并实施了支持工商业进步的声明，并以实际行动帮助银行和公司的创办和发展，1897年中国通商银行的诞生是第二次近代化热潮的开端，从1901年到往后的10年间，火柴、面粉、采矿、机械制造等领域的华商企业迅速崛起，厂矿公司数量有386家，累积拥有超过8.8亿元的资金，伴随其中的便是，华商股票的大量出现和活跃于市场中。

1883年的矿业股票事件成为国内华商证券业的“分水岭”。1883年前、1880年前后建立的矿业和洋务派“官督商办”是当时华资证券的代表，以股票为主要形式。1883年之后，债券和股票共同成为华资证券的发行种类，铁路债券和股票以及银行股票的影响较为突出。

1.航运、造船公司股票

近代航运领域的序幕是由轮船招商局揭开的，轮船招生局创建于1872年，拥有超过100万两的资金，在政府的要求下，将资金以每股100两的形式公开发售10万数量的股票。随着轮船招商局的发展，1881年的股本100万两已然回本，而每股的面值翻了1倍，超过200两，该股票成功开辟了国内股票市场“领涨股”的开端。

轮船招商局由清政府长期垄断控制，因此航运业的多元发展受到阻挠，直到19世纪后期，小规模的航运公司逐渐出现和发展，20世纪初，航运业的繁荣才得以显现。从数据中得到，私营性质的航运企业出现，如大生轮船公司等，数量在1911年超过了586个。清朝末期，江南船坞和福建船政局等洋务性质的造船公司发展水平不高，而求新制造机器轮船厂等民营造船公司情况相同，因此该阶段的造船行业发展不太景气，其中，只有求新造船厂拥有发行的少数股票。

2.铁路公司股票

国内首个自产自建的铁路是1881年11月的唐青铁路，该铁路由开平煤矿投资建设。国内首个自产的铁路公司是开平铁路公司，设立该公司的目的是修建唐肯铁路，从此，中国修建铁路的高潮序幕被拉开。铁路公司也会筹集资金建设铁路和发行股票，如开平铁路公司创建时拥有25万两的资金，发行单位为100两每股的2500个股票数量。后期，清政府官方声明大力推进铁路建设，“官办铁路、借债筑路”的铁路修建模式开启，由此中国的铁路工程也带有了政府性质。

中国铁路总公司诞生于1897年1月，地址位于上海，管辖修建的铁路范围包括沪宁、粤汉以及芦汉等地。上文提到的“官办铁路、借债筑路”模式，中国铁路修建费用很大一部分来源于外商借资，因此，外国人直接据此占有铁路拥有权，也开始插手沿线的经济和军事等领域，所以著名的“收回路权、自办铁路”运动由此产生。

“寓商于路”是清政府针对铁路修建提出的倡导性政策。简言之，便是商人集资发行股票来建立铁路公司和修建铁路，这样的政策使铁路由“官办”走向“商办”或者“公商合办”。在1903年往后的4年间，四川川汉、浙江和安徽全省以及潮汕铁路等铁路企业迅速发展，到1907年，全国的铁路公司数量达到了18家，每一家铁路公司都做到了股票发行，但发行铁路债券的公司却较少，铁路债券的出现和发行，直接影响了华商证券涉及领域的进一步发展。

3.银行、保险股票

国内首个由华人创办的股份制银行是中国通商银行，成立时间是1897年，股票发行方面，将500万两的筹集资金以每股100两，向社会发行5万股。后期250万两成为真实存在的股本数量。而在认购股票占比方面，上海华商、电报和中轮船招商各自认购100万两，剩余每一认购渠道是由华商组成的国内口岸或者省会单位，每一认购都低于50万两。接着，交通银行和户部银行随之出现，由清政府和商业机构共同运作，其中，交通银行拥有500万两的资本，而户部银行坐拥400万两资本，前者以每股100两发行50，000股，后者以每股100两发行40，000股，在认购股票方面，前者社会认购3万股，邮船部认购2万股；后者在户部和社会分别认领2万股。

大清银行是户部银行在加入新渠道资本后，于1908年进行的名称修改。国家银行和地方性银行、私营银行同时并存，地方性银行是由各地区或者各省市的官银钱局基础上升级形成的。对于私营银行来讲，出现时间较晚，在1990年后，上海四明商业储蓄银行、信义储蓄银行、浙江兴业银行等都属于私营银行的范畴，但国内首家司私营银行是上海的信成商业储蓄银行，建立于1906年。截至1911年，华资银行发行的股票随着国内银行多样化繁荣发展也得到了质的进步。

上海保险招商局是国内首个华人全资的主营保险业务的企业，创立者是徐润和唐廷枢，建立时间为1875年。紧接着，二人继续创办了济和水火险和仁和水险公司，在1886年，二人最后决定将两个公司合并，命名为仁济和保险。

1890年之后，上海、安泰、宜安等企业也开设了保险业务。1901年开始，国内总计有18家保险企业，如华安、华通等。1890年后的保险公司都以股份制作为公司模式，主要表现在首创资金筹集皆由集股完成。经济是国民基础，因此涉及经济领域的保险和银行，在之后的发展中，受到众多投资者关注意外，还获得了大量的利润回报。

4.矿业、冶炼公司股票

洋务运动中军用工业的蓬勃发展，离不开对原料和燃料的需求，这一需求极大推动了国内矿冶业的产生。

从1880年开始，矿冶业和铁路行业的迅猛发展，投资者开始对其产生关注和兴趣，如后期的汉阳铁厂和青溪铁厂都是投资者冶炼企业的产物。1895年的甲午战争过后，汉冶萍煤铁框、开平煤矿等大型冶炼企业成为清政府的重点支持和开发项目，其他规模的冶炼企业继续运营。当时，每个省份也存在或大或小规模的冶炼企业，在政府的号召下，矿务局开始搜寻和开采矿山，其中，山西保晋矿务公司便是采矿代表。笔者曾在相关数据中了解到，在1895年至1911年，全国共有97家矿冶企业，其中，44个金属矿及冶炼厂，53个煤矿，大多数企业基本以招商集股形式成立的，都有矿冶股票业务，一度成为当时股票交易的高潮。

5.公用事业、农垦公司股票

国内创办的首个电灯厂是广州电灯厂，属于公用事业单位，成立时间是1890年。1990年后，有关电、水等的公用事业单位相继出现，如南京、青岛、天津等地都出现了自来水公司和发电企业，据统计，共有7个自来水厂和超过50个电灯企业。其中，大规模运营和发展前景较大的公共事业单位，有上海闸北水电、广东省城自来水、上海内地自来水、京师华商电灯公司等，其股票发行的规模也领先其他地区。

另外，农业垦殖企业数量增多，主要集中在天津、奉天、黑龙江、江苏以及广东等多个地区，但该类企业存在资本主义性质和成分，数量大约超过90家。从经营内容来讲，树艺、蚕桑、麦豆谷物种植为主，有的企业拓展到畜牧行业中。江苏通海垦牧、广东海南岛华兴、黑龙江兴东、天津塘沽耕植畜牧等企业是农垦行业的代表公司。

6.工商业公司股票

民营和国营是近代国内工商业企业的两种性质属性，造纸、制革、纺织等轻工业公司以及矿冶业和交通业曾都属于国有企业的范畴，而轻工业角度来看，兰州机器织布局、湖北纺织局以及上海机器织布局等都属于发展前景良好的轻工业企业。

商业和轻工业是民营资本投资占比最多的领域，而矿冶业是民营资本最早投资的领域，上海燮昌火柴厂、南海继昌隆缫丝厂、上海公和永续丝厂、重庆森昌火柴厂以及裕源纱厂等是轻工业发展前期代表。而后，19世纪90年代末期，卷烟、面粉和棉纺3个领域成为民族资本投资热点，其中棉纺织领域未来发展前景最好，是投资的关键。

商业一直是民族资本的强项。在1895年至1910年这几年中，建立起的棉纺厂数量将近20家。业勤、大生以及振华等在当时被大众所熟知。面粉工业以及卷烟工业这两大工业的发展速度与早期相比明显加快。上海阜丰、无锡保兴以及上海华兴等面粉厂在当时颇有名气。不仅如此，在特定历史阶段，轻工业企业的数量也明显增多。比方说江西瓷业公司、湖南瓷业公司、博山玻璃、商务印书馆以及张裕酿酒公司等。

自19世纪后叶，旧式店铺以及经营五金百货的商店遍地都是。规模较大的有上海老顺记、华英大药房以及中英大药房等。上述所说的这几家公司均发行过股票。

二、公司债的发行

中国近代的证券市场上，不只有公债还有公司股票，同时还涉及公司债券，然而从规模和数量上讲，则不如前两者多（见表2-1）。兴业债票则是公司债发行历史上第一次出现的一种债票。在1914年和1915年这两年中，国币发行总额已经超过了155万元。年利8厘，从1921年开始，每年清偿的数额为本金的1/50，一直到1933年清偿所有的本金和孳息[1]。在这之后有超过20家的公司开始在市面上流通和发行债券。

---

〔1〕 参见王宗培：《公司债票在中国》，载《申报周刊》1937年第12期。

表2-1　1927年前国内股份制企业历年开设户数及资本总额情况统计

开设或注册年份（年）	股份有限公司		有限责任公司		股份两合公司	
	开设户数（户）	资本总额（元）	开设户数（户）	资本总额（元）	开设户数（户）	资本总额（元）
1895	1	2,000,000				
1896	2	500,000				
1897	1	5,000,000				
1898	1	1,000,000				
1899						
1900						
1901	2	1,012,500	1	5000		
1902	1	500,000	1	5000	2	60,000
1903	1	50,000				
1904	2	3,299,250	1	10,000		
1905	3	112,000	2	610,000	2	132,000
1906	10	2,452,798	2	357,785		
1907	7	2,004,525	2	1,100,000		
1908	10	5,849,862			1	50,000
1909	7	4,105,200				
1910	8	1,582,480	1	29,985	6	331,395
1911	21	7,802,689			2	21,000
1912	35	11,565,030			6	1,066,000
1913	45	9,977,868	2	10,000	10	440,635
1914	74	29,493,157	14	78,880	6	1,183,141
1915	82	45,635,336	18	953,645	7	81,671
1916	54	44,756,508	12	5,252,950	6	367,000
1917	60	13,115,514	17	1,896,165	4	321,400

续表

开设或注册年份(年)	股份有限公司		有限责任公司		股份两合公司	
	开设户数（户）	资本总额（元）	开设户数（户）	资本总额（元）	开设户数（户）	资本总额（元）
1918	66	31,392,013	19	937,487	11	1,061,000
1919	100	67,480,196	26	2,322,073	7	857,200
1920	98	77,374,283	33	1,421,978	3	13,000
1921	132	97,155,363	18	8,396,570	7	250,000
1922	91	36,596,526	11	3,325,000	2	56,000
1923	39	13,280,873	9	648,000	1	36,000
1924	83	16,787,000	6	174,000	4	103,690
1925	78	12,793,475	9	680,000	3	
1926	122	16,831,250	19	1,065,850	5	30,000
1927	26	1,405,000	11	4,337,500	1	50,000

资料来源：上海市档案馆编:《旧中国的股份制》，中国档案出版社1996年版，第246~247页。

三、政府公债的发行

在证券市场发展的早期阶段，公债占据证券市场的主流地位。然而在股份公司发展起来后，公债的发行量明显有所减少。之后“信交风潮”的出现，使国内企业股票迅猛跌落，这样一来，公债又成为那一时期的主要焦点。

公债的出现，不单单聚集了相当一部分的金融单位资金，同时又让社会游资纷纷聚集于此。在抗日战争没有爆发的时候，国内的证券市场唯有公债的交易活跃度较高，公司股票的成交量少之又少。

在当时公债会占据证券市场的主流地位，是有其特殊原因。

（一）公债制度的缘起

19世纪70年代清政府的财政亏空已久，积贫积弱。清政府的外债最早出现在地方军需方面，之后又逐步扩展至洋务事业等方面。并且，当西方帝国主义入侵我国之后，清政府连连战败，不得不支付巨额赔款。种种开支，已经逼清政府财政捉襟见肘、紧张拮据，不得不开始举借内债和外债。

甲午战争败后，所花费的巨额军费，加之战后对日本的巨额赔款，使本来就捉襟见肘、难以为继的晚清财政雪上加霜、不堪重负，清政府面临着前所未有的财政危机。且危机的规模、严重程度及对晚清社会各层面的破坏性空前绝后：

自中日战争后，吾国各方面所受之影响甚巨，因之威信扫地，以启外人有睡狮进而为死狮之诮。于是，列国乃弄其外交手腕，今而要求土地租借，明又要求路矿权利，如此种种，就中国财政之影响，亏损最巨。第二次英德公债募集之际，英则要求财政监督权，而并牵及政治之目的，此吾国财政上之信用一败涂地之明证也。按中日战争，吾国实际上所用之战费不过910万镑，而赔偿日本则二亿余万两，较之实际之战费，尚不足其半额。而以如此之巨额外债，致岁出非常增加，无有止境。[1]

此时清廷最主要的财政负担包括：军费支出、战争赔款、巨额的外债债息以及日益膨胀的政府运行费用。

晚清军队主要由八旗兵、绿营兵、各省招募的防军练勇以及水师兵等组成。同治、光绪年间，绿营兵力达46万人，各省防军练勇达36万人，常备兵力不下 90万人。养兵费开支，旗、绿兵营岁支军饷达2000万两，各省防军练勇岁支军饷也为2000万两，水师兵等尚不计内，可见军饷数额之巨[2]。清后期的军费中还包括大量的军事装备费，尤以海军建设为最大，为装备水师清政府从国外购入军舰近百艘，并花费大量资金投资船政、造船、养船等。为抵抗外国侵略者和镇压国内起义，清政府军费中更是包含了大量的军事战争费用。

清政府在1840年鸦片战争以及之后数次侵华战争，皆以失败而告终。战败需负担巨额的战争赔款。第一次鸦片战争的赔款总计为2100万银元，约合1470万两白银；第二次鸦片战争后向英、法两国各赔款800万两白银，再加

〔1〕 中国人民银行总行参事室编：《中国清代外债史资料（1853-1911）》，中国金融出版社1991年版，第228页。

〔2〕 参见黄天华编：《中国财政史纲》，上海财经大学出版社1999年版，第 363 页。

上恤金，英国30万两，法国20万两，总计约1650万两；《中俄伊犁条约》规定向俄国赔款600万两白银[1]；中日甲午战争签订《马关条约》，中国赔偿日本军费20，000万两，分8次于7年内交清除第一期的5000万两（6个月内还清）不计利息外，其余的15，000万两年息5%；八国联军侵华签订《辛丑条约》，向中国索要赔款45，000万两，议定分39年赔付完毕，未偿之款年利4%，连本带息高达98，000万两[2]。

巨额军费和战争赔款是清政府财政困难的主要原因之一，清政府只能依靠举借外债以支撑，因此背上了沉重的债息负担。其中主要的政治借款本金总额折合库平银即达 3.5 亿两，预计期限内利息总额将达 5 亿元以上（见表 2–2）。

表2–2　清末主要的外国政治借款统计

名称	时间	年息	期限	借款
汇丰银款	1894 年	7%	20 年	1000 万库平银
汇丰镑款	1895 年	6%	20 年	300 万镑
俄法借款	1895 年	4%	36 年	4 亿法郎
克萨镑款	1895 年	6%	20 年	100 万镑
瑞记借款	1895 年	6%	20 年	100 万镑
英德借款	1896 年	5%	36 年	1600 万镑
续英德借款	1898 年	4.5%	45 年	1600 万镑

资料来源：徐义生编：《中国近代外债史统计资料（1853–1927）》，中华书局1962 年版，第 28~29 页；潘国旗：《近代中国国内公债研究（1840–1926）》，经济科学出版社2007 年版，第 85~91 页；许毅、金普森等：《清代外债史论》，中国财政经济出版社1996 年版，第 423 页。

除以上主要政治借款外，在辛亥革命前，清政府向西方列强借巨额资金修建铁路，资金总额达到了3.3亿两，占外债总额的27.47%[3]。此外，《辛丑条约》签署后，清中央和地方政府还陆续举借另外的外债，导致财政压力进一

〔1〕 参见孙文学、齐海鹏：《中国财政史》，东北财经大学出版社1997 年版，第153~154 页。
〔2〕 参见孙翊刚主编：《中国财政史》，中国社会科学出版社2003 年版，第327~328 页。
〔3〕 参见徐义生编：《中国近代外债史统计资料（1853–1927）》，中华书局1962 年版，第 26 页。

步增加。

晚清皇室支出巨大。主要包括：庆典费用、内务府经费、陵墓建筑维修费和园囿修建费等。内务府经费从1894年开始由原先的每年60万两增加至110万两左右。而户部支出的宫廷费用，在光绪后期每年不下三四百万两[1]。这些只是每年例行支出，如遇大事，财政支出更是入不敷出。仅光绪十三年的大婚一项，用银550万两。

光绪二十年，为庆祝慈禧寿辰举行“万寿庆典”，各种耗费约计700余万两，仅光绪皇帝进贡物品和银两，共计59.8万两，内务府大臣、安徽巡抚等所贡之物尚未计入。至于陵墓费，主要是光绪陵工程，花费180万两，从各省地丁、厘金、海关和洋税中提取，巨大开支使户部处境更为艰难。

另外，清政府为“救亡图存”，大力开展洋务运动，实行资本主义新政，必然需要大量的财政资金支持。19 世纪60年代至90年代，从中央到地方创办了一批近代军事工业，并雇佣工人1万~1.3万人，花费了国库经费银4500万两左右。

19世纪70年代后，洋务派逐渐从军事工业转向民用工业，兴办了一批冶金、铁路、纺织、面粉、织布等近代轻重工业。在洋务派的倡导下，清政府还设立了许多军事学校，如天津武备学堂、广东水师学堂、天津水师学堂、福建船政学堂等。同时还创办一些普通学校，如北京同文馆、上海方言馆、广州同文馆、湖北自强学堂，并派遣留学生去英、美、法、德、日等国学习。洋务运动持续近40年，每年所需经费超过2000万两，为晚清中央财政的主要支出之一。

财政收入方面，太平天国起义后，作为主要财赋区的江浙等省无法给清政府提供财政收入；且海啸、黄河决口、洪水、干旱等自然灾害缩小了清政府的田赋税源，且加大赈济支出。政府主要的财政收入来源还包括海关关税、盐税、厘金和其他工商税等（见表 2–3）。

---

〔1〕 参见周棠编：《中国财政论纲》，政治经济学社民国图书集成公司1910年版，第 90~94 页。

表2-3 清末财政收入

项目	总额（两）	项目	总额（两）
地租银	25,967,000	地租谷	7,697,000
内地关税	4,230,000	租课租息	690,000
盐课盐厘	13,050,000	土地买卖典当税	110,000
海关税	22,052,000	捐官	266,000
厘金税	12,610,000	协饷	9,282,000
内地鸦片税	2,830,000	内国公债献纳金	6,334,000
杂税	2,165,000	茶税	900,000
芦课	215,000	米及石炭厘金税	101,567,000

资料来源：中国人民银行总行参事室编：《中国清代外债史资料（1853-1911）》，中国金融出版社1991年版，第230页。

虽然晚清财政收支情况无官方统计资料，但据若干资料可判断，从甲午到庚子前后，清政府财政岁入应达8800万两左右，岁出计入外债本息等新增款，共计1亿余两，收支相抵财政赤字在1300万两左右。1902年起，清政府每年又须支付庚子赔款2000多万两，使清政府财政收不抵支的危机更加严重。1903年，岁入10,492万两，岁出13,492万两[1]；1905年岁入10,292万两，岁出13,650万两[2]。根据这两年的数据，可以看出清政府的收支赤字在庚子赔款以后短短几年内就增加了1倍之多，每年达3000万两以上。

为了维持其统治，解决财政危机，晚清政府费尽心机，推行了一系列举措：增加创收，缩减开支。主要措施包括：

（1）节流。比方说将官兵的人数降低，停放米折等。

（2）有效防范中饱归公。比方说整顿厘金。

（3）提升捐税的额度。比方说盐斤加价以及土药捐输等。[3]

---

〔1〕参见周棠编：《中国财政论纲》，政治经济学社民国图书集成公司1910年版，第21~22页。
〔2〕参见汪敬虞主编：《中国近代经济史（1895-1927）》，人民出版社2000年版，第1335~1336页。
〔3〕参见周育民：《晚清财政与社会变迁》，上海人民出版社2000年版，第343~346页。

可谓开源节流并重，但实际效果并不理想。其中成效好的是压缩开支，开源问题从根本上来说并没有获得妥善处理，制止中饱归公，地方纷纷表示强烈的不满与抵抗。捐税的收入微乎其微，无法扭转当时的不利局面。清政府此时被形势所迫，亟须开辟新财源。

日益严重的财政危机，空前巨大的财政包袱，常规财政手段的执行无力和增收潜力的无望，迫使晚清政府必须实行崭新的财政手段，突破几千年的传统束缚，聚集大量的资金，解决财政的困难。缘于此，近代公债制度由此产生。从总体上看，清政府共发行了三次国内公债（见表2–4），下文将分别述之。

表2–4 清末发行的国内公债统计

名称	发行日期	发行定额	实发数额	担保品	利率
息借商款	1894年	无定额	1102万两	地丁、关税	月息7厘
昭信股票	1898年	1亿两	1000多万两	天赋、盐税	年息5厘
爱国公债	1911年	3000万元	1160万元	部库收入	年息6厘

于是，1895—1898年，清政府为偿付甲午战争巨额赔款，第一次开始举借外债共计208笔，债务总数为白银13亿两。

在这之前，地方政府所借到的外债，最后全部由中央政府清偿，所以，从根本上说，它类似于政府外债。在19世纪下半叶，张之洞第一次向汇丰银行借款。后来，福建、广东以及山东等地开始效仿张之洞的做法。

截至1911年，地方政府外债总计已经超过30笔。值得注意的一点是，绝大多数外债只是承借人从政府获得借款资金后，转手就在国际市场上流通发行。这样一来，中国政府金币公债市场就得以形成和出现。从历史的角度来说，地方政府公债后来走上了清政府公债的道路，依旧是因为发行公债条件不足导致最终没能够发展起来。

（二）息借商款

在1894年之前，地方举借外债一共将近70笔，占外债总额的7个百分点。

1894年，甲午战事前夕，清政府需要为战争花费大量的资金。但是当时国库资金较少，外债无法按时清偿。所以清政府开始模仿西方已开发国家，在国内开始施行公债制度，称作“息借商款”。款项的总额没有明确说明，只是规定每个月可以获得的孳息为7个百分点。在两年半的时间中可以分5次清偿。在当时，国内政治腐败，时运不济，所以“息借商款”也没能够施行起来。

一直到1895年，“息借商款”发行的总数额并不高，在很大程度上遗留过往“捐输”“报效”的痕迹，尚非真正意义上的近代公债。但是无论如何，它迈出了艰难的第一步。“息借商款”的真正历史意义在于，它开创了中国公债的先河，具有历史进步性。

1894年，中日甲午战争爆发，军事上需款甚急，而清廷却财政紧张、入不敷出，于是户部建议仿照国外办法，向本国商人举借内债，称为“息借商款”。户部在 1894年9月8日的《酌拟息借商款章程折》中奏道：

海防吃紧，需款浩繁，近年以来，帑藏偶有不敷，往往息借洋款，多论镑价、折耗实多。由于国内地大物博，富有商人绝大多数都是急公慕义之人，如果能让商人们知道“息借商款”这种形式，那么他们就会纷纷效仿。[1]

为此户部拟定了“息借商款”章程，共计6条：

（1）预定还期。清政府对息借商款的募集总数没有提出明确的要求，并规定还本付息援照成法，略作变通，在两年半之内清偿，每六个月清偿一次，第一次清偿孳息不清偿本金，自第二次开始需要本金和孳息一起清偿，每次清偿本金的25个百分点，已还本银若干，利即递减，定以五期还清。

（2）酌给利息。比照借用洋款的行市，息借商款确定了7厘的年息，每年分12个月分别计算，如遇闰月照加。

（3）颁发印票。凡购买息借商款者均发给由户部统一印制的债券票据。每票面额为100两，且背书商铺字号、本息数目、交兑日期。

（4）定准平色。查借用洋款以镑价合银，每遇归还之期，镑价骤昂，以致异常折耗，据此息借商款规定“借用商款概用库平足色纹银上缴，以后还可

〔1〕 千家驹编：《旧中国公债史资料（1894-1949）》，中华书局1984 年版，第 1 页。

以用库平足色纹银归还，这样就没有了两歧之弊”。

（5）拨抵款项。为简便于续，拟将京城所借商款100万两直接拨付内务府，以此冲抵内务府政费，而于国库内提取同等数目银两，留作军需。

（6）严防弊端。户部派遣司员经理一切相关事宜，并随时督察经募事项，如有吏役在外招摇，立即饬拿严究，并传知该商，遇有前项情事，准其赴部控呈，以凭惩办。[1]

“息借商款”累计发行的数额并不多，仅1102万两而已[2]，虽然最终筹到的款额十分有限，但所借之款基本上都用到了甲午军费，起到了举债的实际作用。从清偿的实际状况而言，每个地方的办理情形都是不一样的。有一些地方要求当日缴银领票，第二天就需要将印票抵偿关税厘金等项[3]；而有一些地方则通过提升税收额度的这种方式来清偿本金和孳息[4]；除此之外，还有一些借款则被某些人士所贪污，中央政府没有获得现银[5]。

但是由于：

息借民款章程，于部议各条外，多有增改，不肖州县威赫刑驱，多方逼抑，甚至贫富颠倒，索贿开除，又向出借绅民需索无名之费，弊端百出，谤讟频兴[6]。

进而遭到了商人、民众的强烈反感与抵制。清政府不得不于1895年5月宣布“未收者一律饬停，毋庸再行议借”[7]，勒令停止招募“息借商款”。“息借商款”是中国历史上首次以政府名义在民间发行的公债库券，虽然与现代意义上的公债尚存很大区别，但却开创了中国公债发行的历史先河。

（三）昭信股票和爱国公债

甲午战争失败，清王朝陷入了太平天国革命以来第二次严重财政危机。2亿两的战争赔款和3000万两的“赎辽费”，再加上6000万两的甲午战争军

〔1〕 千家驹编：《旧中国公债史资料（1894-1949）》，中华书局1984年版，第1~3页。

〔2〕 参见贾士毅：《民国续财政史》（第4编），商务印书馆1932年版，第3页。

〔3〕 《清德宗实录》（卷356），载《清实录》（第56册），中华书局1987年版，第636页。

〔4〕 参见《清德宗实录》（卷387），载《清实录》（第57册），中华书局1987年版，第56页。

〔5〕 参见杜翰藩编：《光绪财政通纂》（第2卷），蓉城文伦书局1905年版，第68页。

〔6〕 千家驹编：《旧中国公债史资料（1894-1949）》，中华书局1984年版，第4页。

〔7〕 千家驹编：《旧中国公债史资料（1894-1949）》，中华书局1984年版，第6页。

费[1]，总数额已经超过了3亿两白银，等同于在当时那个年代清政府三年半的财政总收入，使本来就财政匮乏的清王朝根本无力承受。

在1898年年初，清朝状元黄思永上奏，明确表示：

聚集天下所有人的财力与物力，加以辨别和区分，各出各力，从而帮助国家脱离困境。全国范围内的民众数量大约有四万万，如果想要借一万万或者二万万还是不难的。所以希望清政府能够快速地让股票在市面上发行并流通。仿照西方已开发国家的做法，每百两为一股，每百两可以分期收缴，期限在十年或者二十年。每张本利共还若干，预定准数，随股票另给票据，10年则10张，临期准抵交项。[2]

黄思永的建议得到了朝廷首肯，并交户部复议。户部当时正为筹款之事发愁，故对黄思永提出的发行股票的建议十分支持。

户部将黄思永的建议上报给朝廷之后，申请户部印制100万张股票发行到民间。[3]

当时清朝的统治阶级并没有真正认清什么是股票，只是效仿西方国家发行股票筹集资产的例子，他们认为：

股票比银票要好，所以全国的百姓都会对股票趋之若鹜，每次统治阶级让银行制造股票，登记在新闻报纸上出售，制造的数目上亿两，在严格规定的期限内可以完全售出。如果中国形成这样的风气，那么从股票中收获利益又怎么会难呢？[4]然而中国用股票集资的行为常常失信于人，百姓都害怕去买股票，即使是铁路和银行等大型企业发行的股票也没有确定盈利的把握，那么股票的利息什么时候可以返回呢？因此相信股票且购买的百姓很少。[5]

---

〔1〕 参见吴廷燮：《清财政考略》，中华书局1914年版，第22页。

〔2〕 王延熙、王树敏编：《皇清道咸同光奏议》，载沈云龙编：《中国近代史料丛刊初编》（第34辑），文海出版社1969年版，第602~603页。

〔3〕 参见朱寿朋编：《光绪朝东华录》（第4卷），中华书局1958年版，第4035页。

〔4〕 王延熙、王树敏编：《皇清道咸同光奏议》，载沈云龙编：《中国近代史料丛刊初编》（第34辑），文海出版社1969年版，第602~604页。

〔5〕 王延熙、王树敏编：《皇清道咸同光奏议》，载沈云龙编：《中国近代史料丛刊初编》（第34辑），文海出版社1969年版，第602~604页。

清朝的统治阶级为了让百姓相信债券，不仅将债券的名字改为股票，而且用“昭信”二字冠于前，其目的无非是为了“以冀通行而昭大信”[1]。这样起名的原因，首先是因为通过证券来筹集资金的方法是从西方传入的，对统治阶级来说，对股票和债券之间的差异认识并不到位，只是将股票和银票进行对应，认为股票比银票要好，所以把实际上是债券的东西以股票的名义发出。其次是因为清朝的统治阶级将以前用股票进行集资而常常失信于百姓的行为作为借鉴，因此在对朝信股票的发行过程中特别强调了这次的股票是由于国家政策的推动皇上以自身信用为保障而发行的。于是，“昭信股票”就这样出台了，名为股票，实为债券。清政府急需此公债救急的心态昭然若揭。

1898年2月10日，户部奏准发行昭信股票，并对该股票的发布制定了详细的政策，总共包括17条内容，主要内容如下：

（1）将“昭信股票”的发行数量定为白银1亿两，发行种类有100两、500两和1000两的不同面额。

（2）该股票的发布期限为20年，年利率5%，此外，在前10年国将只会将利息付给百姓，在后10年将会把本金和利息一起归还。

（3）在中央和地方都设立昭信分局，管理本次股票发行的相关事宜。

（4）股票可以在市场上流通，并允许做出抵押。

（5）各地的官员、商户和百姓是国有购买股票达10万两以上的人，当地的管理人员可以对中央进行上奏，可以适当地给予他们奖励。

（6）各地通过股票收集的资金是用来偿还对洋人的欠款，不可以用来做其他事情，更不可以强制命令百姓捐钱。

户部可以通过裁减兵士并增加当地的税收来筹集资金，也可以适当地减少官员养老的钱和漕运所得的盈利作为偿还债务的资金。[2]从章程上看，昭信股票较之以前，最突出的特点就是允许股票在市场上流通和抵押。当今

---

〔1〕 王延熙、王树敏编：《皇清道咸同光奏议》，载沈云龙编：《中国近代史料丛刊初编》（第34辑），文海出版社1969年版，第602~603页。

〔2〕 参见朱寿朋编：《光绪朝东华录》（第4卷），中华书局1958年版，第4052~4055页。

社会的债券分为上市债券和非上市债券，上市债券就可以在市场上进行流通，容易将该债券变为现金，受到许多投资人员的追捧。晚清时期国家发布的债券虽然还不具有广阔的市场，但它可以在市场上流通和抵押对债券的发展来说是一个重要的创新点。

然而“昭信股票”与“息借商款”的命运相似，发行未获成功。由于保障不力，并未按章程偿还，再加上各种弊端丛生，截至当年9月，实际筹得资金不到2000万两白银。

清政府不得不在1898年年底草草停止了昭信股票的发行，累计发行量大致在1000万~2000万两[1]，仅完成了不到预定目标的1/5。这两次政府公债发行失败，充分说明了清政府的商业信誉已经颜面扫地。

辛亥革命爆发后，清政府垂死挣扎，匆忙筹措军费。于1911年12月14日由内阁奏请颁发，经资政院修正议决颁发债券。该债券的拟定额度为3000万元，具体面额分为5元、10元、100元和1000元4种类型。年利率为6%，债券期限为9年，在前4年只偿还利息，在后5年，可以通过抽签来偿还本金。

“爱国公债”发行之际，晚清已值垂暮之年，财政亏空，吏制腐败，民心不稳。“爱国公债”自颁布以来，王公大臣应者寥寥，不过认捐5万两，而实际所交数中尚短少千余金。“爱国公债”最终募集不满1200万元，其中的1016万元实际上是清廷以内帑购认，及向王公世爵及在京文武官员劝募所得，京外募债区域也只限于直隶、山西、河南等数省，在外销售额不及1/10[2]。

（四）晚清发行其他地方公债

从1905年的直隶公债开始，清末各省都效仿发行债票、公债，总计达13次之多，但大都未成功发行，或以失败告终（见表2-5）。

---

〔1〕 孙毓棠认为不足500万两，参见孙毓棠：《抗戈集》，中华书局1981年版，第169页；千家驹认为不足1000万两，参见千家驹编：《旧中国公债史资料（1894–1949）》，中华书局1984年版，第366页；周伯棣认为不到2000万两，详见周伯隶：《中国财政史》，上海人民出版社1981年版，第521页。

〔2〕 贾士毅：《民国续财政史》（第4编），商务印书馆1932年版，第6页。

表 2–5　清末发行的地方公债统计

名称	时间	发行额	备注
直隶公债	1905年	480万两	期限6年，第一年7厘，以后逐年增加1厘，至第6年还清为止发行
湖北公债	1909年	240万两	
安徽公债	1910年	12万两	
湖南公债	1910年	120万两	
福建公债	1907年	120万元	实际未发行
吉林公债	1909年	100万元	
云南公债	1910年	30万两	
江南公债	1910年	240万两	
奉天公债	1910年	200万两	
福建二次公债	1910年	20万两	
直隶二次公债	1910年	320万两	
四川公债	1911年	200万两	
江西公债	1911年	180万两	

资料来源：贾士毅：《民国续财政史》（第4编），商务印书馆1932年版，第106页；周棠编：《中国财政论纲》，政治经济学社民国图书集成公司1910年版，第 248~249 页；朱寿朋编：《光绪朝东华录》（第4卷），中华书局1958年版，第5691页；姜宏业编：《中国地方银行史》，湖南出版社1991年版，第81~82页；天津市档案馆：《天津商会档案汇编（1903–1911）》（上册），天津人民出版社1989年版，第699~701页。

综上所述，清朝晚期的统治阶级总共发布了三次债券，第一次是在1984年发布债券来筹集与日本作战的战争资金，且对发行的数额没有做出具体的规定，实际发行了1102万两。第二次是在1898年发行的昭信股票，规定发行额度为1亿两，实际发放的数额不到2000万两。第三次是1991年发布的爱国公债，规定发行额度为3000万元，但实际发放了1160万元，该债券尚未完全发放时清朝的统治阶级就被推翻了。这三次发布债券的行为，虽然在规定上可以在市场上流通，然而市场上并没有发生这几种债券的交易行为。

四、证券交易市场

所谓证券交易所，简单而言就是为股票、证券等提供买卖或者交易的场所，这在我国相关的著作中也有相应的规定，一直以来人们对证券的含义并不陌生，但是对于交易所的具体概念却往往存在理解上的诸多不一致的地方，在英语当中我们经常用“Exchange”作为其代称，而在日文当中其意义则是取引所或相场会所，除此之外在我们国家对其含义的解释也是经历了诸多的变更，这种不确定的情况直到相应的证券法律制定以后才得到一定程度的缓解。

该类场所是证券交易必不可少的组成部分，或者说任何相关的证券交易都应该在一定的场所中实施，同时伴随着社会经济的快速发展与进步，它也发生了很大的变化，这些都与当下的经济发展体制以及资源管理方式等密切相关。

随着整个社会的不断推进与发展，股票也从无到有，整体来看其最早出现在19世纪的上海，早在1882年，当时的上海就曾经为了更好地促进股票的交易与发展，制定了相关的交易准则等。从某种程度上看，这其实也是我国近代有关股票方面进行交易的最初尝试，但是这种良好的开端并没有延续多久，第二年因为金融危机的影响，有关股票的交易发展也就出现了停滞不前的景象，慢慢退出了人们的视野。直到1914年，由上海地区的股票相关企业再次发起成立有关股票的商业公会，与此同时开始设立了专门的场所用于此类买卖与交易。

放眼全球来看，无论是发达国家还是发展中国家，股票交易所都是证券交易的重要构成要素之一，其实在这种交易的发展初期，无论是哪个国家都不具备正规的场地，但是随着社会的进步与发展，组织证券交易这种特殊形式买卖显得越发重要，因而证券交易所也就开始浮现，如在美国，最早的股票交易就是在棕榈树下进行，而中国的茶馆某种程度上则是担当了证券交易场所。

证券、股票其实在我国起步相对较晚，主要是由外国传入国内，且主要集中于当时的上海等开放程度相对较高的地区，早在封建社会时期，上海地区就出现了各类证券交易的场所，如上海西商证券掮客公会等，某种程度上其就是现代证券交易所的最初形态。

其实上海地区最早的股票交易是由英国人开办的。19世纪，当时的英国客商就曾按照香港股份有限公司的相关条例在上海创办了众业公所，在这里主要还是以西方商人的公司股票交易为主。因为当时国内经济发展的限制等诸多因素的干扰，所以在当时，我们国家并不存在这类相关的规定，甚至可能稍微偏远点的地区都没有听说过股票这个东西。加之当时的清政府腐败无能，闭关锁国，很多人对于这类交易是从内心里无法接受的。他们往往认为这些都是加剧国内矛盾的关键，也正因如此，当年的报纸上，对这种股票交易，以及证券交易所的抨击已是常态，司空见惯。

从国内股票交易的历史发展来看，上海众业公所也是其历史进程中不可忽视的重要力量，但是因为当时国内发展困难，且各种历史因素的影响，尤其是常年的对外战争以及国内的不稳定，所以股票交易在我国的发展并不顺利，到了19世纪40年代初，则被日伪政府彻底的取缔，加之后来各国相应租界的消失，有关证券交易的场地等也彻底的结束。

从1905年在我国上海开始创办的第一家用于证券交易的市场，到之后因为战争带来的各种影响，被彻底取缔，这短短的十几年时间里，[1]上海众业公所成为国内股票交易发展进程中存在时间较久的证券交易场所，同时它对今后我国证券市场发展也构成了很重要的影响。

虽然当时我国的国内情况较为复杂，西方商人在上海的众业公所中，所创办的一些政策措施等，在某种程度上也受到一定的发展阻碍，但是总体而言其业务发展情况还是可以的，但是在日本对我国发动太平洋战争后，这种交易也开始被禁绝，至此，证券交易市场才算是真正地画上了句号。

众所周知，当时的日本一直对中国虎视眈眈，为此其对我国先后以各种借口和理由发动多次侵华战争，试图能够在各个方面完全控制住我国。

同时，我们也知道证券交易它不同于其他的市场交易活动，是需要由相关政府部门进行批准，且具备相对完善的法律法规为其服务的，但是因为历史因素等，当时在我国设立的众多证券交易场所，其奉行的法律与当时我国的法律还是有着很大的区别，甚至完全不同。

---

〔1〕 参见《众业公所正式解散》，载《银行周报》1946年第31期。

通过前文的相关叙述，我们也知道证券市场简单而言就是为这类交易提供所需的场地。因此，从中也可看得出我国对证券交易场所的选择还是比较重视的。但是很多时候人们都过于关注这类市场，忽视了发行市场，使证券交易的发展存在一定的割裂现象。

一般而言，我们也将国内的证券发展阶段按照相关的依据进行划分，比如，1914年之前的阶段，常将其划分为“茶会时期”等，每一个时期都有自己独特的特点，倘若单纯地从地域范围上划分，主要分为两大部分，分别是国外和国内。本章节讨论的是在1914年的“茶会时期”。

影响证券交易市场的原因无非是外部和内部的原因。外部原因主要有以下几点：

首先，市场利率高。商业折解，个人现金流动等现象，在战前达一分以上。但是股票本金加利息也不过二三厘，因此这种现象就导致了人们纷纷将手里的钱放入其他的投资渠道当中。这也符合资本逐利的本性。

其次，政局不稳，政治风险过大，企业生存无保障，投资企业风险增大，营商环境恶化，导致投资者裹足不前。

最后，金融行业本身不支持。在历史发展的进程中，因为国内的银行有公债厚利可以获得，所以很多人都不会选择股票交易。因此，这也致使了企业无法获得相应的金融支持。这一定意义上必然加剧了企业的发展难度，加之因为当时法律法规的不完善，投机风盛行，也使得这类公司在社会当中的形象很差。很多人不敢轻易将资金投入股票公司当中。所有这些都使得股票的发展在国内举步维艰。[1]

影响证券交易市场的内部原因主要有四点：

一是公司管理层不愿其股票流通。中国近代公司管理者，更强调“人合性”，尚未脱离初级合伙习惯。通常很多投资者对这类企业的性质并不是十分的了解，也因此无法看到自己作为股东享有的权力，很多时候因为个人情面的原因，只要公司能够发出相应的利益就已经心满意足。与此同时，作为

---

〔1〕《企业公所正式解散》，载《银行周报》1946年总第1454号（期）。

公司的管理层人员很多时候对本身股票流通都保有一定意见，他们通常认为如果出现流通，那么必然会导致社会各界的关注，这也就意味着原先企业的一些秘密可能就会公布于世，同时如果股票流通起来以后，其也担心自己本身的地位会因为各种原因的影响导致出现某些变化，假如这种控制权最后被别人或者其他国家的人夺取，那么势必会对本国在某些方面造成很大的干扰。因此在过去很多企业都不愿其股票进行上市交易。

二是相关的信息透明度还存在一定的缺陷。一直以来，我国的商业习惯造就了目前这种状况，对自己的公司相关经营状况很少公开实际的发表。这一方面是因为相关企业主不愿对外透露自己的真实财务状况；另一方面很多也是出于公司发展的各种自我考虑。因此，这也就导致了一定程度上阻碍了股票买卖的发展。

三是有关股票过户的方式相对烦琐，截至目前相关的股票过户也需要经过多道程序，更何况在社会经济并不发达的过去，因此，这也导致很多人比较厌烦频繁过户，因此股票一直以来发展的并不是很顺利。

四是以股票作为筹码极易出现呆滞现象。虽然近代中国因为各种原因，出现了各种类型的有限公司，但是其家底都比较薄弱，因此导致交易筹码不足，且当时的股票面值相对较大，所以很多中小投资者都被在无形中拒绝了，所以长期下去就致使股票市场难以开展。

第三节　晚清时期的证券法律

19世纪40年代，中国证券诞生，证券市场形成初步的雏形，萌芽阶段长达40余年，在19世纪末20世纪初，证券市场稍具规模。外国在华企业公司发行的外资证券，是我国出现最早的证券，证券交易始于不同外商之间通过外资证券来买卖，随后才有了华商证券以及华商证券交易。由于旧中国特殊的国情，复杂的旧社会性质，所以中国证券市场从一开始就包含了华洋两个不同的体系。

一、晚清证券法律的特点和内容

（一）晚清证券立法概述

如何让证券规范发行，如何保障证券交易的有序进行，这就需要证券法来予以明确。以发行市场和交易市场为主要构成的证券市场，是证券法规范的主要范畴。追溯中国近代证券立法的进程，可定为三个阶段，第一个是清末时期，第二个是北洋政府时期，第三个是南京国民政府时期。中国近代证券立法的开端，是满清政府在1904年颁布的《公司律》，它记录了公司股票发行如何规范的内容。1949年3月7日，南京国民政府发布了《上海证券交易所复业办法》。

历经500余年的时间，每个时期的政府都对证券的发行、交易不断予以规范，有很多的法律法条留存于世，每个时期都参考了前人的建议，又根据时代特征进行改革，政府都发挥了主导作用，承上启下。后来通过对证券法律规范继承、改进和发展，使其日趋合理、丰富和严密。虽然这时期的证券市场发育不完善，相应的证券立法也并不是绝对的完美，但是却在一直进步和完善中，在时代的轨迹下慢慢发展完善。

在晚清《公司律》试行之前，已经有股份公司的不断涌现和股票面世，但依据的内容只是“遵循国际章程，立案办理合同，试办的奏折，和批准的文件”，没有国家权威颁布的法规可以依照。一般来讲，只有清政府的圣旨通过，才能设立公司和发行股票，而清政府审批的各种章程，就是约束公司行为的准则，只是因为公司成立的情况不同，章程一直没有统一的标准，只能针对该公司有作用，不能进行普遍的约束和管理，这不利于复制扩大，这也是证券市场发展缓慢的原因，各自为政。

作为晚清变法革新的重要部分，《公司律》可谓是时代的产物，它是在中国近代股份公司的发展中应运而生的。在19世纪70年代，中国近代华商股票产生，而内国公债则比它晚20多年之久，公司债的出现更稍后，在民国三年才被人所了解。

作为我国近代历史上首次涉及股份有限公司股票的发行规范条例的基

础法规，《公司律》的首创性是毋庸置疑的，也是时代的重要见证，所以本书以《公司律》的发布来作为中国近代证券立法的开端，也是有据可循的。

1949年3月7日，《上海证券交易所复业办法》由南京国民政府颁布，其被人们看作中国近代证券立法的截止点。上海证券交易所也因为《上海证券交易所复业办法》中规定了疏导游散资金，务必稳定经济的内容，而依照法规完成了最后两个月的工作。

（二）晚清证券立法特点

晚清时代的证券立法，作为萌发时期，特征如下：

第一，证券市场立法并没有全国统一，《公司律》只聚焦了如何规范公司股票的发行，却忽略了股票交易阶段的相关法条规范，内容不够健全，也不够严谨，然而因为《公司律》具备开创性的时代意义，它本身的价值也不容忽视。

第二，法律条例内容相对简单，只涉及了股票的相关规定，却遗漏了公司债券。

第三，证券发行是证券交易的第一步，清末《公司律》是最早涉及股票发行的律法，虽然不够完善有其局限性，但它有力地推动了中国近代证券的发展，见证了中国近代证券的历史。这也为后来的证券立法奠定了重要的基础。

（三）晚清证券立法内容

在清朝末期对证券的管理法律主要分为以下几部分内容：《清朝公司法》主要针对股票和债券的发行管理；刑法中对证券犯罪进行了相关规定；对于证券管理和交易分别发布了专项条例及相关的解释。本章是晚清时期的证券立法问题，主要针对《公司律》和《公司条例》的制定和颁布。

1.《公司律》

清朝统治阶级在1904年颁布的《公司法》中规定：

公司的种类有以下四种类型：合资公司、合资有限公司、股份公司和股份有限公司。公司发布股票时必须对相关管理部门进行申报和注册，违反规定的股票不可以产生实际效益。此外，公司注册股票时必须要满足法律规定的条件。公司发布股票的份额也必须要统一，不可以有差异。股份有限公司的管理人员必须要超过7个人，否则股份有限公司不可以开展营业筹集资金的活动。这项法律也对公司出售股票的信息作出了明确的规定，如果公司需要对股票进行出售，必须要将公司当前的运营状况通过布告的形式告知众人。

该项法律中简单规定了股票发行的管理条例，在中国近代史上，它是第一部管理证券发行的法律，所以在我国法律史上它具有重要的历史意义。

2.《公司条例》

清朝末期统治阶级颁布的《公司法》在内容上过于简陋，在实际推行过程中出现了许多问题。1908年，相关部门聘请了日本的法学家对该法律进行起草和修订，以日本的法律为样本在1909年编订了《商总则》和《商行为》两篇法律。

此外，中国各个地区的管理商会直接使用日本法来规定商务活动，但由于该项法律与我国的基本国情不符合，所以上海的商务总会召集了全国各地的商会管理者，在1907年开展了制定法律的会议，他们认为要把三人联合起来制定管理商务活动的法律，并促进政府对该法律的实施。[1]这次会议中各个商会对中国各地的商务活动习俗进行了具体的调查，并参考世界各国的立法项目，初步草拟了管理商务活动的法律。

1909年12月召开了第二次商务管理法律制定会议，并将会议商定的草案上交到管理部门，但在管理部门进行审核时，清政府结束了统治，该草案没有及时地颁布。

（四）晚清证券变法修律原因

清政府末年，法律方面贡献甚多，其中《公司律》具有划时代意义，为当时社会各类企业的股份公司制度设置法律规定，也满足了商品经济的发展。社会范围内的企业合作和交易频繁，牵扯的事件和矛盾愈加复杂化，债券和股票等投资买卖安全性以及经济大环境得不到保障的状况使得《公司律》应

---

〔1〕 参见王光：《商法特会第一日记事》，载《申报》1907年11月20日，第7版。

运而生。

据统计，1990年开始，上海已经拥有超过1059个性质多元化的商业公司，在1895年的甲午战争后掀起国内第二次投资高潮的影响下，上海在1895年到1902年，新增23个商业公司，累计拥有291，213万元的资本。〔1〕

国内市场信用提高以及工业革命推动了近代企业制度的问世。对于小规模的工业厂和小型公司来讲，普通的独资和合资方式便可成功建立和运营企业。但是，对于矿冶、银行、航海以及铁路等大规模公共事业，关系到国计民生，“独资和少数合资无法支撑运转，向全社会公开集资募股以及创建新兴组织形式才是正解”。〔2〕近代中国民族资本主义的萌芽时期开始于1872年的轮船招商局建立，结束于1930年前后，这个阶段清政府是审批企业建立和运营的唯一机构，不适合企业纵深长远进步，不利于投资者创业和社会经济的发展。

中国近代创办新式企业，规模制度众多层面仿效西商企业。“当下各类企业蓬勃兴起是社会一大现象，包括私人小作坊也发展起来，相关公司法规建立出台能够保障民族企业发展权利和自由，公司和商人有法可依，政府能对民族企业依法保护，一切以法律规定为中心。”〔3〕此规定体现的立法意义：

首先，改善组织体制内混乱不积极之象；其次，保证华商和国人对经济市场的把控力；最后，商业部依法管理经济秩序，商人按照法律办事。这三项是法律出台的关键意义。

1882年的国内证券领域出现了里程碑式的节点，那就是上海平准股票企业的建立，然而，下一年的金融危机再次扼住了证券行业的咽喉。接着，始于20世纪初的橡胶虚假投资热对证券行业带带来了更大的冲击。《证券交易法》的出台和实施对保证证券行业稳定发展具有重要作用。

中国法制近代化的道路艰难曲折，西学东渐，法制外源化，蜕变的过程

〔1〕 参见徐鼎新、钱小明：《上海总商会史（1902—1929）》，上海社会科学院出版社1991年版，第23~24页。

〔2〕 吴毅堂编著：《中国股票年鉴·中国股票论》，中国股票年鉴社1947年版，第1页。

〔3〕 王熙：《商部奏呈议订［商人通例］暨［公司例］折》，载《光绪朝东华录》1903年版。

是痛苦的。其中，有关证券领域的法律制定亦是如此。

从来源上讲，证券由外国传入，因此有关法律构建较多参考国外案例，却没有生搬硬套。根据中国每个阶段不同的情况来制定出的证券法，具有深远影响和现实意义。

近代国内证券法是西方国家案例法和本国国情相结合的产物，兼有中西方的特质。举个例子，《公司律》是清政府曾在1904年出台法律条文，但由于内容简易，与国内现实脱轨。因此，法律部门邀请志田钾太郎作为共同商议人，结合日本的公司法，设置符合国情的公司法规，最终合作制定出《公司法草案》单行本以及两份商行为、商总则[1]；结合了中国现代企业的特点和情况的法律，能够有效为新兴企业和政府管理服务，使公司法更具时代性和变通性；证券行业组织和人员纷杂，因此规定也有主体多样性，如政府机构拥有管理证券行业的规章，证券交易所有经纪人守则，证交所的运转流程以及立法机构的法律条文等，各司其职地保障证券行业和公司健康稳定运行的关键所在；另外，证券法律条文的制定会借鉴和参考学界以及商业界认识的看法，保证立法的民主性和普适性；注重实地考察的调研结果，及时改变法律中不符合时代价值的条文，具有强大的灵活性。

二、股票发行

证券市场由交易和发行市场两个方面构成，而交易和发行市场的管理条例则属于证券法律的主要范畴。发行证券是证券市场的顺利运营和发展的先决条件。

发行证券的目的是集攒资本开办企业，该企业及创办人必须经过相关部门的资质审核，进而以“权力”式的资本证券作为凭证交换投资者的资金，以法律流程发行证券。证券发行的流程不仅仅包括发行人对证券的印制和交付，还包括投资者证券取得、证券金额转账、证券认购等。

---

〔1〕 参见林咏荣：《我国公司立法的回顾、检讨与展望》，载潘维和：《法学论集》，台北，华冈出版有限公司1977年版。

发行证券先于证券交易，证券发行后才有交易行为的产生，进而构建交易市场，其相关的发行流程和细节被纳入证券法律内容中。社会上有资本剩余的投资者认购发行的证券，资本将会成为发行证券的企业融资的一种间接形式，该过程发生在证券发行期间。而且，交易证券的市价由发行阶段的价格和影响力决定。

纵观国内早期证券业，企业发行的债券和股票是早期证券发行的两大内容。

股份制源于西方，与国内传统经济模式存在区别，企业实行股份制成为推动证券市场萌芽的力量。"合伙式和独资式的企业模式在国内早期较为常见，随着西学东渐开展，西方的股份制传入国内并逐渐被部分商业机构接纳采用，但缺乏匹配的法律制度。随着《公司条例》面世，股份企业初有雏形，但矿冶、银行等大规模的产业建立，简单的独资和合伙模式无法创办，因此新兴的组织模式出现，面向社会发行股票和证券。"〔1〕

民族资本主义产生于清朝末年，有关法律处于空白期，股份企业的创办要按照清政府相关部门的流程和规定，包括发行的股票在内。"清光绪前，关于股份企业的审批原则、试运营中请、合同呈报等内容欠缺，仅存在国际约章。"〔2〕

近代历史上，仅出台3个公司法，〔3〕即南京国民政府于1929年出台的《公司法》、《公司条例》（1914年由北洋政府出台）、《公司律》（清朝晚期的1904年），且修改次数仅有1次，即1946年南京国民政府对《公司法》的更新，以上法条对股份有限公司股票和公司债券的发行进行了规范。〔4〕

（一）股票的种类

在股份制模式下，企业发行的股票面值一致，是对企业拥有的资本的平

〔1〕 吴毅堂编著：《中国股票年鉴·中国股票论》，中国股票年鉴社1947年版，第1页。

〔2〕 王效文：《公司法·绪论》，载现代法学社：《现代法学》1931年第1期。

〔3〕 这里仅指1946年较重要的一次修订，法律条文和章节都有调整和变动。实际上不太重要的个别修订还有几次，如《公司条例》颁布后的1914年和1923年都作了个别的修正。参见《现行十大工商法详解汇编·公司法》，世界书局1934年版。

〔4〕《公司律》只规定了股份公司股份的发行，而未涉及公司债券。

均分解。“股份”这一词源自西方，1950年后普遍被外商组织运用，而国内出现时间是在清朝有关商业的法规出台之后。一般来说，股份企业中股东的身份证明，便是股票多少。股票的类型划分形式多样，笔者将国内近代史上公司发行的股票分为以下种类：

1.普通股与优先股

股份制企业模式下，股份持有量与拥有权力成正比，拥有同等数量股票的股东权力相同。同时，优先股和普通股例外，他们属于法律也允许特殊原因下企业生产差别化的种类和权利股票。

（1）普通股

普通股，顾名思义即一般普通性质的股票，代表着不受约束的权利方向，也是股份制公司中最普遍存在的一种形式。一般来讲，近代历史上，大部分的企业都以普通股方式发行为主，每个持有普通股的股东可以享有申请剩余财产、参与运转经营、申请分配收益这三个权利。

（2）优先股

优先股代表着优先享受权利的资格，按持股比例获得剩余财产和分红收益，同时股票利息额度远远高于普通股，原因之一是股票面世前硬性设置股息大小。另外，优先股适用于公司全程动态，比如，在企业倒闭清算期间，优先股持有人能够优先根据当时购买的股票面值来获得企业拍卖所得资金。

股份制公司在近代历史上发展并不成熟，社会和个人持有资金剩余量少且缺乏投资经验。因此，股份制企业起步和股票发行受限较多，为了促进股票出售，出台定期反馈固定股票利息的优先股应运而生，从而筹集资金。

优先股在收益规模层面，有以下分类：

参加优先股：企业年度总结时，收益良多的情况下，根据规定享有优先股息，同时还拥有享受普通股分红的资格，分红多少根据企业规定决定。

非参加优先股：相较于参加优先股的存在，股份持有人没有普通股分红资格，但始终拥有优先股息反馈，这与企业盈利多少无关。

可调换股：股东持有的“可调换股”式股票凭证上有时限要求，能够随时更换为普通股，可调换股是为了增加股票销售和吸引投资者。值得注意，可调换股数量要根据情况随时发行新的普通股，防止更换数量短缺情况。

累积优先股：当企业出现亏损，缺乏优先股息支付能力，该股缺钱额度将在下次反馈中一同支付，若还存在特殊的支付困难，那么普通股的红利收益将被取消。

非累积优先股：企业运转收益良好的情况下，优先股享有优先权得到股息，但出现亏损或利润低时，股息派发可以终止，等待下次发放时期区别于累积优先股，不存在特殊优惠。

头等优先股与二等优先股："商办汗液平煤铁厂矿股份有限公司"的老龙股票在清光绪34年面向社会公开招股，该企业将股票划成三种类型，即普通股、二等优先股以及头等优先股，该股票可在湖北省的档案馆中进行实物验证与考察。老龙股票上印有文本内容："企业商业化运营资质受保护。政府机构许可本公司面向社会华商等投资者招股的方式获得良好效果。经工商业部门审核批准后成功注册，初步打算募集2000万的华商资金，股息凭证单独附件，单个股票面价值为50银元，其中，最早认购的300万元的投资者被称为头等优先股，而后期新增股700万为二等优先股，而最终续收股本1000万元成为普通股。"[1]

"官利"是指固定利息的强制性发放，与以上股票性质无关，也与企业盈利亏损情况无关，可以说，"官利"资本是企业经营成本的组成部分，成为超越"优先股"的优先存在，若存在官利发放不及时或短缺时，便意味着企业出现亏损。

2.记名式与无记名式股票

记名和不记名股票的区别在于，股票凭证上的股东姓名存在与否；另外无面额和面额股票的区别在于股票凭证上是否有数值印制，二者的划分方式具有合理性。但是，关于无面额股票的存在尚有待考证，本章暂不涉及讨论。

记名式股票

---

〔1〕 徐珠、李玉凡：《汉冶萍公司股票简介》，载《湖北档案》2000年第3期。

“记名”体现在两个方面：第一，股东信息直接印制在股票凭证上；第二，股东信息出现在股东信息簿中。独资和合伙是早期商业机构创办的两种主要形式，股份制在国内的发展，将企业的管理权和所有权进行分离，此时，为了保障掌握所有权的股东利益，股份制企业出台了可以印制股东姓名的记名式股票，以此来增强企业的诚信度。在近代历史上，记名式股票成为股份制企业使用最频繁的股票形式。

最大限度保护股东利益是该股票的特点，然而，记名式股票由于承载信息复杂，因此转让出售和交易过程较为复杂化。

（二）股票发行价格及股款的缴纳

为了拓展企业融资规模，近代历史上，有很多公开发行溢价股票的企业案例，溢价股票能保证债权稳定，然而能发行溢价股票的公司较少，必须得到政府部门的审批，且发行成功的概率不高。能发行溢价股票的企业一般具有以下特点：第一，公允情况，企业历史悠久，公积金实力雄厚，连年保持高盈利水准，在发行新股票阶段，单位股值相同，按照规定相比老股东多收取新股东股款；第二，将提存公积金时间点控制在企业创办时，很大程度保证了资本实力，增大了溢价股票发行可能性；第三，企业拥有良好的发展前景，掌握专利或者独一无二的专卖品，吸引投资者争相认购股票，此时溢价股票也可成功发行。

《公司律》中规定，首次需上缴1/4股票面值的费用，但后期法律更新了防止后续股款上缴不及时的规定，将1/4转为1/2，即便如此，仍有不足。

（三）信息公开

信息披露对于投资者来说，是衡量一个公司是否值得投资的标准，也是使其权益不受侵犯的信息证据，也是世界各地证券法研究的关键领域。社会周知、及时更新以及真实可靠是信息披露的特点和优势，当一个公司的对外信息虚假，信用则会受损，法律随之对其进行处理整顿，更甚者将进行资金罚款。同时，公司不能及时更新自身动态信息，将会降低法律对公司的认可度和信任度，举个例子，一个现代化的股份企业在股票发行和认购完成后，进行了对外信息披露，直接影响了投资者甚至是投资行业的判断和稳定。而且，政府要求每一个发行股票的主体要将发行信息上报同步在政府网站，同时相关手续和报备材料必须上交政府，便于投资者等人的搜索和了解。

清政府末期，信息披露不成熟很大原因是股份制模式完善度不够，即便如此，有关法律确也存在。资合是当时股份制企业的构建性质，区别于早期合作性质的民族产业，其平衡好内部商业消息的披露程度，但该模式适用范围不广。原因在于，每一个公众都是公司股票的认购者，公众会在利益的驱使下，在了解股份公司的优势基础上，最终考虑是否投资认股。法律明文规定，要想获得社会公开募股，一定的信息披露是必要的，能够使公众了解公司情况。

《公司律》第16条规定：

将募股信息见之于报，是股份企业发行股票的必备一步，同时，布告中必须涉及企业的名称、经营业务内容以及贸易交易详情、创办者信息（包括是否承诺他股票份额）、企业地址、业务合同订单信息、股份信息（单位股的银数、股份数量、招股数量和每期上交费用详情）、股银收纳地址等。

清政府末年关于信息披露法律条文尚不够完善，只有少数企业、股票商和证券交易所关注发行股票的企业披露的信息动态。比如，少数企业转载后刊登相关的信息放置于公司内部或大厅，以便来往商人翻阅浏览，成为稳定和确认证券价格的手段，也促进了证券和股票的认购和发行推进，另外使企业能够养成优秀的商事动态积累习惯，从小方面扩大公司宣传。受制于当时的社会经济环境和政治氛围等，使相关法规缺乏完整性和现实适用性。

社会信用模式推进了证券市场的萌芽。从历史上看，男耕女织的小农经济占主体地位，直接影响着具有现代化气息的股份制企业的成长壮大，其社会信用度较低，尤其是多次金融危机的出现，使其更为缺乏历史和信任的积累。因此，“官利”模式出现，用固定的股息反馈来增强信用度，但满足了一些只想索取官利的投资者，并不能将眼光放在公司发展上。[1]随着时间推移，官利获取大于监督权行使，不利于企业长期发展进步，盈利水平也随之下降，但股息反馈不能暂停，因此公司股本成为股息发放的来源，企业实际

〔1〕参见朱荫贵：《引进与变革：近代中国企业“官利”制度分析》，载《近代史研究》2001年第4期。

资本拥有量降低，企业危机到来。如果不实行，亏损更为惨重，因此每个股份制公司必须实行的“官利”股息政策，是当时证券行业的一大不足。

综上所述，优先股享有的优先权、分期股款支付、官利等措施的出台目的，都是为了保证股份制公司的顺利招股，筹集创办资本。但是，现实中却频繁受挫，如已上市买卖的股票却存在股款不齐现象，影响深远。优先股的优先资格和官利的固定股息反馈，不符合股份企业的本质，动摇企业发展的根基。所以，只有经济大环境和法律环境的完善，股份制企业有价证券才能顺利发行。

（四）股票发行的条件

1.股票发行以股份有限公司的设立登记为必要条件

由于股份公司是发行股票的基础，所以股份有限公司在发行股票的过程中必须符合相关法律的要求。《公司律》和《公司条例》中都对该项内容作出了详细的规定。

《公司律》中表明公司必须按照相关管理规定办理公司的管理证明才可以发行股票，违反法律规定的股票不具有法律效益，不可以通过违法股票进行盈利。此外，股份有限公司的成立必须要在监管管理部门进行登记和注册，并上交公司的具体信息材料。有一定价值的证券在市场上流通时与商品没有差异，没有通过相关管理部门进行登记的公司不能成立，如果这种公司发行了股票，会在很大限度上损害交易人员的利益，因此公司是否在相关管理部门进行登记是公司发行股票的重要前提条件。

该项法律规定中股票发行实际上只是股票的交付行为，而不包括招募和认股等股票行为。公司在管理部门进行登记后，才能将认股人购买的股票进行交付，而不能提前交付，否则公司未经过相关管理部门的批准就交付股票，会给认股人带来巨大的损失，这些损失主要由发行人负责赔偿。

2.股份金额及最小面额

在相同时期发行的股票应该具有同样的金额，该项规定在一定程度上便于股份统计和管理。因此，《公司律》第24条法律对此作了强行规定：

股份银数必须划一，不得参差。

尔后的公司法规都保留了这一条款。股份共有者需要从中推举一人来履行股东的权利和义务。[1]

三、晚清证券经纪人法律制度

(一)概念

证券市场中活跃着多个主体,其中重要的主体就是证券商。证券商是指在相关法律规定下经营证券业务的自然人。[2]在证券行业发展的初期,证券发行人可以直接对证券进行销售,投资人员需要从发行人中购买证券。但随着市场的不断变化,证券发行的数额较大且发行次数较多,为了让证券在市场上顺利流通,相关机构可以代替发行人对证券进行发售。投资人员也由于证券的选择范围不断增加而委托专业的人员帮助投资人进行购买。证券商是发行人和投资人员之间的中介商,它的产生符合市场发展的需要。

在《证券交易法》的具体规定中对证券商进行了明确的定义,负责以下业务之一的人员就称为证券商:

一、销售有价证券;

二、自由买卖有价证券;

三、将有价证券售卖给百姓的中间人。

在中国近代的相关法律规定中,将从事股份交易中间人业务的人员规定为证券交易所经纪人。[3]股份有限公司在交易过程中会组织成立交易所,在交易所中从事的工作人员称为证券交易所经纪人,而交易所又可以分为证券交易所和物品交易所。相比于证券商而言,证券交易经纪人的涵盖范围较小。

经纪人,我国俗称掮客,日文名仲买人,英语名 Broker。日本也将证券交易经纪人称为“株式仲买人”。

〔1〕 参见鲍乐蒂:《股票及其发行》,载《企业周刊》1943年第6期。
〔2〕 参见杨志华:《证券法律制度研究》,中国政法大学出版社1995年版,第145页。
〔3〕 参见周宪文主编:《经济学辞典》,中华书局1940年版,第53页。

（二）中国近代证券经纪人的产生和发展概况

中国近代股份公司股票出现于19世纪70年代从近代证券市场的开始到失败的整个阶段，经纪人起到了非常大的作用。证券交易，最初的交易形式没有一个完善的规则体系，也没有一个固定的场所，所以在转让过程中，通常是亲戚介绍亲戚、朋友介绍朋友，通过人际交往关系来进行转让的。

1882年，随着证券交易笔数的不断上升，〔1〕上海平准股票公司成立了，它的成立为今后所有的股票公司扫除了障碍指引了一个光明的未来。为什么这么说呢？是因为该公司在成立时具有完善的内部体制结构。还有，具体的规章制度为股票交易市场提供了一个公平良好的环境。〔2〕所以这个公司不仅是交易的场所，他还是一个“证券商”。

在晚清期间还出现了我国最早的证券公司，即公平易公司和信通公司，这两家公司是专门出售证券的，虽然这两家公司是最早出现的，但它们的功能以及运营方式是不能和平准股票公司相比的。另外，还有一些销售其他产品的商家也会同时选择出售股票来变成自己的副业，这种商家有一个独特的称号，叫作“股票掮客”。〔3〕当时的证券交易市场又叫座茶会，因为大多数股票交易完成的时候大家都在茶楼。“股票掮客”是中国最初的个人证券商。其组织、设立及营业规则都无从谈起。

中国最早没有自己出售的股票，当时流通的股票大多数都是国外流通至中国来的股票。所以，中国出现最早的出售股票的商家也是从国外来的，了解国外的股票行情之后，将股票市场带到中国来。上海最早成立的交易会所，会员当中有很多都是华商。〔4〕

股票证券的发行者与购买者之间存在一个非常重要的人，他就是经纪人。它的作用是在两者之间进行沟通，处于一个枢纽地位。因此，我们需要更多的关注经纪人职业操守和人品道德。

---

〔1〕 参见王骁：《上海股票交易实录》，载《申报》1882年第9期。

〔2〕 参见张春廷：《中国证券市场发展简史（清朝晚期）》，载《证券市场导报》2001年第4期。

〔3〕 张一凡、潘文安主编：《财政金融大辞典》，世界书局1937年版。“股票掮客”：以推销公司股票而收取佣金为其营利行为者，广义言之即股票经纪人。

〔4〕 参见刘志英：《近代上海的外商证券市场》，载《上海金融》2002 年第 4 期。

晚清时期，证券经纪人诞生之日起，队伍日益壮大。20世纪40年代呈现发达之状。

（三）经纪人种类

证券市场上从事经纪业务的经纪人，因概念和表象不同，各国各时期的种类划分并不一致，标准也不尽相同。笔者将他们称为“证券交易所经纪人”，他们之间存在一个种类的划分：

1.证券经纪人与物品经纪人

这两种类型的划分是根据交易物品的不同所分类的。中国近代史即出现交易数量最多的交易所，其中包含证券交易所，但也不乏有物品交易。

2.现期经纪人与定期经纪人

证券交易与时间相关，类似于银行储蓄有定期和活期之分。一开始在证券立法时会根据交易的类型对经纪人有一个明确的划分。有根据交易方式划分的，也有根据时间划分的，根据时间划分经纪人也有现期和定期之分。

3.自为买卖经纪人与委托买卖经纪人

经纪人的划分又可以根据受众人进行划分，以自己计算的称为自为买卖经纪人，接受顾客嘱托来进行购买出售的称为委托买卖经纪人，而他们所在的交易场所又可划分为自营商和经纪商。[1]在近代时期，交易所内的经纪人可以两者兼顾，并没有什么限制。

因为中国近代发展速度较为迟缓，所以商人资金不够充裕，一般除银行等经纪人可以开展副业之外，其他经销商都只开展主营业务，服务范围不够宽泛。

四、晚清证券监管法律制度

晚清证券业本来萌芽较晚，又是中西合璧。证券市场从来都不是风平浪静的，起起伏伏也是常有的，水涨船高而后覆灭遭到打击的情况屡见不

---

〔1〕 参见周宪文主编：《经济学辞典》，中华书局1940年版，第56页。

鲜，究其原因都是投机而为，晚清的证券监管，整体上处于缺位的状态。

在“利”字当先的时代，官家最推行的制度就是只许州官放火，不许百姓点灯的“榷沽”制度，若有违者必以重刑处之。近代，中国被迫发动了改革，就在外强虎视眈眈和国人奋起救国的节奏中逐渐疏忽了对经济的管控，逐渐依靠这只市场看不见的手。但相对而言，政府在实施过程中与西方相比仍较为严格。

晚清中国政治、经济形势的特殊性，时局不稳，内忧外患，始终未能形成一个统一有力的政府，不能完全掌握宏观经济局势。正像“一个硬币有两面性”，这种局势一方面给中国自由经济的发展创造了机会；另一方面对刚起步的证券业带来消极作用。

为了对投资者的利益进行保护以及一定程度上的管控，出现了一个专管部门——证券市场监管，这是一个负责监管的部门或是一个机构，所有投资者在其中的所有动作，包括各种证券在其中的动作都受其监管，监管依据就是证券相关法律条例以及市场规则。这样的机构或是部门在一定程度上保证了证券市场的干净和安全，承担如此重任的多为政府机关也有少部分是行业内的自发组织。这两种承担责任的主体都有其具体名称：中央政府主管部门及下属分派机构和经纪人公会。

客观分析如今的监管部门的存在形式的来源，可知，如今的运营模式当属将美国与英国的两种不同模式以统一的方式结合并加以欧洲大陆的优势融合在一起而形成。在这种运营模式下，逐渐发展为外部监管和内部自省的模式，随着证券市场的发展，国家与国家间的运营模式大同小异，我国主要是以理论为基础、以实践为主，最终采用了外部监管与内部运行同时进行的运营模式。

证券作为一种自西方引进的经济交易，初进中国时带着一定的资本味道，当时的政府采用了传统的手段，将所有权力牢牢掌握在手中，百姓无法沾染分毫。

当时的政府等监管部门对证券市场的了解还属寥寥，理所当然对其的态度也是平平，这一态度鲜明地反映在了当时的法律上——“证券交易所法”。正因当时政府对证券市场不重视，我国直到1870年才有了证券交易。19世纪80年代后有36家公示了股票市场价格，公示于《申报》上。[1]

证券市场作为一种新型的市场经济交易方式，对经济发展极其敏感，证券市场价格上下浮动极大。在这样的一个大背景下诱发了人最原始的欲望，人人想暴富，但却也有不少人倾家荡产。证券价格波动在高收益诱惑下显得不那么重要，其中的危险也被人们所忽视。

利益是驱使人们为之努力的最主要的原因，规则却是最阻碍其非法获利。投资者奋不顾身的参与证券投资直接影响了市场的繁荣，因为市场往往与投资者捆绑在一起。万事都有一个度，在适度的前提下一切的动作都会刺激市场的发展，然而一旦过度，结果只会是背道而驰。这样的道理人人都会明白，所以为了保证经济稳步前进，也为了每一个投资人不会徒劳无获，监管部门就成了这样一种守门人，维护社会平衡和经济平和发展的这样一种保护各方利益的重要的阀门。

五、晚清证券法律结语

清末是中国近代证券法律制度的初始，最具代表性的是在1904年《钦定商律》，这是光绪在位时的重要功绩，其中的一些律例对公司的股份制作出了明确规定，其中最主要的依据是《公司律》第131条。这是在前人成果的进一步完善，也是我国自1870年开始首次明确对股票进行规范，以此开始中国证券法步入人们视野，极富历史意义。但是《公司律》存在诸多问题。例如，没有有关发行公司债的规定；对股份发行的规定过于简单；股款可分期缴纳，以致实践中出现后续股款催缴难问题。

除了上文所述的《公司律》之外，光绪在位期间也曾修订过《公司法草案》六编，这是清政府聘请了日本的志田钾太郎一同修订的一个草案。然而在宣统二年之际，称此《商律》不符国情，一味地借鉴外国的经验，不能实行。从而大清国实地考察了国情，加之借鉴了外国的一些经验，促成了《商

---

〔1〕 参见朱荫贵：《近代中国的第一批股份制企业》，载《历史研究》2001年第5期。

法调查案》,[1]在此基础上又请了农工商部参与意见共同商定出台了最终法案《商律草案》,交付审核。然而还未等此法案真正付之使用,清政府就被推翻。然而,这些努力却为以后各时期的法案起草起到铺垫作用。

〔1〕 各商会所编《商法调查案》(或称《商法调查案理由书》)亦采纳了日本法学博士志田钾太郎所编《公司法草案》中的有关条款。参见杨荫溥:《新商法[商人通例][公司条例]释义》,载《公司律调查案理由书》,民友社1914年版,第46页。

第三章　北洋政府时期的证券思想与证券市场（1911—1927）

北洋政府时期，又叫北京政府时期，有观点认为是1911年至1927年，也有观点认为是1912年至1928年，本书采用第一种观点。本书中的北洋政府（也称北京政府）是在袁世凯领导下，且军阀在政局中占据主要地位的中央政府。

北洋政府势力初步形成于1911年，其正式形成一般被认为是袁世凯出任大总统之后。北洋政府在清朝灭亡后，以非武力的方式继承了对方广袤的领土，这在华夏大地的历史上尚属首例。袁世凯的称帝之路以签订不平等条约为起点，终结于护国运动和护法运动。

北洋政府在袁世凯失败之际，形成了军阀混战的局面，互相争权制衡。这一曾经庞大的权力体系分割成了三个主要势力，分别称为直系军阀，皖系军阀和奉系军阀。三者之中，直系军阀和皖系军阀经过争斗后先后夺取了大权，可由于内斗的损耗，奉系军阀后来居上，在第二次直系军阀和皖系军阀的战争后掌握大权。三方格局的局面直到国共北伐战争后才被改写，华夏大地又一次迎来了短暂的和平。可之后又爆发了十年内战和中原大战，打破了形式上的统一局面。这些战役规模之大，远超北伐战争。

北洋政府时期，各种华资银行和民营企业陆续兴办，中国社会迎来了发生巨变的阶段，民族资本主义终于得到了发展的机会。在此期间，轻工业是民族工业领域发展的重心，像面粉业、棉纺织业等行业。这些产业的迅速发展，为近代中国，乃至中华人民共和国成立初期一段时间中国的基本产业格局奠定了重要的基础。北洋政府在1912年至1916年，颁布了许多促进实业发展的法律条例。各种章程数不胜数，其内容涵盖了军工、民用工业、交通、兴办企业等各个领域。尽管这些法令和条例多数并未付诸实施，可它们在一定程度上为民族工商业的发展提供了助力，因为它们标志着资本主义在中国得到了合法地位。在这一时期，轻工业领域，特别是纺织及面粉行业，成为民族资本主义工业的重心。尽管饱受内部战争的困扰，可这是中国近代史上难得的破除了诸多禁令，寻求发展的时期。这一时期为中华民族资本积累提供了有利的大环境，同时也是中国民主政治初步发展的摇篮。

中国的证券市场在北洋政府时期萌芽，并一步步走向完善。第一，中国的证券市场终于从无序的非正式交易向有组织的正式交易过度；第二，中国政府开始对证券交易加以管理，并颁布了专门的法律法规——《交易法》，来规范证券交易流程；第三，有了股票和债券市场作为两大根基中国的证券市场终于逐渐完善；第四，中国证券市场高速发展，得利于银行业的引进，银行信用制度逐步普及。

第一节　北洋政府时期的证券思想

中国原本并没有自己的证券市场制度，这一制度从西方传入中国，必定要经历一系列的沿革和适应，既要融合中国市场的特色，也要借鉴中国本土资本主义发展过程中的规律。这一过程中，中国的思想内涵和传统文化都渐渐与证券市场制度结合起来，由此才被本国国民接纳，并不断完善和发展。

一、康有为的证券思想

资产阶级改良派的成员代表主要有康有为、梁启超等人，其中康有为提出来的证券思想，在戊戌变法衰败后期显现出极大的问题。在此之后，中国其余的进步分子终于把目光从改良投向了革命，孙中山一派得到了施展的机会。在政治上，改良派的思想逐渐被时代所抛弃，可在经济领域和思想领域，他们的革命成果得以留存。

民国初年，改良派的经济思想仍有发展。在证券思想方面，证券交易所这一崭新的概念被提了出来，这离不开改良派的公债理论。

关于如何拯救中国经济，康有为提出了三个论点。其中关于证券相关的思想理论主要在《理财救国论》中被详细标注。他提出：

善用银行者，无而能为有，虚而能为盈，约而能为泰，必有实金而不以实金，而善能以虚纸运。[1]

如何合理地利用银行和“虚金”，是这一理论探讨的重点。康有为针对“虚金”表示了自己的看法：

那些声称治理财产有方法的人，善于利用银行是其关键所在，把虚拟的市场的纸币公债用来交易流通，把有实体的黄金白银储存起来备用，铸行划一之金币以为符而已。[2]

其中，康有为对西方的银行制度大为赞赏，认为中国应该效仿西方建立相似的银行信用制度。这样一来，便可以合理利用银行券和公开券，以此获取利润。[3]他认为公债等虚拟资金的存在有利于生产的扩大，指出：

国家以公债票与之银行，而银行以纸币与之国家而买公债，银行得公债以作纸币之保证准备，可出纸而易实金焉。然而国家之国库即在银行，则金块在银行，支用纸币亦在银行。故银行之与国家，是一是二，如身形神之异而不相离，乃以运转于无穷，而大生广生焉。[4]

康有为认为，建立银行可以解决一切问题。他主张中国应该效仿西方，建立银行及一切银行业相关的配套设施，以此来发行债券，扩大国家收入来

---

〔1〕 康有为：《理财救国论》，载赵靖、易梦虹主编：《中国近代经济思想资料选辑》（中册），上海广智书局1912年版，第188页。

〔2〕 康有为：《理财救国论》，载赵靖、易梦虹主编：《中国近代经济思想资料选辑》（中册），上海广智书局1912年版，第188页。

〔3〕 参见侯厚吉、吴其敬主编：《中国近代经济思想史稿》（第2册），黑龙江人民出版社1983年版，第472页。

〔4〕 康有为：《理财救国论》，载赵靖、易梦虹主编：《中国近代经济思想资料选辑》（中册），上海广智书局1912年版，第188~189页。

源；先由政府向国外借债作为启动资金，再在国内发行中国国债。在国家有了一定的经济积累后，就把这些资金交给国有银行，作为储备金，从而发行货币，由此带动社会经济，鼓励民众兴办产业，形成良性循环。当然，银行并非万能，康有为的观点并不完全正确，可他的思想在当时极为先进，通过兴办金融机构来促进资本循环，这是西方证券思想的根本之一。在当时的社会情况下，康有为作为社会改革的先行官，能认识到资本的巨大作用和证券交易的巨大潜力，实在是难能可贵。

康有为目睹了美国纽约证券交易所区区几个小时便完成了上万宗商业交易的情景，他感到大为震惊。对比之下，中国业界一年的商品交易量也比不过对方仅仅在几小时内便达成的业绩。正因如此，他很欣赏资本主义国家的证券交易所。回国后，极力主张政府发展证券交易所。

吾国商务不振，资本乏绝，令人人政策，皆知不昌实业不能富国矣。但是实业必须有资本的支持，资本分为虚拟的和实体的。各个国家的股票每天都会有买有进，商人可以用东西进行抵押，银行为这些抵押作为保证做准备，因此纸币可以多多印刷，其和公债有同样的好处，都是可以增加资本的办法。如果各国的股票每天不进行出售购买而成为个人享有的东西，则商店抵押无物，银行无以为保证准备，而纸币不能多出，即资本不能大增。所以用黄金作为商务公司的资本备用，而使股票作为流通之物，则其为生产物，如果股票不能流通的话，则就不是生产物。股票可以流通的时候，那么一点东西都可以变得更多，如果股票不能流通，那一个就是一个，止是不生而无用矣。[1]

康有为还认为，活跃的证券市场可以促进商业经济的繁荣，并使企业内部形成改革动力，优化企业管理。

督劝其工商业，天天全神贯注辛勤劳动，恐怕工商业不能有利益所赚。……公司如果没有利益可赚，那么其股票就没有人去买卖，想去卖去就没人；公司如果经常盈利，那么股票永远都会居于高位，诸董事亦无妙法以

---

〔1〕 康有为：《理财救国论》，载赵靖、易梦虹主编：《中国近代经济思想资料选辑》（中册），上海广智书局1912年版，第200页。

获无穷之利……如果监督实业的公司，从实业上赚取利益，成功的话好处非常大，如果失败的话后果不堪设想……所以工商业这一行业，平稳发展才能每天进步。[1]

据此，康有为积极主张建立证券交易所，并认为：

故今全国之才英竭才尽智，皆以增资本，奖富豪计耳，若遽忧股票市易之有弊与夫投机之有害也，是与不识中国之奇穷而欲行社会均产之法无异也。知防弊之义而不知奖富之谋，是与于颠倒本末之甚者也。……今令各通商大市开股票交易所，以渐推行于内，又晓令各公司商店，以商业注册，制为股票以出售，各报推发之，则股票流通，商店可以抵押，银行可以为保证准备，纸币可为多出，而后资本可计日大增也。[2]

康有为之所以极力主张建立证券交易所及其配套的商业设施，是为了令交易所引发股票交易的繁荣，从而使社会流动资本大大增加。如此一来，社会经济自然不断上行。

二、梁启超的证券思想

辛亥革命后，改良派遭遇挫败，梁启超虽然在政治上仍然坚持改良派的理念，可在经济及文化领域，他已经开始寻求变革。无论是在引进西方文化，还是宣扬资产阶级经济理论方面，都拥有自己的奇思妙想。

梁启超先生曾在1910年发布了两本与中国实业和公债政策有关的作品，这两部作品奠定了其为国人倡导创设证券市场和交易所的历史先驱者的地位，书中对于这两个问题都给出了独到的见解。

梁启超是百科全书式的人物，也是中国最早提出建立证券市场倡议的人。他理解的证券包括外债、国债等。而国有债券在其中的重要性不可撼动。

---

〔1〕 康有为：《理财救国论》，载赵靖、易梦虹主编：《中国近代经济思想资料选辑》（中册），上海广智书局1912年版，第201、202页。

〔2〕 康有为：《理财救国论》，载赵靖、易梦虹主编：《中国近代经济思想资料选辑》（中册），上海广智书局1912年版，第203页。

他认为，由于将公债投入流通所带来的收益远远大于借债带来的收益，甚至还可以反过来促进整个社会资本流通的速度，因此有价证券交易中最为重要的领域就是公债。公债主要有如下四点用途：

（1）公债最适于为保证金之代用品也[1]。银行可以将公债作为发行准备金，以此促进银行的发展，以及拓展了公债的用途。

（2）公债最适于为借贷之抵押品也[2]。与田园房屋等不动产、普通商品相比，有价证券可谓最适合的贷款抵押品，其中公债更为优良。

（3）公债最适于为公积金之用也[3]。以公债作为最基本的公积金，有利于国家、银行、保险、商户以及个人从事金融业务，以此促进金融业的发展。

（4）公债最适于安放游资之用也。公债可以把国家闲置下来的资产投入调整金融行业亏损的作用，而且可以为人们提供有益的投资项目。[4]

他积极主张发行公债。到了民国初年，他对公债又有深刻的认识，继续呼吁建立证券交易所。他肯定了公债不仅对解救国家财政的燃眉之急有重大作用，更可以促进社会经济的健康有序发展。

民之持有现钱者，贷之者国家而取其息，则此现钱为为母而能殖子一矣。国家获此现钱，还以兴业，则其为母财而能殖子子者二矣。民以现钱易得债券，设有不时之需，还可凭债券以的现钱，券息未亏，而现钱复资以治产，那么这就是作为首位的资产可以生产出更多的资产。所以经过各种发展，可以实现用一个人的资产而使得上百人获得利益，则岂特管子所谓再其本三其本而已哉！[5]

公债甚至可以说是国家经济的命脉。如果没有公债，这个国家的经济

---

〔1〕 梁启超：《公债政策之先决问题》，载梁启超：《政闻时言》（下册），商务印书馆1916 年版，第 325 页。

〔2〕 梁启超：《公债政策之先决问题》，载梁启超：《政闻时言》（下册），商务印书馆1916 年版，第 329 页。

〔3〕 梁启超：《公债政策之先决问题》，载梁启超：《政闻时言》（下册），商务印书馆1916 年版，第 330 页。

〔4〕 梁启超：《公债政策之先决问题》，载梁启超：《政闻时言》（下册），商务印书馆1916 年版，第 337 页。

〔5〕 梁启超：《外债平议》，载梁启超《饮冰室文集》（第22卷），北京日报出版社2019年版，第23页。

体系就会崩溃，国家就会进入无法发展的局面，长期这样下来的话，有害无利。一般情况下，应该尽量避免借外债，除非遇到特殊情况，有了额外支出。

国家需要满足五个方面的限定条件，方可发行国有债券。

一曰政府财政上之信用孚于其民。二曰公债行政纤悉周备。三曰广开公债利用之途。四曰有流通公债之机关。五曰多数人民有英亩之力。五者缺一，则公债不可得而举之[1]。

除此之外，梁启超还相信，国家发行大量国债有利于解决税收问题。弥补财政赤字，他指出：

国家欲得正确之收入，必恃租税，租税者，所以应经常费之用也。夫募集公债之目的，虽本籍以支办临时费，及其已募得之后。而按年派息，则经常费随而增矣，使其公债而属于定期定额偿还之种类，则派息之外，再加以逐年偿本，经常费益随而增矣，而此所新增之岁费，其财源非求诸租税焉而不可得也。或者将所借用的公债投入生产事业中，那么这个生产事业所产生的利益也可以成为这个国家每年增加的收入。[2]

虽然梁启超个人的思想倾向于改良派，可他的债券思想早已远超时代。他继承了早期改良派前辈的思想，并据此发展，形成了成熟的理论体系，这一套体系不仅超越了当时改良派的思想，也超越了革命派的思想。梁启超的思想发展到国民时期，已经成为一个错综复杂的完整系统，其中详细探讨了借债和债券的方方面面，包括为何借债，借债利弊，如何借债等。

第一，梁启超提出了向外国进行借债的原因：

我国的土地劳动力非常优越，为什么会为了资本而苦恼呢。[3]

根据这些可知，只有借债可以将全国的经济发展起来。但梁启超主张，同样是借债，借外不如借内。

---

〔1〕 梁启超：《论直隶湖北安徽之地方公债》，载梁启超：《饮冰室文集》（第28卷），北京日报出版社2019年版，第36~41页。

〔2〕 梁启超：《公债政策之先决问题》，载梁启超：《政闻时言》（下册），商务印书馆1916 年版，第 320 页。

〔3〕 梁启超：《公债政策之先决问题》，载梁启超：《政闻时言》（下册），商务印书馆1916 年版，第 320 页。

第二，他分析了何种情况下可以借债。梁启超坚持，若一国要向他国借债，则借债国本身应该具有完备的政治体系，否则就会得不偿失，造成国民资本的外流。

虽借得数万万元之外资，亦如操薪于洪炉，不旋踵而炉耳。[1]

第三，是否举借外债还与本国的教育水平，本国关于实业领域的法律规定，本国的经济系统是否灵活可靠有关。利弊复杂，必须判断清楚方能借债。

梁启超明确表示：

从根本上来说，外债并没有善恶之分，但是结果才有。而到底是善的做法还是恶的做法，关键在于政府。[2]

借债本身并无优劣之分，要看是否能够善于利用。一旦善用，则可通过外债来渡过难关；一旦不慎，则会受到反噬，甚至会有不可挽回的损失。

第四，关于原因，梁启超认为，只有出于如下三种理由，才可以举借外债。

一方面是为了让资源得到更加高效的开发，让实业建设水平大幅度提升。另外一方面则是推动工商业的发展。除此之外，则是让国家的综合实力得以提高。[3]

第五，梁启超提出，举借外债应该遵循一定的原则，不能为了经济效益而扰乱自己国家的经济规律，也不可以为了借债而损害本国主权和领土完整。

第六，梁启超提出，举借外债必须沿用合理的方法。这些方法大致可以分为三种，总结如下：

第一种形式可以概括为政府主导，吸纳外来资金，这种情况又可以细分为外国发行的公共债券和本国发行的公共债券。第二种形式是以公司法人为主体来汲取外来资本，这一类型也分为两种，即地方财团的公共债券和公

---

〔1〕 梁启超：《外债平议》，载梁启超：《饮冰室文集》（卷27），上海广智书局1902年版，第232页。
〔2〕 梁启超：《外债平议》，载梁启超：《饮冰室文集》（卷27），上海广智书局1902年版，第256页。
〔3〕 梁启超：《外债平议》，载梁启超：《饮冰室文集》（卷27），上海广智书局1902年版，第261页。

司借债。第三种形式则是由外国人作为主体，适用于在中国投资并参与经济循环的外国商人。

对于借外债，梁启超认为由政府官方借债优于商户自己借债，而个人直接借债又优于国家来出面借债。梁启超对于借债的具体形式也提出了建议，他认为最优方案是由国家发行国有债券或特殊的债券，或也可考虑间接手法，先由公司借债，再转移债券主体，从而达到最佳效果。除此之外，不经由本国银行，而经由外国银行来借债也可以纳入考虑范围。

我国人现在虽不知懋迁公司为何物，然非有股份懋迁公司，则公债断无从办起。而欲使一国商业交通便利则商品懋迁公司，亦不可少。其必须设法奖励，殆无疑义。计全国应设懋迁公司之地不下五十市，每市设株式懋迁公司一所，商品懋迁公司二所。[1]

三、孙中山的证券思想

孙中山、朱执信、廖仲恺、章炳麟、刘师培是资产阶级民主革命派的五个代表人物，但是证券思想最多的仅仅孙中山一人。孙中山是我国革命派的领头人，他的证券方面的思维主要表达在讨论如何为完成大规模的实业建设所募集足够的资本。

孙中山是广东香山（今中山）人，生于1866年，于1925年逝世。我国如果想实现国家工业化的转变，主要在于筹集资本。然而，由于我国资产阶级力量不够强大，必须从外部找支撑。他提出了两种募集建设资本的手段：一是平均地权，首先解决我国现存的土地问题，然后在国内募集资金；二是吸收外资，通过向国外借债务的方式募集资金。

“平均地权”是孙中山提出的主要思想，即在我国实行土地国有化的转变。将私有的土地收回，然后再分给农民，以解决我国的农业生产力，最后把剩余的部分进行工业投资；此外，我国通过将收回的私有土地进行出租、

〔1〕 梁启超：《公债政策之先决问题》，载梁启超：《政闻时言》（下册），商务印书馆1916 年版，第 333 页。

出售等行为获取的资金建设国有企业。然而问题是我国当时的资产阶级力量薄弱，暂时没有力量和胆量去解决农民的土地问题。所以，这种方法是行不通的，只能求助于第二种方法，即吸收外资。

西方国家在经历了第一次世界大战之后，手中剩余和闲置了大批战时所建立的设备和资本，而我国的原始积累贫乏，于是他急于向国外寻找投资市场。孙中山所设想的《实业计划》，实质上是实现我国工业化转变所需要的利用外国资金和技术支持的方案。他提出：

我国如果想大力发展实业但是又没有资本，就必须进行举借外债的方法。[1]

恰好现在也正是我国发展建设实业最好的时机，利用外资举借外债，趋利避害。他提出：

为了使我国实现未来的共产主义世界，事半功倍的做法就是把国外已经成型的资产拿来使用。[2]

他还主张了举借外债的详细提议：

首先，最好是不跟外国政府发生关系，而是采用纯粹商业性质之办法，直接同外国资本集团公司在平等互利的前提下举借外债。

其次，举借外债，要争取尽可能有利条件，掌握有利时机。

再次，举借外债，必须挑选可以获得利益的项目，这样才能偿还债务。他还以我国的铁路建设为例子，提议举借外债其实有多种手段，可以募集外国人的资产创建铁路股份公司，或将路权暂时出让几十年，授权外国资本家修筑铁路。

最后，借债应当向多个国家联系，不能集中于一个国家，“不能风险装在一个篮子里”。[3]

---

〔1〕 孙中山:《民主主义与社会革命》，载孙中山:《孙中山全集》(上卷)，人民出版社2015年版，第87页。

〔2〕 孙中山:《三民主义·民主主义》，载孙中山:《孙中山全集》(第9卷)，人民出版社2015年版，第393页。

〔3〕 孙中山:《三民主义·民主主义》，载孙中山:《孙中山全集》(第9卷)，人民出版社2015年版，第405页。

四、张謇的证券思想

辛亥革命后，有关经济发展中的相关问题，一些民族企业家也发表了自己的独特见解和主张，并逐渐形成了自己的经济思想。这些民族企业家，张謇、周学熙、梁士治作为其中的民族企业家杰出代表。不仅在各级政府中部门中担任重要职位，而且在对政府制定有关发展民族资本主义经济的政策法令法规方面，也发挥了积极的作用。

张謇（1853—1926），江苏通州（今南通）人，还有资料显示是江苏海门人，尚存在争议。1853年张謇出生在一个富商之家，在他年少时曾经在私塾读书而且还受到了一些耕种建设方面的教导。

张謇本身就是财力较为雄厚的资本家，也是民族资产阶级上层的重要代表人物。他的证券思想主要有公债思想、股份制公司思想和证券交易所思想三个方面。

其公债思想，表达了如何举借外债。60岁的张謇在其1913年编写的《筹划利用外资振兴实业办法呈》一书中详尽解释了举借外债的目的、方法和原则。并在此文中详细说明了中国的国情：

中国的物产丰富，但事业繁多，苦于人材缺乏，母财滞涩，卒至持筒而号寒，倚困而啼讥。把发展实业产业作为拯救贫穷的方法，把开通开放国门吸收外资作为发展实业产业的计谋。举债原则是：平等互利原则、维护国家主权原则、因时因地制宜择优利用原则、为我所用原则、积极慎重量力而行的原则。[1]

张謇的股份制公司思想主要是振兴实业，以“棉铁主义”为中心。主张依照西方采用公司制开办实业，他对西方股份制公司的相关组织形式尤为夸赞。所以在他所创办的数十家企业里，包括工业、农业、商业、交通运输业等，大多以西方公司制的形式为主。另外，因为长期管理公司的创办和营运，他也意识到了要发展股份制公司十分艰难，首要原因就是资金的短缺。

在20世纪初叶，他出任北京政府农商部长后，积极主导政府为企业的立

〔1〕 张謇：《筹划利用外资振兴实业办法呈》，中华书局1913年版，第28~35页。

法工作，上任后的《实业政见宣言书》中，他明确表示：

世界上有的国家以自己国家所拥有的雄厚的公司来维持其地位。然而我国的关于公司、破产方面的法律并不完备，因此只可能是昙花一现的基础，到今天，一发不可收拾……没有公司法律法规约束，就不能有好的公司形象也不可能给公司带来收益的资产，而巨业为之不举；没有破产方面的法律，就没有办法维持基本的信用，而私权于以重表。[1]

在其从政的时候，还于1914年颁布了《公司保息条例》以及《公司条例》等相关条文。

五、周学熙的证券思想

周学熙是安徽建德（今东至）人，出生于1866年，于1947年逝世。他同张謇相似的一点，都是亦官亦商的人物，曾两度出任北京政府的财政总长，也是清末民初著名的实业家。其在履行财政总长的职务和建设实业的备尝辛苦中，总结出很多优秀的经验和文章，突出了他的经济思维。

1912年和1915年两度任政府财政总长期间形成了周学熙的公债思想，其不仅仅讲述了公债的信用和流通的问题等实质性问题，还有很多需要注意的形式上的问题，有很大的历史进步。当公债的威望达到一定地步，解决了信用问题，公债才能在人们之中普及。此外，还必须用尽心思地扩充公债在各个方面的使用范围，使其更加方便，公债才会更加流通。

根据周学熙的公债思想发现公债需具备三个要求：

首先，扩大公债的应用范围，准许公债可以作为银行发行股票的准备以及其他公务应用上的保证，并且准许民间企业无条件的进行买卖抵押。

其次，扩大公债的应用机关，使用银行和股份制的企业（证券交易所）作为公债发行的载体。

最后，明确公债的应用时担保的问题，其重点是把一些税务如契税或者印花税等靠得住得财政来源作为还公债的抵押担保。当三个要求全部达成

[1] 张謇：《筹划利用外资振兴实业办法呈》，中华书局1913年版，第49页。

的时候，进行募集总数量的拟定以及募集的目的并利率额数，这样才可以使得国家的人们信任公债，使其具有利导国家人民的资格。[1]

周学熙主张，为了维护公债的信用，需要对旧公债进行重组，并对我国旧公债的重组提出了两项方法：

拟发行新的政府债券，用于资本的借贷和交换，对外赔偿形成的外债，适用减债基金法。[2]

这种思想表达出当时的一些西方国家的一般做法，对北京政府以及后来的南京国民政府的公债的发行和普及具有非常重要的影响。

周学熙在经济思想上论述最多的是棉纺业，实际上他创办经营的企业范围很广，包括水泥、玻璃、棉纺等生产行业。他认为：

棉业的发展，既然是公会以全联络倡导的团体了，但是想要实现这个发展的愿望，又需要有实实在在地经营的关键公司的雄厚资本进行支持，从而实现发展事业的兴起，所谓实地经营之机关也。[3]

周学熙在文章中举了一些西方国家发展经济的例子，并指出：

西方诸多国家，在商业的竞争方面，就像在国际上竞争一样，所以大多数规模宏大的公司，在商业竞争方面必须占优势，不然就会失败乃至倒闭。现在是实实在在地整理棉业发展方面，一直在各地开设棉业公司是唯一重要的事情。[4]

由此可知，周学熙对西方国家公司的股份制组成形式具有非常独特的见解，他认为这种形式具有六种先进性：

一是可以聚集大家的思想，二是收集人员的钱财，三是方便组织群众进行普及，四是所有群众不论贫富都可以得到好处，五是容易控制公司，六是

---

〔1〕 周学熙：《呈大总统徐筹备整理棉业拟具计划四条文》，载周学熙：《周止庵先生别传》，中华书局1920年版，第157页。

〔2〕 周学熙：《呈大总统徐筹备整理棉业拟具计划四条文》，载周学熙：《周止庵先生别传》，中华书局1920年版，第157页。

〔3〕 周学熙：《呈大总统徐筹备整理棉业拟具计划四条文》，载周学熙：《周止庵先生别传》，中华书局1920年版，第157页。

〔4〕 周学熙：《呈大总统徐筹备整理棉业拟具计划四条文》，载周学熙：《周止庵先生别传》，中华书局1920年版，第157页。

有利于倡导人们。

他还主张成立专门扶助农、工、商等实业发展的专业银行，多渠道解决发展实业所需资金，发展实业所需要的资金就从这些农工银行和实业银行发行债券的过程中很容易就募集齐全。还提及不得肆意的发行证券，不能超过已缴银行的资本的2倍。这种做法具有先进性和时代性，与当时落后的通过外借债券募集资金的实业资金的方法产生鲜明对比，很明显其受到了日本实业相关做法的启发。

六、梁士治的证券思想

梁士治是广东三水人，生于1869年，于1933年逝世。曾经担任过北京政府时期的官员，还是赫赫有名的金融家。

梁士治的证券思想主要是公债思想。其在1903年担任了很多财政经济的重要职位，并被袁世凯吸收为幕府成员。在我国民国时期，帮助袁世凯治理交通银行，并出任政府的财务总指挥和公债总理。

梁士治以发行公债作为治理当时国家的财政的首要任务。北京政府时期，他担任公债局长和财政总长，财政状况由于其对印刷纸币、税收、债务等活动的兴起而逐渐有好的气色。他主张增加国家财政收入最好的方式就是发行公债，虽然和税收实质上没有什么不同，但是收入的速度是有很大差别的。税收收入来的非常慢，但是其相对稳固，而公债的收入虽然很快，却是对将来所有的财政的预提。他提出：

如果紧急的话就把募集公债作为国家财政收入的主要来源，如果不急的话就把增加税收变成常规选择。

他主张，“利民才是发行公债的主要原因而不是方便于国家”。其利有以下五项：

一是购买公债既可以优先获得利润金，而且分期购取，专款回来，化散为整，黑暗中获益更大，所以这是储蓄最稳定最方便的方法；

二是人民购买公司债有国家力量担保，又受到中外耳目监督，这本息无虞稍欠；

三是购债无须足款，而偿还本则足款计算；

四是得以债票抵纳租税，便于公私周转，可免临时筹措现款之烦；

五是人们可以在任何时候专卖债券，从而交易市场上多了一种通用债券，商业所收受的效益，就在无形中产生了。[1]

另外，梁士治主张建立证券交易所，目的是让公债顺利发行。应用的方法是政府和商企业合伙建立交易所；准许商人在各大通商大埠设立；政府以国家力量组织交易以支持公债的买卖流通。提出要建立担保机制以偿还公债，而且必须将公债交给外国的著名人物来保管。他还提出帮助政府消除公债的有效方法是发展国家的银行、金融机构。

七、王恩良的证券思想

王恩良，是上海交易所暑期养成所教员，在其著作《交易所大全》中，充分肯定了证券交易所对社会经济发展的有益意义。他认为：

近代潮流比较激流，商业越来越走向混乱且情况复杂的形式，其中危机四伏，决不是小企业小资本家所能揣测并运用的，所以必须借用国家的经济机构，以其为辅助手段，以维持好的局面。做投机者的引导，维护金融上的平稳态势。像投资的事业，逐步向平稳的地位发展。从这些事实看来，交易所这样一个事业，其实就是经济界工商界金融界上不能缺少的、一种关键的机构。[2]

他还认为：

我国股份公司之所以能不能发达，其根源并实际以股票不能流通到市场上了。只有那些不能流通，所以招募股份，极为困难。这商人以流通资本为第一要义，外国的商人，往往有很多资本，而经营其本身资本到五倍十倍以上的事业，这就是资本可以流通的结果。如果有人把活动的资本购买不流

〔1〕 杨荫溥：《中国金融论》，黎明书局1936年版，第46页。

〔2〕 王恩良等编：《交易所大全》，交易所所员暑期养成所1921 年版，第 1 页，载《民国丛书》编辑委员会编：《民国丛书》（第2编），上海书店1990 年版，第38页。

通的股票，那还不如购买不动产的比较稳妥了。如果有交易的设立，那股票有流通的交易机构，而股份公司也随的发展。[1]

在他所认知的交易所的诸多手段中，最重要的就是股票流通。可使从事企业运作的人，筹集到比自己拥有的资本大几倍甚至几十倍的资本来从事企业的运作，扩大企业的规模，更好地从事生产经营。

交易所还没有建立的时候，一般资本家总是因为投资没有了方向，导致财富藏在家中，没有办法出来经营企业。比较有冒险精神的人，因为不熟悉商业途径，投资到了危险的地方，以至于遭到失败，有时候也有所耳闻。这没有别的原因，只是由于不清楚投资的方向而已。……有交易所了之后就可以指明方向，使其有所可以依靠，就像镜子在市场价格的变化，而各公司营业盛衰可以完整的表现出来。投资者就可以选择那股票市场价格没有大涨落，而且很稳当而有利益可图的进行购买，从而没有投资不安全的坏处了。[2]

八、周沈刚的证券思想

周沈刚在《证券买卖秘术》中对投机与赌博、投资与投机进行了详细的对比研究。以投资时所持有的目的为标准来区分投资与投机的区别，并认为：

券交易之主旨，不外乎致富，其方法不外于投资于投机。……如不急于出售，惟以取得此股票之收益为主旨，则其性质即无异以固有之财产，变形为有价之证券。虽其市价一时低落，苟其收益金无丝毫之变动，固亦无疑于其利殖之方法，仍得保存之以取累积之效。至投机则不然，彼并不介意于利息与收益之多寡，唯欲利用此市价之变动以为利益。于某种证券之低价时，向交易所买入，至其价格腾昂时而他卖；或以价格腾贵时而出售，至下落时

〔1〕 王恩良等编:《交易所大全》，交易所所员暑期养成所1921年版，第6页，载《民国丛书》编辑委员会编:《民国丛书》（第2编），上海书店1990年版，第98页。

〔2〕 王恩良等编:《交易所大全》，交易所所员暑期养成所1921年版，第16页，载《民国丛书》编辑委员会编:《民国丛书》（第2编），上海书店1990年版，第102页。

而又将原券买还。一高一低，而利益自见。……故由投资之方法，则以买入确实之证券，为第一手段，非万不得已时，无出售之必要。由投机之方法，则最初即以相机出售为能事，是二者固大有区别也。〔1〕

而对于投机与赌博的关系，他认为：

世固有以投机事业，为迹近赌博者。……如以预料将来之贵贱为投机，则社会上之企业，何一不含有将来之奢望。如以非现物授受为投机，则大商家之交易，亦固非尽以现物相交换也。可知定期交易，绝非投机之谓。〔2〕

投机与赌博的主要区别在于：

一、赌博以侥幸射利为目的，其胜败之数，纯归自然。投机则以判断而定。

二、赌博恒致力于胜败不可知之数，而预为推测。投机则努力于对以预知其市价之高下。

三、赌博损益之额，最初即为限定。投机则其损益之程度，即非意料。

四、赌博之胜负，欲下以推理的判断，绝无余地。而投机则由经验研究之知识，与其他之理由，得下以推理的判断。〔3〕

关于证券市场价格变动，周沈刚认为：

证券价格之变动，亦与财物价格之变动同，均由需要供给之关系而定。是即证券之需要较供给为大之时。则其价格腾贵；需要较供给为小之时，则其价格下落。然此仅就价格言，而需要供给。何以变动不定，一无定轨，此其故虽有关于经济、有关于心里、有关于社会、有关于道德。总其大纲，实不出内部原因、外部原因两种。〔4〕

具体来看，周沈刚认为内部原因包括：生产费与生产物之关系、公司事业之盛衰、资本金之增减、资产之增减、政府之政策及立法以及企业热之流

〔1〕 周沈刚编：《证券买卖秘术》（前篇），文明书局1922年版，第2~3页。
〔2〕 周沈刚编：《证券买卖秘术》（前篇），文明书局1922年版，第4页。
〔3〕 周沈刚编：《证券买卖秘术》（前篇），文明书局1922年版，第5页。
〔4〕 周沈刚编：《证券买卖秘术》（中篇），文明书局1922年版，第4页。

行。而外部原因则包括：灾变的原因、政治的因素、农产物的原因、经济的原因以及市场的原因。他还提出了购买股票的两项标准，特别强调了长期投资的重要性：

第一，吾人之投资计划，不论其股票之分配收益，与增价收益若何，总以极少之资金，能贯彻其利殖之目的为标准。第二，吾人之投资计划，不但以能活用其分配收益，并活用其元（原）本价值，使其收益率，以可惊之率而累进，且将使其将来之增价收益，不知不觉而入于吾人之手。[1]

据此，周沈刚提出了"购买股票之四大原则"：

可买之原则：（一）证券之价格，较过去五年间之平均价格低者。（二）有吉报之希望者。（三）市场活泼能为大宗之交易者。（四）大下落及不意下落之时。

不可买原则：（一）大腾贵，或不意腾贵之后。（二）高率之收益，或吉报，既经发表之后。

可卖之原则：（一）不意之腾贵，或不规则之腾贵之后。（二）若起大腾贵之吉报，既经公布之后。（三）恶影响将来之预报，尚未公表之前。

不可卖之原则：（一）不意下落，或暴跌之后。（二）不吉之报知消减以后。（三）实际上证券之价格，一无变动，而以他种原因，波及于现时之价格者。[2]

九、严复的证券思想

严复（1854—1921），本名为宗光，字又陵，后更名成复，福建侯官县汉族人，是近代赫赫有名的教育家、翻译家和新法家的代表。他师从福建船政学院和皇家海军学院，出任过皇家办公厅翻译局局长、上海复旦公学的校长，安庆高等师范学校的校长以及清代名主编辞馆的总编辑。在北洋水师学堂任教的时候，教育出中国第一批近代优秀的海军人员，对《天演论》进行

---

〔1〕 周沈刚编：《证券买卖秘术》（后篇），文明书局1922年版，第9~10页。
〔2〕 周沈刚编：《证券买卖秘术》（后篇），文明书局1922年版，第49~50页。

了译制，《国闻报》也是其主办，其中讲述了西方的科学主义和民主主义，支持并宣扬维新变法思想，把西方的先进学科例如社会学等传播到中国。我国有名“信、达、雅”的翻译的标准就是他提出的。严复是我国清朝末期非常有影响的资产阶级思想革命家、翻译人才和教育人才，是我国近代史上在西方国家找寻希望的最先进的中国人之一。

严复的经济思维非常先进，他将国外的经济著作进行译制，传播到中国，对中国的经济体制发展产生了深远的影响，是中国19世纪末期最伟大的启蒙思想家。他的经济思维主要表现在他所译制的《原富》以及《译事例言》之中。

严复对于西方国家的股份制的组建形式想法并不多，但是细小的想法也具有先进性。他提出国家应该出来主导场面，用邮政、电报等公共事业事先采用这种股份制度，使人们逐渐熟悉并吸取经验。

严复的公债思想主要在于对中国与外国的公债进行比较。他提出：

国债必须用人们正常生产经营之外的闲置的资金来进行购买，才不会侵占本应该进行生产的资金，人们才会把自己多余的钱财拿出来进行投资。他着重对西方国家的公债的有益部分和我国公债的坏处部分进行比较，发现主要是因为西方国家善于利用国家丰饶的自身便利进行举债，而我国善于利用外债来偿还所赔款的本金和利息。所欠的外国债务又通过增加国内税收的途径最终压在民众身上，从而夺走我国百姓衣食住行的资本。[1]

十、管理证券市场的思想

在当时特定的历史时期，有一部分知识分子已对证券市场管理有了非常独到的见解，其中以康有为、王恩良、伍启元、陈善政和杨荫溥等人的观点最具代表性。针对证券市场的管理，康有为认为：

告知各个规模较大的市场，建立股票交易所，以逐步推行到国内。又发布命令让各公司、商店，以商业注册，制定股票拿出来卖，各大报进行报道发

---

〔1〕［英］托马斯·赫胥黎：《天演论》，严复、刘帅译，重庆出版社2018年版，第65页。

布，所以股票会非常流通，商店可以进行抵押，银行可以为保证进行准备，纸币可以为多出，然后资本可以每天都大大地增加。如果担心投资不稳妥，那么政府可以随时进行限制。[1]

康有为认为政府对证券市场监管具有合法性，国家可以使用国家权力对证券市场处于投机、无序发展的情形下予以宏观调控。康有为已意识到利用国家权力调控证券市场的重要性。当然，这种建议在当时半殖民地半封建社会的环境下，在国家主权遭到严重侵害的情况下是不可能实现的，但他的这个想法一直影响近代中国。

由于王恩良自己有所经历，所以认为政府需要负担起证券市场的监管职责，才能使交易所可以为投资者和融资者有一个安全的投资环境，这就是"有效干预原则"。他指出：

虽然因为交易所的好处很多，但是弊端伤害也不小。如果处理得好，就社会受益，相反，社会不仅谋求不到利益，同时还会受到侵害。故交易所之为利为害，全视办理之得法与否以为衡。官厅之监督，即防其办理之不得法，而致社会受其害故也。故监督之意思，即承认交易所为重要机关，而求交易所之发达，完全发挥其本能，以减少种种障碍，刈除直接或间接所生之弊窦也。现在欧美各国对于交易所在法律上有监督权。只有监督的政策，有的使用干涉主义的原则，来源于德日等国；有的使用放任主义原则，来源于英美等国，但从根本上说不曾有极端干涉与极端放任原则的人。用一句话来说就是，只要能干涉的地方进行干涉，不能干涉的地方不过分干涉，这就可以了。[2]

上述对于证券市场的监管原则均从广义的角度出发，而伍启元则明确表示，政府应该加大对上市企业的信用问题的监管，必须以强硬的手段将信用不良的企业予以处置，保证自己的信用合格，不能只把监管手段放在交易所一件事上。因而他提出：

〔1〕 康有为：《康南海文集》（第3卷《理财救国论》），载沈云龙编：《近代中国史料丛刊》（第1编），文海出版社1966年版，第89页。

〔2〕 王恩良等编：《交易所大全》，交易所所员暑期养成所1921年版，第16页，载《民国丛书》编辑委员会编：《民国丛书》（第2编），上海书店1990年版，第48页。

政府可以建设一个中央交易所，像中央政府一样，也在各地有分所，只要在这个交易所中进行买卖股票和公司债券，就需要得到政府的审核，合格的才可以继续交易。这样发行股票和公司债券的公司的业务就落入了政府的监管之中，投资者的资金可以得到最好的保护，这些股票和公司债券由政府进行保本保息。[1]

他的理论虽然看起来是较为先进，但是并不适用于当时的社会，当时能在证券交易所进行上市的企业绝大部分为官商合办的企业，如果政府对其予以监管，就会让政府处于一种囹圄的境地。

在探讨如何有效管理证券市场的观点中，陈善政的观点较为完善。他认为要管理好证券市场，让其在国民经济的发展中起到应有的作用必须具备以下四点：

首先，国家政治必须稳定，政府对于国内的证券资本市场进行有效的、正确的引导、支持政策和监管。

其次，各地的社会秩序保持安稳，这样工商企业和公共利益建设才能有序发展。

再次，国家的经济体系必须是完整的，金融体系态势平稳，需要有法律作为保障。

最后，最重要的一点是国家必须独立自主，有一个良好的国际环境，国内不能有国外的企业和特别企业的建立，而且国家必须和其他国家在国际环境中保持平等友善的关系。假设这四个要件不完全的话，那么证券资本市场就不能发挥它应有的效益，严重的会引发非常恶劣的结果。……不易的建设的证券资本市场还没有见到利益就已经遭受了打击，我国证券资本市场发展史竟然存在这么羞耻与难过的事实，何尝不由于此？[2]

他还明确表示政府不单单要对证券市场予以一定程度的监管。除此之

〔1〕 王恩良等编：《交易所大全》，交易所所员暑期养成所1921年版，第16页，载《民国丛书》编辑委员会编：《民国丛书》（第2编），上海书店1990年版，第63页。

〔2〕 陈善政：《我国证券市场之发展史》，载上海市档案馆编：《旧上海的证券交易所》，上海古籍出版社1992年版，第390~391页。

外，还需对其予以一定的指导。[1]

杨荫溥认为对证券交易所进行有效的监管既不可采取干涉主义，更不可采取放任主义，在监管时要注意监管力度。他指出：

政府对于交易所所采之政策，不外干涉及放任二主义。欧美比法诸国及日本，均采干涉主义。我国亦然，对于交易所，立有专法，并置有监理之官。英美则反是，均采放任主义。于个交易所，听其完全独立，不加丝毫干涉，俾得发展自如，以应经济社会之需要。[2]

在对比了干涉主义与放任主义的利弊之后，他认为在选取监管力度的时候：

需观察社会的情形，然后确定其实施的程度。不能固执地用一种形式，强硬的要有，温顺的也要用，严厉的和宽泛的互相促进。由于经济企业现在还并不是非常完美，我国的很多关于商业的知识和道德方面并不是先进的，进行交易的时候经常不守规矩，具有非常大的危害，因此，我国需要采取相应的对策，必须采取进行干涉的方法来处理。[3]

正是由于以上诸位先贤对证券市场的管理所作的一系列深入细致的探讨，才使政府在对近代中国证券市场进行行政干预的同时，还制定一系列的法规对其进行法制化监督和管理。《证券交易所法》、《交易所监管官条例》以及《修正交易所法》等法律文件的相继颁布，都是上述探讨的结果。

第二节　北洋政府时期的证券市场

一、北洋政府时期公债的发行

近代历史上，证券行业的萌芽发展离不开公债发行的助力，尤其是北洋

[1] 参见陈善政：《我国证券市场之发展史》，载上海市档案馆编：《旧上海的证券交易所》，上海古籍出版社1992年版，第 392 页。

[2] 杨荫溥编：《中国交易所论》，商务印书馆1932 年版，第18页，载《民国丛书》编辑委员会编：《民国丛书》(第2编)，上海书店1990 年版，第28页。

[3] 杨荫溥编：《中国交易所论》，商务印书馆1932 年版，第18~21页，载《民国丛书》编辑委员会编：《民国丛书》(第2编)，上海书店1990 年版，第65页。

政府阶段。在现有证券规模增加的基础上，以银行为单位向社会公开进行公债发行，从而获取资本，此种模式被当时政府认可，且最终制度化。因此，近代证券行业的成熟离不开大规模的公债行为。

（一）北洋政府时期的“大举内外债及公债后来居上”

1.北洋政府时期的外债

北洋政府时期，内忧外患，政局不稳，政府财政赤字难以支撑正常花销，因此借债成为维持财政稳定的选择。

刚开始借外债，中国金币公债场所成为当时的外债来源，筹资的方式是向全球各地金融市场进行金币公债的大量发行，发行方大多以国外银行为主，而场所国内外皆有，如国内有上海众业公所，同时国外也有纽约、巴黎、柏林等金币公债场所。据统计，历史上借外债最多的时期是袁世凯在位阶段（1912-1916），外债高达4.78亿元。而1912年开始，截至1926年，外债超过12亿元，公债项目多达387个。

紧接着，外债情况略有缓和，如奉、直、皖三系联合统治阶段，3000万元是当时年均借外债的规模数量，但1925年和1918年外债金额较高，大约在1.26亿元。

北洋政府阶段，自1912年起到1927年止，对外拥有超过12亿元的借款，款项多达387个，以工矿实业、善后款、铁路和西原借款为主。另外，中国金币公债场所成为当时的外债来源，国内有上海众业公所，同时也有纽约、巴黎、柏林等国外金币公债场所。筹资的方式是向全球各地金融市场进行铁路和政府两方面的金币公债的大量发行，而且公债以外币价值为主，如国内多数铁路借款、克烈斯普借款以及善后款项等皆属于该类型。

2.北洋政府时期的内债

发行外债是北洋政府早期借债的主要形式，“民元”“爱国”虽发行于北洋政府阶段，但是南京临时政府和前清政府共同制定的公债，而且这一阶段中，内债情况较少。

外债依赖于国外银行，1914年的“一战”爆发直接冲击外债供应链。同时，国内偿还外债能力不足导致延时还款，外债信用度降低，再次向各个国家成功借到新债务的可能性为零。因此，内债集资诞生，在内国共债局建设后，“民八”“民三”等内债种类出现，随着时间推移，内债数量增加到20余个，如“整理金融短期”等。

据数据统计，自1912年至1926年，中国社会拥有的由北洋政府发行的内债金额超过6.12亿元，数量达27个。同时，还有“二四库券”等88个共计价值达1.08亿的短期内债。除此之外，多个军阀也参与到内债发行队伍中。基于政府背景，国民接受程度很高，尤其是折扣力度好且利息相比国家公债高，多以地方公债为主，国民接受程度很高，活跃在证券市场上。

将银行作为承销单位是各个军阀政府和北洋政府的另一做法。简单来讲，目的则是考虑到银行的高信用程度以及完善的交易流程，所有的公债交易和买卖全由银行负责，提高有价证券的流通量，成立中国公债发行市场。

北京以及上海地区的证券交易所的证券领域在大量公债发行的支撑下取得质的发展，两地超过98%的证券交易是公债买卖。20世纪20年代后，在“信交风潮”的冲击下，投资者不再相信华商股票，更多游离在社会上的自由资本选择买入公债，因此造成公债火热现象。1927年年底，市场上的公债价值超过22，500万元，其中，不低于10，881万元的公债由30家不同的银行承销，是总资产的8%金额。因此可以看出，公债买卖虽然起步晚，但发展速度较快。

（二）北洋政府发行公债的动因及概况

财政窘境是北洋政府大量发行公债的主要原因。北洋政府财政体系延续了清财政，主要包括军事费、债务费和政务费。北洋政府时期军阀混战，兵连祸结，如有1916年的粤桂战争、1920年的直皖战争、1921年的湘鄂战争、1922年的直丰战争以及1924年的第二次直丰战争和江浙战争等。据粗略估计，仅在 1912—1922年的11年中，就发生内战179次。[1]战争消耗了大量的财力、物力和人力，造成这一历史时期军费开支庞大，并呈现逐年上涨的趋势。北洋政府在财政枯竭的情况下，只能借债度日，债台高筑。

---

〔1〕 参见杨荫溥:《民国财政史》，中国财政经济出版社1985 年版，第 12 页。

债额愈多，偿还愈难，息转为本，本复生息，生生不已，遂使债务日趋紊乱，陷于不可收拾之境。[1]

故债务支出就成了国家财政支出的一个沉重负担。

1913—1925年，北洋政府的军事费用逐年增加，到1925年军费竟然占到全部财政支出的47%，13 年间平均值约为39%。债务费用虽在财政支出的比重中不断降低，但是比重均在1/4以上，平均值近1/3。政务费也是北洋政府时期的三大支出之一，平均值占整个财政支出的1/4左右，主要包括外交费、内务费、财政费、教育费、司法费、农商费、交通费等项目（见表3-1）。

表3-1　北洋政府军事费、债务费与政务费统计

年份	岁出总额（万元）	军事费		债务费		政务费	
		数额（万元）	百分比（%）	数额（万元）	百分比（%）	数额（万元）	百分比（%）
1913	64,233.7	17,274.8	27	29,905.1	46	15,353.8	24
1914	35,702.4	14,240.1	40	9,856.5	28	10,751.8	30
1916	47,283.9	17,546.9	37	13,768.4	29	14,828.6	31
1919	49,576.3	21,721.2	44	12,796.3	26	11,178.8	23
1925	63,436.2	29,770.3	47	16,646.7	26	12,109.1	19
年平均	52,044.5	20,110.7	39	16,594.5	32	12,844.1	25

资料来源：国民政府财政部财政年鉴编纂处编：《财政年鉴》（上册），商务印书馆1935年版，第116~121页；杨荫溥：《民国财政史》，中国财政经济出版社1985年版，第13页。

北洋政府时期，财政收入制度对内没有发生根本性变化，对外却进一步被外国所控制。同时，各省还不断停交中央税款，造成财政赤字的进一步扩大。例如，在1913年的中央预算中，岁入为41，266万元，岁出为49，787万元，收支相抵后缺口8521万元[2]。

袁世凯死后，全国军阀割据混战、各自为政，中央根本无法制定全国统一的财政预算，财政状况更加混乱，几乎无法维持。例如，在1926年的中

---

〔1〕金国珍：《中国财政论》，商务印书馆1931 年版，第 83 页。

〔2〕参见贾士毅：《民国财政史》（下册），商务印书馆1917 年版，第 47~48 页。

央预算中，岁入为46，164万元，岁出为63，436万元，收支相抵后不敷达到17，272万元[1]，财政赤字已经十分惊人。同时，财政收入中很多项目都属虚列，政府并无实款可得，据专家匡算，实际财政赤字应该在4亿元以上。[2]

（三）北洋政府时期的公债风波

公债市场情况处于运动变化中，具有复杂多样性。金融积极性变化、世界政治情况以及资金供求变动直接影响公债市场的稳定与否，从公债角度来看，期限、担保、利率以及交易模式也是内在影响因子。与此同时，部分拥有资产的公司主和银行家恶意操纵市场，获得差价；还有部分政府组织和官员利用身份传播市场假消息，造成市场环境不稳定。这所有的影响因素导致公债信用度也随之降低，成为劣质的证券种类，一系列“九六公债风波”（1926年12月）出现，造成市场动荡。

1.“二四公债风波”

1924年6月，“九六公债”的市价飙升到30多元，起价却只有19元。紧接着下个月，国银情况宽松，公债交易买入现象回温。随着“九六公债”风波出现，公债出现了47.4元的市场价格，包括“整理金融短期公债”在内的公债价格迅速上涨，而前者从69元飙升到92元；“七年长期公债”也由46元涨至77元；“整理元厘公债”由52元涨至83元。公债投机进入白热化程度，京沪两地证券交易所又变相哄抬。即便如此，关于偿还“九六公债”的银行基金项目没有回音，相关的还本付息也不了了之。

为了抢占上海管辖权的江苏督军齐燮元和浙江督军卢永祥准备于江浙打响战争的消息在1924年6月迅速传遍了全国，甚至是证券行业也了解到战争消息，小型投资者恐公债偿还能力和进度受到战争影响，争相抛售和转让，此时投机倒把的部分组织和商人更是恶意传谣，直接造成了京沪证券交易所终止市场交易，公债风波再次出现，证券行业云波诡谲，这一事件被冠以“二四公债风波”的称号，时间为1924年。

---

〔1〕 参见左治生：《中国财政历史资料选编》（第11辑），中国财政经济出版社1987年版，第40页。

〔2〕 刘克祥、陈争平：《中国近代经济史简编》，浙江人民出版社1999年版，第297页。

2.“九六公债风波”

“偿还内外债短期八厘债券”面世于1922年2月，设置该债券的目的是对借款本金和利息的抵消和偿还，北洋政府规定9600万元为此次公债额度，因此，被叫作“九六公债”。

公债在实际发行过程中，有两方面组成。首先，偿还3960.87万元的日本短期借款，发行债券以日元定价。其次，完成价值5639.13万元的短期盐借款准时归还，债券以中国当时银票面为主。“九六公债”的担保中间物是固定的，即关余和盐余，选用抽签和分期相结合的偿还本息方式，债券偿还期为7年，明文规定八厘利率，该数值已经超过当时市场平均利率，吸引力较大。但此公债的发行遇上了“信交风潮”后崛然而起，成为证券交易所炙手可热的买卖。

本金少、利息高是“九六公债”最大特点，由于担保基金缺少验证，拓展了该公债的发展空间，所以上海华商证券交易所也成为第二家发行“九六公债”的证券机构，但与此同时，部分商业界人士开始着手投机，不仅“暗箱操作”证券行业，同时散播假消息，直接影响公债认购极端化的情况，比如，市场价格猛降是由于利空，而骤然抬高是由于利多。投机性增强吸引了更多官商组织和个人。为了抑制极端化状况，启动了关余和盐余的担保基金商谈和决定。

低于市价2折的“九六公债”发行情况不容乐观，“二四公债风波”对证券行业的冲击明显，在这个阶段，一些投机人士着手低价大量收购公债，随后哄抬市价，从中赚取巨额差价。价值5600万元的“九六公债”数额，其中地区和私人银行、个人以及小规模银号掌握了3000万元的公债，而交行和中银则拥有不低于2000万元的份额，所以，中行和交行终止公债交易买卖，便可控制投机局面的产生。同时，政府若出台该公债的偿还基金政策，那么该公债将重回往日风采。众多关心公债状况的组织和个人开始对银行和政府部门采取沟通行动，紧接着政府机构商讨和推行偿债基金政策，中行、交行也联手终止公债恶意买卖，情况逐渐向好，北京证券交易所和证券行业回暖，公债从原先市价的2~3折提升至4~5折，仅仅用了10天。

“二四公债风波”对证券行业的影响带有地区性质，如上海损失状况较北京来说相对少一些，但在1925年11月24日，“九六公债”回暖，上交所的市价不断增加。因此，损失惨重的北交所，迅速限制公债认购数量，从而稳定弹性较大的市场价格，但上海却依旧未采取限制市价行动，任由投机组织和个人恶意购买，大环境恶劣。

同年12月中期，公债市场价格提升到55元，起价为40元，价格忽高忽低反复一年。下年12月，该公债市场价格暴涨为70元，这也代表着投机现象愈演愈烈，浙江兴业银行和中行以及官商组织和个人势力的争相对比，最终使得市场冷却，导致上海华商证券交易所再次终止公债买卖，形成新一轮“公债风波”，即“九六公债风波”。

（四）北洋政府时期发行的公债发行

1.1921年公债整理案前公债发行的情况

第一次世界大战爆发，北洋政府对外借款之路被迫中断，为缓解财政困境，袁世凯政府于1914年设立了内国公债局，力图通过发行政府公债弥补财政上的不足。截至1921年北洋政府公债整理之前，北洋政府合计发行公债11种，累计发行总额在3.72亿元以上[1]，属政府公债发行最滥之时期（见表3-2）。

表3-2 公债整理前北洋政府发行的公债详情

名称	发行年	发行额（万元）	实发额（万元）	年息（%）	折扣（%）	用途
爱国公债	1912	3000	164	6	—	经常军需
八年七厘公债	1919	5600	3400	7	93	补助国库
元年军需公债	1912	10,000	737	8	—	临时军需
五年六厘公债	1916	2000	2000	6	95	政费、调剂金融
三年内国公债	1914	2400	2493	6	94	调剂金融、补助国库
九年赈灾公债	1920	400	217	7	90	补助国库赈灾
七年短期公债	1918	4800	4800	6	—	调剂金融
四年内国公债	1915	2400	2583	6	90	调剂金融、补助国库

〔1〕 参见王宗培：《中国之内国公债》，上海长城书局1933年版，第18页。

续表

名称	发行年	发行额（万元）	实发额（万元）	年息（%）	折扣（%）	用途
整理金融短期	1920	6000	6000	6	—	调剂金融
元年六厘公债	1913	2000	13,598	6	92	政费、偿还旧账等
七年长期公债	1918	4500	4500	6	—	调剂金融

资料来源：潘国旗：《近代中国国内公债研究（1840–1926）》，经济科学出版社2007年版，第218~224页；千家驹编：《旧中国公债史资料（1894–1949）》，中华书局1984年版，第33~101页；汪敬虞主编：《中国近代经济史（1895–1927）》，人民出版社2000年版，第1430~1431页；王宗培：《中国之内国公债》，上海长城书局1933年版，第6~7页。

表3–2中的公债仅是北洋政府对外发行的一部分，同时，为了改善财政支出和收入情况的库券也被大规模发行在证券市场进行买卖，但该库券期限不一，少至1~3年，多至14年，关于年厘也呈现多样化，数额也高低不同，小至千元，高达百万元（见表3–3）。然而，没有实际的担保品是该库券的劣势，在固定期限内的本金和利息反馈情况令人担忧。

表3–3　公债整理前北洋政府发行的库券情况

时间（年）	类型数量（种）	当年发行额（万元）
1913	2	220
1914	3	1010
1915	1	40
1916	8	180
1917	2	20
1918	9	700
1919	7	530
1920	22	2470
1921	22	2900

资料来源：潘国旗：《近代中国国内公债研究（1840–1926）》，经济科学出版社2007年版，第218~224页；千家驹编：《旧中国公债史资料（1894–1949）》，中华书局1984年版，第33~101页；汪敬虞主编：《中国近代经济史（1895–1927）》，人民出版社2000年版，第1430~1431页；王宗培：《中国之内国公债》，上海长城书局1933年版，第6~7页。

上文谈到，公债发行的目的在于消解北洋政府的财政赤字等困难，从情况看，确实效果不错。但基于表3-2，能够发现，公债方式筹到的资金，流向了清除政府旧债、扩充财政、改善金融环境等方面，北洋政府并非民心所向，因此公债公信力低，为了提高公债认购热情，选择落实确实可靠的担保基金为诱饵，致使公债发行的成本很高，但通过发行公债政府却可以在短时间内解决财政危机，以免政府破产，维持了岌岌可危的北洋政府。政府也在公债发行中尝到了甜头，加强了政府继续发行公债缓解财政危机的信心。

2.1921年公债整理案及之后的公债发行

从1918年起，随着各省截留税款日益增多，北京政府财力愈加衰弱：

民国以来，无政可记，唯有借债一事，东挖西补，妙想大开，为他国之所不及。计新旧各债，截至去年年底[1]止外债共三十余万万，内债已三万万有奇。……债台百级，危如累卵，真令人思之胆碎也。财政至于今年，山穷水尽，无可讳言。[2]

1921 年成为“我国财政上最紧要而最危险之关头”[3]，“财政之危险，殆趋极点”[4]，政府财政几乎到达崩溃边缘。

财政出现的窘境使国内公债偿还不力，截至1920年年底，北洋政府所发行的公债以及巴黎军需和爱国公债的补充，合计11笔，实际发行总额达40，492万元。但后两者属于南京国民政府和清政府合作发行的公债。每一份公债拥有明确的本息基金作为担保，然而，在现实的证券交易过程中发现多数公债均无担保，本息无着，不包括三四年内国公债以及七年短期公债这三种。截至20世纪20年代末期，北洋政府拥有超过33，623万元的公债数额未得到偿还。其中，原定在1917年开始发行的五年公债，确定采取三年六期抽还方式，然而只抽签1次，时间在1920年3月；还有延期2年且还剩下2期抽还的

〔1〕 此处即 1920 年。
〔2〕 刘言:《惊心动魄之内外债》，载《申报》1921 年8月15日，第9版。
〔3〕 王信:《周财长之谈话与避津》，载《申报》1921 年8月26日，第5版。
〔4〕 张益:《倚伏中之本年财政》，载《申报》1921 年9月2日，第6版。

八厘军需公债不了了之；原定在1920年年末进行抽签偿还公债的爱国公债，1921年年初也没有进行最后的一期抽签（见表3-4）。

表3-4　1920 年年底北京政府公债未偿还额

名称	担保品	未偿还额（元）
民国元年军需公债	钱粮作抵	3,367,640
民国八年七厘公债	货物税	19,692,315
爱国公债	部库收入	236,790
民国元年六厘公债	印花税、契税	121,680,570
民国七年短期公债	延期偿付庚子赔款	45,000,000
民国三年内国公债	铁路收入、商税	16,670,065
民国四年内国公债	关税、山西厘金	7,815,910
民国五年六厘公债	烟酒收入	16,770,515
整理金融短期公债	关余	60,000,000
民国七年长期公债	付息部拨	45,000,000
未偿还额合计		336,233,805

资料来源：《张公权氏之整理内债谈》，载《银行周报》（第5卷）1921年第6号（期）。

北洋政府发行的公债大多采用委托承购方式，由银行先期垫付承购，如政府债信不实，必引起银行业的担忧，公债整理的呼声越来越高。1920年全国银行公会决定，如政府不能保障公债清偿力，银行将拒绝继续认购承销政府公债[1]。在“中外银行相戒决不投资于政费”[2]的背景下，为保证今后公债库券的顺利发行，北洋政府“以责任关系及顺从民意起见，故感整理公债之必要”[3]，据此决定进行内债整理。

国民八年七厘、国民元年军需、国民元年六厘、爱国公债以及国民五年六厘是该阶段公债清讨案的5个涉件公债。具体来看，规定国民元年军需公

〔1〕 参见《全国银行公会之建议案》，载《东方杂志》（第18卷）1921年第3号（期）。

〔2〕 张军：《罗掘俱穷之财部》，载《申报》1921 年5月6日，第6版。

〔3〕 周南：《周财长发表整理内债问题》，载《申报》1921 年4月8日，第7版。

债从1921年起分4年4次抽签偿还；规定原以京钞计算的爱国公债改为现洋折算，并于 1921年内还清；规定元年六厘公债采用特定办法，另发新债票，以旧元年公债 100元换新债票40元，从1921年起抽签还本，分10年还清；规定五年六厘公债从1926年开始，分3年6次抽签偿还，并以1925年到期的三四年公债转充五年六厘公债还本付息之基金；规定八年七厘公债也另发七厘新债，以旧八年公债100元换新债票40元，分10年清偿。按照文中提到的公债整顿措施，北洋政府将断断续续向社会发行超过8000万元的新公债，目的则是最大限度偿还民国8年累积的旧公债（见表3–5）。同时，重新更新和制定了本息基金的保存规定，减轻还本偿息的阻碍。

表3–5　1921 年公债整理情况

名称	发行额（元）	实发额（元）	年息（%）
民国元年公债整理债票	25,600,000	12,150,000	6
民国八年公债整理债票	8,800,000	1,210,000	7
整理公债六厘债票	54,392,228	54,392,228	6
整理公债七厘债票	13,600,000	13,600,000	7

资料来源：千家驹编：《旧中国公债史资料（1894–1949）》，中华书局1984年版，第367~368页。

该整顿措施改善了公债行业大环境，投资组织和个人的热情重新燃起。“公债调整计划的实施，使国内金融市场趋于良好，市场价格回温。”[1]“各种公债市价亦因之增高”[2]。1921年整理公债案像是一座“分水岭”，此后北洋政府公债和库券的发行数量都较以往明显减少了。1921—1927年，北洋政府仅发行了3笔公债，共实际发行8139万元；发行库券9笔，合计4760万元（见表3–6）。

〔1〕 王云五主编：《民国梁燕孙先生士诒年谱》，台北，商务印书馆1978 年版，第 641 页。
〔2〕 周南：《上海商情·证券》，载《银行周报》1921 年第6号（期）。

表3–6　北洋政府公债整理后发行的公债统计

名称	年份	实发额	利息	折扣	担保品	备注
特种盐余库券	1922年	1400万元	月1.5分	100%	军政费	部分偿还
九六公债	1922年	5639万元	年8厘	90%	偿还旧账	本息无着
四年特种债票	1922年	280万元	年6厘	—	整理公债	1928年全部偿还
十一年公债	1922年	1000万元	年8厘	90%	军政费	1927年全部偿还
使领库券	1923年	500万元	年8厘	100%	政务费	1930年全部偿还
教育库券	1924年	100万元	年8厘	100%	教育费	1930年全部偿还
四二库券	1924年	420万元	年8厘	94%	政务费	1927年全部偿还
十四年公债	1925年	1500万元	年8厘	90%	政务费	1935年全部偿还
春节特种库券	1926年	800万元	年8厘	82%	政务费	1936年并入统一公债
临时治安债券	1926年	200万元	年8厘	60%	军政费	1936年并入统一公债
秋节特种库券	1926年	300万元	年8厘	88%	政务费	本息无着
二四库券	1926年	240万元	年6厘	82%	政务费	1939年全部偿还

资料来源：潘国旗：《近代中国国内公债研究（1840–1926）》，经济科学出版社2007年版，第218~224页；千家驹编：《旧中国公债史资料（1894–1949）》，中华书局1984年版，第33~101页；汪敬虞主编：《中国近代经济史（1895–1927）》，人民出版社2000年版，第1430~1431页；王宗培：《中国之内国公债》，上海长城书局1933年版，第6~7页。

公债调整计划实施后：

为后期的公债市场打下坚实基础。截至1928年年末，排除1922年和1927年外，每年的公债按照规定和期限实现了偿付。其中两年未能照付的原因在于关税猛降，导致基金匮乏。[1]

公债的按时偿付，稳定了公债市场，奠定了公债在证券市场中的基础地位，也为以后南京国民政府公债的发行建构基础和创造良好环境。

〔1〕王云五主编：《民国梁燕孙先生士诒年谱》，台北，商务印书馆1978年版，第641页。

二、北京政府期间股票的发行

北洋政府时期，西方各国对华的资本输出没有停止。首先，西方国家以借款的名义，对国内投资市场实行控制；其次，欧美等国直接对中国的铁路、矿冶以及实业进行投资。

短时间内，国内的外国资本增多，并且来自外资企业的债券和股票规模扩大，稳固了国内证券行业中外商的地位。在北洋政府统治阶段，外资企业的股票发行形式是外资证券，投资方向主要是房地产、公用事业以及金融等股票类型。同时在债券方面，关于政府金币、铁路以及企业债券是热门领域，尤其前两者投资占比高，上海众业公所是多数外资证券的上市和买卖场所。

（一）金融业股票

外资金融领域成熟于北洋政府统治阶段。众所周知，金融业务中，保险是一个关键的存在。北洋政府统治阶段内，不低于百家的外资保险公司陆续成立，由于英国和美国资本掌控了大量的国内保险公司，因此垄断了国内保险领域。一战结束后，以“友邦人寿保险”“美亚保险”为代表的美国投资建设的保险企业入住国内保险领域。此外，英国投资建设的保险企业不甘落后，如于仁洋面保安保险企业，成为当时国内保险行业的龙头。全部华商保险企业资本加起来也低于于仁洋面保安保险企业。当时，国内保险行业被外资操控和垄断，盈利颇多，导致保险股票也逐渐热门起来。

1912年，上海联保、上海康年、华安合群等超过30家的保险企业如雨后春笋般兴起。其中，还存在第一例华资银行投资建设保险业的实例，即永年保险企业由中国实业银行输出资本构建。

银行业输出资本建设保险企业的高潮发生在1926年，安平保险企业是由东莱、交通等多家银行共同合资建设的。银行合资建设华商的保险企业是当时一大创举，增加了保险股票市场中华商保险股票的数量和交易，深受当时投资者的青睐。

中国银行的前身是大清银行，拥有6000万的股本，向社会发行数量为60

万股的银行股票，其于1912年4月改为具有官商合办性质的银行，因此政府和商业机构平均分配股票数量。

紧接着，交通银行在北京政府的整改下，变为“股份有限公司”，股本直接翻了1倍，从500万元提高到1000万元，共发行10万股，在具有官商合办的性质下，达成官四商六的分配原则。除此之外，实业银行、殖边银行等银行也随之在北京政府的支持下兴办起来，以发行股票募集资金的形式构建银行来增强国内的实业发展。同时，一些省市的银行也随之操办起来。

自1914年到1926年，国内有44家外资银行面世，包括125个分行。如果算上1914年之前已经建立的外资银行，共计65个外资银行以及226个分行。1914-1921年阶段，新兴95个私营银行，如“南三行”，即上海商业储蓄、浙江实业以及浙江兴业银行，还有“北四行”即中南、大陆、金城和盐业银行，这七大私营银行较为出名和具有影响力，都具有股份制企业的性质。可以看出，新诞生的私营性质的银行发展迅速。在银行股票领域中，投资者热衷于对部分私营银行和中行、交行股票的认购。

这一时期，外资银行的发展呈现三个特点：

首先，外资注入中国本土银行的现象呈上升趋势。外资银行入驻中国本土银行这个情况早已不是新兴事物，早在清朝后期就已经出现，直到北京政府在位期间这个模式才开始大规模地出现在社会中。这些由外资注入的本土银行以中法、中化汇理等为先，引领了当时的银行发展体系。这样的银行大背景下，被引入的不只是外资还有连带的合资银行所发行的股票，尤以中外合资银行的股票，市场表现最为活跃。

其次，这样的外资入驻银行并不是说哪一个国家都可以做到的，“一战”时期，有优势可以做成这件事的只有美、日这样的资本主义大国，成为战胜国之后借此东风顺势将其本土银行引入中国，成功成为当时的外资银行。在这些资本主义大国带领下一些并不大的银行也跃跃欲试。“一战”后，相继又出现了三家银行在中国开设了分行。在中国辽东三省，日本更是将势力进一步落实，设立了长春等多个实业，这些具有地方性质的银行。在“一战”过后，英国接连开设了通济隆公司和几家金融机构，在其他银行都相继倒闭之后这样的垄断局势达到高峰。

最后，这些混合资本的银行对中国本土的资本开始输入。在当时的情况下合资银行可以算是现在的国际企业了，各个外国注资的银行联合形成国际银行，其中包含了32家银行和英国投资的金融机构。在西方列强侵入的脚步逐渐加快时这些所谓的“国际银行”开始区分类别，由组建国家数当作分类的标准。与此同时，压迫执政政府通过政治借款开始加大规模、加大资本内输以此来增加中国的公债。

与此同时出现的中国新兴事物还有交易所、储蓄会之类的机构。这时候的金融机构直线逼近了200家，其中的北京证券交易所引领了许多金融机构。这些机构在扩大的同时还发行了大量的股票，而且逐步成为金融机构的重要力量。

（二）工商业股票

北洋政府当值期间，工商业方面被给予了高度重视。轻工业内如纺织、面粉等四大传统的轻工业以及化工和电器制造这两个行业的发展也在当时取得了丰硕的成果。在这些行业中发行的股票占据了半壁市场，这些股票在数量和种类上远远高于其他品类的股票。

在1890年，中国在列强的压迫下进一步妥协，失去了口岸的一些建设权利，在这个时候大量的外企看准时机冲进中国市场，大肆地在中国建厂开工。外资企业呈直线上升趋势，到了20世纪初，单数资本过10万的都已经达到了136家，以惊人的数量铺满了整个口岸，但外资企业从未停下，积攒的资本已经高达1.03亿元。

在“一战”后，中国受压迫的情况越来越糟糕，外国列强都争先恐后地涌入中国。在20世纪初，西方列强在中国建立的公司类型涉猎甚广，不管是轻工业还是重工业都有所涉及。在这其中外资企业最看重的就是矿冶业的采集情况，以及制造业中的食品之类的开采。各国对于这方面的重视程度都很高。

西方列强进一步入侵中国，切断铁路运输。在1912年始的4年内，光是铁路这一方面的借款就高达29笔，不仅如此，借款同时还发放了大量的债券。日本和英美国家，在中国铺设了不少的铁路，投资额达到了29，200万美元。在各地都有当时外资投资建设的铁路，高度垄断使外资尝到了甜头。在工业制造方面，当时在中国拔地而起的各种制造工厂络绎不绝，电机厂、电灯厂、地毯加工厂以及德孚、东方修焊、电气厂等近20家工厂，陆陆续续在中国开厂修建。这些行业跨度之广、垄断之深使当时中国无法抗衡。

在外出航海航运这方面，外资的脚步更加急迫，对这方面的重视程度可从其对这方面的投资数额看出来。在1914年就已经超过了4500万美元，短短3年不仅翻倍，都已经到达了15，000万美元。这样大规模的投资所建立的公司在1914年中国就有28家。其中德商的捷成、忌利士、瑞记、禅臣、美最时；法商的东方、开地；英商怡和、太古、麦边、立德、省港澳和日商的日清等轮船公司规模较大。龙头只有三家：怡和、太古和日清。除此之外，再能算上的也有一些名声大噪的驳船公司和码头公司，如德丰、公和祥等。在金融业同等地位的商业方面，涌入中国市场开始大规模建设而且逐步开始吞噬中国小行业的只有托拉斯组织，这个组织规模庞大，是属于世界性质的组织。在中国市场力量十分有限的时候，该组织渗入中国市场开始大规模垄断。最出名的垄断公司就是亚细亚火油公司和美孚石油公司以及德士古火油公司。这些公司分属于英国和美国。

轻工业中的棉纺织业属于新兴产业。在1900年之后日本大规模发展轻工业，在日本托拉斯进入中国之后，开始进一步地垄断投资，先后在上海、天津等城市建厂，然后进一步吞并小型企业。华商的和英资纱厂的许多企业都在上海众业公所有交易。这两个外资所投资的工厂多达10家甚至更多，在这期间被收购的不仅仅是中国本土的企业还有美国和英国、德国的一些小厂子都被收购兼并了。

在20世纪20年代末期，日本的棉纺织企业在中国建设的厂子有名的有内外棉、日华等数十家。日本企业投资建厂开始广泛收购其他纱厂，这样就造成了股权以及股票都有一定程度的动荡。

轻工业中的食品一类在甲午战争之前所涉猎的方面非常有限，主要是砖茶厂，到1919年之后，各式各样的食品类别多到数不胜数，甚至涉猎了汽水、酿酒，等等。在同一时期，最著名的外资投资面厂就有俄商哈尔滨满洲制粉公司和英商及日商所建的面粉厂。再能算得上前几位的就数卷烟公司了，卷烟公司大多是东南亚和英国的。其余的就是一些糖果、牛奶之类的一些中小型公司。

船舶工业是我国第一个外商投资的大型重工业。在这一时期得到了进一步发展。瑞铭船厂、新耶松船厂、中法求新造船厂和中日东华造船会社是这一时期比较重要的船厂。其中，瑞铭船厂和新耶松船厂是众多船厂中的佼佼者。

矿业是外商投资重工业的另一个主要目标。采矿业的重点是煤矿。20世纪10年代，分别在抚顺、开滦、焦作、临城等地共设有7个外资煤矿。投入外来资金约1537万元。20世纪20年代增加了门头沟、鲁大、穆棱等煤矿。外商投入资金增加了25，494万元。这些煤矿大多由合资公司组成。这些公司多是中外合作公司，具体形式是股份制。

1912年，开滦煤矿由英国投资的开平煤矿收购了中国投资的滦州煤矿后创办。1913年，日本通过共同投资共同管理的形式控制了淄川和坊子这两个属于山东鲁大的煤矿。门头沟的煤矿也在1918年以同样的形式被英国控制；英资福公司在河南省合并了豫丰后，又控制了焦作煤矿等三个大型煤矿。这些煤矿的合并和转让，使当时的矿产股票贸易更加活跃。此外，外国投资者在中国同时成立了一些金属矿业公司。

（三）公用事业、房地产业股票

在此期间，公共服务和房地产行业也是外国投资的优先行业之一。

在公共服务行业中，法国、英国、德国、美国、日本和比利时在电力、供水、天然气和电信设施、电话、公共交通等行业都进行了大量投资，这些都集中在上海、天津、汉口等地的商业港口。这些公共服务行业建立于清末，在此期间，公共服务行业的规模显著扩大。其中，最引人注目的是上海天然气公司、上海供水公司、上海电力公司、上海电车电灯公司、法国投资的供水公司、天津电灯公司。这些公司在此期间发展尤其迅速，不仅增大了投资金额还增扩了很多股份。

1914年以后建立的公用事业主要集中在发电厂和公共交通上。1914年有23家外国投资的电厂。从1918年到1926年，日本公司在东北地区成立了十多座发电厂，其中包括北满电气和南满电气。1912年至1926年，上海三轮车公司、英国投资的有轨电车公司、中国公共汽车公司、法国投资的有轨电车公司、探勒出租汽车公司、云飞出租汽车公司等新的公用事业公司相继成立，这些国外公共服务机构发行的股票和债券一直是股市的重要交易来源。

房地产业投资更是有利可图，由于当时外国在中国租界面积的扩大，特别是工商业、公共服务和文化生活的快速发展，在上海、天津、汉口等地出现了前所未有的繁荣景象。在此期间，上海沙逊外资银行、业广地产、哈同外资银行、天津先农地产等原外资房地产公司规模迅速扩大。同时期的上海昌业、中建、普益、立兴、天津陆安也一样，都有着强劲的发展动力。自1926年证券发行以来，这些公司不仅发行股票，还向公众发布了本公司的债券。在所有的外资房地产股票和债券中，上海业广和天津先农最具代表性，也最受投资者欢迎。

（四）农垦公司股票

农垦公司是仿照新资本主义商业组织模式的一种农业公司，公司利用发行股票和债券方式筹集资本和运转资本。到了清末，这种公司已经出现了，像张睿经营的通海畜牧公司，但是在那个时期并不常见。

中华民国成立后，政府颁布法令，促进和鼓励调动私人资金，用于种植棉花、茶叶、牛奶、小麦、甘蔗、大豆等他作物和畜牧，以及用于棉花纺织和食品工业，如种植棉花和其他作物。随着榨油、制茶、制糖等食品工业的快速发展，对棉花、大豆等农业原料的需求增大，以及张睿在江苏北部盐碱地区开发海洋产业、种植作物、饲草产业取得了成功。一些政府官员和商人开始效仿建立农垦公司。

1912年，59家国有农牧业企业的投入资金达到286万元。1919年，同比1912年增加了41家企业，资本金增加到1244万元以上。1921年，农牧业企业活动达到高峰。仅张睿的企业，就在苏北地区的盐区创办了12家农牧业企业。很多企业的资本金均超过80万元，其中包括大豫、大责、大丰、裕华、大纲、华成等企业。

此外，东北、华北等地也建立了许多农牧业企业，如奉天的五合公司、黑龙江地区的泰东、火犁、广信公司，东北吉林的长岭畜牧公司，察哈尔的华兴公司和张家口垦牧公司等。同时期通泰盐垦五公司作为中国第一个发行债券的公司发行了300万元人民币的债券为其业务提供资金。

现代意义上，一个成熟的、发达的证券市场应该以产业证券即公司股票和企业债券的发行和交易为主体，公债市场仅是整个证券市场的补充，与股票市场形成有机的统一。而北洋政府时期中国证券市场虽起于股票市场，但由于股票市场自身发展中存在的种种弊端以及受政府公债政策的影响，使公债成为市场发行和交易的主体，股票变为配角，整个证券市场仅具有“财政服务的单一功能”[1]，特别是从1921年“信交风潮”爆发以后，这一特点愈趋明显。

总之，北洋政府时期的股票市场，是在夹缝中曲折发展的股票市场。

三、公司债

北洋政府先后采取了一些经济措施，颁布了一系列保护、奖励近代工商业发展的政策法令，支持民间资本投资设厂、办矿、开银行。第一次世界大战爆发时，西方国家的工作重心集中在战争上，没有精力自主生产商品，减少了出口到中国的商品，同时对中国企业产品有很大需求。政府领导的资本主义还处于初级阶段。在这期间，整个国家的经济没有官方调控，种种原因都促进了国内民族商业发展。

民族商业在纺织、面粉、烟草、火柴、矿业、机械制造、交通运输、金融等产业领域不断扩张，涌现出许多现代化的新公司。1912年至1927年，有大约1984家矿业公司的初始资金达万元以上，投资的总资本约为458.95百万元，建立现代新型银行313家，投资总资本为206.62百万元。[2]国内的现代工商业

〔1〕 朱荫贵:《试论近代中国证券市场的特点》，载《经济研究》2008年第3期。
〔2〕 参见杜询诚:《民族资本主义与旧中国政府(1840-1937)》，载《经济研究》2009年第5期。

发展进入了黄金时代。

中国工贸发展空前，也是第一次成为中国证券市场发展的比较健全的产业基础。同时，现代新型银行等金融机构的成长和发展，为国内证券类市场的发展打下了良好的基础。

首先，由于工业经济的发展，纺织等轻工业市场涌现了大批证券公司，为制造业公司提供证券服务。这些证券公司的发展速度较快，在这一时期内具备显著的发展特征。同时期出现了大批发展轻工业的公司，有的公司发展迅速，又建立了子公司。由于这些公司运营良好，利润丰厚，特别是向股东支付丰厚的投资利息和分红，故他们发行的股票愿意被市场和大家接受，因此公司可以在更大的范围内发行更多的股票，形成良性循环。[1]公司债券首次出现于20年代初期，通泰盐垦五公司是我国第一家发行企业债券的公司，拟定发行金额为500万元，该项活动是由多家银行筹备发行的，对证券行业的发展造成了极大的影响。

后来，国内的多家企业计划发行各类型的企业债券。制造业的相关企业如棉纺织行业组织了许多家纱厂准备发行公司债券，拟定发行金额为3000万元，旨在通过公司债券的发行扩大企业生产规模，但该计划并未进行。除此之外，还是有许多家公司成功发行了债券，扩大了公司债券的规模。至此，公司债券成为中国产业证券中的又一个重要的部分。

其次，银行等金融机构的广泛建立对证券市场的发展产生了积极的影响。银行等金融机构的大量出现，大大提高了货币的流动性，也让市场中的股票流通数量有了大幅度的增长。当时北京政府管理下的多家银行联合发行了众多股票，并招收了多家企业作为股东进行投资，集中资金的数额较大，在当时产生了较大的影响。此外，由于私营银行的快速发展使得银行大量建立，这也直接促进了金融股票的发展。在1912至1927年，大量的私营银行在上海注册成立，私营银行的资产数额较大，在私营银行的数量爆发式增长以后，银行的资产总金额上涨了超过1.5亿元[2]。私营银行发行的股票在民

〔1〕 参见张信：《证券公司发展状况》，载《银行周报》1921年第211号（期）。

〔2〕 参见陈仰渊、方庆秋：《民国社会经济史》，中国经济出版社1991年版，第102页。

间也受到了广泛的支持，大型私营银行发行的股票更是发生了多人哄抢的局面，证券市场的发展表现出欣欣向荣的局面。

此外，由于大量新型金融公司发行的股票备受欢迎，以及普遍运用合理的银行制度，使用金融网络等，使股票公司在实践过程中克服了股票、债票在融资过程中遇到的问题，使股票、债券发行的范围扩大，并减少了股份公司发行股票筹集资金的时间。[1]

四、证券交易所

（一）北洋政府期间的证券交易所概述

1910年的“橡皮风潮”使大量的公司受到重创，其中西商上海众业公司也被累及，导致其大量的会员破产。虽然经过努力开始恢复经营，但在不久的后来，该公司又遇第一次世界大战爆发，导致了交易的停止，虽各方都在努力恢复，由于受到战争的影响，政府对证券业的相关政策也发生了改变，导致证券机构停工了月余，为证券行业的发展带来了消极的影响。

“一战”后，中国的市场中出现了大量的国外资本，加之内部环境稳定使在华企业公司获利倍蓰。由于国内市场和国外投资两方面的原因，促使了众业公所的股票交易又开始蓬勃发展起来。众业公所在该段时期内上市了多种多样的股票，并交易了大量的股票。众业公所的股票涉及范围较广，当时在众业公所开拍了30多种股票，都是大企业的相关股票，比如，有怡和、德律风、业广地产等。

由于北洋政府在1925年开始对外债进行统计筹算，进而使中国货币公债信誉不断提高。在这样的背景下债券交易开始活跃起来。众业公所首先创新了债券交易模式，以金币公债交易的形式打入市场，吸引了众多的投资人员，资本的涌入也让金币债券交易的形式多样化发展，许多公共基础设施建设的资金都是通过这种债券进行募集的。

此外，由于日本的扩张野心逐渐显露，日商想通过资本扩张来达到控制

[1] 参见杨荫溥：《中国之证券市场》，载《东方杂志》1926年第20号（期）。

中国证券交易的目的。在该背景下，使国内出现了几家日商在华开办的取引所，即交易所。日商为帮助他们在中国资本扩张，以达到通过资本来操纵中国证券市场的目的，在中国成立了许多银行和证券交易所，通过资本扩张的形式打入中国市场。但是，由于当时我国国民的思想觉悟有所提升，日本商人的阴谋未能成功实现，在国民自觉抵制下，日本商人创办的银行和交易所都没有国人进行投资，许多交易所开业不久就面临着倒闭的危机。中国的商人也对日本银行和交易所进行了抵制，最终导致了日本资本扩张阴谋的落败。

（二）上海证券物品交易所和上海华商证券交易所

出于为革命事业提供经费的目的，孙中山先生在1916年提出了创设交易所的想法。在该背景下，为创办交易所孙中山会见了上海商界的名人虞洽卿等人，通过商谈最终决定建立上海交易所，计划将筹备处设于四明银楼，并挂牌为“通记”。并于1917年2月22日，在孙中山先生的领导下，为成立多家具有综合性质的交易所向相关管理部门提出了申请，其中就包括证券交易所，然而在管理部门的回复中表明：证券在市场中流通之前必须得到相关部门的允许，否则发行的证券将不具有法律效力，不在法律保护的范围之内，而证券的相关交易也需要及时进行记录，便于在后续的核查过程中进行统计。该计划的办理手续不符合相关规定，需要根据规定提交相应的材料和证明，让相关管理部门根据规定办理业务。

收到管理部门的回复后，孙中山等人按照相关规定重新提交了申请材料，但是当时政府腐败无能，政治局势不够明朗，极大地限制了证券行业的发展。除此之外，政局的波动致使孙中山离沪南下广州“护法”，由此交易所的主干人物缺席。由于这些原因导致酝酿中的第一家国人创办的证交所便告搁浅[1]。早已觊觎上海证券业的日商，抓住中国创办证交所的失败趁虚而入，欲图控制上海交易市场。

日本商人在中国成立的纺纱厂和其他制造业企业却在中国不断建立起

〔1〕 参见盛丕华：《上海交易所发起和成立简况》，载中国人民政治协商会议上海市委员会、文史资料工作组编：《上海文史资料选辑》（第11辑），上海档案出版社1925年版，第1页。

来，并通过交易所发行了股票，旨在侵吞中国财产，控制中国证券市场。看到日商欲操纵证券市场，虞洽卿以维护我国商业主权为名再次向相关管理部门提出了成立交易所的申请，并通过相关部门注册了公司，但要求北京方面对物品交易也一并批准立案。呈文指出：

列强在我国创办银行和交易所的目的是侵吞我国资产，如果我们没有自己的交易所，证券行业就会被他们控制起来，华商命脉不绝如缕，因此上海各业董如米业花业金业等，均愿列入发起，遵照前案迅速进行，以为保持商权之计，至条例未颁，不妨依照外国先例，参酌国内习惯，先行试办，随时仍由官厅监督纠正，俟正式条例颁布后，再行遵照办理，似于法例商情，均无窒碍，除已函请上海总商会转呈外，理合具呈县长，俯赐转呈沪海道尹，详请省长，转咨农商部核准，证券物品，一并立案，俾得依法集资，迅速开办，以保主权而维商业，临呈不胜迫切待命之至。[1]

但是农商部还是认为：

证券与物品，各国交易所通例，大抵分别经营，即就物品一项，以一交易所兼营多种事实上亦多窒碍，应将证券金银及花纱布匹暨粮食等项，分为三个交易所办理。[2]

在双方争论无果的情况下，虞洽卿等还是着手筹办起来[3]，并坚持认为：

在日本人的交易所包含大量的物资，如果我国的商人之间不联合起来抵制，就无法应对列强资本的扩张。为了维护我国商业利益的完整，我们必须创办自己的交易所，以共同的利益目标为基础，在抵制日本商人控制我国商业市场的同时，促使公司自身持续发展。他们创办的交易所由于人才的缺失和资源的匮乏而出现了部分问题，但由于他们持之不懈的努力和坚定的信念让公司进行了合理的统一。[4]

在这种情况下，农商部最终不得不核准综合经营。在日本人的交易所包含大量的物资，如果我国的商人之间不联合起来抵制，就无法应对列强资

---

〔1〕郑坚：《组织上海交易所之呈请》，载《银行周报》1918年第14号（期）。

〔2〕郑坚：《上海交易所批准立案》，载《银行周报》1918年第16号（期）。

〔3〕参见郑坚：《上海交易所筹备复业》，载《银行周报》1918年第33号（期）。

〔4〕郑坚：《上海交易所筹备复业》，载《银行周报》1918年第50号（期）。

本的扩张。为了维护我国商业利益的完整，我们必须创办自己的交易所，以共同的利益目标为基础，在抵制日本商人控制我国商业市场的同时，促使公司自身持续发展（见图3-1、图3-2、图3-3）。他们创办的交易所由于人才的缺失和资源的匮乏而出现了部分问题，但由于他们持之不懈的努力和坚定的信念让公司进行了合理的统一[1]。

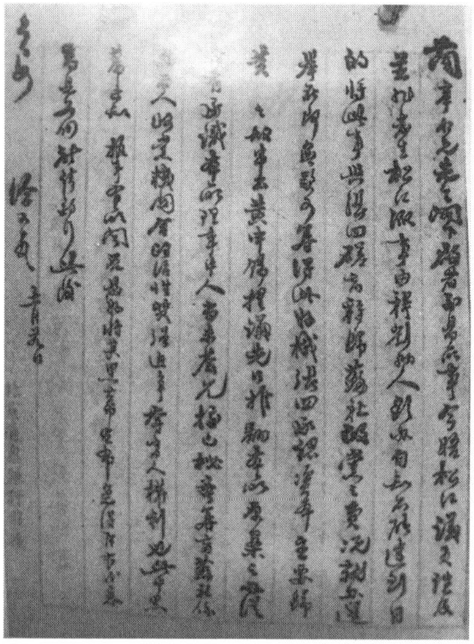

图3-1　虞洽卿致闻兰亭函（1920年11月29日）

图3-2　上海证券物品交易所外景

〔1〕 参见龚彦孙：《民国初期上海的证券交易》，载《民国春秋》1992年第6期。

图3-3　上海证券物品交易所交易市场内景

过来充当证券经纪人，却遭到股票公会的强烈抵制，因此决定自筹开办证券交易所。公会议定，全体会员均作为证券交易所发起人，将资本额定为25万元，分12，500万股，每股20元，先收1/4，全部资本由会员自愿分认。[1]

1919年10月底，上海股票商业公会拟定《上海证券交易所股份有限公司章程》共6章35条，报农商部批准[2]。1920年1月12日，公会致电农商部暨江苏省实业厅称：上海股票公会，改组证券交易所，资本认足，已收证据金1万元，存上海浙江兴业银行，昨日开会议决报部备案，复开收股款，并选定干事 7人，至虞和德筹办交易所，并不征求股票业真意，遂行混用证券名义，迹近扰乱详情，先已分别电呈在案，现经同业筹备，已告成立，为此俯恳大部，体恤商艰，予以维持。[3]

1920年三四月，公会将会址迁到汉口路昼锦里附近，5月20日，股东创立会于汉口路正式举办，最终推动了“上海华商证券交易所”的成立。交易所选出理事7人，分别是范季美、孙铁卿、张慰如、陈兰庭、尹韵笙、冯仲卿和周

---

〔1〕 参见奇良：《上海华商证券交易所概况》，载中国人民政治协商会议上海市委员会文史资料委员会编：《上海文史资料选辑》（第76辑），上海档案出版社1994 年版，第 40 页。

〔2〕 参见《上海证券交易所股份有限公司章程》，载《银行周报》1919年第49号（期）。

〔3〕 参见《证券交易所立案要电》，载《银行周报》1920年第2号（期）。

守良，陈永卿和顾鼎贞为监事，并成立经纪人公会，推举何世葆为会长。由于上海华商证券交易所是在股票商业公会的基础上建立起来的，所以业务多，客源有保障，从开业初期生意就非常不错（见图3-4、图3-5）。[1]

图3-4　上海证券交易所外景

图3-5　上海证券交易所经纪人电话台及行市板

（三）证券交易所时代的开创

1916年，中交两行的“京钞停兑”事件闹得沸沸扬扬，但这也从侧面推

〔1〕 参见奇良：《上海华商证券交易所概况》，载中国人民政治协商会议上海市委员会文史资料委员会编：《上海文史资料选辑》（第76辑），上海档案出版社1994年版，第41~43页。

动了北京证券交易所的设立。那时京津地区金融市场混乱不堪，为了整理金融市场，北洋政府回收公债和银行定期存单，减少“京钞”兑换比例。此外，增加北京地区公债和有价证券的买卖比例，具体价值涨落情况标准不一；而且没有稳固的机关担保，因此买卖交易多以现货买卖为主，定期买卖在这时根本行不通，这也是证券流传出现窒滞的主要原因[1]。在这种背景下，北洋政府财政当局督促金融界推“北京证券交易所”的形成。由此可知，北京证券交易所，在适应北洋政府发行债券下扮演着重要的作用，北京证券交易所的出现，对金融市场稳定发展、政府金融信誉的良好保持上都作用显著。

随着产业证券和公债发行数量的不断增多，证券交易市场也得到了显著的发展。从民国初年开始，国内开始出现一个新兴群体——证券掮客，许多人在其中谋取了很多利益。从原来仅将股票看作买卖的各行商人，也开始逐渐转变自己的思维方式，将股票看作主业不断发展，推动了专营股票买卖的股票公司的建立。一时之间，以上海为中心的福州路、汉口路和九江路一带，都陆续成立了不少股票公司，证券交易市场十分繁茂。但是，这时的证券交易市场还是以“茶会”为主要的交易场所，随着时代的发展，“茶会”明显满足不了证券交易市场的需求，人们需要新的以证券交易为主体的交易场所。

1914年秋，在农商部的批准下，上海股票商业公会正式成立。中国证券市场进入了一个新的时期，即公会时期。公会提供了证券交易市场的交易场所，详细规定了证券交易过程中的交易时间和具体交易佣金。从1917年开始，以公会为交易场所进行股票买卖交易的层出不穷，其中，招商局、汉冶萍、既济水电、商务印书馆、中国银行等在证券交易过程中表现尤为明显。

随着证券交易的逐渐兴盛，推动了人们希望创立证券交易所的想法。1913年，工商部长刘撰一在北京让全国工商巨子齐聚一堂，将创立交易所作为主要讨论的问题，会议最终决定，将通商大埠作为证券交易所的分部场

---

[1] 参见张信:《北京交易所筹备》，载《银行周报》1918 年第11号（期）。

所。梁士治，是当时的财政总长，他为了让自己借内债更为便利，早前向内阁提出倡议，希望能集资100万元，推动交易所的创立。官商合办是交易所创立的主要表现形式，但由于种种原因，他的倡议没被通过，这反映北京政府对这方面的想法上立下了很大的功劳。

1914年，农商部长由倡导实业为主的张睿担任，他在创立证券交易所的过程中扮演着推动者的角色。1914年年底，《证券交易所法》颁布并实施，这也是中国颁布的第一步以证券为主的法律，这使中国证券交易所开始以筹建为主。在《证券交易所法》的基础上，1916年冬，以孙中山、虞洽卿等为主的实业创业者联名呈请倡议书，希望农商部批准上海交易所股份有限公司的建立。但是，由于实业创业者倡议的内容和农商部对交易所业务范围的规定上存在偏差，所以这个事一直没被同意，虽后来多次申请，仍然不了了之。正当创立上海交易所的美梦迟迟得不到实现时，农商部批准了北京证券交易所的设立。

1918年3月，北京证券交易所筹备理事会第一次召开，此次会议，确定了北京证券交易所的基本组织形式——借鉴欧美交易所组织形式，确定了理事会中的理事长、常务理事和市场部主任。其中，王小宋、沈艺舫、张蓉生和梁涣涛等顺利当选[1]。股份制形式是北京证券交易所的主要组织形式，股额是由股东直接认定的，规定第一期应收股款是15万元，这15万元分别在中国银行、交通银行、盐业银行、新华银行和金城银行五个银行都有存款，在这其中，中国银行北京分行是股款代缴的主要办理者。从1918年3月到1918年5月10日，短短两个月不到的日子里，中国银行北京分行代收北京证券交易所股款共计30,690洋元。[2]

1918年6月5日，北京证券交易所正式开业，这是经过农商部立案后中国人创办的第一家属于中国人的证券交易所。交易所内共设四股七处，所谓四股，指的是征收股、出纳股、计算股和会计股，所谓七处，指的是现金处、代

---

〔1〕 参见张信:《北京证券交易所之近闻》，载《银行周报》1918年第21号（期）。

〔2〕 参见《北京证券交易所筹备处关于代收股款的函》(1921年)，北京市档案馆馆藏档案，档案号J31/1/499。

用品处、证据金处、差金处、付股票利息处、经手费处和市场处。北京证券交易所里面一共有60名从业经纪人，每位经纪人必须向交易所缴纳5000元的保证金后才可开始工作。与此同时，北京证券交易所也要向国库缴纳现金保证金，总计20万元[1]。交易所营业时间确定在每天上午10-12时和下午2-4时，总体来说，上午一般以开盘交易为主，而下午以交割买卖为主。

随着北京证券交易所的成立，以个人名义参与的经纪人层出不穷，不仅有专门的证券交易所经纪人，而且以银钱业等机构为主的经纪人也可兼职以个人名义参加。但每位经纪人参加都有一定的硬性要求，首先要有至少两家银行做担保；其次是必须征得农商部的同意。因为当时向北京证券交易所派出的经纪人很多，即使是中国银行等大银行机构也派出了很多经纪人前往北京证券交易所，使得交易所不得不接收各行号函。随着经纪人名额数量的逐渐增多，交易所决定采用留候补名额的方式选择经纪人，通过递补原则的实施，有效地确定经纪人人数[2]。同时，经纪人必须按照北京证券交易所业务规程第29条的规定办事：

北京经纪公会，主要招募在北京证券交易所充当经纪人的人为主要会员，如果没有取得经纪人资格，就不得在交易所从事相关业务活动，公会在商业道德的基础上通过交易信用的运用，确定同业之间能够和平稳定相处，在会员中评选出五个干事和五个评议，每个干事和评议有一年的任期，而且推动了《北京经纪公会规约》的颁布和实施。[3]

北京证券交易所的设立之初，正值北洋军阀公债泛滥发行之时，而且那时“停兑风潮”四起，搞得人心惶惶，因此政府在一定程度上会对交易所的经营业务活动产生一定的影响。1918年11月30日，确定了北京交易所第一届营业决算报告，最终发现北京证券交易所各项证券共成交2120万元，在这里面涵盖了现货交易和期货交易两种交易方式，其中，前者交易1114万元，

---

〔1〕 参见席长庚：《1918年建立的北京证券交易所》，载《经济师》1999年第3期。

〔2〕 参见《北京证券交易所关于派充经纪人、公债票、购股票等的函》（1922年）北京市档案馆馆藏档案，档案号J31/1/492。

〔3〕 北京经纪公会编：《北京经纪公会规约》（1925年），北京市档案馆馆藏档案，档案号J41/1/553。

后者交易1006万元[1]，这对弥补和维持北洋政府巨额财政开支立下了汗马功劳。

看到了中国证券交易市场巨大的发展前景，日商通过治外法权的运用，在1918年12月推动了上海取引所的建立，此举大大刺激了华商。1919年3月，虞洽卿再次请求推动上海华商证券交易所的确定，最终被认可和批准。1919年9月，上海华商证券交易所修订章程，另立名目，将上海华商证券交易所命名为“上海证券物品交易所”，终于在1920年7月1日盛大开业。后来，在农商部的批准下，上海股票商业公会正式改名为上海华商证券交易所，1920年11月正式成立，1921年5月20日盛大开业。上海华商证券交易所的成立，标志着北京、上海两个地方有了三个证券交易所，这在推动中国证券市场取得长足发展上扮演着重要作用。自此，中国进入了有组织、有纪律的证券交易所时代。

（四）信交风潮

上海证券物品交易所仅仅开业5个月，就收到了125万元的资本，从中获利达50万元，年收益率最高在10%左右。这一行情，推动了以证券买卖为主的股东、经纪人的盈利，这也使大部分人改变了以前对交易所的印象，加深了开交易所是发财致富走捷径的刻板印象。因此，各个行业都开始将手脚伸到投资兴办交易所或和交易所事业紧密相关的信托公司上，导致市场上很长一段时间出现了争设交易所和信托公司的信交风潮。

截至1921年年底，上海共创办了140多家交易所、12家信托公司。争设交易所就能发家致富的思维方式很快从上海传遍了全国各地，于是全国开始纷纷设立交易所，其中，汉口、天津、广州、南京、苏州等成为交易所新的聚集地。

刚开始，各个交易所还仅仅是一个在有价证券和物品买卖过程中收取相应佣金的中介。然而，由于市面上可流通的证券和物品本就有限，再加上短时间成立的交易所太多，使交易所可供买卖的证券筹码变得越来越少。有的交易所为了牟取暴利，将交易筹码放在了本所的股票上，交易所和信托公

〔1〕 参见席长庚：《1918年建立的北京证券交易所》，载《经济师》1999年第3期。

司的互相利用，使股价上涨，也为交易所和信托公司谋取了丰富的利润。股票市价的飞速上涨，吸引了外资的注意力，国内战争不断，市场一片萧条，社会游资成为市场的主要资金来源。随着人们对暴利的追求，股票市场成为人们的新一投入点，不少人盲目跟风，以小博大，投机倾向严重，导致市面资金匮乏已成必然事实。

1921年年底，银钱业为了资金安全考虑，将收缩资金、抽紧银根作为实施的主要策略。这一策略的实施，打了投机者一个措手不及，缺乏资金周转，告贷无门，使得众多投机者走向破产道路。由此引发了一系列的连锁反应，刚开始是股票价格迅速跌落，其次是很多小型的交易所和信托公司纷纷倒闭，“信交风潮”一触即发。这一连锁反应，导致全国交易所数量急剧下降，最后仅有十多家交易所和一两家信托公司在“信交风潮”中存活下来。股票市场由开始的盛极一时到后来的跌入谷底，也不过是短短一两年的时间。

（五）民国十三年公债风潮的特点

1.风潮涉及政府官员和两院议员

这次风潮，使许多政府官员和两院议员都不能幸免于难。究其原因，这些议员和官员在个人私欲的诱惑下，大肆买卖各种股票债券，但是由于缺乏相关的经验，所以一旦价格下落，这些官员的所有资金最终都到达少数投机者的家里。在这次买空中，财政部司科长、外交部司科长、交通部司科长、内务部司科长、农商部司科长以及大多议员都未能幸免于难。在两院议员中，至少有1/4的人都参与了这次风潮，积少成多，各官员的加入，推动了交易总额的提升。这使官员在股票下跌过程中不断亏损，所以为了确保自身损失降到最低，这些政府官员和两院议员推动了“金融维持会”的建立，目的就是反对阻挠交割。

1924年8月20日议员成立“金融维持会”，并提出：

政府在查封交易所的同时要及时通告买主，一旦维持办法还悬而未决，买主就不需要缴纳交易所保证金。[1]

---

〔1〕 刘京：《北京公债市面之暴变原因及其应付情形》，载《银行周报》1926年总第364号（期）。

1924年8月25日阁议期货交割办马上就受到了“金融维持会”的反对，他们认为，这次交割是不合法的。到了9月期，“金融维持会”又反对了交割。他们通过公债期货讨论会的形成，将报刊作为信息传播源，大肆寻找各种法律根据来支撑自己的论点，但最终效果并不太好。9月期货下跌的更严重，一般保持在每万元下跌700~800元左右。因此，金融维持会多方搜集证据，通过聘请律师起诉财长王克敏、理事长卓新等，希望能得到农商部的批准。

1924年9月22日，金融维持会向地方检察厅控告交易所理事长曲阜新，罪名是违法诈财，地检厅调查后发现控告之事属实，提起公诉，然而被告曲阜新早已畏罪逃匿。具体控告理由如下：

北京证券交易所在明知道《证券交易所法》及证券交易所业务规则规定的基础上还知法犯法，没有全部收取期货证据金，也没有在规定时间内进行追加；在市价跌落明显时，没有根据相关规定停止开盘；通过成立信托部加大对证券买卖的投入；8月18日，曲阜新指导交易所暗籍操作并卖出自由债券等。

根据《中华民国刑律》第382条规定：

通过实施欺骗、隐瞒手段诈骗他人财物的，处三等以上，五等以下的有期徒刑。

所以，金融维持会在掌握到足够的证据后控告曲阜新，请求检查厅提起公诉。金融维持会提议取消1924年八九月“交割处分”，在他们看来，虽然这时实际交易已完成但最终的交易情况并不乐观。参众各议员中有人同意这项提议，希望检查厅三思而行，取消八九月的交割处分等。与此同时，参众议员众多会员，在平政院一起控告王克敏违法，具体控告理由如下：

1.农商部一直主管证券交易所，财政部厘定金融风潮的善后问题，明显越了农商部的权利；

2.交易所请求财政部，财政部受理不当、受理流程不妥，这也有失法律威力；

3.在投机中银行公会大肆参与，虽然查办了证券交易会，但具体善后办法是以财政部为主的相关部门拟定的，不符合正常程序；

4.交易所违法诈财，证据确凿，所有八九月的买卖不符合具体要求，必须撤销，财政部发布命令表示8月23日的市价按照五成结算，这缺乏一定的法律依据。[1]

2.来势迅猛突然

自1923年春，公债市价一直呈现出平稳上升的趋势。随着公债债信的逐渐稳固，推动了市场的显著上升。这次暴涨，给市场中的社会各方一个重击。8月15-20日数日之间，六厘公债市价由最开始的82元下降到后来的61.5元，相当于1万元中跌落了2000元左右，总体金额高达10倍证据金。这一现象的出现，给予各方重重一击，导致各方损失严重。

3.涉及多方利益

此次风潮导致各个利益群体都浮出水面，无论是国会议员还是政府官员，很多都未能幸免于难，亏损严重。所以他们将证券交易作为攻击的重点，希望能在价格暴跌过程中及时撤销交易，否认证券交易的合法性，这导致人们将证券交易责任作为讨论的重点。金融维持会通过宣言的发布、活动的组织和会议的聚集，希望能得到社会各方的支持。一直以来，议员和钱庄联系密切，所以他们不仅参与个人投机，而且参与钱庄投资，直接投机者和间接投机者都很多。政府、银行和交易所互通一气，在处理违法追究责任时，不仅需要考虑到投机的相关事情，而且也要考虑市场稳定和社会信用的稳定性，由于最终解决方法不统一，所以只能折中解决，导致金融维持会最终的控告结果不太乐观。

4.引起社会各方关注

风潮吸引了社会各界的关注，报纸杂志连续发布，各方观点激情碰撞，重点探讨了证券相关问题。在此过程中，有以“公债期货法律问题讨论会”为名义的文章发表者。通过一次次的解释期货交易和公债交易不同之间的观念，推动了此后证券交易法律法规的进一步完善，也促进了证券交易所新监管政策的顺利实施。

---

〔1〕 刘京:《北京公债市面之暴变原因及其应付情形》，载《银行周报》1926年第8期。

5.风潮带来的启示

这次风潮反映了很多问题，导致中国近代证券市场初期存在的缺陷全部暴露无遗。

（1）投机市场

分析此次风潮可知，1924年时中国的证券市场具备强烈的投机成分，在证券市场投资功能的显现上还不太明显。由于当时的公债主要以军政费用开支为主，在经济建设上投入较少，所以投资公债不能和产业投资对等。信交风潮的爆发，导致中国产业证券开始走向下坡路，公债成为产业证券中唯一的交易对象。由于时局动荡不安，要想用闲钱投资产业，当然还是国债最为放心。那时银行提供的公债较多，无论是社会公益机构还是其他慈善机构，都喜欢通过购置公债的方式保值取息。[1]

虽然每个人手中拿的公债数量较少，但放眼整个社会，中产阶级也才刚过贫穷线，所以随着债券的暴跌，导致很多公债持有者损失惨重。因此，公债投机，是一项极为危险的投资。

（2）市场稚弱，不堪一击

随着风潮的日益兴起，掀起了一场轰轰烈烈声势浩大的风潮活动。风潮一直从1924年8月20日开始，到1925年2月才基本解决，风潮虽费了半年时间，但风潮导致的结算结果，盈亏数额都在百万元以上。虽然证券交易所赔付了10万元，但是最终倒闭的钱庄超过20多家，市场的瞬息万变，在这里表现得淋漓尽致。由此可知，当时的证券市场确实薄弱得不堪一击。

（3）交易筹码有限，易于大户操纵

虽然当时的公债发行数额达到3亿元，[2]但大多数数额都以银行储蓄为主，市面上表现的筹码少之又少。而且由于产业证券在市场上不复存在，市场上主要以公债交易为主，导致筹码不足，大户操纵筹码的现象较为明显。

---

〔1〕 参见马寅初：《吾国公债之买卖》，载《马寅初全集》（第2卷），浙江人民出版社1999年版，第426页。

〔2〕 参见张维：《内国公债发行之原委》（一），载《银行周报》1923年第22期。

通过分析上述问题可知，证券市场发展状况是和国家经济发展水平相一致的。一直以来，国家经济发展的好坏会影响证券市场的好坏，两者呈现明显的正相关关系。一旦市价波动，则经济恐慌和社会动荡因素接踵而来。因此，近代中国民族经济发展还较为薄弱，政府在引导市场发展中进行适当干预，是有一定必要的。

五、证券市场监管体系

（一）国家理论与北洋政府行为

按照新制度经济史学的定义，国家（政府）指的是，在某个特定地区内可以通过合法强制性手段的实施，垄断自身所需要务。其基本功能是提供法律和秩序，并保护产权以换取税收。国家制定的制度安排具有一定的垄断性：许多方面不同于市场、企业等竞争性的制度安排；另外还有其强制性。

根据国家理论，提出服务有两个方面的目的：首先，通过对产权结构的竞争与合作基本规则的实施，对所有权要素和所有权产品市场进行了界定，满足了统治者利益的最大化。其次，在第一个目的框架中无限减少交易费用，总体加大了社会产出，推动了国家税收数额的加大。[1]这两个目的使“国家的存在能推动经济增长，然而国家又是人为经济衰退的始作俑者”，即“诺斯悖论”，也称“国家悖论”[2]。因为国家提供服务的首要目的是通过基本规则的确定，推动统治者实现自身利益的最大化，这就是“国家掠夺论”。但是国家并不关心交易费用的降低和有效率的制度创新，从而不能实现整个社会经济的发展，造成人为的经济衰退。国家提供服务的次要目的是通过产权制度的设立和实施，推动全社会福利的增长，也就是“国家契约论”。正是由于这两个目的之间存在冲突，导致国家出现了兴衰问题。所以，国家的存在既

---

〔1〕 参见［美］道格拉斯·诺斯、［美］罗伯斯·托马斯：《西方世界的兴起》，厉以平、蔡磊译，华夏出版社1999年版，第58页。

〔2〕 ［美］道格拉斯·诺斯：《经济史中的结构与变迁》，陈郁、罗华平等译，上海三联书店、上海人民出版社1994年版，第21页。

能推动经济增长，同时又是人为经济衰退的始作俑者。[1]

根据诺斯的制度变迁理论，引导制度变迁的主体包括初级行动团体与次级行动团体，再根据行动团体的特征，制度变迁有两种，一种是“自下而上”的诱致性制度变迁，另一种是“自上而下”的强制性制度变迁。在近代中国证券市场制度的创立过程中，初级行动团体由新式股份制公司、证券市场投资者、证券市场经纪人即股票掮客和证券交易所等构成，在各自利益的驱使下，它们自发形成行动团体，通过一轮又一轮的努力，力求构建中国自己的证券市场制度体系。

其中主要的作为包括：上海平准公司和公平易公司的成立、茶会交易和上海股票商业公会的形成、由市场力量主导并最终由政府确认的证券交易所的设立，以及证券投资思想的形成与传播。此时的中央政府（清政府、北洋政府）是近代中国证券市场制度变迁的次级行动团体的代言人，在制度变迁的过程中，经历了不干涉、开始认识、逐步参与到干预的过程。政府认识并参与证券市场的主要动机是通过证券市场发行公债，以此弥补岌岌可危的财政赤字，维持政权的稳定。当政府认识到证券市场的积极作用，特别是通过证券市场获得利益之后，作为次级行动团体的政府逐步参与到证券市场中，并开始干预和控制证券市场运行，通过供给证券市场基本制度，如《公司律》以及《证券交易所法》等法律法规，确保其潜在利益不被伤害。

由于主导行动团体存在不同，所以北京证券交易所制度变迁离不开政府强制性制度的作用，但是在市场力量主导下，上海证券物品交易所和华商证券交易所的制度变迁以诱导性制度变迁为主，北京证券交易所和上海两大证券交易所的相继成立，表明中国近代正式拥有了属于中国人自己的证券市场。从制度变迁主体的行为特征与力量对比出发发现，在北洋政府时期，近代中国证券市场制度属于“自下而上”的诱导性制度，而南京国民政府成立后，市场在其中占据主导作用，而政府在其中扮演着的仅仅是辅助者的

〔1〕 参见尹振涛：《历史演进、制度变迁与效率考量——中国证券市场的近代化之路》，中国社会科学院2009年博士学位论文，第69页。

角色。

这种机制有一定的激励作用，主要体现在以下方面：首先，推动了费用的持续降低；其次，保证了人们预期收益和实际收益的一致性；最后，就整个社会而言，当产权行使成本为零时，导致个人投资收益和社会收益呈现对等关系。因此，对产权的调整、界定、变革和保护作用的实施，能够激励、引导人们追求更大化的经济利润，推动社会经济的蓬勃发展。[1]

1.北洋政府与近代金融制度

中国近代，金融制度模式经历了两次变革，第一次是以自由市场型为主的金融制度模式，第二次是以垄断型为主的金融制度模式[2]。这两种模式，以1927年为分界线，1927年前呈现的是自由市场型，这种制度具有以下特征：

（1）无中央银行制度。现代金融学提出，中央银行必须集多重功能为一体：主要有发行货币功能、稳定货币功能、存款准备金率功能、金融市场调控功能和金融监管职能等。这几大功能都是连初级中央银行都必备具备的基本功能，及时是中国银行、大清银行、交通银行都必须具备这些功能，各类银行一视同仁，这充分体现了制度的无中央性。

（2）政府所起的作用很小。北洋政府时期，政府对银行无实际强控制力，对中国银行和交通银行的控制主要以借款控制和发行纸币控制为主，对国家和社会职能的运用较少[3]。在民营商业银行的蓬勃发展下，中国国家银行、交通国家银行都趋向于向商业银行转化，政府在金融业中扮演的角色越来越具有边缘性。

（3）金融市场是自发形成并发展的。自由市场模式，推动了金融市场自发形成和发展，使金融市场在我们看不到的地方逐渐发展，也在一定程度上引导着市场风向。一旦市场误入歧途，振荡金融市场，更能推动金融市场合理性的形成。

---

〔1〕 参见尹振涛：《历史演进、制度变迁与效率考量——中国证券市场的近代化之路》，中国社会科学院2009年博士学位论文，第73页。

〔2〕 参见杜恂诚：《中国近代两种金融制度的比较》，载《中国社会科学》2000年第2期。

〔3〕 杜恂诚：《北洋政府时期国家资本主义的中断》，载《历史研究》1989年第2期。

（4）国家银行的商业银行化。在北洋政府时期，中国国家银行和交通国家银行，不仅具有大力国库职能、发钞职能、垫借款职能，而且在相应职能实施中涉及一些商业银行业务，然而随着发钞的逐渐增多和财政垫借款空子的越来越大，使银行根本利益也得到了极大程度的损害。

（5）国内外市场连为一体。因为政府软弱，奉行不干预政策，再加上通货膨胀的实行，导致国内外金融市场本质上并没有什么区别，金银能在市场中随意流入流出，导致此时的金融状态呈现出一种不平等关系下的金融自由化状态。

（6）实行银本位货币。胡乱发行纸币属于局部现象，中国的货币，银子在其中扮演着重要角色，银行的纸币都是可以进行兑现的，这导致滥发纸币现象屡见不鲜。〔1〕

随着金融制度的变迁和政府对金融控制态度的转变，证券市场也有了新的发展方向。由于北洋政府发行国内公债，为中央政府干预证券市场提供了条件。此后，北洋政府于1914年颁布并实施了《证券交易所法》，并对证券交易过程中的具体规则进行了详细的确定。在1918年，近代中国第一个证券交易所–北京证券交易所的正式成立，推动了近代中国证券市场制度的正式实施，导致政府将更多的精力放在参与和控制证券市场上。即使是在1927年北洋政府灭亡，南京国民政府成立之前，中央在干预证券市场具体问题上呈现被动干预状态。直到南京国民政府成立后，中央政府才将更多的精力放在维护和管理约束证券市场上，通过强有力证券市场管理体系的建立，推动证券市场的积极发展，将控制和保护公债市场作为主要任务，推动公债市场在证券市场中的蓬勃发展。

2.北洋政府与近代股份制产权

西方股份制产权的引入一改中国旧式产权制度，并且也为近代中国证券市场的发展提供了必要的产权基础。

除“官督商办”股份制企业外，近代还创立了很多民办股份制企业。对

〔1〕 杜恂诚：《北洋政府时期国家资本主义的中断》，载《历史研究》1989年第2期。

这些企业来说，政府起初规定“一切根据西方政策法规进行，商人主管主要事物，官员对其经营情况进行保护，一旦商人没有足够的钱财实施具体业务，那么可以通过借贷的方式维持自身业务”〔1〕，“商股到底是获利还是亏损，臣部一概不问，仅在自己的岗位上做好自己的事情即可，而且臣部拒绝以官督商办的名义派遣监督总办员，减少弊端的形成”〔2〕。

1911年清政府明确“所有在宣统三年以前开设的股商办分公司必须由国家统一收回……其他批准实行的各个案例，也全部取消”〔3〕，对很多股份制企业来说，这是明目张胆的抢劫，因此很多股份制企业通过外国商股的名义，减少政府的干预情况。〔4〕

政府直接在企业经营中行驶自身职权，必然会由于利益问题和企业产生摩擦，导致政企矛盾得到进一步的扩大。政府通过自身职权的行驶，加大对企业的监督管理，以更好地控制企业，确保自身利益的最大化，通过行政权力的使用来替代企业投资者的全部股权，最后导致要保障企业和股东的利益实施起来十分困难，政府为了满足自己的私欲，侵占了企业利益，抑制了企业的长足稳定发展。

近代中国私人产权制度的不完整、不充分、不独立，而中央政府权力是最高产权，具体表现在：股份制企业对前途完全无力掌控，在政府的高压下束手无策，政府只要认为是它所需要的，即可任意将私有产权变为政府产权。

（二）证券市场的监管体系

1914年北洋政府颁布并实施了《证券交易所法》，其中指出，农商具有登记、审核以及监督交易所的基本权力。然而，北洋政府时期，仅仅对设立交易所实施过审批职能。而对交易所的监督管理职能还较为欠缺。总而言

〔1〕 刘锦藻编：《清朝续文献通考》（第126卷），浙江古籍出版社2000年版，第312~321页。

〔2〕 陈毅编：《轨政纪要》（初编），文海出版社1970 年版，第211~215页。

〔3〕 汪敬虞编：《中国近代工业史资料第二辑1895-1914年》，科学出版社1957年版，第1126 页。

〔4〕 参见吴汝纶编：《李文忠公全集》（第17卷）《朋僚函稿》，载沈云龙：《近代中国史料丛刊续编》（第70辑），文海出版社1965 年版，第78页。

之，政府还未完全严格的管理证券交易市场，总体呈现松散化管理特征。

1921年“信交风潮”爆发之后，才开始逐步意识到加强证券市场管理是势在必行的一件事。

回顾中国近代证券市场监管机构的基本演变，发现他们的演变特点如下：频繁更替和变动证券监管机构，不利于监管机构监管效力的发挥；证券监管常常包揽多种监管事物，顾头不顾尾，导致证券监管的很多管辖范围和管辖机构出现了重叠的情况。

从银行业角度来说，北洋政府时期银行设立甚多，倒闭率也很高，其中大多都是被投资公债所拖累。

表3-7　北洋政府期间全国华资银行的开设与停业情况

时间（年）	平均每年新设（家）	停业数（家）	新设银行（家）	倒闭率（%）
1912—1919	8.3	44	66	66.7
1920—1927	15.0	91	120	75.8

资料来源：张郁兰编：《中国银行业发展史》，上海人民出版社1957年版，第51~56页。

北洋政府时期，全国共新设银行186家，平均每年新设12家以上，同时15年间也有135家银行倒闭，平均每年倒闭9家，平均倒闭率72.6%。简单地说，就是每年100家新设银行中有近73家倒闭。可想而知，当时中国银行业发展的现状甚是畸形，华资银行并不是以资本主义工商业的发展为基础，而是具有很大的投机性，因而缺乏稳定性。

银行业面对形势的变化和残酷的现实，逐步开始考虑自己的长远前途，对政府发行的公债开始有了抵触情绪，“政府更替频繁，国家破碎，军阀混战，纸币失信等一系列事实促使中国的银行界开始考虑自己的长远前途”[1]。1923年，全国银行公会第四届联合会议发出公告，具体公告内容如下：

〔1〕中国人民银行上海市分行金融研究所编：《金城银行史料》，上海人民出版社1983年版，“前言”第14页。

发现政府现在欠的内债和外债的本金和利息加起来数额巨大。想要完全还完却遥遥无期，如果长此这样下去，导致的最后伤害可是用语言都说不了的……当内外债还没得到全部的整理实行之前，各个银行不能单独或联合购买或抵押政府公债或类似公债的证券，从而希望能督促政府早日从根本上整理财政。如果有不遵从这项规定的银行，各其他银行利坚决和这个银行断绝一切经济利益往来。[1]

以上公告虽态度坚决，但由于当时投资公债还存在巨大的利益诱惑，所以难以完全实行，最终成为一纸空文，但是这种对银行业经营方向的觉醒还是给银行业以警示。

同样，中国银行对此也有着清醒的认识：

盖公债代表一种制造之信用，其所得资金，若不用于生产之途，陡增消费之膨胀，物价之腾贵，地价代表一种制造之人气，使多数中间人抬高价值，促进交易，竟取无生产之利润，造成虚伪之繁荣，均非增加真实之资产，故一旦市面变动，其反动愈大，而影响于信用之收缩更烈。[2]

同时还认为：

唯有政府切实大减军费，屏除不急之支出；减少公债发行，增加生产建设资金；金融界应减轻利率，低减成本，谋实力之蓄积，为不时之准备；同时政府应年省一二千万元，立一减债基金，整理内外债，以树对外信用，而引外资之输入；一面立一中央与地方调和之发行制度，以期币制之确立，通货信用与数量之增加。[3]

中国银行认为仅依靠发行公债维持财政收支并不是长久之策，希望政府能够安定政治，鼓励创建实业，以此促进经济发展缓解财政压力。中国银行还呼吁其他同业转移经营方针，不局限于金融和商业中心，而将资金多投向不发达地区，并提出“努力吸收外汇，提倡国货工业，改进农业生产，改

〔1〕《全国银行公会第四届联合会议公告（第一号）》，载《银行周报》1923年第24号（期）。

〔2〕 中国银行总行、中国第二历史档案馆编：《中国银行行史资料汇编》（上编），档案出版社1991年版，第2055页。

〔3〕 中国银行总行、中国第二历史档案馆编：《中国银行行史资料汇编》（上编），档案出版社1991年版，第2130页。

进铁道交通，便利农产运输”[1]的经营方针，反映了其立足长远的业务发展模式。

第三节　北洋政府期间证券法律

一、北洋政府期间证券法律体系概述

北洋政府早期，为鼓励股份制工商企业的发展，维护金融市场的稳定，维持政府的信用，政府颁布《证券交易所法》，使证券交易有章可循，尔后又批准设立北京证券交易所，并颁布交易所适用法律制度（见表3-8）。证券市场正式法律制度的建立与官方授权的证券交易所的设立标志着近代中国证券市场制度的确立，至此近代中国证券市场走上了法治化的道路。同时，政府通过制度供给与参与程度的不断加深给近代中国证券市场深深地打上了政府的烙印。

表3-8　北洋政府主要的证券法律法规

颁布时间	证券法律法规	颁布机构
1914年1月13日	《公司条例》	北洋政府农商部
1914年12月29日	《证券交易所法》	
1915年5月5日	《证券交易所法施行细则》	
1915年5月5日	《证券交易所法附属规则》	
1918年6月5日	《北京证券交易所施行细则》	
1921年3月10日	《证券交易所课税条例》	
1926年9月9日	《交易所监理官条例》	

注：这些立法仅包括了政府出台法律，不包括交易所自行出台的条例、规范以及法院的解释判例。

资料来源：上海市档案馆编：《旧上海的证券交易所》，上海古籍出版社1992年版，第274~294页；上海市档案馆编：《旧中国的股份制（1868年-1949年）》，中国档案出版社1996年版，第113~156页；王志华：《中国近代证券法》，北京大学出版社2005年版，第51~53页。

---

〔1〕姚崧龄编：《张公权先生年谱初稿》（上册），传记文学出版社1982年版，第122页。

“协议就是法律”“意思自治”“契约精神”是私法实施的主要精神内涵。证券法，必须先以私法形式而存在。所以，在中国产业证券诞生的最初时期，产业证券的全部交易都是民间自发形成的，买方和卖方之间彼此信任，钱货两清是最基本的成交形式。那时的交易没有法律法规的约束，全都是买卖双方之间的信誉来维持的。这也是经济学所讲的社会商业信用。同时亦无集中交易市场可言，但自有其公平所在，很大程度按照商业惯例和交易习惯在进展。但是随着证券筹码的显著增多和交易量的持续加大，导致专门经营证券的证券商由此兴起，交易主体也随之增加，和证券交易相类似的相关组织也如雨后春笋般，大量兴起。因此，国家通过制定相应的法律法规，从而来对证券交易行为进行整体的约束。

1914 年，中国近代第一部以证券交易为主的法律法规正式确定，这就是北洋政府颁布并实施的《证券交易所法》。1915年，北洋政府在《证券交易所法》的基础上，相继颁布了《证券交易所法施行细则》《证券交易所法附属规则》等，这三部法律都以法律的形式规定了证券交易的基本内容，但从整体来说都属于概括性规定，在具体实施细则上还存在一定的缺陷。后来各证券交易所颁布的业务规则和临时简章，才最终推动了证券交易所法的整体实施。

证券交易指的是，证券持有者转让自己的证券给其他投资者，这是一种法律行为，属于股份的合法转让。交易的本质在于流通，证券交易也是一样，只有这样，才能使人们在资本市场和特定财产权利的交易关系中有一个明显清晰的认识，也才能保证投资者在证券交易过程中自身投资愿望的顺利实现。

证券交易与证券发行之间是一种相互促进、相互制约的关系。从一方面来讲，正是有了证券发行，才使证券交易有了一定的前提，所以证券发行确定了证券交易过程中的交易对象；但从另一方面来说，证券交易的顺利实现，确保了证券发行的有效性，证券要想在市场上得到充分流通，就离不开证券交易的重要作用，正是由于证券交易的实施，才使投资者在证券交易过程中认购自己心仪的证券产品，才有助于证券发行的顺利实施。

（一）1914年《公司条例》

19世纪晚期，虽然近代中国出现了股份公司，也发行了一定数量的股票，但近代中国证券的法律法规还不太完善，职能遵循“国际约章，立案合同，试办的奏咨和批准的章程”，存在一定程度的局限性[1]。

1914年北洋政府通过对商会递交的《商律草案》的修改，推动了《公司条例》的颁布和实施。《公司条例》是在清末《公司律》基础上的又一延伸，其中不仅详细地描述了股票的发行，而且增加了和股票息息相关的新的规定：

第一次提出，股份有限公司在发行股票的过程中有平价发行和溢价发行两种，但发行的股票不能比票面银数还少，第一次需要缴纳的股银，必须占据票面银的四分之一以上；第一次提出，公司可从具体章程出发，决定优先股、记名股和无记名股的发行情况，而且公司有权在规定要求下自由转让名下股票，但股东会之决议，对于优先股东之权利有妨碍时，不仅需要召开股东会议决议大会，而且需要召开优先股东会议决议大会，有限股东会议的相关规定，可以具体实施股东会议的相关决定；第一次规定了公司债的相关情况，具体内容涵盖：公司债的总数，不得逾于已缴之股分（份）银数、公司债每分（份）之银数，不得少于二十圆。募集公司债时也必须公告公司各项有关内容，其他有关发行条款参照股票发行的规定。[2]

北洋政府之初颁布的《公司条例》属公司法，所以其证券市场规定仅涉及发行领域，且内容简单，还存在许多不足之处，但还是对以后的证券市场立法产生了重大的影响，奠定了坚实的基础。

（二）1914年《证券交易所法》及附属法规

虽然颁布了《公司条例》，但反观近代证券市场发现，证券市场上还缺乏对管理和监督的整体性法律的颁布和实施。由于1883年和1910年证券市

---

〔1〕 参见王效文：《公司法·绪论》，载《现代法学》（第1卷）。转引自王志华：《中国近代证券法》，北京大学出版社2005年版，第72页。

〔2〕 张信、上海市档案馆编：《旧中国的股份制（1868年-1949年）》，中国档案出版社1996年版，第113~145页。

场投机风潮的兴起，导致证券市场损失严重，所以社会各界都开始将关注的重点放在证券交易所的专门立法上，于是就有了《证券交易所法》的诞生。

1914年12月29日，北洋政府正式颁布并实施了《证券交易所法》，《证券交易所法》里面一共有8章25条的内容，其基本内容包括：

(1)证券交易所的含义是，为了方便买卖、平稳市价而制定的交易市场，交易市场中售卖国债票、股份票、公司债票和其他有价证券交易业务的就被称作证券交易所。

(2)证券交易所在设立之前，必须获得国民政府农商部的批准。

(3)证券交易所的具体设立区域主要由农商部和财政部一同规划，每一区域只能设立一所证券交易所。

(4)证券交易所的有限年限是十年，但具体年限可以根据地方的具体商业情况酌情处理，如果证券交易所需要续展年限，就要获得农商部的批准。

(5)股份有限公司制是证券交易的基本组织形式。

(6)只有证券交易所内部的经纪人才可以在证券交易所进行证券买卖，其余的职员和雇员都没有在证券交易所进行证券买卖的权限。

(7)现货买卖和期货买卖是证券交易所的两种买卖形式。

(8)农商部可以派遣相关专业人员检查或督促证券交易所，在检查和督促过程中享有一定的处罚权。〔1〕

1915年5月5日，北洋政府进一步颁布了《证券交易所法施行细则》(以下简称《实施细则》)和《证券交易所法附属规则》(以下简称《附属规则》)。其中《施行细则》一共包含26条内容，具体表现在证券交易所的设立条件、证券交易所的必备手续、证券交易所的申请程序和证券交易所经纪人申请程序这几方面上。《附属规则》一共涵盖13条规定，具体内容包括：确定证券交易所的股本、确定证券交易所营业保证金、确定证券交易所经手费、确定证券交易所经纪人保证金以及确定证券交易所的具体买卖方法等。〔2〕

---

〔1〕 上海市档案馆编：《旧上海的证券交易所》，上海古籍出版社1992年版，第274~281页。

〔2〕 参见上海市档案馆编：《旧中国的股份制(1868年-1949年)》，中国档案出版社1996年版，第149~154页。

1921 年 3 月 10 日，北洋政府颁布并实施了《证券交易所课税条例》，内含4条主要内容，具体包括：证券交易所在每次交易结束后，在结账时刻必须将纯利中的3%提取出来，看作交易所需要缴纳的税，交易所具体需要缴纳的相关税务情况有两种，第一种是实业厅征解农商部核查之后由财政部列收，第二种是若有些地方没有设置实业厅，则就需要农商部委托相当官署征解，后续具体流程和第一种流程一样[1]。

总体而言，中国证券市场设立的第一部专门法律就是《证券交易所法》，《证券交易所法》及其附属法规的颁布和实施，为中国证券市场的蓬勃发展提供了前提条件，为随之成立的证券交易所提供了必要的法律保障，并奠定了证券立法的雏形，积累了有益的经验。但这些法律法规在约束证券市场行为方面还存在很大的缺陷和不足。

第一，从监管方面看，仅规定了农商部的监管权以及监管原则，缺乏对具体监管实施和执行细则上的规定。一旦出现证券违法行为，主要有以下几种行政处罚方式：（1）撤销交易所注册资格；（2）取消经纪人资格；（3）强制交易所修改相关交易章程等，没有完善严厉的约束机制和具体的责任认定程序。证券行业自律组织的法律地位还是没有得到充分肯定，导致无论是证券同业公会还是经纪人公会，都没有具体的责权分配，使证券市场混乱不堪。不利于证券市场长足稳定的发展。

第二，就内容方面而言，《证券交易所法》及其附属规则整体来说还不够完善，条例内容也相对单一。《证券交易所法》将法律重点放在了证券交易所的具体建立上，却对证券交易市场的管理处罚具体规定相对较少，没有强制性的约束，此外，对上市公司在股票发行过程中的信息披露和具体流程公布规定也相对较少。究其原因，北洋政府颁布的《证券交易所法》的主要参考模板是日本明治二十六年《取引所法》，所以《证券交易所法》和《取引所法》在很多法律条款上都存在一定的相似性。虽颁布了具体的证券交易法律法规，但其法律法规没有从中国的实际情况出发，所以实践起来也具有一

〔1〕 上海市档案馆编：《旧中国的股份制（1868年-1949年）》，中国档案出版社1996年版，第154~155页。

定的困难[1]。

第三，就执行情况来说，随着《证券交易所法》的颁布和实施，监管机构虽将取缔场外交易看作毕生追求，但黑市交易却一直存在。虽然法律明确规定，证券经纪人只有代买代卖的权利，没有自营的权利，但还是出现很多经纪人借助自己掌握的内幕消息，通过和政府官员之间的勾结，这导致大规模资金炒作现象层出不穷。例如，1921 年的“信交风潮”里面，以上海证券物品交易所为典型的理事和经纪人通过公司的虚设，策划和实施了一场拉抬炒作事件[2]。

（三）1926年《交易所监理官条例》

1926年9月9日，北洋政府农商部通过《交易所监理官条例》的颁布，掀起了各地区交易所监理官的设置热潮，监理官的主要职责是对不同地区的交易所账目进行核查监督，并按照规定合理征收一定的交易税[3]。1926年9月15日，谢铭勋正式被任命为上海地区交易所监理官，其余的总务科长、会计科长和审计科长分别由沈宪、唐世仁和谢华担任。而且安插各委员驻扎在不同的交易所中，通过合理分配，金业交易所安插了委员翁振青、华商纱布交易所安插了委员黄韫甫，证券物品交易所安插了委员沈井忻，面粉交易所安插了委员王志贤。[4]

《交易所监理官条例》的确定，使政府监管证券市场这一现象有了明确的制度可以依赖，而且这一条例，详细阐述了监管的机构和方法，推动了近代中央政府近代市场监督体系的形成。然而这一条例的制定和实施，还是受到了不同交易所的抵制，所以从现实情况来看，执行效果并不尽如人意。后来，南京国民政府取代了北洋政府，这一条例中规定的所有内容并没有得以全面实施，然而这一条例提出的监管理念和主要监管体系也为以后相关法律的颁布和实施提供了一定的借鉴意义。

---

〔1〕 参见王南:《日本取引所调查录》，载《银行周报》1925年第39号（期）。

〔2〕 参见成九雁、朱武祥:《中国近代股市监管的兴起与演变：1873－1949 年》，载《经济研究》2006 年第 12 期。

〔3〕 参见刘向:《交易所监理官条例》，载《银行周报》1926年第36期。

〔4〕 参见郑阳:《交易所监理官正式就职》，载《银行周报》1926年第38号（期）。

二、证券交易方式的种类和禁止交易的法律规定

随着证券市场的发行，“现货交易”成为世界各国普遍的交易方式。然而，商品经济的迅猛发展、股份公司的日趋繁茂以及股票数量的显著增长，推动了证券交易的发展，其基本发展形式主要表现在从低级到高级、从简单到复杂和从单一到复合方面。于是，证券市场的发达国家推动了多种多样的证券交易方式，现货交易、期货交易、期权交易、信用交易等此消彼长，争相露面。

1914年《证券交易所法》第19条提出：

证券交易所有两种买卖形式，一种是现期买卖，一种是定期买卖。

然而从当时证券交易所的实际交易情况来看，现期和定期只是证券交易所的两种基本交易方式，还有其他交易方式也很值得关注。比如，“便交”曾在北京证券交易所中出现过，而“递延交割”曾在上海证券交易所出现过。

（一）现期交易

证券“现期交易”，指的就是“现期买卖”“现货交易”，主要表现在只要证券交易双方达成交易，就对证券和价款进行统一的清算交割。这是证券交易早期出现的交易形式，一直延续到现代，并被证券交易市场普遍采用。和其他证券交易方式相比，现期交易有一定的优势，主要表现在投机性不强、风险小，在满足人们投资变现需要上作用显著，由于其优势多，大多数投资者和各国证券法律法规等都选择现期交易为主要的交易形式，这一交易在民国时期被普遍运用，是各个证券交易所中不可缺少的一种交易方式。

为了规范现期买卖的结款交割，1915年《证券交易所法附属规则》就对其原则进行了强制性规定，主要表现在第8条：

只要交易所的买卖契约正式确定，那么从买卖契约当天开始实行，现期买卖必须在七日之内完成交易。

为了确保交易的安全性和可靠性，此后各个证券交易所都以此规定为基础，在实际操作中进一步规范完善了这一规定，通过缩短交割时间的方式，使得交易条件更为严苛。

其中，北京证券交易所就现货交易这一方式明确规定了其业务规则，主要表现在第13条：

就现货买卖的结算清账来说，假如上午正式成立，那么下午四点以前就要完成结算业务；如果是下午才成立，那么在第二天的上午十一点以前必须完全结算。如果第二天是周末或其他节假日，那么当天就要清交完成。一旦出现延期的情况，只要本交易所认可，就需要为本交易所缴纳一定的证据金。

（二）定期交易

“定期交易”，指的是“定期买卖”和“证券期货交易”，主要表现在证券交易双方约定具体的成交时间，以合同数量和价格为基本交易基础，从而对成交时的合同数量和价格进行统一的清算和交割。由于证券期货交易相较于现货交易来说，所需时间较长，所以被看作是一种远期交易。

中国近代证券法明确提出，期货交易交割必须在3个月内全部完成。证券合约确定证券期货交易的标准，而证券交易所则是期货交易方式的唯一场所，在清算方式上一般以对冲方式为主。除此之外，实物交割的方式也在其中占据较小的交易比例。

1915 年颁布实施的《证券交易所法附属规则》第8条提出：

交易所买卖契约的履行日期一般是从买卖当天开始计算。……定期买卖，必须根据交易所日期的规定，在两个月以内完成全部结算事项。除此之外，如果是政府公债的定期买卖，就必须要得到农商部的批准，和普通的定期买卖有本质上的区别。

1926年4月1日，北京证券交易所通过《期货办法简章》的规定和实施，确定了更为严苛的规定办法，第3条指出：

如果本证据金的额面是一万元，那么需要预交的金额是一千元，分别以现金和代用品的方式预缴，两者占比比例分配为，现金预缴总额的五分之三，即六百元；代用品预缴总额的五分之二，即四百元；买卖票照发，票是登记账目的主要依据。

待本证据金全部预缴完成后，买卖才正式开始。《期货办法简章》第4条指出：

对交易所的经纪人来说，他们每月的期货交易余额不得超过二十万；一旦超过二十万，就必须提前缴纳特别证据金，一般来说一万元需要缴纳现金二百元；超过十万之后，继续增加二百元。

这一规定，确定了经纪人买卖两方的差额，20万元是其中的过渡点，主要是为了确保市场的稳定，减少过度投机出现的频率。所以规定明确指出，一旦买卖双方的期货交易额超过20万元，就必须预缴特别证据金。

《期货办法简章》第5条提出：

对每场期货交易来说，要分析前场的收盘行市情况，一旦涨落幅度在三百元左右，即可宣告停市；等俟追金全部结算清楚了再开市；假如其中出现不履行此规定的人，那么暂停该人的在场交易，如果那人多次犯规，就需要从具体的规章制度出发，对其进行处罚。

《期货办法简章》第10条提出：

在期货买卖中，每天必须记录当天的价格，第二天拿来对比，假如前后两天的差额大于三百元，那么就需要追加相同数额的证据金，依此类推。

从上述规定可知，证券交易的价格涨跌一旦超过证据金的3/10，就需要缴纳一定的证据金，和一般规定相比，要求更为严格。

1925年7月1日，北京证券交易所首次实行期货交易，主要有九六公债本月期货交易和九六公债下月期货交易两种交易方式，而且推出了期货交易的相应规定，即《九六公债期货交易规则》。这是在公债风潮事件结束后制定的新措施，其规定更为详细，更能得到很好的运用。[1]

（三）约期交易

约期交易，别名“立限交易”，指的是交易双方约定一定的期限进行自行交割的一种交易方式。从本质上来说，约期交易也属于定期交易的一种表现形式，两者最大的特点是定期交易的交割期是每月期的最后两日，而约期交易的交割期是可以根据自身情况进行交易的。然而约期交易的日期必须

---

〔1〕 参见刘洋：《九六公债期货交易规则》，载《银行周报》1925年第24号（期）。

以《交易所法》第28条规定为主，即：

有价证券交割必须在三个月内完成，买卖当事人都要遵循这一约定期限，并且强制实行，不得违反。

（四）便期交易

“便期交易”这种交易方式只存在于北京证券交易所，便期交易的性质和约期交易性质是一样的。便期交易的期限，一般都是在一个星期以内。一星期内买卖双方都是可以自由进行交割的，但是不能超过一个星期，如若超过，则不能执行交割，这时被违约者可根据约折价承担违约责任，并支付一定的违约金。

（五）北洋政府期间的禁止交易的法律规定

在法律规定上，权利和义务都是对等的，相辅相成的，因此中国近代证券法规，不仅在证券交易中规定了很多权利，而且在证券交易方面还规定了许多禁止性条款，需要买卖双方义务执行。

法律规定禁止“场外交易”。“场外交易”和集中交易是两个相对的概念。集中交易市场指的是，在固定的场所、固定的时间和确定的规则入手进行的一种集中买卖证券的交易市场，集中交易的场所主要是依法经政府证券主管部门批准设立的证券交易所，这形成了固定的交易地点，而在交易所中进行交易，有确定的交易规则和交易要求；一般来说，交易所的交易人群仅限证券交易所中的经纪人。证券交易的集中竞价在很大程度上都对价格、时间因素有利，所以，集中交易市场的设定，不仅有助于体现证券交易价格的公平性和合理性，而且在减少投资风险和扩展证券市场上扮演着重要作用。

“场外交易市场”指在证券交易所以外进行的交易场所，一般来说，场外交易市场主要以柜台交易为主，这是以证券商为主的一种证券买卖方式，证券商只需在自己业务经营场所之内和买家进行交易即可。由于证券商的参与性质存在显著区别，所以柜台交易有两种交易方式，一种是“代理买卖”，另外一种是“自营买卖”。“代理买卖”，是指证券商接受投资者委托，代理投资者买卖证券的交易方式。“自营买卖”，是指证券商通过个人资金买入证券，然后将本价证券的价格略微提高1倍，通过证券本价和售价的差值来赚取利润的一种方式。一般来说，自营买卖交易的双方，既有可能是其他证券商也有可能是投资者。但就中国近代证券法规来说，这种场外交易是被严令禁止的，主要是为了减少漏税现象和投机现象的出现。

民国时期颁布了几部和证券相关的法律法规，都明令禁止了“场外交易”的交易方式，一旦有人违背，就要承担相应的法律责任。北洋政府期间颁布了《证券交易所法》，在第26条提出：“不得在证券交易所外进行证券定期买卖。”

第四节　小　　结

总体来说，证券交易法律制度推动了中国近代证券法律体系的建立和完善。近代中国证券法律法规是以证券交易市场作为制定主体的。《证券交易所法》，本质上表现的是“证券交易相关的法”。证券交易所不仅制定了很多业务规则，而且很多临时性规定也通过发布公告的方式，得到了进一步的实施，从总体看，这都是和证券交易息息相关的内容。

《证券交易所法》明确规定，证券交易所是证券交易的唯一场所，明令禁止进行场外交易。《证券交易所法》的制定和实施，主要目的就是取缔场外交易，但从现实情况来看，场外交易一直存在于中国近代证券交易中，从未停止过。

根据时间线来说，证券交易法规制定之后，证券集中交易市场才得以正式确定。1914年，中国近代第一步证券法规正式颁布，名为《证券交易所法》。4年后，北京证券交易所正式面世，这是中国人的第一个证券交易所。从两者的时间线可知，法律的颁布要前于市场，这也是中国近代证券法律制度中的一个突出特点。

证券交易所需要通过相对应的交易规则的制定，来达到自律。因此，上海证券交易所通过规定暂行业务规则，通过完善法律程序，达到自身和法律的统一。

证券交易法规的制定和完善需要经历时间的考验和磨砺。中国近代证券市场波澜四起，政府主管机构通过相应政策的调整，才使这些问题都迎刃而解。除此之外，政府主管机构通过借鉴风潮中的失败经验，通过相对应法律法规措施的制定和实施，确保证券交易市场的正常。其中，对市价升降幅度的规定，确保抑制证券价格涨落的措施是政府主管机构制定的最为有效的措施之一。

一、证券交易所经纪人法律规定

证券买卖变成一种专门事业，是时代发展的必然要求：

上海的股票、公债买家很多，以此作为一种新兴产业发展的信号，是社会发展的必然要求。[1]

随着证券买卖业务的迅猛发展，茶会成交已经成为一种限制，所以各立门面，"某某股票公司"层出不穷，而且招牌标注开展业务，如"代客买卖各种股票、内国公债、铁路证券"等，以此方式吸引买主的注意力，从而获取相应利润。

《交易所法》第3章为"经纪人及会员"，规定中不仅有经纪人的规定，而且会员也有专门规定，但现实情况是，会员制交易所从未出现过，所以虽有明文规定，但实际上并无大用。

证券商是由不同行业不同背景的商人形成的，通过实际情况进行买卖业务，交易较为零散。主要交易方式是，掮客确定出资收购，等这个成为整数后再正式向他人转售：

只有数额太大的，掮客承购起来困难的，出售人才会委托掮客，另外寻觅新的承购受主。[2]

当时买卖价格并没有一个统一的标准，掮客的选择就是买卖的价格标尺。由于当时买卖双方都不太了解证券的性质和证券的真实价格，卖主希望

〔1〕 刘向：《交易所监理官条例》，载《银行周报》1926年第36期。
〔2〕 王宗培：《茶会时代之上海证券市场》，载《银行周报》1928年第22期。

尽快找到买主，结束这桩心事，所以在买卖上多由掮客做主定价，使掮客在其中收获了较为丰富的佣金。

民国初年，上海并无太多的股票掮客。但是随着民国元年六厘公债的发行，以及国有苏浙路的形成，推动了市场上证券买卖的发展。股票掮客人数也越来越多。因此，1914年7月，上海各股票业一起成立了上海股票商业工会，获得了北京政府农商部的支持，后来上海股票商业工会演变成了上海华商证券交易所。上海华商证券交易所成立初期仅有13家会员，随着时代的更迭，6年后会员高达50多家，而且上海的很多小钱庄也加入了兼营证券的热潮。〔1〕

1918年6月，北京证券交易所正式开业，共有60名经纪人。后来，上海华商证券交易所通过各项基础核定，共确定了55名经纪人。而上海证券物品交易所异军突起，找到了符合要求的200名经纪人，创证券交易所中经纪人阵容最强大的历史记录。究其原因，上海证券物品交易所的很多经纪人都具有兼营其他物品的情况，所以名额相对较多，但从总体说，其专营证券的经纪人也高达50位。

谈及谁是近代华北的金融中心，天津绝对当仁不让。20世纪20年代，天津证券花纱粮食皮毛交易所内含经纪人超过50人。20世纪30年代，天津的银号、金店和银行一起创办了天津商业经济所。直到1945年，天津的华北有价证券交易所内含经纪人虽超过170家，但正式开业后不足60家。1948年2月16日，天津证券交易所盛大开业，一共有98家符合标准的经纪人。1921年，天津的证券行业经纪人从业人大多是日本人，中国人在其中占据较小的比例。但是1925年以后，中国内国公债券全力发行，吸引了众多中国经纪人的目光，但是中国金融各界人士对此并不看好〔2〕。1949年6月1日，中国第一家证券交易所在天津正式开业，共有39家经纪人与其合作。〔3〕

茶会时期，上海证券市场一片懒散，仅有小部分的“股票掮客”在证券

---

〔1〕 参见王宗培：《公会时代之上海证券市场》，载《银行周报》1914年第1期；吴毅堂编：《中国股票年鉴·中国股票论》，中国股票年鉴社1912年版，第34页；陈善政：《我国证券市场之发展史》，载《银行周报》1914年第2期。

〔2〕 参见杨悦：《证券交易所细则》，载《银行周报》1928年第16期。

〔3〕 参见武力：《建国后第一家证券交易所的建立与结束》，载《经济研究资料》1992年第7期。

业有所作为，他们也被称为是中国早期的证券商。这时的证券商，没有设立标准和组织程序，甚至缺乏完善的营业规则。随着证券市场业务的发展，上海股票商业工会在北京政府核准注册后推动了同业规则的实行，有助于进一步规范约束证券经纪人。此后，《证券交易所法》的颁布，推动了证券从业者法制时代的到来。

（一）经纪人资格

中国近代证券法规明确规定了证券经纪人的相关资格，这些条件有好有坏。由于证券经纪业务是一种较为特别的业务，所以在经纪人要求上更加严苛。从《证券交易所法》的相关规定可知，要想成为一名合格的证券交易所经纪人，就必须和以下条件相匹配：

第一，国籍要匹配。

《证券交易所法》第9条提出：

证券交易所经纪人的国籍必须是中华民国的合法商人，不符合国籍的不能成为证券交易所经纪人。

这就从根本上限制了证券交易所经纪人的国籍和职业。

第二，年龄和性别要匹配。

《证券交易所法》第10条指出：

证券交易所经纪人的年龄必须要在25岁以上，除此之外证券交易所经纪人性别必须是男性。由此可知，女性和处于25岁以下的男性都不能被看作是证券交易所的经纪人。

第三，要成为证券交易所经纪人，有一定的资格限制。

《证券交易所法》第10条指出：

以下人群不符合证券交易所经纪人从业标准：妇女；受到处分的人；破产后没有结清债务的人；被证券交易所除名的人；背负四年以上罪刑的人；一年内受到刑律处分的人。

第四，要成为证券交易所经纪人，对缴纳保证金也有一定要求。

《北京证券交易所业务规则》第37条提出：

要想成为证券交易所经纪人，必须要缴纳五千元保证金，要不然禁止交易所给相应人士发放营业执照。

《证券交易所法》第13条和第17条指出：

目前，中国近代证券交易所还是以股份有限公司为主，一旦委托人托付的事情出现违约现象，那么交易所需要赔偿其违约。经纪人是交易所追偿的主要对象，经纪人需要承担委托人买卖的全部损失。[1]

然而，为了确保交易的安全，法律明确规定，交易所必须要收纳经纪人相应的保证金，以备违约事情发生后，交易所有足够的资本赔偿受违约方的责任。一旦经纪人缴纳的保证金不足以完全赔偿受违约方的责任，交易所有权向经纪人追偿，从而确保保证金制度的平稳运行。

《证券交易所法附属规则》第6条和第19条规定：

只要领取执照通知下发到经纪人手中，则经纪人必须主动出具请领书，还要缴纳相应的保证金，其出具请领书和缴纳保证金的期限必须在20日以内，一旦逾期，则执照无效；证券交易所在用经纪人的保证金抵充国债票时，在抵充之前必须要首先在农商部备案；经纪人的保证金，一般是缴纳在证券交易所以及其他银行。[2]

第五，担保的要求。

《北京证券交易所业务规则》第34条指出：

要想成为证券交易所经纪人，必须要有两家银行号做担保。

第六，对领取执照的限制。

只要政府部级主管机关通过核准后，对经纪人发放一定的营业执照，就能知晓经纪人的所属证券交易所。营业执照首先发放于证券交易所，被核准经纪人是从证券交易所知道自己被核准的相应事宜的。只要经纪人受到相应信息，就必须在20天内填写请领书，领取属于自己的营业执照。经纪人填写的请领书最终备案于政府主管机关。只要经纪人完成缴纳保证金和领取营业执照的相应事宜，就是一个合法的证券交易所经纪人。[3]

---

〔1〕《证券交易所法》第13条和《交易所法》第17条。

〔2〕《证券交易所法附属规则》第6、19条。

〔3〕《证券交易所法附属规则》第23条。

第七，工作场所的规定。

《证券交易所法》第4条提出：

以股份公司组织形式为主的证券交易所中的交易者仅限于证券交易所中的经纪人，投资者需要通过经纪人进行证券买卖。证券交易所经纪人在上市债券和股票的买卖上起主导作用，可以选择债券和股票中的任意一项进行专门营业或者兼职营业。[1]

只要拥有证券交易所经纪人的相应资格，就能以证券交易所为场地，进行各项证券业务的买卖，这是证券交易所经纪人的基本权利。然而，证券交易所经纪人必须遵循法律规定，在承担经纪人义务的同时确保自身行为在法律范围之内。

（二）经纪人变更

《交易所法》第11条关于注册无效的规定：

只要注册了证券交易所经纪人，就具有一定的法律效力，能够以交易所为场地进行业务分配。

《交易所法》第21条指出：

授权交易所需要明确证券交易所经纪人的相应章程，一旦经纪人处于相应章程之外，则其就不具备相应的注册效力。

《证券交易所法施行细则》第14条规定：

如果出现采用不正当手段成为经纪人和会员的，工商部不得同意其注册，必须对其进行进一步除名，确保其已完全退出交易所。

《证券交易所法施行细则》第15条指出：

只要证券交易所经纪人在领取相应证券交易所营业制造20天内，没有出具相应的请领书或者没有缴纳一定的保证金，则表明证券交易所经纪人的执照是无效的。

《交易所法》第13条指出：

一旦经纪人通过核准注册成为交易所的员工，那么这一经纪人原有的注册效力就会全部丧失。

---

〔1〕《上海证券交易所股份有限公司暂行营业细则》第4条。此处债券指公债券及公司债券。

（三）经纪人转让

《证券交易所法》没有对经纪人的席位转让进行相应的法律规定。《北京证券交易所业务规则》第12条指出：

如果有经纪人愿意经自己的商号转让给别人，首先需要得到本所的同意才行；转让人在转让两年内都不能被看作是本所的经纪人；假如这属于有偿转让，那么就需要将转让金作为经纪人债券债务的偿还金。

《交易所法》第21条第2款规定：

就会员组织而成的交易所来说，会员额位的转让必须要取得全体四分之三会员的一致同意后才可转让。与此同时，法律也对附条件转让进行了相应的规定。

（四）经纪人公会

中国近代的“证券商”同业公会正式出现在民国三年，主要由上海股票掮客合伙形成上海股票同业公会后才拉开帷幕的。然而，这一股票同业公会和后来的证券交易所经纪人公会存在性质上和作用上的差别。

虽然，上海股票同业公会都是经历政府核准后成立的正式公会，但公会的会员都是自愿进来的，法律对其组织活动上并没有进行强制性的规定，其具体表现都以其他同业组织惯例为标准。[1]公会使会员的证券交易不仅有了固定的交易场所，还有固定的交易时间，会员兼具代买卖和自营等业务。会员在代客买卖中，有一定的佣金标准对其买卖程度进行约束。总体来说，这种同业公会不仅具备证券交易所的职能，而且具备相应证券商同业公会的职能，但总体而言这两种职能都不太完善。

一直以来，证券交易所经纪人公会是中国近代证券商自律组织的典型代表，无论所处哪个阶段，其都在相应阶段中扮演着十分重要的角色。然而也存在一定的缺陷，比如，证券交易所限制了相应业务的发展，导致相应业务范围狭窄，因此，可以这么说，证券交易所经纪人公会并未在证券市场上发挥其大作用。

---

〔1〕 王宗培：《公会时代之上海证券市场》，载《银行周报》1928年第30期。

二、北洋政府期间证券交易所法律制度

北洋政府期间，证券交易所在证券交易市场上扮演着重要作用，众多法律规定证实了证券交易所的重要性。北洋政府颁布实施《证券交易所法》，在证券交易所法律法规的调整上作用显著。

就中国近代的法律法规而言，其将证券交易所的规定作为证券规定的核心内容。北洋政府期间，关于证券上市的相关法规与证券交易法规相比，还不太完善。法律给证券交易所提供了一定的监管权利，也设置了相应的义务，通过权利和义务的相互制衡，推动证券交易所中职能的发挥。证券交易会影响证券市场的稳定性。可以说，中国近代证券交易所的成功和失败情况，侧面上也是对中国证券市场发展状况的一种反应。所以说，在对中国近代法律制度的研究过程中，离不开对证券交易所相关法律法规的研究。

（一）证券交易所的设立

证券交易所是商事组织的一种表现形式，《公司法》对证券交易所起着规范作用。然而交易所有一定的特殊性，所以为了确保其设立、存续活动的正常进行，推动了《证券交易所法》的颁布。

1.一般规定

（1）特许设立

要设立证券交易所，不仅要和公司法相关规定相匹配，而且要和《交易所法》与《交易所法施行细则》相应要求相符合。但核心点就是，政府主管部门对其起着核准作用。一旦出现没有经过政府主管部门核准的证券交易所，则违反规定者需要承担相应的刑罚责任。

（2）一区域设立一所为限

一区域设立一所为限的规定融合了《证券交易所法》和《交易所法》的相应规定。早在上海证券物品交易所证券部和上海华商证券交易所合并之前，上海共有两个证券交易所。随着两者的合并，确定了法律一区域以设立一所规定的完善性。

（3）最低资本制

从中国近代开始，我国的证券交易所一直以股份制组织形式而存在，经纪人在证券交易所中必须缴纳相应的费用当作“经手费”，确保交易所有一定的收益。一旦交易所中的交易出现损失，那么交易所在其中扮演着赔偿者的角色。由于交易所的主要目的是盈利，一旦其对交易损失负责，就需要具备一定的注册资本。因此《证券交易所法附属规则》第1条指出：

证券交易所必须要有十万元以上的股票本钱。

《交易所法》明确指出，只需要证券交易所具有国币20万元，则证券交易所就达到了最低注册资本额。《交易所法施行细则》第3条：

股份有限公司组织形式下的交易所，注册资本必须在国币二十万元以上。

（4）缴纳保证金于国库

《证券交易所法施行细则》第7条规定，证券交易所设立时，应缴营业保证金于国库。《交易所法》第34条也提出了相应的规定，该“营业保证金占据资本总额的1/3，主要流通货币是通用货币”。

法律之所以规定交易所向国库缴纳保证金，是因为交易所具有一定的营利性，在交易损失中扮演着赔偿者的责任。缴存国库保证金，是为了预备不时之需，一旦出现巨额赔付和濒临倒闭之时，保证金在恰当时间起着关键性作用。总体来说，保证金在交易安全的保护上和投资者利益的维护上作用显著，所以说，这是一项宜人宜物的规定。

（5）核准设立的证券交易所以10年为限

法律指出，证券交易所以10年为一个核准设立期，一旦期限将至，就必须从当地的营业情况出发决定是否续展，即使续展，续展期限也在10年之内。

（6）交易所股份转让

《证券交易所法施行细则》第3条指出：

证券交易所自身的股份，在没有缴纳股份一半的钱财时，没有转让给他人的权利。

证券交易所是股份公司制，一旦发起人缴纳的股本不符合实际要求，就需要将社会作为公开招募的对象。其中，上海证券物品交易所股份有限公司在设立之初就采取的是发起人股本和公开招募股本相结合的方式。根据《公司条例》的规定可知，认股人第一次缴纳的股款必须占据总的股本金的1/4左右。由于证券交易有一定的特殊性，所以在认股人第一次缴纳股款的要求上和一般股份公司存在本质区别，一般来说，证券交易行业的认股人第一次缴纳的股款必须占据总的股本金的1/2左右。也就是说，只有缴纳了一半的股份钱财后，才有转让给他人的权利。

正是受到这项规定的影响，民国十年夏秋间，全国各地掀起了设立交易所的热潮，通过炒高本所股票的形式，扩大了金融风险，导致金融损失达到顶峰。有了前车之鉴，《交易所法》在交易所股票转让上进行了详细的规定，《交易所法施行细则》第6条指出：

股份有限公司名下的交易所没有发行无记名股票的权利，而且不得将股票转让或抵押给不是中华民国的人。一旦出现转让或抵押股票给非中华民国人民的，其转让行为不具备法律效应。

2.设立程序

（1）发起人资格

《交易所法施行细则》在股份有限公司组织的交易所的发起人中明确规定，发起人必须要在20人以上；如果是同业会员组织交易所的发起人，那么发起人人数必须占据同业总数的一半。除此之外，发起人必须保证未来3年都在同一区域进行营业。《公司法》规定，就普通股份公司来说，只需发起人超过7人，即可组建公司。

（2）设立手续

第一，发起人出具呈请书，由地方主管审核后转向工商部、实业部以及经济部审核批准；

第二，呈请书审核批准成功后，如果交易所是股份组织形成，那么发起人就必须根据《公司法》规定，从第一次股款的全面缴纳后3个月内通过创立会的召集，确保主管部门对其设立程序进行全方面登记；就会员组织的交易所而言，发起人必须从《交易所法施行细则》出发，在1个月内将招募到的会员召集在一起进行创立会登记。

（3）核准登记的效力

证券交易所在核准后的6个月内还没有申请设立登记，则发起人发起的核准就没有效力了。一旦发起人的证券交易所在设立登记后1年内还处于未营业的阶段，则发起人发起的设立登记所具有的效力也消失了。

（二）证券交易所组织

一直以来，证券交易所组织形式有会员制和股份公司制之分。两者最大的区别是，对会员制证券交易所而言，一旦出现交易责任，买卖双方共同承担责任，一旦出现交易损害的情况，交易所不会对相应的交易损害进行赔偿；会员制证券交易所仅提供固定的场所，会员需支付交易过程中的其他费用，交易所无权收取会员其他费用。而股份制证券交易所的形成主要是为了营利，所以在设立初期就需要雄厚资本的支持，而且股份制证券交易所要全面赔偿买卖双方的违约损害责任。

1914年《证券交易所法》第5条指出：

股份有限公司是证券交易所的主要组织形式。

这是一项具有强制性的法律规定，严令禁止会员的证券交易所的存在。以下是对会员组织证券交易所和股份制证券交易所不同特性和优缺点的详细描述。

1.股份组织

虽然南京国民政府通过《交易所法》的颁布和实施，确定了会员制交易所的组织原则，但直到中华人民共和国的成立，所有交易所都以股份公司制为主，会员制只是一纸空文。所以，反观民国证券市场历史可知，股份制证券交易所一直在民国证券市场上扮演主体角色，而会员制证券交易仅在法律上有所呈现。

第一，就证券交易所而言，所内经纪人是买卖证券的主要参与者，所内任何买卖都不允许其他交易所职员进行。委托人要想进行证券交易，就等全权委托证券交易所的经纪人，禁止出现自行买卖的行为。证券交易所经纪人有两种权限，首先是可以代替客人买卖有价证券，其次是可以自主营业进行买卖交易。

第二，证券交易所的经纪人在证券交易中由证券交易所全程担保，证券交易所需要赔偿买卖证券中出现的违约损失情况。交易所全程承担相应的违约风险，等事情过去后，交易所需要向相应的违约方进行责任追究。

第三，各个股东出钱出力，共同筹集了证券交易所的全部资本，所以经纪人和证券交易所的资本金筹备并无直接关系。法律上对股东筹集的资本数额进行了明确规定，但政府部门会根据实际需要确定证券交易所资本的多少。《证券交易所法附属规则》第1条指出：

证券交易所的股票本金，必须要多于10万块。农商部从实际情况出发对证券交易所情形进行多方考察，觉得很有必要，责令证券交易所增加相应的股票本金。一旦证券交易缴纳的数额较少和持有的股银在10万元以下，就没有开业的权限。

《交易所法施行细则》第3条确定最低资本额必须是20万以上的国币，这一举措推动了最低资本额的提升。

第四，交易所为了营利，可将经纪人作为经手费征收的主要对象，经政府主管部门同意，在必要时可根据具体情形变更收取经手费的比例。

第五，由于股份制证券交易所在赔偿违约损失中扮演着重要作用，因此需要提前在国库中缴存一定的营业保证金。政府主管部门指定的有价证券有代为充值营业保证金的责任。《证券交易所法附属规则》第2条指出：

证券交易所的营业保证金，必须占据证券交易所股本金的1/3左右。

《交易所法施行细则》第5条指出，营业保证金必须占据证券交易所资本总额的1/3，通用货币是营业保证金的主要使用货币。

第六，《交易所法施行细则》第6条指出，股份制公司形成的证券交易所能够进行股票的发行，然而发行的股票必须以记名式为主，股份制有限公司发行的股票不得擅自转让抵押给不是中华民国的人。一旦违反了这项规定，则股份制有限公司的股票转让没有实际效力。

第七，相比于普通的股份公司来说，股份制有限公司形成的证券交易所特别规定了其人数的多少。《交易所法施行细则》第2条指出：

股份有限公司组织的证券交易所，发起人最低要大于二十人。

《公司法》第87条指出，对一般股份有限公司来说，只需要七个人就可以成为发起人。

2.股份制证券交易所的利弊

就中国证券市场而言，股份制组织证券交易所相较于会员制组织证券交易所存在显著的优势，主要表现在以下几个方面：

第一，一切买卖责任，最终都由股份制交易承担。这就使在场交易者可以放心交易，交易风险小，更安全。

第二，根据相关法律法规可知，资本募集是股份交易所资本金的主要来源，这使得股份交易所设置的更加容易。

第三，不管是交易所，还是证券交易所经纪人，都是一个独立的个体，都有自己追寻的利益，虽然两者看似一致，但具体利害情况并不统一。因此，政府明确规定，交易所通过监督证券经纪人，在交易秩序的合理维持上扮演着重要作用。

然而，虽然股份制交易所保障了交易所内交易双方的交易安全，但也存在一些亟待解决的问题。因为交易所是一种营利性较强的组织，所以一直是以市场利益为主的，具有一定的不稳定性。20世纪20年代，正是由于证券交易所不稳定性，才导致了证券市场出现了较大的交易风潮，这也是股份组织证券交易所中亟待解决的主要缺点。

此外，证券交易所保障了委托人和经纪人的交易安全，虽然证券交易所不能推动交易所内交易量的提升，但是其投机心理的逐步形成，导致经纪人所需的信用要求急剧降低，导致证券市场出现了病态发展的情况。

3.会员组织

民国三年，即1924年，上海股票同业所通过股票商业公会的组建，推动了会员组织交易所的形成，但其也有一定的弊端，如规模不大、章则松散、交易量小等。因为《证券交易所法》明确提出，股份公司制是证券交易所的基本组织形成，因此上海股票商业公会因为这项规定，要演变成会员制交易所的想法被扼杀在摇篮里，最终变成了股份制证券交易所。这就是上海华商证券交易所的前身，但上海华商证券交易所的内部股东大多都是原来同业的会员，所以在具体交易过程中还会带有原同业公会相关规章制度的影子。

（1）会员制组织证券交易所特点

第一，只有证券交易所会员才能在交易所里交易。非会员或委托人无权在证券交易所进行买卖交易。

第二，具体交易责任，买卖双方自行担负，一旦出现损害的情况，交易所可置身事外。买卖双方根据实际情况各自承担相应的责任，交易所仅提供固定的交易场所，并没有实际的监管权利和担保责任。

第三，会员担负交易所里面的所有费用。从本质上来说，交易所只是扮演一种场地角色，为会员交易提供方便，但其具体费用支出情况，一律由会员负责。

第四，交易所是一个非营利性组织的交易所，不收取相应的经手费。交易所中所收取的相应会员，都是为了应付交易所内的必然开支。

（2）会员组织交易所的利弊

会员制组织交易所仅为会员提供一个交易的场所，会员在交易所里可自行交易，但会员交易过程中发生的一切损害等，交易所均不帮忙承担，具有一定的自由经济形式。会员制组织交易所实行以来，在各欧洲经济大国中运用较广，但日本交易所兼具会员制组织和股份制组织，交易形式较为多样。就理论层次作为探讨的方向可知，与股份制相比，会员制的优势更为突出：

但是从我国当下的社会形势和信用现状出发，可知股份制组织交易更适合我国的国情发展。由于我国是社会主义制度，所以在商业道德和人格财力的展现上，需要将担保制度和自身实际情况紧密结合起来。[1]

然而，近现代证券市场的迅猛发展和交易所组织的千变万化，导致20世

〔1〕 杨荫溥：《中国交易所》，商务印书馆1934年版，第35页。

纪70年代后股份制逐渐成为各证券交易所的主要组织形式，证券市场上明显在向证券交易所公司化转变。[1]因此，证券交易所中各个组织形式的好坏需要根据现实情况的变化而变化，他是处于一直变化中的，并非一成不变。

4.股份制证券交易所内部组织结构

对股份制证券交易所而言，如果证券交易所的业务规模存在差别，则不同交易所在内部组织和职员编制上也存在一定的差别，但总体来说，股东会、理事会、监察人等是每个证券交易所中不可或缺的重要岗位。[2]此外，证券交易所要从实际情况考量，推动评议会、顾问及参事员等的设立，其中上海证券物品交易所就涵盖以上所有职位。不同职位的具体表现叙述如下：

（1）股东会

全体股东共同组成了股东会，股东会召开时间为春秋两季，理事长是股东会的主要召集人，如遇特殊情况，也可召开临时股东会。证券交易所中最大的权力机关，就是股东会，所以股东会投票选举交易所内各重要职员的任免事务；此外，交易所的所有事宜，都必须由股东会全权负责；股东会各项权利的行驶，符合相关法律的规定，极具法律效力。

（2）理事会

理事长、常务理事和理事共同组成理事会，理事会扮演着股东会中执行机关的角色，决定着交易所中的一切事宜。只有一半理事出席理事会，才能商议会议内容。《上海证券交易所股份有限公司章程》第16条指出："股东会议的具体决策，除非有特别规定，否则必须要有一半以上的股东表决出席相关会议，相关会议才算正式生效。"监察人虽然也是理事会成员，但监察员仅有陈述权，没有表决权。

理事长：全体理事通过互相选举的形式选出最后的理事长，从相关章程可知，理事长一般有两到三年的任期。理事长主要负责交易所理事会议的相关事宜；此外，理事长也要从相应交易所章程、营业细则和具体规定出发，全

---

〔1〕 参见张霓:《百年证券交易所：改革、发展及启示》，载《国际金融研究》2001年第12期。

〔2〕 因中国近代仅有股份公司组织而无会员组织的证券交易所，故本文仅论述中国近代股份公司组织的证券交易所组织结构，而不及会员组织的证券交易所。

权负责交易所里面的一切事宜。股东会议通过相应选举决策，可以在理事长之下另设副理事长。

其中，上海证券交易所将总经理设置在理事会之下，推动决策和执行的相互配合，具体章程表现在《上海证券交易所股份有限公司章程》第23条规定：

本所在理事会之下设置一个总经理，可帮助理事长执行相应业务，总经理下设置其他协理，全面辅佐总经理的执行工作。总经理主要是聘任制，由理事会决议后选举，此外，总经理协理、高级人员等都需要经过理事长的同意和聘任，其他各项人员可直接由总经理决定是否任免。

常务理事：

是理事长的辅助者。一旦理事长出现缺席情况，常务理事有权代替理事长行驶相应职权，常务理事具有常驻办公，常务理事人数一般在6人左右，主要是通过各理事之间互相推举后产生的。

理事：

主要是在全体股东中选举而成的，由于不同交易所的业务需求不同，所以对理事的需求也存在显著差别，但无论如何，每个交易所必须要有4个理事。如果交易所业务需求大，对理事的需求也大，但最大理事人数在17人左右。除此之外，理事竞选也需要具备两个条件：首先要持有交易所200股股份；其次理事必须是25岁以上的相关从业者。

（3）监察人

《公司法》规定：

股份有限公司通过监察人机构的设置，推动监察理事会工作的进一步进行。从本质上说，无论是证券交易所的监察人还是证券交易所理事，都必须经过股东大会选举而成，监察人和理事具备相应的资格。监察人主要在交易所业务开展和股东会议的执行上起着一定的监督观察作用。

监察人在每次股东大会上都需要作报告，此外，其还能检查财产状态，在理事会中发表自身建议等，监察人需依法执行各项事务，而且需要互推常驻监察人1人。根据《上海证券交易所股份有限公司章程》第22条：

各个证券交易所的员工，必须将自己的姓名和履历上交给政府进行核准和注册。一旦交易所员工属于以下情况，那他们就没有权利成为理事和监察人：第一，不具备中华民国国籍的公民；第二，没有一定的行为能力；第三，已经破产的；第四，公权被剥夺的；第五，坐牢后出狱没满一年的；第六，不遵守《交易所法》被处罚的；第七，在交易所没有相关从业信息的。此外，交易所的员工，不能自行或委托别人在交易所进行相应买卖；交易所员工不能和交易所经纪人联系密切，存在相关利益。一旦工商部发现交易所员工不符合注册成为理事的条件时，交易所员工就得自行辞职。

（4）评议会

证券交易所设立评议会，评议会中的评议员必须是理事会议决定聘任的人员，评议员需具备经验丰富、资历老、非交易所经纪人等条件。理事长也扮演着评议员的角色，其他评议员是经过理事会议从现实情况出发进行选举和聘任出来的。

（二）证券交易所的职权

证券立法明确规定，一旦在股份组织证券交易所交易时出现损害情况，则股份组织证券交易所具备一定的赔偿义务。有义务就有相应的职权，总体而言，证券交易所具备以下职权：

1.违约处分权

对证券交易所而言，如遇交易所经纪人漠视契约，拒绝缴纳应缴款项的情况，证券交易所有权通过相应的章程和营业细则对相应经纪人进行处分，而且政府批准证券交易所具备违约处分权，可处分经纪人。

（1）经纪人应受违约处分的情形有：

买卖双方在交割期到来时没有进行交割；经纪人拒绝缴纳相应的证据金、经手费和其他费用等；代用品价格波动，导致保证金变少，但是经纪人很难在制定期限中缴纳相应款项。

经纪人违约后，证券交易所必须根据不同的交易所种类对经纪人实施不同的处分。一般来说，经纪人出现现货交易违约或出现定期交易违约，其处分规则都是不同的。就现货交易违约而言，交易所要求经纪人赔偿一定的违约金。但定期交易违约，交易所要求经纪人从逾越交割日期后计算差值，根据差值的百分比来赔偿违约金。

(2)违约方经纪人，对于交易所应负赔偿责任如下：

《交易所法》指出：

一旦交易所内出现违约者，交易所可垫付赔偿金；交易所垫付的相关款项因故收不足的，以及违约导致交易所承担一切费用的，违约经纪人负主要赔偿责任。

交易所将保证金、证据金一起其他各项作为担保品偿还债务，还存在不足之处的，交易所可追加违约者对其进行赔偿。如果还有剩余的，交易所全部归还给违约者。法律明确规定，经纪人不得转让经济席位，因此经纪人让渡金一说纯属笑话。

2.公断权

公断，是指经纪人和经纪人，经纪人和委托人在买卖过程中由于立场不同发生争议时，交易所在其中扮演着中间人的角色，帮助买卖双方和解。一旦出现争议，当事人双方可将不起诉法庭作为主要条件请求公断，交易所可组织临时的公断会对其争议进行审理。上海证券物品交易所明确规定，交易所职员、名誉议董、审查委员等共同组成了公断会。公断会通过相应公断费用的收取，推动公断决定的形成。公断裁决极具一定的法律效力，裁决后双方争议即算全面结束，公断员互推选出最后的公断主席，一旦公断员公断的事项和自身有一定的利益关系，则公断员需要适时回避。[1]

3.制裁权

证券交易所的制裁，是指证券交易所对于经纪人或会员在发生不正当行为后进行的惩戒现象。其中，停止集会、限制入场、停止交易、罚金、除名、解职等都属于其中相应的制裁行为。《交易所法》第20条指出：

交易所的经纪人或会员一旦发生不正当行为，交易所必须按照章程办事，禁止营业，或对他们进行相应的处罚，强制要求他们缴纳一千元以下的

---

〔1〕 参见《上海证券交易所暂行营业细则》第12章第87条。

罚款，如若不从，在交易所中除去他们的名字。至于不同处罚应该如何实施，必须从交易所的具体章程中出发。[1]

（1）一旦交易所遇到下述事情，就必须停止集会，或者限制入场人员：

第一，市价涨幅跌不定时；

第二，拒绝缴纳证据金，或确定交易有风险时；

第三，交易所认为必须停止时。

（2）经纪人及代理人一旦遇到下述事情，也必须禁止营业，一旦不从，处罚金、除名解职等多种方式，应有尽有：

第一，买卖不合法，存在故意毁坏市场的行为时；

第二，私自篡改委托佣金；不符合交易所章程细则；违反经纪人公会约定时；

第三，行为粗暴，扰乱交易市场秩序的人；

第四，没有理由6个月以上在交易所无交易利润的人；

第五，不遵守一般商业道德，丧失基本信用的人。

（3）交易所一旦遇到下述情况，没有提供担保交易的说法，而且可以行使自身权利：

第一，经纪人将预缴证据金交到新买卖者的情况；

第二，散布谣言，损害市场正常秩序的人；

第三，通过不正当手续，和交易所赔偿者接触的人。

（四）证券交易所的保证责任

一直以来，股份公司制和会员制是证券交易所的两种组织形式。就会员制而言，交易所只是提供了一个可供交易的场地，交易所上的纠纷损失均和交易所没有关系。而旧股份公司制而言，交易所内的损害都是需要交易所承担的，一旦违约方没钱偿还或畏罪潜逃，交易所也逃脱不了干系，必须承担受害方的相应损失。这也是会员制证券交易所和股份制证券交易所最大的区别。

1924 年，随着金融风潮的结束，政府和交易所各方由于违约，导致如约

〔1〕《上海证券交易所暂行营业细则》第13章第88条至第92条。

交割的计划失败，最终只能折中了结。折衷后还存在一些亟待交割的部分，北京证券交易所在其中承担赔偿责任。[1]这种赔偿，内含一定的行政干预，和法律对交易所规定的相应赔偿责任精神背道而驰，但这种处理并非首例，其实有迹可循。1923年12月18日，上海租界会审公廨判决日商王文达诉上海证券物品交易所一案，判词如下：

交易所是买卖双方的经手人，通过代买获取一定的经手费用，没有强买强卖的责任，根据该交易所业的第九十三条营业细则可知，一旦一方面出现违约情况，交易所就要对被违约方承担一定的赔偿责任，赔偿比例为百分之五左右。原告既然是交易所的股东，那么原告的买卖行为就要遵循交易所的营业细则办理，因此被告不仅要退还原告的所有股票，而且要承诺给予原告股票卖出价百分之五的损失。[2]

分析这份判决可知，证券交易所营业细则是判决判词的主要引用来源，证券交易所赔偿的损害情况是交易额的5%。

《证券交易所法》第21条指出：

一旦证券交易所中出现买卖违约现象，证券交易所必须对具体损害进行赔偿。

证券交易所赔付了自身应承担的费用，如果还有其他费用，证券交易所有权向违约者追偿。而且《证券交易所法》第20条指出：

证券交易所必须根据章程办事，买卖双方要服从章程约定，缴纳属于自己的证据金和追加证据金。

《证券交易所法》第22条指出：

一旦证券交易所内出现不履行买卖契约的人，就需要对违约者追加证据金、追加证据金、保证金等赔偿。除此之外，交易所可以优先处分自身追加到的证据金和保证金。

《交易所法》第33条指出：

股份制组织形式的交易所，在处理买卖违约损害时，需要承担一定的赔

---

〔1〕 参见孙荣：《北京公债风潮之余波》，载《银行周报》1924年第40期。

〔2〕 《上海租界会审公廨判决书》（1923年），上海市档案馆馆藏档案，档案号S444/1/28。

偿责任，但是证券交易所有权要求买卖违约者偿还自身的赔偿金额，有权要求买卖违约者偿还自身赔偿过程中产生的一切费用。

《修正交易所法》指出：

股份制组织形式的交易所，必须从相应章程出发，强制要求买卖双方都缴纳一定的本证据金、买卖双方缴纳的本证据金金额必须是买卖登记价格的百分之八以上。然而，虽然法律规定，证券交易所有权优先处理买卖双方的证据金、保证金，也有权要求违约者赔偿自己的相应损失，但是一旦违约者出现无力偿还或畏罪潜逃现象，交易所就成了其中最大的受害者，既要负赔偿责任又损害了自己的相关利益。

《证券交易所法》指出，股份制组织是证券交易所的主要组织形式，这一规定在降低投资风险、减少操纵现象和遏制投机方面作用显著，通过增加证券交易所的相应风险，推动证券交易所自身权力的展现。一旦交易所不能采取有用的措施减少风险，那么法律的这层规定就没有任何意义。

随着《北京民十三公债风潮处理办法》的公布，批评之声四起，在他们看来：

北京证券交易所在买卖上出现违法行为，后来通过合法的手段及时补救。在自身必须负责的责任上没有履行到位，破坏了交易所法的根本。财政部对北京证券交易所的训令，使北京证券交易所发出通告，认为盈亏额在五成以外的，交易所依法承担相应责任。民国十年到民国十一年，上海的各个交易所都出现了交割困难的现象，当时和解行为十分茂盛，然而交易所和经纪人委托者之间签订的是三面协议，因此在违约赔偿责任的承担上还存在很大分歧。但是当时的和解行为指出，只要当事人同意即可和解，不需要通过官府强制执行。现在财政部公然支持他们和解，却不对赔偿责任进行一定的限制，这种不好的先例已开，导致交易所法中规定的诸多法律都变成了一纸空文，那么交易所法的制定和不制定又有什么区别呢！[1]

〔1〕 徐沧水：《交易所法保证赔偿责任之疑问》，载《银行周报》1924年第39期。

三、北洋政府期间证券监管法律制度

证券市场是经济领域神经最敏感的部分，属于高风险高收益。高利益的吸引更可能导致投机与违法犯罪行为的发生，一直以来，一夜暴富和倾家荡产只差一个契机。证券市场作为经济发达的产物，自身就存在巨大风险。因此需要政府在对证券市场监管方面更为重视。

（一）证券监管机构

北洋政府期间，中央监管机构、地方监管机构是证券市场的两个主要监管机构。

1.中央主管机关

1912年，孙中山先生提出的五权宪法和建立中华民国的纲领是其中最基础的理论组织。他提出，五院制是中央政府的主要实行制度。当时，全国行政统一由行政院负责，北洋政府时期，行政院进行了进一步划分，农商部是行政院的一个下属单位，在金融管理和证券市场管理中作用显著。

2.中央派出机构

1926年9月，行政院批准，北洋农商部经办，推动了交易所监理官的设立和《交易所监理官条例》的公布和实施，对其具体职权范围进行了详细的划分。虽然交易所监理官是中央主管机构一手设立的，但其设立之初，也曾遭遇抵制风波。其中，上海各交易所和同业公会通过联合上书，希望撤销监理会，取消交易税[1]（同时发布的还有《交易所交易税条例》），但交易所和同业公会的上书都遭到了反对，主要理由是：《证券交易所法》主要由国会制定通过，具有极强的法律效力，而视察员的设置，只是交易所的临时检查员，并非真正的监理官[2]。

因此，北京农商部颁布实施《交易所监理官条例》，推动了法律的变更。虽然该条例是为了减少违法处分行为的发生，但实际情况是，其通过交易税

---

〔1〕 当时上海共有六家各类交易所，即上海证券物品交易所、上海华商证券交易所、上海华商纱布交易所、上海杂粮油饼交易所、上海面粉交易所、上海金业交易所。前二者专营或兼营证券业务。

〔2〕 通过《证券交易所法》时国会已经解散，其职权改由参政院行使，故该法由参政院通过。

的搜刮，打扰交易所的相应交易。[1]上海交易所的监理官是谢铭勋，虽然他有着巡防监理交易所的职责，但是因为各个交易所都不承认相应的文书，所以他在职权行驶过程中举步维艰。而且，那时国民革命军北伐战争正在如火如荼地进行着，北洋政府即将走向末端，所以上海交易所监理官很难正常行使自身的监管职权。

3.地方主管官厅

根据北洋政府时期颁布的《证券交易所法》，规定了地方政府管理证券市场的基本权利。北洋政府期间，各个省份就是实业厅的主管机关，那时上海还不属于直辖市，所以江苏省实业厅全权主管上海，后来随着上海市的建立，上海特别市社会局在其中扮演着主管机关的角色。

北京的主管机关是京兆实业厅。然而纵观全部规定可知，地方部门并不具备一定的权利，仅负责相关的备案转呈事宜，而交易所监理员办公处在其中扮演着主体角色，实业管理着各项事务。其中，北洋时期，要想设立一个交易所，地方主管机关必须将其要求转呈农商部，在交易所和农商部中间扮演着中间人角色。上海特别市社会局和监理员办公处互相配合，完成相应工作，两者在维护治安和推动交易所营业的正常化上作用显著。

（二）监管范围

1.中央机关的监管范围

（1）证券交易所的核准设立

证券交易所是一种特别的营业类型，要设立证券交易所，必须取得中央主管机关的同意。

1914 年12月29日，北洋政府颁布实施《证券交易所法》，其第2、3、4、6条规定：

证券交易所经过农商部的同意后，设立在商业繁茂的地方；法律指出，每个地方只能设立一个证券交易所，具体设立区域需经过农商部和财务部的共同协商后才能确定；证券交易所的设立期限是十年，一旦超过设立期限，

〔1〕 参见《交易所反对监理官》，载《银行周报》（第10卷）1926年第30期；《交易所对于设置监理官提起之行政诉讼》，载《银行周报》1926年第42期。

证券交易所可以根据自身的营业情况，确定是否向农商部申请续展；证券交易所设立后制定的相应章程，都需要经过农商部的核准，行政部确定备案后才具有一定的法律效力，农商部认为必要时，得令证券交易所修改章程的有关条款。

综上所述，农商部在证券交易所的设立、营业期限延展、具体交易所的制定和变更上都作用显著，而交易所的具体行政划分，需要经过农商部和财政部的共同探讨后才知道最终结果。

后来，虽然证券交易所的主管机关由刚开始的农商部变成后来的实业部和经济部，但证券交易所的具体监管范围和基本职能一直都是一样的。

（2）对证券交易所的监督

《证券交易所法》第42条，新增加了两条处罚，即“令职员退职、停止经纪人或会员营业或予除名”，但其现存的最后一项处罚已被取消。

《证券交易所法》通过专业章程的制定，确保证券交易所能得到农商部的全面监督。除此之外，一旦证券交易所出现违法行为，农商部有对其进行处罚的权利。《证券交易所法》第28条指出：

证券交易所行为一旦存在和基本法律背道而驰以及证券交易扰乱公共秩序时，农商部有权对证券交易所实行一定的制裁措施，如解散、禁止营业、确定处分等。

《证券交易所法》第29条指出：

如有必要，农商部可以派遣临时视察员，对证券交易所的所有账单、业务、财产等进行全方位检查，在视察员检查过程中，证券交易所有义务接收相应检查，并实事求是的答复视察员提出的问题。

这一条例随着交易所监理官的设置，出现了新的修订。

《证券交易所法》第43条指出：

交易所监理员受实业部指挥，主要负责对交易所业务簿据、财产和其他簿据的检查，此外，要分析市场价格变动的主要原因；在监理员检查过程中，交易所的职员、经纪人和会员必须全力配合，全面做好答疑义务，此外，监察员要了解交易所基本状况和人员执行任务等基本情况，需重新派人调查交易所。

《证券交易所法》第30、31条指出：

若农商部需要，证券交易所必须不断修订已制定的章程。若证券交易所在正常营业时期由于各种原因没有营业，必须第一时间向农商部报告，自此保证财政部备案证券交易所的基本情况。

上述两项规定，一直存在于《证券交易所法》中。

《证券交易所法施行细则》第8条指出：

证券交易所在准备设立的过程中，必须全权依据《证券交易所法》的相关规定办事，在准备设立过程中，要填报职员姓名，请相关单位进行核查，继而立案。农商部在核准交易所上交的基本情况时，可进一步核实证券交易所职员的履历信息。

《证券交易所法》第16条指出：

证券交易所里面，必须要有理事长、理事、监察人等基本职员。只要是证券交易所的职员，就必须首先要农商部进行核准，然后农商部咨行财政部，对证券交易所的基本事宜进行全面备案。

（3）对证券交易所的业务监管

《证券交易所法》第25条：

按照法律规定，证券交易所有对证券交易种类的核定和揭示的权利，若有相关买卖证券没有经过证券交易所的核定和揭示，则相关买卖证券就没有公定市价的权利。一旦核定揭示的买卖证券中不符合中央主管机关的要求，该证券也必须被取缔。

另外，有关业务方面的规定主要在《证券交易所法施行细则》中表现得最为明显。该细则第19条指出：

一旦证券交易所同意经纪人将国债票作为缴纳的保证金时，只要经纪人和证券交易所进行抵价操作，都必须第一时间向中央主管机关备案。

《证券交易所法施行细则》第20条：

证券交易所必须合理保管好自己所拥有的银钱和有价证券，在制定保管方法后，获取中央主管机关的核查和批准。

《证券交易所法施行细则》第23条：

证券交易所必须时刻向中央主管机关发送相应的编制报告，报告内容包括：以日计算的公定市价表；以日计算的买卖总数表；以月计算的证券市情衰旺报告表（次月15之前必须递交完成）；证券交易所的收支概算表（递交时间是议定后的15个工作日内）。

《公司条例》第178条指出：

证券交易所必须向中央主管部门递交造具簿册；结账姓名簿等基本数据。这些簿册主要是财产目录；贷借对照表；营业报告书；损益计算书；公积金及赢余利息分派议案等，一旦结账，证券交易所必须在结账后20天内将这些簿册递交给中央主管部门。

关于证据金制度及防范交易风险，《证券交易所法附属规则》第10条：

买卖双方缴纳的证据金金额，必须是买卖价额的1/10，证券交易所追加的证据金金额必须占据约定买卖价额的5/10以下，证券交易所在各项费用的比例率中扮演着制定者的角色，将这些制定放入公司章程，上报农商部进行全面核定。一旦出现价格变动，在现实环境中原证据金仅余一半，那么必须对证据金金额进行全面追加，追加标准根据当时的价格和买卖差额为主，具体追加后证券交易所通过章程的修订和完善，递交给农商部审核。

（4）核准证券交易所经纪人

《证券交易所法》第9、11条规定：

“证券交易所经纪人必须经过中央主管机关的核准和同意后才能注册，颁发营业执照，否则就不是证券交易所的经纪人。”[1]

证券交易所有规定经纪人资格条件的权利，但在规定过程中必须向中央主管机关报备，待中央主管机关同意后，证券交易所才有合法权利。

另外，《证券交易所法》第15条规定：

证券交易所在一定范围内有权处罚经纪人，可以按照章程规定停止其

〔1〕 此中央主管机关在北洋时期为农商部，南京国民政府时期先后为工商部、实业部、财政部及经济部。

营业，或课以500元以下罚金，但如将其除名，必须禀经中央主管机关核准，否则其除名处分无效。

《证券交易所法》第16条规定：

经纪人废业时，应禀报中央主管机关，并缴还经纪人营业执照。

《证券交易所法》第18条指出：

证券交易所必须给中央主管机关上交经纪人账簿、经纪人记载事项和具体格式，从而获取主管机关的备案。

（5）核准证券发行

股份公司在发行股票和债券的过程中，必须取得中央主管机关的同意。《公司法》指出，公司在注册登记的过程中没有发行股票的权利，即使自行发行也不具备相应的法律效力。股票发行过程中需要交易所向注册和登记机关提出申请。即使是新股发行，也需要向中央主管部门申请登记变更手续，才具备相应的法律效力。若发行股票作废，证券交易所有义务赔偿认股人的基本损失。

2.中央派出机构的监管范围

为了监管交易所，北洋政府时期曾设置了派出机构，当时，派出机构一共有两个，首先是上海交易所监理官，其次是上海交易所监理员办公处。

1926年9月，在行政院的批准下，北京农商部推动了交易所监理官的设置，并在设置过程中推动了相应《交易所监理官条例》的颁布和实施，其条例明确规定，监理官有稽核交易所买卖帐目事项的权利；有核查交易所其他一切事项的权利；有征收交易所税收的权利；监理官主要存在于交易所内部，并有驻所委员承担着监理的事物。综上所述，北洋政府时期，对证券市场的监管越来越完善。

3.地方主管官厅的主管范围

由于证券交易所是一个新起的特殊行业，会对经济金融市场产生一定影响，除此之外也会影响到社会的安宁，因此政府必须对重要证券交易所进行严格控制，在这一过程中，地方政府主管官厅在对证券交易所的管理上并不明显，但地方政府必须要配合中央政府，合理行事。

北洋政府期间，地方主管官厅对证券交易所的监管主要以配合中央主管机关为主。因此，《证券交易所法施行细则》制定了地方主管官厅的相关权责。

《证券交易所法施行细则》第7、9、10、24条规定：

证券交易所的发起人所持股份不足的话，需要由证券交易所职员一起写申请书，提交相关文案，由当地地方官署转达给农商部，经过农商部的批准后才能获取相应的营业执照。证券交易所发起人需要报送：章程、股东名册、股款缴纳文件、创立会决议录、申请书、具体开业日期等。

法律仅确定，核准设立证券交易所需要的意见书，但未规定地方官厅是否有权管理证券交易所。

地方所具备的法律监管权并不突出，特别是随着上海交易所监理官或监理员办公处的设立，地方政府一直未在证券交易所中发挥自身的监管职能。

（三）监管措施

近代中国政府主要从以下方面对证券交易市场进行监管：

1.制定证券交易所法及相关法规

1914年12月颁布的《证券交易所法》，奠定了中国近代证券法规的先河。1915年颁布的《证券交易所法施行细则》，涵盖了证券交易所的多项事物，证券交易所的设立、证券交易所的终止、证券交易所的组织、证券交易所经纪人必须具备的相应资格、证券交易所的核准注册以及其他各项事务。

《证券交易所法》作为中国近代以证券市场为主体的法律文件，在反映当时政府对证券交易所的观念态度上扮演着重要作用。

20世纪70年代，股票开始在中国出现，20世纪80年代，《申报》就是由股份制企业创立的报刊，其在股票市场价格的公布上作用显著。[1]然而，随着民国政府的建立，证券交易所被看作交易的核心地点，在买卖交易中所扮演的地位越来越重要。

---

〔1〕 朱荫贵：《近代中国的第一批股份制企业》，载《历史研究》2001年第5期。

《证券交易所法》第2条：

证券交易所，必须得到农商部的批准和同意。

证券交易所主要出现在商业繁盛的地方，如果发生在证券交易所之外进行交易，这种交易就触犯了法律法规。如何合理监管证券交易所，在整个证券市场中起着带头领导作用。

《证券交易所法》的颁布，早于证券交易所的存在。这一法律法规的制定和颁布，确定了中央集中监管证券交易所的意愿。后来，《交易所税条例》（1921年）和《交易所监理官条例》（1926年）的相继颁布，都显示中央对证券交易所监管目的性极强。

2.限定交易所的设立

北洋政府期间对于证券交易所所采取的监管措施，首先在交易所设立上有所限定，这一点从颁布的和证券交易所相关的法律法规就可看出。

《证券交易所法》第1、2条指出：

商业繁盛区域，是商人认为交易所设置的最佳区域，商人需要征得工商部的同意，通过对买卖有价证券和买卖同类物品的设定，确定最终的交易类型。不同区域仅能设立一所证券交易所，具体设立区域需征得工商部的同意。

这些规定都对设立区域进行了限制。

《证券交易所法》第3条指出：

10年为交易所成立的一个分割年限；但交易所具体成立年限的确定，必须从地方商业情形出发，一旦证券交易所成立年限达到10年，就需要准备相关文件向工商部申请续展。

这是对证券交易所设立期限的限制。之所以各方面对证券交易所进行限制，是为了减少证券交易所滥设现象的发生，使证券交易所能真正满足地方商业的需求，达到平准市价的目的，减少过度投机现象的发生。

3.限定交易所的买卖方法

《交易所法施行细则》对证券交易所的买卖方法进行了各方面的规定，总体来说，买卖方法共有以下几种：（1）竞争买卖；（2）定单位买卖；（3）约定期限转卖或买回，一切交易方法都需要查阅交易所账簿，确定买卖双方的平衡。期货买卖适用于上述三种方法，但是就现货买卖来说，主要以单位买卖和竞争买卖为主要的买卖方法。而且在现货买卖实施之前，必须得到工商部的批准。之所以对交易所的买卖方法实施一定的限制措施，是为了减少极端投机现象的发生，减少人们将证券交易所看作赌博场所思想的形成。

4.设立监管机构

1926年9月，北洋政府农商部推动了《交易所监理官条例》的颁布和实施[1]，规定了交易所监理官对交易所的检查监督之权。设立主管机构是对证券交易所实行监管的重要措施之一。

北洋政府将上海交易所监理官改称监理员办公处，在监管过程中扮演着十分重要的作用。随着南京成为南京国民政府的首都，南京国民政府推动金融监理局的设定，上海是金融监理局的主要设立中心，此外，南京国民政府撤销了交易所监理官的职权，使金融管理局一并管理相应事务，此后，钱币司的设立，表明财政部想取缔金融管理局职能的想法。

5.其他证券市场监管措施

关于对限定交易所经纪人或会员的资格的规定，北洋政府时期颁布了《证券交易所法》，在其第9条和第10条中有明确规定，主要体现在以下方面：首先，经纪人资格的设立；其次，证券上市规则的具体审查；再次，对证券上市法定手续的审查和条件的设定；最后，规定了交易所违法行为发生后应具体实施的处分措施。

《证券交易所法》第41条指出：

一旦交易所的行为违反了法律制度、妨碍了公共事业、扰乱了公共秩序的，工商部必须对其交易所进行相应的处罚，处罚方式主要分为以下五种：解散；停止；禁止部分营业；辞退交易所职员；停止经纪人和会员的营业或视情况对其实施一定的处分措施。

北洋政府期间的监管措施比较严格，但就近代中国证券交易所的发展

---

〔1〕 参见钱繁：《交易所监理官实施细则》，载《晨报》1926年9月10日，第7版。

历程可知，虽多次变更了政府主管机关，但政府却一直将证券交易所的监管看得十分重要，而且呈现逐渐增强的趋势。

股份公司制一直是近代中国证券交易所的主要组织形式，这一形式下的证券交易所将盈利看作自己的唯一目的，而政府也赋予了证券交易所相关的监管职权，所以证券交易所也必须得到各方面的监管和约束，才能保护经纪人和委托人的利益，确保整个证券市场发展平衡，确保社会足够稳定，在这过程中，证券交易所在平准市价，整体金融调节中扮演重要作用。

北洋政府借助法律和行政双重手段，全面监管证券交易所，使其在自我约束的同时也能采取相应措施约束其他行业，确保经济发展和社会平稳运行，在这一过程中，政府在其中扮演着监管者的角色，掌握着主动权，最终成效显著。

民国十三年，公债风潮兴起，北京证券交易所操作不合规，被责令暂停营业3个月，即使3个月过去了，他们也受到了相应的处分措施。

（四）证券交易所监管体制的确立

北洋政府执政时期，上海交易所监理官公署一直在管理证券市场上扮演着重要角色，这从北洋政府期间一直延续到南京国民政府，是对证券市场实行监管的重要措施之一，推动了证券市场监管新体制的形成，促使中央最终对地方监管机构和证券交易所实现了垂直管理的愿景。

一直以来，视察员是上海和北京农商部的中介桥梁，但这属于奉命视察，在具体监督上起到的作用少之又少，后来随着监理官的设置，推动了对上海交易所的监管。

1926年9月9日，北洋政府《交易所监理官条例》正式颁布，具体职权上面已经多次叙述过了，本次就不再赘述了。那时上海拥有全国最多的证券交易所，兼营证券交易所和专营证券交易所的很多，其中上海证券物品交易所是兼营证券交易所，上海华商证券交易所是专营证券交易所。除此之外，还有其他营业者。总体来说兼营证券交易所、专营证券交易所和其他营业者共同组成了6家证券交易所，这使上海成为全国交易所之最。农商部从实际情况出发，将谢铭勋任命为上海首任交易所监理官。由于种种原因，首任监理官并不讨喜，遭到了上海各交易所的共同仇视，他们通过致电国务院和农商部的方式，希望农商部收回成命。电文具体解释如下所示：

国务院农商部亲启。本年九月《交易所监理官条例》的公布，在法律执行上还存在很多缺陷。追溯民国三年，国会投票通过《证券交易所法》，该法确定了视察员的职位，后来《物品交易所条例》中，也有相关规定确定了视察员职位。法律渊源，一直需要追溯起源，不能贸然设置。现在的监理官职位，实在是违反了相关法律。商人在开设证券交易所过程中安分守己，官厅没有严加干涉的权利，警察要检查印花，从各省的嗤之以鼻到现在的每年两次，对交易所的检查更加明显，每个交易所都有专门的驻派委员，这妨碍了市场秩序的正常运行，因此，万不可设立监理官一人以为，以免节外生枝。〔1〕

农商部在接到交易所的电文后回复到：

（上略）现在之所以设立监理官，其实是视察员的另一种存在方式，监理官的职权是对交易所条例进行相应的监察，此外也需要征缴一定的交易税，没有什么问题，因此不要大惊小怪，此事以后无需再议。〔2〕

上海交易所监理官遵循上面的命令，租赁房屋，设置监理官公署，聘任相应署员后正式开始工作。上海各个交易所不仅多方起诉，而且多方活动，希望废除监理官一项，拉拢江苏省长和实业厅长，五省联帅孙传芳也在他们的拉拢之列，和北京农商部处成了对峙局面。而监理官在管理上海商会的过程中，也一度举步维艰。1926年12月下旬，江苏省长及孙传芳与北京农商部联系，明里希望暂缓交易所监理官条例，但实际上希望上海交易所能和北洋政府农商部形成两方对峙的局面，从而使他们在其中渔翁得利。〔3〕

自此，交易所监理官官署实际毫无实权。北京农商部对上海交易所全面监管的计划成为笑话，即使此后实行多项举措，但北伐军的凯旋，也使北京农商部监管上海交易所的愿景终成泡影。

---

〔1〕 王荣耀：《交易所反对监理官》，载《银行周报》1926年第37期。

〔2〕 李愿：《交易所监理官正式就职》，载《银行周报》1926年第38期。

〔3〕 参见何峰：《各走一端之交易所条例》，载《银行周报》1926年第49期。

第四章　南京国民政府期间的证券思想、证券市场和证券法律（1928—1949）

第一节　南京国民政府时期的证券思想（1928—1949年）

在南京国民政府期间，我国经济思想的内涵逐渐丰富，内容的深度与早期相比也有了明显的提升，专家学者对于经济问题的研究也更为全面和深入。

除此之外，证券思想的发展水平也有了进一步的提高。换句话说，不单单只是局限于对应不应该适用股份制等问题上的探究，同时还要在彼时的世界经济金融大背景下，更多地从制度和效用上论及证券及证券市场。

一、宋子文的证券思想

在1927年至1937年这段时间，政局处于一种极度动荡的状态当中，战争频频爆发，军费开支的数额逐年提升。尽管经济税源的规模与早期相比有了明显的提升，但是在财政支出方面依然捉襟见肘。

如果要想让财政赤字这种局面得以有效缓解，不单单要对税源予以高度的重视，还要从发行公债的角度入手。所以，公债问题在当时特定历史时期被社会各界人士予以了高度的关注。当时著名的政治家宋子文与银行家孔祥熙，均对公债的发行提出了自己的主张与观点。

宋子文（1894—1971），祖籍在广东，而他出生在上海这座城市。在20

世纪初叶，他到美国留学，攻读经济学专业。在完成学业之后，他毅然回到国内，在金融领域当中大展身手，对与金融相关的各种问题展开了深入的研究。他早年的留学经历以及在金融界的闯荡，让他对财务金融问题有了更深层次的了解与认知。

在19世纪20年代，他担任政府财务部部长一职，在对政府财政予以深入探究的过程中，公债思想慢慢得以形成并出现。具体来说，他的公债思想可以分为三个方面。其一，维护公债的信用；其二，将发行公债归置在法制的范畴当中；其三，构建起一个全面且具备系统性的公债金融市场。

在发行公债的早期阶段，因为有江浙财团的鼎力相助，所以公债发行的较为快速和成功。然而公债政策的漏洞百出，使上海工商界对政府发行公债的这种举措表达了强烈的不满和抵抗。在被逼无奈的情况下，政府选择了勒索等一系列方式，让公债得以继续的发行。政府的这种做法让工商界对于公债信用产生了极大的抗拒心理，于是工商界对于政府公债的发行做出了种种的抵制手段。这样一来，政府公债的发行也就没办法正常和顺利的展开。

宋子文在担任财务部部长这一要职之后，不再对工商界采取种种粗暴的方式，而是选择和工商界合作的方式来推动公债更好地发行。宋子文曾经明确指出，之所以工商界会对政府公债的发行产生强烈的抵触情绪，并不是由于公债自身出现了什么问题，而是政府自身对工商界所做出的种种强制做法，让他们不再相信政府发行的公债有任何的信誉和规矩可言。所以，宋子文表示，作为政府，应该把眼光放的长远，以全局性的视角来看待问题。具体来说，可以参考和仿照西方发达国家的做法，让公债发行归在预算这一项制度中。这样一来，军费的开支也就不会再无止无休。在20世纪20年代末，相关部门对外界正式公布了《公债法原则》这一文件。详细而言，这部文件对于筹集公债的用处作出了详细的说明。

除此之外，宋子文还表示，如果想要让公债制度能更加快速、流畅地得到社会各界投资人士的高度赞同和认可，就要对债信予以高度的重视。宋子文认为，如果要想恢复债信，则要从外部与内部两个方面入手，根据实际情况，构建出"公债担保基金"，通过这种方式来使得债信的水平得以进一步提高，让政府正面和良好的形象深入民心。详细而言，发行的任何一种公债，均由新税来为公债的发行做强有力的担保，且担保基金还在基金保管委员会的监督之下进行。基金保管委员会的委员，以银行家、工商业资本家占多数。

宋子文公债思想的核心，也就是要参考和效仿西方发达国家的做法，打造出一个具备高度系统性的公债金融市场，通过这种方式，让越来越多的投资人士将目光集聚于此。从现实的角度来说，宋子文对公债的发行做出的种种调整行为，也完全地印证了他所说的公债思想。

宋子文表示：

政府公债还没有发行的时候，需要将公债放在银行当中以这种方式进行抵押。从而从银行当中获得50%的交付货币。等到公债正式发行的时候，则要依据公债发行的程度确定公债的价格。从公债自身的角度来说，其利率已经明显地超过了8个百分点。除此之外，还有相当一部分的折扣，所以银行从中获得的利润数目非常的可观。放置在银行当中的这部分公债，从银行的层面而言，不单单可以将这部分公债视为发行准备金，除此之外还可以将这部分公债进行交易买卖，这样一来，不仅能够吸引众多的投资人士作出投资行为，银行从中能够获得丰厚的利润。除此之外，还能够根据市场行情确定价格，增加市场业务交易的往来，使公债金融市场的规模得以进一步的扩大。宋子文科学且合理的运用了证券市场的这种方式，把工商界和政府捆绑成利益共同体，资本家争相自愿跟政府合作，实现了"三赢"的局面。

二、孔祥熙的证券思想

孔祥熙（1880—1967年），字庸之，号子渊，山西太谷人。祖籍山东曲阜，他是孔子的后人。

他不仅是一名银行家，同时他的资产实力还非常雄厚。他的夫人是宋霭龄，岳父是宋嘉树。他一生的所作所为也颇有建树，不仅仅将中国币制进行了一定程度的调整和完善，还提升了政府对于资本市场的管控力度和水平。

孔祥熙在早年的时候曾经到美国分别攻读学士和硕士学位。对西方经济以及西方文化的了解非常深入和广泛。

在20世纪30年代，孔祥熙先后担任了工商部部长以及财政部部长。孔祥熙所提出的证券思想与前文所提及的宋子文所提出的证券思想并没有显著性的区分。

具体而言，他所提出的证券思想是以“赤字财政开支政策”作为先决性条件。

在1934年至1935年这两年期间，孔祥熙将公债进行抵押，从银行获取到的款项已经接近1亿3千万元[1]。从孔祥熙的做法能够看到，他和宋子文的做法已经大相径庭。

虽然孔祥熙参考和借鉴了宋子文公债发行的做法和方式，然而他在宋子文的基础之上，将公债发行的路径得以进一步的扩展，并且加大了对公债金融市场的管控程度。

首先，孔祥熙通过发行公债的方式，使中央银行的总款项快速提升至5000万元，之后让中央银行对公债进行吸收，希望能够通过这种方式，使公债金融市场的规模得以进一步扩大。

其次，孔祥熙通过发行公债的方式，使中国银行以及交通银行这两家银行的资本快速的扩大，提升了对这两家银行的管控程度。不仅如此，他还用从公债发行当中所获得的资金，对其他银行进行了快速地控制。这样一来，就能够让政府在金融界享有了较大的话语权，使公债发行的路径变得尤为广泛和多元。

在20世纪30年代，中央银行的公债数量已经上涨至将近2亿元[2]。孔祥熙对外界正式公布并实施《储蓄银行法》、使得银行的管理得到了翻天覆地的

---

〔1〕 参见由勇:《财政思想与公债发行》，载《申报》1933年1月1日，第9页。

〔2〕 参见陈兴《中央银行公债统计》，载《财政部民国二十三年度财政报告》1928年10月2日，第14页。

变化。具体来说，也就是无论是什么类型的银行，均要用银行四成的存款购买政府所发行的公债，同时还要把购买到的公债放入银行指定账户中。这样一来，证券市场的发展速度与之前相比则有了大幅度的提升。

不仅如此，他对于债信问题也予以了高度的重视。然而，倘若入不敷出的局面没能够得到有效的改善，那么维护债信也就无从谈起。他所使用的种种方法与手段均以“整理公债”作为核心要义。

在20世纪30年代，他发行了将近15亿元的统一公债，对之前没有清偿的公债予以换偿，利率从早先的8个百分点下降到6个百分点，偿还的时间范围由12年至24年不等。孔祥熙通过借新还旧的这种方式，不单单使债信危机出现的概率大幅度的降低，同时还维护了新公债的债信。

三、陈光甫的证券思想

自20世纪30年代开始，公司制度在社会当中大范围的推广开来。企业发行的产业证券数量呈现每年直线上升的趋势。

具体来说，通过大量的调查研究之后不难发现，在1929年2月至1933年12月这几年的时间当中，仅仅上海这座城市所注册公司的数量就已经超过了650家[1]。随着证券思想的不断深入发展，产业证券思想也随之出现。陈光甫、张嘉傲以及吴景超等当时颇具影响力的公众人物均对产业证券思想展开了全面而深入的研究。

陈光甫（1881—1976），出生在江苏省。在他青年时期前往美国留学。完成学业之后回到国内在金融领域大展身手。在南京国民政府时期，陈光甫担任财政金融官员一职。陈光甫的证券思想体现在两个方面，一是对政府无止无休地发行公债行为表示抗议和否认；二是明确表示要对产业证券市场予以进一步的发展和扩大。

在20世纪30年代，他尽管身居要职，需要向外界大力的推广和宣传公债，然而他本身并不赞成这种行为。他表示：

---

〔1〕 陈光甫：《怎样打开中国经济的出路》，载《新中华》1934年5月16日，第4版。

国内工商业的资本，目前来讲还不能够完全应对社会与制度的变革与发展。[1]

所以，他认为只有证券市场的发展进一步地扩大，社会才能够得以又好又快地发展下去。

除此之外，陈光甫还对于公债强制政策的实施表现出了极为不满：

政府强制性推销公债的这种做法，使工商界背负更多的义务，如果工商界表现出了抗拒与抵制，那么政府就认为其不爱国。

陈光甫曾经说道：

借款给相关部门，并不代表这就是真正的爱国。借款和爱国这两者之间并没有直接的联系，并不能因为没有借款给相关部门，就说其不爱国。政府经费的各项支出，应该做好合理的预算工作，不应该出现入不敷出的情况。在前往西方发达国家进行考察的期间，能够看到其他国家并没有出现这种情况。[2]

陈光甫还从更深层的角度阐述如果政府持续性地对公债的发行进行强制性的干预，将会造成这样的不利局面出现：

如果政府持续性地发行公债，那么市场利息就会大幅度地提升，在市场当中就会出现各种各样的投机行为，对于国内的实业发展将会起到非常不利的影响。

从上文不难发现，陈光甫对于宋子文在降低开支方面的做法表示了高度的认同，而对于孔祥熙所提出的赤字财政政策表示了全盘的否定和抗拒。陈光甫希望公债的发行能够使生产水平进一步提升。

他立足于民族资本家的层面之上，主张通过让证券市场发展水平进一步提高的这种方式，来推动资本主义工商业的发展。他曾经明确表示：

一个国家工商业是否发达的关键之处在于金融机关能不能充分地发挥出自身的效用。我国的各个行业的发展水平均不高，之所以出现这种情况，

---

〔1〕 上海商业储蓄银行编：《二十一年一月二十日行务会议陈先生致词摘要》，载《陈光甫先生言论集》，上海档案出版社1935年版，第79页。

〔2〕 上海市档案馆编：《一九二七年的上海商业联合会》，上海人民出版社1983年版，第109页。

从本质上讲就在于金融机关所发挥出的效用并不明显。我国实业起步的时间较晚，发展水平不高，倘若要想让实业得以快速的发展，那么就需要从金融机关的角度入手。[1]

所以，陈光甫表示要对证券市场予以更深层次的完善与优化，推动产业证券发展的水平。陈光甫曾经表示金融并不只是涉及银行这一类主体，除此之外还有股票市场以及保险企业等多种类型的机构。从金融扶助产业的角度来说，应该是银行进行资金上的筹集以及对股票进行买卖交易，通过这种方式，使产业公司的经济实力变得雄厚。[2]除此之外，他还表示证券市场要为产业债券的流通和交易提供一定的处所和场地[3]。

为了能够使我国的产业证券市场得以进一步的发展，陈光甫提出银行要从长远的角度出发，要与政府等官僚机构保持一定的距离，和工商界内的组织和人员保持密切的联系。除此之外，他还希望能够将股票向外界进行大规模的宣传和推广。

倘若我们可以将一万万元的证券运用到具体实际当中，那么这不就是推动金融界进一步发展的一种重要方式吗？[4]

陈光甫还详细地阐述了我国产业证券无法进一步发展的主要缘由：绝大多数的产业公司，并没有树立起一个正确和先进的思想观念。换句话说，这些公司极少向外界披露和公示自身的财务状况。

四、马寅初的证券思想

马寅初（1882—1982），出生于浙江省。在他青年时期去美国留学，攻读经济学博士学位。在完成学业之后，他回到国内，从事经济教育工作。从他

---

〔1〕 上海商业储蓄银行编：《四年六月二日本行开幕时陈先生向来宾致词摘略》，载《陈光甫先生言论集》，上海档案出版社1935年版，第5页。

〔2〕 参见上海商业储蓄银行编：《二十年十二月三十日陈先生于行务会议致词摘录》，载《陈光甫先生言论集》，上海档案出版社1935年版，第73页。

〔3〕 参见陈光甫：《怎样打开中国经济的出路》，载《新中华》1933年1月10日，第4版。

〔4〕 上海商业储蓄银行编：《解决中国经济问题的一条出路》，载《陈光甫先生言论集》，上海档案出版社1935年版，第121页。

所编写的大量著作当中能够不难发现，他的证券思想则是集中地体现在了产业证券上。

他曾经明确地指出，“我国的经济问题可以用四个字来概括，那就是‘资本不足’”。为了能够妥善处理这个问题，马寅初想出了各种各样的方式与手段，其中一项则为，应该通过提升证券市场自身水平的这种方式，让产业证券的发展水平也得以提高。在20世纪30年代，他在《上海证券交易所有开拍券行市之可能乎》这篇文章当中，对产业证券思想予以了全面而深入的剖析：

从工商界的角度来说，其自身的资本数额不多，流通周转不力。为了能够让公司证券购销无门的这种局面得以有效缓解，应该推动产业证券市场的进一步发展。这样一来，不单单能够吸引众多投资人士的目光。除此之外，还能够大幅度地减轻银行身上的种种压力。〔1〕

除此之外，马寅初还表示：

导致产业证券市场无法得以快速发展起来的因素有很多，首当其冲的就是产业证券的类型较为单一，数量不多。所以，马寅初表示可以通过发行公司债券的这种方式，将现有的不利局面得以改善。换句话说，不单单能够筹集到大量的资金，同时还能够根据公司自身的实际具体情况，将债务转让出去。值得一提的是，债券的数量必须要多，只有这样，才能够有效防范被其他人所控制。〔2〕

马寅初表示，要对产业证券发行形式作出一定的调整和改变，唯有将市场主导的作用充分发挥出来，才可以让产业证券又好又快地发展下去。

除此之外，马寅初还表示，之所以产业证券市场无法得以快速和顺利地发展，原因就在于信用公开制度的不健全。换句话说，社会大众没有办法对公司自身的营运状况有一个较为透彻的了解。所以，他表示：

---

〔1〕 马寅初：《中国的经济问题》，载《马寅初演讲集》（第1集），山西人民出版社2014年12月1日，第18页。

〔2〕 马寅初：《中国的经济问题》，载《马寅初演讲集》（第1集），山西人民出版社2014年12月1日，第29页。

我国公司对于内部信息一向秉持保守和谨慎的思想态度，不愿意将自身的财务状况向大众公示，正是因为这样，大众才会对公司产生不信任的态度。所以，如果公司想要吸引到诸多投资人士的目光，那么就要摒弃这个不妥的做法。民众会主动和积极的购买公债，正是因为公债的发行有各种规章制度作为前提条件，所以，公债的信用程度较高，民众愿意去购买公债。

因此，从这个角度来说，信息披露制度对于产业证券的发展起到极其重要的作用。

五、杨荫溥的证券思想

20世纪三四十年代，中国战乱不断，政府公债几乎停顿，黄金外汇受到管制，通货膨胀。公司股票的发行受到了社会各界人士的欢迎。之所以会出现这种情况，是由于购买股票能够让货币得以增值。因此，在20世纪40年代，构建证券交易所的思想则成为社会上的一种主流思想。当时的著名学者杨荫溥以及陈善政等人均发表了自己的看法。

国内研究人士杨荫溥对证券交易所发挥出的效用予以了全面而深入的剖析，杨荫溥明确表示构建证券交易所，能够对公司的发展起到极大的推动作用：

股票交易所的建立，使股票逐渐的兴盛起来，股份公司的发展水平也得以随之提高。债券的流动性与之前相比有了明显的提升，公司筹集资金的压力也有所缓解。[1]

因此，杨荫溥明确表示，如果要让我国的证券市场又好又快地发展下去，就要对以下两个方面予以高度的重视。一方面，交易筹码的数量一定要多。如果交易筹码数量不多的话，那么就很有可能被其他人所支配，不仅如此，还要让交易的数量以及活跃度显著提升。另一方面，则要确保债券资信良好，将股票者的信息予以及时公开。

---

〔1〕 杨荫溥：《中国交易所论》，商务印书馆1932年版，第20、25、36页。

除此之外，他还在《中国之证券市场》这篇文章当中对交易所事业发展水平不高的主要因素作了深入而透彻的分析。他在文章当中表示：

国内公司事业的发展水平不高，导致了股票流通数额不多。一些绩效水平较高的公司，并不希望将自己手中的股票售出，所以股票价格相对来讲处于一种较为稳定的状态。而对于绩效水平不高的公司而言，由于股票涨落的幅度较大，所以交易的次数也并不频繁。

除此之外，他还对在交易过程所出现的种种问题予以了深入研究。他明确表示，交易所要根据自身的实际具体情况去选择交易形式。他表示，在当时的社会时期，交易所选择股份制是更契合实际的。不仅如此，他还表示只有将《证券交易所法》这部法律文件予以进一步的完善和优化，才能够有效防范种种欺诈行为的出现。

不仅如此，他还从投机特性等三个不同的角度对证券交易所的属性与特征予以了详细说明。杨荫溥表示交易所和一般的市场的性质有着较大的区别。换句话来说，交易所的建立有与之对应的法律条文作为依据，但是普通市场却没有从法律层面予以规制。还有，在交易时间、交易主体以及交易类型等方面，上述两者也有着显著性的差异。所以，杨荫溥表示：

交易所市场的建立，有法律作为依据，对于我国以及全球都会有不同程度的影响。它所带来的影响力是普通市场不可同日而语的。

六、吴景超的证券思想

吴景超则对证券市场的融资职能予以了深入的探究。吴景超表示：

一个富有头脑的企业经营者在发展他的生产事业时，需要金融机关的鼎力相助。因此，从这个角度来说，资金上的筹集给企业经营者带来了不小的压力。[1]

所以，吴景超提出用建立起投资银行的这种方式来推动股份制企业的

〔1〕 吴景超：《中国经济建设之路》，商务印书馆1943年版，第95页。

进一步发展。除此之外，吴景超还表示可以通过构建产业股票交易所，来为工业资本增添新的活力。吴景超曾经说过：

证券交易所在建立的初期，出现了各种各样的问题与弊端，导致一部分有经济实力的投资人不敢进行投资。因为如果购买了股票，那么也就意味着不能将股票予以快速的变现。而股票交易所的出现，则有效地解决了这一问题。股票交易所对新兴实业的发展起到了极大的促进作用。〔1〕

七、陈善政的证券思想

陈善政则立足于证券交易所的层面之上，对它所发挥的种种效用予以了详细的说明。他曾经表示：

证券交易所的出现，对于国民经济的显著性提升有着极大的推动作用。具体来说，可以分为三个方面。一方面来讲，国家在需要大额款项支出的时候，会选择发行公债的这种方式，而证券交易所则可以将现金予以吸取，帮助国家完成资金上的筹集。从另一方面而言，如果工商企业在需要大额款项支出时，在发行股票的过程中，证券交易所也能够起到一定的辅助作用。除此之外，还能够推动社会经济的进一步发展。〔2〕

为了确保证券交易所能够全面地展现出上面所说的种种效用，他对此提出了四个先决性要素：

一方面来讲，从政府的角度而言，要出台和实施一系列的政策，对于证券市场予以一定的扶持。从另一方面而言，则要确保地方秩序的稳定和有序。还有则是运用法治的手段，对投机行为进行惩处。除此之外，则是要构建起一个独立性较强的国际关系。倘若上述所说的这四种先决性要素不具备，那么证券市场就没办法完全的展现出自身的效用，还有可能会适得其反。〔3〕

---

〔1〕 吴景超：《中国经济建设之路》，商务印书馆1911年版，第178页。
〔2〕 陈善政：《旧上海的证券交易所》，上海古籍出版社1992年版，第156页。
〔3〕 陈善政：《旧上海的证券交易所》，上海古籍出版社1992年版，第134页。

第二节　南京国民政府期间的证券市场（1927—1949）

一、南京国民政府期间的证券市场（1927—1936）

（一）十年内战时期的财政状况（1927—1936）

在国民政府成立的早期阶段，就对财政问题予以了高度的关注。举例来说，对国地收支领域予以了进一步的划分，实行币制改革、废两改元、建立法币制度，其后又改革了赋税制度、废除苛捐杂税、开征所得税等。经过一系列改革之后，财政水平与之前相比有了明显的提升。然而，在国民政府时期，战争接二连三地爆发，使当时出现了严重的财政赤字（见表4-1）。

表4-1　1927-1936 年财政收支情况

年份	财政收入（百万元）	财政支出（百万元）	财政赤字（百万元）	赤字/支出（%）
1927	77.3	150.8	73.5	48.7
1928	332.5	412.6	80.1	19.4
1929	438.1	539.0	100.9	18.7
1930	497.8	714.4	216.6	30.3
1931	553.0	683.0	130.0	19.0
1932	559.3	644.8	85.5	13.3
1933	621.7	769.1	147.4	19.2
1934	638.2	1203.6	565.4	47.0
1935	513.2	1336.9	823.7	61.6
1936	1293.3	1894.0	600.7	31.7

从表4-1能够发现，虽然在当时，政府财政收入的数额呈现了不断上升的趋势，却依旧没有改变入不敷出这一现实情况。在1928年至1933年这几年的时间当中，财政收入亏损的情况基本能够保持在10个百分点至20个百分点

之间。然而在后续的发展当中，赤字情况加剧，赤字数额已经超过了50个百分点。而对相关数据进行分析后能够不难发现，在1935年这一年中，政府财政亏短已经超过了8亿元，这是在以往从来没有出现的局面。

赤字亏短的情况加剧，政府在情急之下只能对外大量发行公债，这样一来，政府的财政赤字也随之而猛增。政府就处在了无休止借债的处境当中。

（二）金融改革与证券市场发展

在1927年至1948年这段时间当中，政府进行了一系列的经济金融变革，加强政府对整个社会经济结构的控制，对我国证券市场的发展起到了极大的推动作用。

具体来说，证券市场的发展可以体现在这几点上：

首先，产业证券的数量与类型不断增多。因为在当时的历史时期，国家资本主义的发展水平较低，政府为了能够让民族工商业得以进一步地发展，实施了一系列的政策对其进行扶持。所以，产业经济的发展相对保持在一个稳定的状态。

在1936年这一年中，工矿业所获得的资金总额已经超过了13亿元。而在1929年至1933年这几年的时间当中，上海494家公司的股东出资总额已经达到了2.02亿元。依照陈光甫的说法：

在1933年这一年当中，如果抛去外商股票的话，在上海登记注册的股份公司已经发行了超过1亿元的股票。〔1〕

在20世纪30年代之前，公司债券还属于一种新兴事物，并没有在当时的社会当中广泛地推广开来。而到了20世纪30年代之后，公司债券的发行数量慢慢地增加。在1934年，仅仅闸北水电以及启新洋灰等七家公司发行的公司债券数额就已经达到了1750万元〔2〕。而到了20世纪30年代后期，在我国发行公司债券的公司数量已经有将近20家，债券总发行额已经达到了5000万元。

---

〔1〕　陈光甫：《怎样打开中国的经济出路》，载《新中华》1933年1月10日，第5版。

〔2〕　参见马寅初：《上海证券交易所有开拍产业证券行市之可能乎》，载《东方杂志》1936年3月4日，第6版。

具体来说，上海有8家公司发行了公司债券，其数额超过了1800万元[1]。所以，根据合理的估算，至抗战爆发之前，在国内发行的产业证券总额则超过了5亿元。

其次，监管部门的监管力度与早期相比有了显著性的提升。政府对于证券行业予以了高度的关注，使管理的部门级别也开始逐渐细化。相关管理机构对《证券交易所法》这部法律文件予以了进一步的完善与优化。在1929年，《公司法》和《证券交易所法》这两部法律文件正式向外界公布。证券管理力度的显著性提升，使证券市场得以更深层次的发展。

最后，在全国范围内的证券市场得以逐步出现并快速发展，尤其以上海为典型。《证券交易所法》这部法律文件对外界正式公布并实施后，上海华商证券交易数额呈现迅猛的增长势头。仅仅在1934年这一年的时间当中，证券成交数额就已经超过了47亿元。由此可见，上海华商证券交易所从中获得了巨额的利润。在当时，因为证券市场的兴起，上海华商证券交易所为了能够得以快速发展，更是花费了大量的资金，建起了在当时极其著名的“上海证券大楼”。

北京证券交易所最早被建立起的原因，并不是因为当地的经济水平较高，而是因为当地政府在当时不加节制地发行公债。后来国民政府的建立，使该交易所无法再正常地营运下去。在“七·七”事变后，北京证券交易所正式停止营业。

当时天津尽管没有建立起证券交易所，却有诸多的证券公司出现。在沈阳事变之后，各地的游资集聚在了天津。因为受到当时战乱等诸多因素的影响，无论是公债买卖还是工商业的发展均呈现了停滞不前的状态。游资绝大部分集中在证券市场当中，使当时天津股票市场得以快速发展起来。

除此之外，在国内的其他一些地方也纷纷建立起了证券交易所。如宁波四明证券交易所以及汉口证券交易所等。概括来说，这些交易所的交易规

---

〔1〕 参见沈春雷、陈禾章：《中国战时经济志》，文海出版社1985年版，第57~60页。

模和交易数量均较小。

（三）公债市场的巅峰时刻

证券市场发展水平大幅度提升的一个标志则是公债市场规模的快速扩大。

在1927年至1948年这段时间当中，战争接二连三地爆发，使军费开支的数额呈现直线式的增长。特别是抗日战争的爆发，使财政赤字进一步加剧。为了缓解财政赤字的艰难处境，政府不得不四处举债。具体来说，在1927年至1937年这10年中，举借外债数额高达2亿美元，政府发行公债更是高达26亿元。

南京国民政府在刚开始发行公债的时候，选择了强行摊派的方式，将公债强行推销出去，还将其扣以爱国的名义，金融界对政府的这种做法颇为反感和抵触。政府为了快速让军政资金的数量得以进一步提升，在无奈之下选择了优惠让利的方式将公债发行出去，这样一来，金融垄断体系得以慢慢形成。由此，政府可以将公债发行的规模予以进一步扩大。

在这之后，公债交易市场逐渐兴盛起来。总的来说，证券交易所当中的证券交易绝大部分都集中在了公债的发行上。从相关统计数据中能够明显看到，在1927年，公债成交量还没有超过2.5亿元，2年之后，公债成交量则上升至14亿元，而在4年后，公债成交量则飞速上涨至39亿元。公债交易市场的发展呈现了良好的势头，并保持了较长的一段时间。抗日战争的爆发将公债交易市场这种良好的发展局面予以打破。

（四）债务的整理和债信的破产

南京国民政府期间所发行的公债，绝大部分用在了军政支出上。公债的发行，对社会经济的发展造成了极大的妨碍。在公债市场快速发展的背后，隐藏着极为严重的信用危机。

公债的发行是一把“双刃剑”。从正面来讲，让财政收支得以平衡，使公债市场得到进一步发展；就反面而言，则是加快了政府债信危机的出现速度。国民政府只是将眼光聚焦在当下，选择了高利高折扣的方式发行，并没有考虑到未来公债还本付息所带来的种种压力和负担。而在那个特定的历史时期，南京国民政府无法按时清偿债务，就一定会让公债债信破产。

自1931年以来，南京国民政府每年要支出高达2亿元的费用用来清偿债务，而在那个时期，全年的财政收入也只有3.4亿元。除了要支出大量的军政费用，还要支付各种各样的赔款，所以也就没有剩余的钱来清偿内债。

自1931年以来，战争接踵而至地出现，社会动荡不安，民不聊生，证券交易所被迫停止各种交易。在这样的情况下，政府改变原来的做法，将公债清偿的期限延长，将公债的孳息减少。尽管债信危机有效地得到了缓解，然而从根本上说，这也就意味着公债债信的破产。

因为政府并没有从本质上将问题予以解决，所以没过多长时间，政府就推翻了曾经向公众所保证的“四年当中不再开始发行公债”，再一次对外界开始了公债的发行。自1935年后，每年发行的公债量将近3亿元。

在1936年，债务危机进一步加剧。南京国民政府开始发行“统一公债”，其数额将近15亿元，并且对30多种债券予以整理，准备通过这种手段将债务危机解除。从根本上来说，南京国民政府的这种做法也就意味着第二次债信的破产。公债市场的发展逐渐开始走向下坡。

二、抗日战争时期的证券市场

（一）抗战时期的财政状况

在抗日战争爆发后，国民政府为了顽强抵抗列强的入侵，运用了扩大直接税征收体系、稳定粮价、举办专卖事业、掌握物资以及加强金融外汇管理等各种各样的方法，保证国内经济的稳定发展。然而从现实的角度来说，在战争期间，不仅财力耗损非常严重，并且国统区的缩小，使财源进一步收缩。虽然国民政府运用了各种各样的办法，还是没有办法平衡财政收支。所以，财政赤字的加剧主要来源于公债的发行。因为战争的出现，导致公债发行的数量较低。在抗战时期，财政赤字的比重每年都在60个百分点之上，最高则达到了86.9个百分点（见表4-2）。

表4-2　1937-1945年财政收支情况

年份	预算支出（百万元）	实际支出（百万元）	财政收入（百万元）	财政赤字（百万元）	赤字/支出（%）
1937	1001	2091	815	1276	61.0
1938	856	1169	315	854	73.1
1939	1706	2791	740	2057	73.5
1940	2488	5288	1325	3963	74.9
1941	4610	10003	1310	8693	86.9
1942	17,311	24,511	5630	1881	77.0
1943	36,236	58,816	20,403	38,413	65.3
1944	79,501	171,689	38,503	133,186	77.6
1945	263,844	2,348,058	1,241,389	1,106,696	47.1

国民政府在还没有进入抗战时期时，财政经济体系就已经出现了种种问题，财政赤字局面加剧，经济基础不稳定，物价飞速上涨。到了抗战时期，国民政府更是遇到了前所未有的困难和挑战。在1937年至1945年这几年的时间当中，财政赤字大致在71个百分点。收支的不平衡，导致了财政危机的进一步加剧。

（二）国统区证券市场的萧条和萎缩

在“七·七”事变之后，国内各大城市纷纷沦陷。上海华商证券交易所根据上级的指示不再营业，公债市场的交易活动不再展开。然而，虽然公债市场不再展开交易活动，但是公债场外交易市场却悄然出现。随着日寇的入侵，国内社会开始动荡不安，使应解税款无法正常进行。公债交易也就因此逐渐衰落。

南京国民政府在战争时期，对外正式公布并实施了战时财政经济统制政策。在无法运用任何税收手段的前提条件下，军政费用的来源则依靠货币财政发行等方式。在1937年至1945年这几年的时间当中，举借外债的次数高达21次，在当时一共借款超过7亿美元。而政府发行公债的次数则达到了19次。

关于设立证券交易所吸引游资与海外侨资的呼声日高，且很多工商界、金融界人士多次议论，发动舆论。原重庆证券交易所的股东也在参加各种与设立证券交易所有关的活动。在1941年原重庆证券交易所的股东向政府申请复业。然而，政府以非常时期非常对待为由，拒绝了股东的申请。从根本上来说，政府考虑的有这几个方面：

战争的出现已经让公债信誉大幅度下降，但是在特殊阶段，利率居高不下，如果在这个时期建立证券交易所，那么公债的价格一定会大跌，对公债的信誉产生不利的影响，公债的发行也无法顺利地进行下去。

政府已经对金融进行了全面垄断，所以就不需要再重新设立证券交易所。

战争的频频出现，一定会使行市处在一个不稳定的状态当中，除此之外，还会进一步让金融行业遭受到一定程度的动荡。同时，如果建立起证券交易所，那么就一定会吸引来一些资金，那么这就背离了政府经济统制的初衷。因为政府存在这几个方面的顾虑，所以使已发公债的价格大幅度下跌，公债市场的交易活动可以说无法正常的开展下去。国统区的证券市场不单单没能够又好又快地发展下去，反过来说则有走向衰落和消亡的趋势。[1]

（三）日占时期上海"孤岛"股票市场的复苏和发展

在1937年的秋季，国民党军队从上海正式撤离。上海租界得以大面积地形成。上海租界规模的扩大，再加上政府在政治上的不作为，让在租界中设立的银行得以正常营运。从民族资本工商业的角度来说，把上海租界看作了躲避列强入侵的一个去处。日寇对上海周边的进一步占领，使社会资金纷纷涌入租界当中。

在20世纪中叶，"二战"的爆发，使原本从上海涌向香港的资金，又被原路返回。在1940年这一年中，从全世界各个国家中流向上海租界的游资已经超过了50亿元。[2]游资的大量集聚，让上海租界一时没有办法容纳这么多的资金。除此之外，外汇黑市的形成与出现，让外资股票的价格由于汇价的变动而大幅度地上涨。在这种社会背景下，长时间萎靡不振的华商股票又再一

〔1〕 沈春雷、陈禾章：《中国战时经济志》，文海出版社1985年版，第68~73页。
〔2〕 参见鲁西：《日占时期上海股票市场》，载《大公报》1940年8月12日，第7版。

次地出现在了大众的面前。"孤岛"股票市场逐渐发展起来。

在1940年这一年，中国股票推进会正式建立。建立中国股票推进会的目的是能够显著性地提升股票的流通性，让实业得以快速地发展起来。从本质上说，中国股票推进会的出现，弥补了在那个历史时期没有华商证券交易所的缺陷。在推动股票市场的进一步发展当中，中国股票推进会起到了极其重要的作用。

从外资企事业的角度来说，由于在租界当中享有得天独厚的优势，因此它更是得到了长足的发展。西商上海众业公所因为受到当时社会的影响，同样得到了空前绝后的发展，在抗日战争打响之后，西商上海众业公所被停业整顿4个月之久，但是在1937年年底该所又开始对外正式运营。因为租界中的人口数量大幅度提升，货品出现了供不应求的局面，货币大幅度贬值。要想让货币的价值保持在一个稳定的状态当中，则可以选择购买外资股票的这种方式。从西商上海众业公所的角度来说，该所上市证券的类型已经超过了160种。公司债有10种，股票的品种则高达将近100种。

自1940年以来，外资股票投机活动的次数越来越多，股票价格呈现直线上升的趋势，甚至有的股价更是比原来的票面价值翻了几番。举例来说，会德丰股票面值为白银10两，然而会德股票的市面价值却一度翻了20余倍。1937年，上海众业公所的成交量有1800万元，而3年后，成交量则快速上升至5682万元[1]。之后，太平洋战争打响，日寇开始大规模进军我国，西商上海众业公所被迫停止营业，此后再也没有出现。

（四）敌占区证券市场的更迭和变迁

在日寇入侵我国之后，日寇开始了大规模发行伪政府公债，不仅如此，还对战略物资进行了强抢和侵占。日寇的种种做法，导致我国的工商业没办法顺利的发展下去，物价上涨的速度飞快。社会游资为了能够让币值的波动降低，在早期选择了抢购商品的这种方式。日寇发现后，明令禁止了这种行为。在这之后，社会游资又把目光聚焦在华商股票的身上，频繁开展交易活

〔1〕　参见朱斯煌：《民国经济史》，河南人民出版社1940年版，第3页。

动，从而让股票交易快速发展起来。比如，上海等经济发达的地区，股票公司的数量迅速地增长。

在1940年这一年，股票公司的数量不超过10家。而在两年后，仅仅上海地区的股票公司就超过了70家。因为没有一个规范的和高度集中的场内市场，所以证券被各个证券行所任意的买卖。在同时期，同一股票在不同的股票公司当中呈现不同的价格。这样一来，使黑市交易市场的活跃程度有了大幅度的提升。

证券市场的快速发展，使日伪军对此予以了高度的关注。日伪军一开始对其予以了明令禁止。为了有效防范游资的规模扩大会影响到日伪军对战略物资的掠夺。日伪军对证券市场予以了严格的管控。明令上海华商证券交易所在1943年的秋季再一次对外正式营业。除此之外，日伪军还准备在天津等相关地区建立起多家证券交易所。

上海华商证券交易所再一次对外正式营业后，股票的类型慢慢增加到将近200种，永安纱厂以及新益地产等股票受欢迎的程度较高。在两年之后，上海华商证券交易所开始选择延期交割的这种方式，使套利交易等活跃程度提升。股价处于一种极其不稳定的状态。甚至有一部分交易所还因为股价的浮动程度过高而无奈停止营业。

天津证券市场的火爆程度堪比上海证券市场。在天津失守后，日伪军对于天津的证券交易予以了严格的管控。然而因为在当时特定时期，通货膨胀较为严重，所以，股票交易的活跃度依旧很高。日伪军在看到上海华商证券交易所重新对外营业之后，吸收游资的效果非常显著，下一步打算在天津这座城市建立起证券交易所。在1945年秋季，华北有价证券交易所正式对外营业。

三、抗日战争后证券市场的统一和消亡

（一）全面崩溃时期的财政状况

在抗战结束后，国民政府在受到西方列强的挑唆之下，主动挑起事端，

内战前哨吹响。为了满足需要，国民政府向外界大量发行公债，运用了一系列的方式来让财政收支达到平衡。然而从实际的角度来说，效果并不显著。财政赤字的进一步加剧，对国民经济的发展造成了极大的妨碍。最后，导致了财政的巨大亏损。（见表4–3）

表4–3　1945–1948 年财政收支情况

年份	上半年财政支出（百万元）	上半年增长倍数（倍）	下半年财政支出（百万元）	下半年增长倍数（倍）	财政赤字（百万元）	赤字/支出（%）
1945	2,348,058	2.6	1,241,389	2.1	1,106,696	47.1
1946	7,574,790	3.2	2,876,988	2.3	46,97,802	62.0
1947	43,393,895	5.7	14,064,383	4.9	29,329,515	67.6
1948	665,471,087	5.9	220,905,475	5.1	434,565,612	65.3

从表4–3中可以看出，南京国民政府成立以来，面临巨大的财政困难。此时举借债款是解决赤字财政的唯一办法，但从外债市场看，政府却面临着诸多的困难。20世纪30年代全球经济大恐慌，引起整个资本主义社会的信用危机，国际资本输出大幅度下降。1928年美国国外有价证券发行总计13.25亿美元，1933年降到160万美元，同期英国国外贷款从5700万英镑也降到800万英镑，[1]这两个主要资本主义国家无疑代表了整个西方资本主义世界的情况。

此外，南京国民政府刚刚成立，西方各国政府对其均持观望态度，加上经济萧条，财政实力脆弱，各帝国主义政府对其还款能力普遍持怀疑态度，导致外债来源受到限制。与此同时，因为北京政府的对外借债多数拖欠未还，并且债务关系混乱，债信低落，债值贬跌，严重影响了国民政府的外债信誉，因此，南京国民政府面临重新恢复国际债信的问题。南京国民政府为了获得西方列强的信任，选择了优先清偿外债的方式，以取得国际社会的信任。尽管财政拮据，但南京国民政府仍然如期归还外债。至1937年，南京国民政府已经清偿了大部分的外债，清偿数额累计达到2.75亿美元。

---

〔1〕 参见朱斯煌:《民国经济史》，河南人民出版社1940年版，第26~39页。

同时，南京国民政府接受北洋政府大量举借外债的教训，主观上尽力减少外债的借入：

北京政府滥借外债，引起外人干涉内政，且债信低落，影响我国国际地位，国民政府有鉴于此，力求自力更生，避免举借外债[1]，南京政府自成立以来，对于外债，力主慎重，不肯轻易起借。[2]

因此，以发行国内公债为主成为南京国民政府解决财政赤字的倾向性方针。

（二）战后证券市场的重建和统一

在抗战胜利之后，国民党政府的手中持有9亿美元的外汇，除此之外，还获得了20亿美元的资金，[3]美国援助资金的快速涌进，再加上敌占区的慢慢瓦解，让法币的流通性慢慢开始增强。政府本来可以依靠这些有利条件让物价保持在一个平稳的状态，进一步遏制通货膨胀的局面，将经济的发展水平得以大幅度提升。

然而，政府并没有将注意力放在上述所说的这几个方面，而是选择了发动内战。军费开支的数额迅速提升，不单单使原来自己手中所持有的各种物资快速的消耗掉，除此之外，还使财政赤字的局面进一步的加剧。在1946年这一年当中，政府的财政支出将近10万亿元，而军费支出就占据了6万亿元，反观政府的财政收入，整年下来仅仅有13万亿元，而财政支出的数额则高达100万亿元，财政赤字非常明显。

为了缓解财政赤字的局面，国民党开始慢慢走向了借债之路。在当时，尽管政府选择美元、黄金等各种形式发行内债，然而战争暴乱的频发，导致民众已经对公债的信用失去了信心。所以，政府虽然大规模发起了内债，但是购买的人数并不多。举例来说，在1948年这一年，国民党政府曾经前后两次发行公债，公债的数额更是高达4亿美元，然而出售的数额仅仅为5600万美元，出售数额的占比才达到14个百分点。后来政府又开始发行黄金，但

〔1〕 参见朱斯煌主编:《民国经济史》，银行学会1948年版，第201页；沈云龙编:《近代中国史料丛刊》（第3编），文海出版社1985年版，第85页。

〔2〕 中国联合准备银行调查室编:《中国内外债详编》，中国联合准备银行1940年版，第76页。

〔3〕 参见徐纪霖、陈达凯:《中国现代化史》（第1卷），学林出版社2006年版，第554页。

是认购者的人数不多。除此之外，政府还开始向帝国主义举借外债，在1949年，累计外债数额高达60亿美元，从举借外债当中所获得的款项，有八成都用在了内战当中[1]。

在这样的社会状况当中，国民党政府处在进退两难的境地，为了将现有局面予以改善，政府开始向国家银行透支，希望通过这种方式来让自己的财政收入得到快速回升。

自1945年以来，法币每月增发的程度呈现直线上升的趋势。在1945年的夏季，法币发行数额达到了将近4000亿元。而在3年之后，法币发行数额则飞速上涨至600万亿元。不仅仅是法币发行数额的快速上涨，物价上涨的速度也让人目不暇接[2]，通货恶性膨胀的速度明显加快。

换句话说，如果通货膨胀的速度加快，那么物价上涨的速度也就随之而提高，不仅如此，金融业的发展速度也得以逐步的提升。股票市场再一次兴盛起来。政府看到无法将证券交易活动完全禁止，选择了建立证券交易所以及实施一系列政策的方式，对证券市场予以管控。

在1946年上半年，相关部门向外界正式宣布：

为了使得企业投资的规模扩大，推动证券市场进一步的发展，令杜月笙等人建立上海证券交易所。[3]

同年9月，该交易所对外正式营业。上海华商证券交易所的股东认购6亿元，中国银行、中国农民银行以及邮政储金汇业局等单位共同认购4亿元，之后上海证券交易所的规模进行了扩充。具体来说分为了两种不同类型的市场，一为股票市场，二为债券市场。该交易所当中的经济人已经超过230名，股票的种类更是多达20种。

（三）股票市场昙花一现和经济崩溃

通货膨胀程度的进一步加深，使法币的货币价值快速地降低。尽管政府的内债得以快速的清偿，然而政府所做出的种种举动，已经让民众大失所

---

〔1〕参见徐纪霖、陈达凯：《中国现代化史》（第1卷），学林出版社2006年版，第554页。
〔2〕参见盛慕杰：《中国近代金融史》，中国金融出版社1989年版，第298页。
〔3〕参见徐纪霖、陈达凯：《中国现代化史》（第1卷），学林出版社2006年版，第568页。

望。虽然后来政府采用美元以及稻谷等各种各样的方式计值，然而购买的人数却少之又少。举例来说，在1947年这一年政府曾经前后两次发行公债，公债的数额更是高达4亿美元，然而出售的数额仅仅为5600万美元。后来政府又开始发行黄金，但是认购者的人数不多。

在抗战之后，政府向帝国主义借款累计达到了22亿美元。然而因为内战的打响，帝国主义考虑到政府没办法按时清偿债款，于是选择了分拨的方式给予政府一部分的借款。

在无奈之下，政府选择了向银行透支债款，将法币无限制对外发放，导致通货恶性膨胀的局面进一步加剧。在这样的社会环境中，中国股票市场在狭缝中也出现了短暂的生机。

在1945年8月，政府明令禁止上海华商证券交易所对外营业，证券黑市再一次兴起。交易活动散乱，没有任何的秩序可言，行市也没有得到高度的统一和规范。尽管政府花费了大量的人力与物力去查禁，然而查禁的效果并不明显，股票交易黑市并没有因此而受到打击，反而有了长期发展下去的势头。政府在看到证券交易活动没办法完全禁止之后，则选择了对其进行严格的管控。

转年，政府下达命令，禁止开展外汇买卖等相关交易活动。这样一来，使社会游资全部集中在了证券市场当中，股票买卖非常的频繁。在当年，上市股票的市场价值已经明显超过了7亿元[1]。

场内交易的兴盛，并没有打消场外交易的积极性。交易的证券有政府统一公债以及外资股票等三种不同的类型。具体来说，统一公债之所以还能够大面积发行，是因为购买公债的民众认为政府能够到期按时偿还。而未上市股票交易的热度一直居高不下，是因为这些综合实力较强的企业非常有名，在社会当中已经可以说是无人不知无人不晓。除此之外，从外资股票的角度来说，由于西商上海众业公所的对外歇业以及上海证券交易所的交易类型又不多元，因此场外市场交易就因此逐渐活跃起来。

---

〔1〕 参见中国人民银行总行金融研究所：《近代中国的金融市场》，中国金融出版社1989年版，第463页。

在当时特殊时期，证券市场的没落以及通货膨胀的出现，让法币的价值快速下跌，当政府不能从通货膨胀中谋取经济利益的时候，隐藏在背后的财政危机就慢慢地浮现出来。最后，无论政府使用何种手段，也无法挽回财政经济崩溃的局面。

在1948年的秋季，政府对金圆券币制进行了全面而深入的改革，明确告知建立在上海和天津这两座城市中的证券交易所停止营业。因为国民党政府并没有在战争中取得成功，再加上货币制度的瓦解，使得证券市场无法再继续正常和快速地发展下去。不仅如此，政府开始对证券交易所予以高度的重视，提升了对证券交易所的管控程度。除此之外，政府还明令禁止开展“递延交割”业务，不允许进行场外交易。政府在实施了一系列政策之后，导致上海证券交易所股价迅速下跌，股票市场快速地走向了消亡。之后，国民党政府尽管让交易所向外界发售国库券，然而由于在那个时期国民党政府自身的处境已经颇为艰难，民众对于债信大失所望，因此国库债交易的数量并不多。再后来，上海解放，交易所也因此不再对外营业。交易所的这一举动，标志着当时证券市场的没落与消亡。

（四）新民主主义革命时期根据地和解放区的证券实践活动

在南京国民政府时期，根据地为了能够让革命顺利地进行下去，保证经济建设的有效实施，选择对证券市场予以深入的探究。具体而言，根据地不单单选择用发行公债的方式筹集资金，对革命战争进行强有力的支援，除此之外，还通过发行股票的手段，获取一定的资金，建立起信用合作社等相关机构。根据地所实施的这一系列的举措，为后续解放区经济活动的顺利进行打下了良好的基础。

在当时，公债的发行是获得革命经费的一个极其关键的路径。详细来说，根据地陆陆续续发行了将近70种的公债。

而股票的发行，同样是合作社等相关机构获取资金的一个重要方式。在1932年之前，苏区陆陆续续建立起东固平民银行以及闽西银行等多家银行。银行建立的资金有一部分是苏区政府划拨款项得来的，而另一部分则是通过发行股票而获得。

从合作社经济的角度来说，它是根据地发展经济的另外一种形式。在合作社当中，又能够分为消费以及生产等不同种类。虽然形式多种多样，然而均是运用集股的手段来获取资金，股票的面额并不大，通常都是1元的，购买股票，除了可以用现金这种方式来支付外，还可以选择用实物的这种方式。

虽然根据地发行的证券规模不大，类型不多，在发行过程中还存在诸多的困难，然而这些并不能抹杀掉根据地开展证券活动所带来的积极影响。

四、南京国民政府时期的证券发行

（一）外资企业公司证券

具体来说，在1927年至1948年这几年当中，外资证券的特点可以体现在这几个方面：

第一，证券数量进一步扩大。外资企业的巨额投资，其资金并不源于海外国家，而是源于对中国企业资金的抢夺以及在投机活动中所获取到的利润。这样一来，外资企业公司的股票数量与早期相比有了明显的提升。

第二，证券结构发生较大变化。外资证券尽管还是将股票作为核心要素，然而债券的结构早已经和早期不可同日而语。金币公债的不断减少，使得公司证券的数量以及规模得以不断地增长和扩大。

1.金融业股票

从外资金融业的角度来说，在当时还是围绕着银行业与保险业展开各种交易活动。就保险业的层面而言，外资保险企业依仗着自身的经济实力较为雄厚，所以就将我国的保险市场强力垄断。具体而言，将上海这座城市作为核心，逐步向周边城市扩散，诸多的分支机构被建立在了我国沿海地区。从《中国保险年鉴》中不难发现，在当时，仅仅在上海这座城市进行登记备案的外资保险企业的数量就已经超过了160家。而这些外资保险企业的资金实力更是达到了千万元以上。举例来说，在20世纪20年代末，美亚保险公司将自身内部的资本结构予以一定的调整，更名为美亚保险股份公司，以每股

10美元的价格对外发行股票，发行的数量共计3万余股。美亚保险公司前后与不同地区的商会合办四海保险公司、法美保险公司以及泰山保险公司等。在抗战结束后，美亚保险公司率先成为第一家重新对外营业的公司，该公司将中国保险市场强行垄断，让自身处在了垄断地位当中。正是因为外资保险公司在我国获取到了丰厚的利润，才使与之对应的股价能够在证券市场当中能够持续性的处于一种稳定的状态。

从银行业的角度来说，由于中国银行业自身的发展水平较高，还有国内反帝运动的频繁出现，使外资银行的特权业务无法快速展开，并且业务的数量也有所减少。从相关数据中能够清晰地看到，在华外资银行的数量不断骤减，到了1936年，在华外资银行的数量已经仅剩32家。只有汇丰、沙逊、大通、德华以及朝鲜银行等几家银行的资金超过了1000万美元。虽然在当时，从宏观的角度来看，在华外资银行的发展并不尽如人意，然而在外华资银行却依然能够在我国金融市场当中大展身手。尽管在当时有相当多的外资银行被迫停止对外营业，然而却依然陆续有外资银行建立。比如，友邦银行以及沙逊银行等。从证券市场的层面来说，譬如汇丰这样的发行时间较长的股票，一直备受社会各界人士的欢迎。

2.工商业股票

在国民党执政期间，外资企业发行的股票要以1937年为界，之所以会做出这样的划分，是因为在1937年之后的外资企业多是日资企业和美资企业。因为受到战乱的干扰与影响，外资企业只被允许在商贸领域展开业务活动。除此之外，上海众业公所已经不再对外营业，所以外资企业新发行的证券还是比较少见的。

反过来说，有相当一部分的外资企业，在1937年之前的证券市场上开展了各种各样的业务活动。举例来说，在1934年，英美烟草公司将内部资本结构予以了调整，正式更名成颐中烟草股份有限公司，股本的不断扩张，使该公司所获得的资金不断地增多。不仅如此，还有诸多股份制公司接二连三地建立起来。举例来说，在20世纪30年代，建立起了由中国航空以及惠通航空等四家公司合资的航空公司，航空公司的资本更是高达1900万元。

3.公用事业、房地产业股票

在国民党执政期间，美国资本将目光纷纷转移到租界的公用事业当中。在20世纪20年代末，美国电气债券公司花费了8100万两白银将上海工部局电气处成功收购，上海工部局电气处被正式更名为上海电力公司。从根本上来说，美国电气债券公司在收购期间，仅在早期预先支付了3000万两。剩下的款项则是通过发行公司债券所获得。

从外资房产业的角度来说，该产业在1937年之前发展的水平较高。比方说业广地产、华懋地产、普益地产以及中国建业地产等这些发展时间较长的公司，在1937年之前均有着不错的发展。在当时主要以增发股票和发行公司债券作为重点。而昌业地产、达华地产以及三新地产等这些新建立起来的房产公司，又陆续发行了诸多的债券，让地产证券数量与之前相比有了显著的提升。在抗日战争的号角吹响之后，外资不再将目光聚焦在我国房产的投资上。然而，这对外资地产股票的正常交易买卖没有造成丝毫的冲击与影响。

（二）华资企业公司证券

在国民党执政期间，华资企业的资本实力不断提升，自身处于高度的垄断地位。在抗日战争后，国家开始对外公布并实施战时经济统制政策，对于工业与商业这两大行业予以了高度的垄断。在当时，绝大多数的公司股票和债券在1937年就已经对外发行，在抗日战争爆发之后，华商股票开始对外大量的发行，就根本上而言，华商股票只是租界工商业病态发展下的杰作，上述所说的这种局面并没有维持较长时间。

1.金融业股票

金融业在抗日战争爆发之后发生了翻天覆地的变化。政府选择发行金融公债的方式来获取大量的资金，中央银行也是在这一时期被建立起来。率先构建起四行二局的金融垄断体系。在这个层面之上，政府通过参股等一系列方法，对一部分资金实力较为雄厚的私人银行予以了管控。比方说“北四行”以及“小四行”等。从银行的角度来说，大范围的股权转换，不单单让银行股票的数量急剧上升，同时还让金融公债的占比也得以大幅度的提升。

在20世纪20年代末，上海商业储蓄银行建立起大华保险公司，金城银行建立起太平水火保险公司，中国垦业银行建立起中国天一保险公司。除此之外，还有一部分企业集团公司也加入了兴办保险公司的行列中来。如永安集团投资并建立起永安水火保险公司。在20世纪30年代，宁绍商轮公司进一步建立起了宁绍水火险公司。在1935年，华资保险公司的数量已经将近50家，而到了1948年这一年，数量更是上升至175家。

而交易所等相关金融单位，在这个阶段的发展水平与之前相比也有了较大的提升。在这个阶段金融股票的类型已经超过了80种，中国银行、上海商业储蓄银行、华安合群保险公司以及通易信托公司等股票备受社会各界人士的关注。

2.工商业股票

在国民党执政期间，工商业股票的类型更是超过了100种。具体来说，纺织股票的品种超过了20种，如有大生纺织、永安纺织以及中国纺织建设等；化工和建材这两类的股票的品种超过了20种，如久大精盐、天厨味精、启新洋灰以及江南水泥等；烟草和火柴这两类的股票的品种有4种，如南洋兄弟烟草公司以及大中华火柴公司等；工矿和冶金业这两类的股票品种已经超过10种，如大通煤矿、六河沟煤矿、滦州矿地以及汉冶萍公司等；新药和食品这两类的股票品种超过10种，如中西大药房、五洲大药房、冠生园以及梅林罐头等；橡胶股票的品种有7种，如中华珐琅、华丰搪瓷以及大中华橡胶等；商业股票的品种8种，如中国国货公司、永安公司以及大新公司等。不仅如此，还有宁绍轮船公司、华生电器厂、中华书局以及遂松公路等其他股票20余种。

在这一阶段，江南铁路、三北鸿安航业、大通煤矿、永利制碱、永安纺织以及广东银行等公司均都发行过公司债权。根据相关调查数据显示，在当时特定历史时期，公司债券发行量已经超过了5000万元。

3.公用事业、房地产股票

在国民党执政的阶段，公用事业的规模与原来相比有了进一步扩展。新建立起来的电厂已经覆盖到国内25个地区当中。不仅如此，城市公共交通事业等发展的速度也有了显著性的提升。从华商公用事业证券的角度来说，在这一时期又新增添了公共汽车公司以及出租汽车公司股票等新证券多种类型的信证券。不仅仅是公用事业股票在市场当中的交易活跃度非常高，闸北水电以及天津自来水等公用事业债券还有上海、北平、青岛以及南昌等地的市政建设债券同样在行业市场当中大力的发行起来。在19世纪初，华资将目光聚焦到房产行业，对房产进行了大规模的投资。在19世纪30年代，华资房产已经发展的颇具规模。在当时，有华商会员的公会就已经高达60家。

在"七·七"事变爆发之后，上海租界人口数量飞长猛增，外资房产公司则开始纷纷撤资，同时出售已有的地产。在这样的社会背景下，华资房产公司开始大规模的快速发展起来。在1938年至1941年这几年的时间，华资房产公司的数量猛增至30余家。在那个特定的阶段，地产股票的种类高达20余种。如新亚、永业、泰山、新益以及联华等。具体来说，建隆、联华、永业股票的票面价值是10元，但是经过一番热炒之后，在市面上发行的票价已经上涨至30元。

（三）南京国民政府公债

在国民党执政期间，政府还依然没有改变举借内债与外债的做法。在1927年至1936年这段时间当中，政府发行公债数额已经超过了26亿元。在"七·七"事变之后，因为战争的原因还有之前发行的公债无法在规定的时间之内清偿债务和孳息，导致民众对于政府公债债信大失所望，因此在社会当中发行公债并不是一件简单的事情。政府在观察形势之后，将注意力放在了货币财政发行上面。即便是这样，在战争爆发的期间以及国民党执政的期间，国内公债依然陆续对外发行，除此之外，公债的形式也逐渐变得多元起来。

1.南京国民政府外债

在国民党执政的时期，举借外债尽管数额较多，然而因为绝大多数都是易货性质，所以公债票并没有对外界予以正式的发行。所以，在当时的阶段，证券市场并没有受到较为严重的影响。

在英国伦敦、美国纽约以及上海等层次水平较高的金融市场当中，金币公债的种类将近达到40种，具体来说，从金币公债的角度而言，克利斯浦、中英庚款、九六日金公债、北宁铁路、津浦铁路、陇海铁路以及四郑铁路等金币公债被大众所熟知。

2.南京国民政府内债

从发行内债的角度来说，按照时间的层次可以分为三个部分。第一部分也就是1927年至1936年这几年当中政府所发行的公债。换句话说，在这几年当中所发行的公债对于证券市场的发展起到了极其深刻的影响。不单单数量上多，而且品种也较为齐全。政府所发行的公债占总债券比重的98个百分点。如江海关二五库券、“军需”、“建设”、“裁兵”、“金融”以及“统一”公债等，均在当地交易所进行交易买卖。

第二部分则是1937年至1945年这几年中政府所发行的公债。公债的名称一共有18种，如“救国”、“军需”以及“贩济”等。除此之外，公债的计值不单单有法币，还涉及关金以及美元等。总体来说，公债的类型能够分为法币公债以及实物公债等三种不同的类型。从前者的角度来说，公债的发行额已经高达150亿美元。只有“救国公债”、“军需公债”以及“同盟胜利公债”这三种公债对外界正式发行，剩下的公债并没有发行。从外币公债的角度来说，涉及美金公债以及关金公债等三种不同的类型。具体来说，同盟胜利美金公债承购情况较好，倘若有一亿美元的公债，在外国定居的中国人就认购了将近4个百分点的公债。就实物公债的层面而言，发行的主要对象是地主以及从事农业劳动的农民，总体来说，发行的数量并不多。

剩下的一部分则是1945年至1949年这几年时间所发行的公债。在这几年当中，恶性通货膨胀的局面加剧，这时如果用法币计值发行公债显然是不妥当的，政府选择用黄金以及土地等形式将公债继续发行，然而认购人数并不多。

不单单中央政府对外发行公债，山西、四川、浙江、湖南以及广东等其他十余个城市也纷纷发行地方政府公债，品种类型高达60余种。如四川建设偿债、安徽公路债券、湖北善后还有广东整理金融等在当时非常的有名气，被大众所熟知。

（四）日伪占领区证券

自1931年以来，日寇的入侵，让我国东北、湖南等大多数省份相继沦陷，日寇为了进一步加深对我国的殖民统治，陆续扶植起伪满州国以及伪蒙疆政府等傀儡政权，日伪军建立起诸多的“自由企业”。这些“自由企业”不单单发行股票，同时发行大批量的公司债券。不仅如此，伪政府还向外界发行公债，通过这种方式来获取大量的资金。

1.日伪企事业股票

从日伪企事业的角度来说，可以分为两种不同的类型：“自由企业”和“统制企业”。

第一类是“自由企业”，具体来说，也就是由日资企业与“中日合资”企业这两种类型的企业构成。这些企业的产业覆盖范围非常广泛，涉及纺织、卷烟以及皮革等相关部门。

日伪军为了进一步扩充自己的经济来源，巧妙地利用华商资本来解决自己资金不足的问题，以“中日合办”的名义，诱导国内经济实力较强的企业家将投资目光转移到“自由企业”的身上。

第二类是“统制企业”，构成“统制企业”的要素有三，分别是“超级特殊公司”、“特殊公司”以及“准特殊公司”。这些企业的产业涉及金融、通讯以及冶金等各个领域。

从“超级特殊公司”的角度来说，也就是日本政府以及伪政府等出资建立起来的企业公司。比如，南满洲铁道株式会社以及华北开发公司等均属于“超级特殊公司”的范畴之中。具体来说，公司不单单要对外发行股票，同时还要通过参股等多种方式，对子公司予以一定的掌控。

就“特殊公司”的层面而言，“特殊公司”也就是按照相关立法的规定所建立起来的公司，从根本上来说，这种公司是伪政府国家资本和日本财阀资本等的合资公司。

“准特殊公司”和“特殊公司”并没有显著性的区分，只是在统制产业中所发挥出的效用有所不同。这两类公司是日伪企事业的构成要素，涉及超过30家的伪银行，还有超过100家的工矿公司以及通讯公司。

2.日伪债券

日伪债券总共由两部分组成，一部分为公司债券，另一部分则为政府公债。上述两者分别由“统制企业”和各伪政府所发行。“统制企业”除了运用发行股票的方式筹集资金，还会通过发行公司债券的方式获取到大量的资本。举例来说，“满铁”的公司债券，在“七·七”事变爆发之前，绝大部分是在日本大量地发行，而“满业”“华兴”等公司债券则集中在中国国内发行。

各个伪政府都对伪政府公债进行了不同程度的发行，然而如果从发行次数和规模上来讲，那么首当其冲的则是伪满洲国。伪华北政府身处华北地区，税源并不紧缺，所以公债的发行数量并不多。而伪蒙疆政府的情况比较特殊，无论是电力规模的扩大还是统制企业的进一步发展，均要依靠发行公债的这种方式来获取资金。

举例来说，在20世纪40年代，蒙疆政府发行公债的总额已经超过3741万元。伪满洲国公债的计价方式有两种，一种是日币公债，另一种则是伪币公债，从前者的角度来说，发行的目标主要是日本金融机构。而就后者的层面而言，则是由当地中央银行负责龚志安的发行。在伪满政府执政期间，发行的公债种类高达87种，发行的数量更是超过了40亿元。

（五）革命根据地、解放区证券

在1927年至1949年这20余年的时间当中，革命根据地依然对股票活动予以了高度的重视。虽然这些证券的数量较小，形式较为单一，交易活动也并没有任何的规范性可言，但是这些证券却均能够展现出革命根据地的证券思想，他们在中国近代证券史上留下了浓墨添彩的一笔印记。

1.银行、合作社、公司股票

具体来说，革命根据地的股票发行主体可以划分成三种。一种是银行所发行的，另一种则是合作社所发行的，除此之外，还有一种则是公私合营、私营公司所发行的。中华苏维埃共和国国家银行还没有被正式建立起来的时候，苏区陆续建立起了东固平民银行、闽西银行以及鄂西农民银行等10余家银行。在建立这些银行的过程当中，其资金有一部分是通过苏区政府划拨专门的款项而得来，剩下的则是通过发行股票的方式获取。比如，在建立闽西工农银行过程中，有20万元的资金就是通过发行股票的方式获得的。在后续扩大资本的过程中，依旧用了上述这种方式。

从革命根据地的角度来说，合作社经济是其重要的构成部分，在早期阶段，有消费合作社以及信用合作社等三种不同类型的合作社，而到了后期，也就是革命根据地出现之后，生产合作社以及供销合作社也随之而形成并出现。无论是哪种类型的合作社，均选择了发行股票的方式获取大量的资金。具体而言，股票的面额并不大，通常来讲以1元居多。购买者不单单可以用现金的方式购买股票，除此之外，还可以用实物方式来进行购买。

因为革命根据地以及解放区的商品经济并不发达，所以一直到20世纪40年代末解放区区域的进一步扩展，才陆陆续续出现了一些私营工商公司。在最开始的阶段，公司股票绝大部分是由在革命根据地中的私营企业或者公私合营企业所发行，股票的数额较小，流动性不强。在20世纪30年代博生纸业股份公司、兴国樟脑股份公司、米脂万合毛织厂以及盐池元化工厂等对外发行的股票就是最好的证明。

2.革命根据地、解放区公债

根据地还有解放区为了能够让当时经济建设的力度显著性的增强，并且能够满足战争物资所需，陆续向外界发行了将近70种公债。具体来说，用在战事方面所发行的公债有34种，用在经济建设方面所发行的公债则高达20种。

第二次国内革命战争时期，湘鄂西、湘赣以及闽浙赣等几个革命根据地则先后发行了将近20种公债。

在抗战阶段，全国范围内的各个革命根据地陆续发行了将近20种公债。只有20世纪30年代末晋察冀边区所发行的救国公债经过了南京国民政府的批准，其余的公债均是各个革命根据地主动发行。具体来说，公债的类型不单单有救国公债，还有救灾公债以及巩固农币公债等。

第三次国内革命战争时期，晋察冀地区、华东中原以及华南解放区根据自身的实际情况，再一次向外界发行超过30种的公债。详细而言，有胜利建设公债、救灾公债以及建设复兴公债等。”[1]

五、南京国民政府期间证券市场的监管体系

（一）监管机构之演变

在20世纪初叶，北洋政府对外界正式公布并实施《证券交易所法》，在这部法律文件中明确指出，农商部的职责不单单要负责证券交易所的登记与备案，除此之外还要对证券市场予以科学且合理的监督。然而，从现实的角度来说，北洋政府仅仅对证券交易所行使了自身的审批职能，除此之外，在其他方面则没有对证券市场予以高度的重视。所以，一言以蔽之，当时北洋政府对证券市场并没有尽到完全的管理职责。只是到 1921 年“信交风潮”爆发之后，才逐步意识到加强对证券市场管理的重要性。

南京国民政府在早期阶段，进一步赋予了金融监理局对证券市场的监管权力。在该局拟订的《交易所暂行通则》中，明确规定了金融监理局的职责：

（1）负责审核交易所之业务。所有业经设立之交易所及其经理人，应于一个月内，将原领执照呈请金融监理局验明加盖关防，方可继续营业，逾期作废。交易所需将其缴存各银行之营业保证金存据呈请金融监理局验明加盖关防，但该项保证金，应否仍存原银行，金融监理局遇必要时，得呈明财政部以命令定之，其保证金内之证券部分，如有市价剧变情事，得酌令更换或加补。

（2）征收交易所特税，凡交易所以前所欠税款，由金融监理同核明饬令补缴。

（3）如果证券交易所的交易行为不符合本通则的相关规定，那么金融监理局据需要发挥出自身的监管作用，明令证券交易所不得再继续对外营业下去。

在1928年，政府财政部门明确下达命令，将金融监理局改成泉币司[2]。

〔1〕 陈善政：《旧上海的证券交易所》，上海古籍出版社1992年版，第38页。

〔2〕 参见胡然：《金融监理局改为泉币司之函知》，载《钱业月报》1928年，第8版。

但同时，工商部也具有管理交易所立案及监督的权利，造成政出多门，权责不明。

在1929年的秋季，政府财政部明确表示，赋予工商部一定的监管权力，对证券交易所进行有力的监管，然而和金融有关的一些事项，依旧由原来的部门掌管。后来，因为工商部和农商部这两个部门进行合并，统一改名叫作实业部，所以原来证券市场的监管权力也就由实业部所拥有。

两年之后，当时执政的政府明确表示，再次对外实施并执行交易所监理官制度，并在上海建立起与之对应的部门。监理人员被赋予一定的权利，可以在任何时间范围内对交易所的交易实际情况以及相关数据资料等予以核验，在规定的时间内把具体情况上报至上级部门〔1〕。

在1937年的下半年，经济部被正式建立起来。这也就意味着经济部拥有了对证券交易所各个事项一定的监管权力，在《经济部组织法》这部法律文件中能够明确地看到其赋予了经济部“对证券交易所登记还有监察”的各项权力〔2〕。

在1943年的下半年，汪伪国民政府在当地正式设立交易所监理委员会，赋予交易所监理委员会一定的权力，对证券市场的交易活动进行有力的监督以及管理〔3〕。

转年，汪伪国民政府决定将证券交易所监管权交到财政部钱币司的手中，同时建立起与之对应的部门辅助财政部钱币司对证券交易所进行监管〔4〕。

“七·七”事变爆发之后，上海证券交易所正在准备对外再一次营业时，政府部门明确表示要再一次实施和执行证券交易所监理员制度〔5〕。

〔1〕 参见《上海交易所监理员办公处人员任免》（1930年），中国第二历史档案馆馆藏档案，档案号三〇1/2150。

〔2〕 参见经济部编：《经济法规汇编》（第五集），经济部刊物1942年版，第67页。

〔3〕 参见杨德惠：《上海的华股市场》（下），载《商业月报》1946年，第2版。

〔4〕 参见《财政部钱币司可添设第四科办理保险公司及证券交易所监督，请追加经费及支付概算书》（1930年），中国第二历史档案馆馆藏档案，档案号2003/3563。

〔5〕 参见《财政部、经济部等关于派任本所监理员的函件》（1930年），上海档案馆馆藏档案，档案号Q327/1/48。

从全局的角度来看，中国近代证券市场监管部门的演变有这几个显著性的特征：一方面，证券监管部门的变动性非常强，监管权力没有办法完全展现出来；另一方面，相关部门并没有对证券监管的管辖范围予以明确的划分，除此之外，监管机构的权责不清，对于监管效率的快速提升起到极大的妨碍作用（见表4-4）。

表4-4 证券市场监管机构的演变

中央政府名称	中央政府管理机构		中央政府派出机构	
	年份	机构名称	机构名称	职责
北洋政府	1914	农商部	观察员	向中央汇报
	1926	农商部	交易所监理官	监督证券市场交易行为、管理交易所及税收管理
南京国民政府	1927	财政部	金融监理局	
	1928	财政部泉币司	交易所监理官	
	1929	工商部、财政部		
	1931	实业部、财政部	监理员办公处	
	1935	实业部		
	1937	经济部		
汪伪政府	1943	实业部、财政部	交易所监理委员会	
南京国民政府	1946	财政部、经济部	交易所监理委员会	
	1948	工商部	监理员办公处	

（二）监督管理制度

在国民党政府执政期间，对与早先的证券交易所和证券经纪人有关的工作事项予以了高度的重视。除此之外，还对外界出台并实施《验换交易所及经纪人执照章程》这部文件。从这部文件中能够清晰地看到：

凡在本章程施行前已经设立有案之交易所，应于两个月内将原领执照连同该所章程、理事监察人名册、股东会筹呈请工商部查验换给新照。凡已经领有执照之交易所经纪人应于本章程施行后两个月内将原领执照交由交易所转呈工商部查验换给新照。工商部依规定发给新照后旧照即行注销。各交易所各经纪人不依本章程所规定之限期呈验换照即视同未经核准者。[1]

1929年年底，政府又对外界正式公布并实施《设立股份有限公司招股暂行办法》，对股份公司招股等相关事项予以了明确的说明：

（1）如果要想建立起股份公司，那么要准备营业计划书、经营者履历以及招股章程等，将这些资料递交到主管官厅进行注册登记，在完成这一步骤之后，才可以进行招股。

（2）如果要想建立起股份公司，在股份公司还没有成立的时候，则要用某某公司筹备处的名称对外界宣告。

（3）地方主管官厅要对股东公司发起的招股事项予以详细的检验和核查，对于招股活动开展的时间范围予以明确规定。

（4）股份公司通过招股所获得的大量资金，在公司还没有建立起来的时候，招股发起人不可以挪用这些资金。

（5）公司在举行创立会的时候，应该由相关监督人员对创立会的举行进行合理的监督，在创立会上所记录下的一些事项，相关监督人员需要用签字的这种方式以示证明。

（6）凡设立公司呈经核准招股后，由于一些特殊的原因没办法进行招募的，一定要在十天之内结束招募。并且将实际具体情况上报给相关部门，同时将已经收到的股款全部退还给认购者。所有筹备用费由发起人连带负责承担。

（7）只要是建立股份公司的，公司的发起人要承担超过五成的股本。

（8）在股份公司还没有正式建立起来的时候，与公司设立相关的所有费用，由公司发起人进行垫付。之后，经过创立会的一致表决之后，公司发起人可以找公司清偿相关款项。[2]

在1931年的下半年，政府为了显著性提升对证券交易所的监督力度，专

---

〔1〕《工商部制定之验换交品所及经纪人执照章程》(1929年)，中国第二历史档案馆馆藏档案，档案号三〇1/2717。

〔2〕工商部编:《工商法规汇编》，中国金融出版社1930 年版。转引自上海市档案馆编:《旧中国的股份制（1868 年–1949年）》，中国档案出版社1996 年版，第 309~310 页。

门设立交易所监管员这一职位，同时还对外界正式公布并执行《交易所监理员暂行规程》这部文件。这部文件主要对这几个方面予以了详细的说明：

（1）每一个证券交易所均要有交易所监管员对证券交易所当中所开展的各项交易活动进行监管。监管人员由实业部与财政部这两个部门共同负责。监管人员要根据相关法律规定的要求，对证券交易所予以科学且合理的监督。除此之外，监理人员的实际工资待遇还有办公经费等相关事项，要由实业部以及财政部这两个部门共同负责。

（2）监理人员可以在任何时间范围内对证券交易所还有证券经济人所实施的各项证券交易活动进行检查，如果有特殊情况，还可以让证券交易所还有证券经纪人出示营业概况等相关文件资料。倘若检察员发现证券交易所还有证券经纪人并没有按照相关法律规定的要求办事，做出了不合乎相关法律规定的违法行为，那么检察员则要将这一事实情况用书面文件的方式上报至监理员。认为证券交易所有停止营业的必要时，检察员还可以向监理员予以明确的说明。从监理员的角度来说，则要将实际具体情况上报至实业部和财政部这两个部门。

（3）无论是检察员还是监理员，都不可以加入证券交易的行列当中。除此之外，还要严格保守商业机密，不可以对外界随意散播。如果工作人员做出了泄露行业机密的行为，那么则要将他按照渎职对其进行一定的惩处。[1]

从上述所列举的内容中能够清晰地发现，在国民党执政期间，之所以要建立起交易所监管员这一项制度，是为了能够对交易所的实际情况有一个清晰的了知，避免和防范相关工作人员做出不符合法律规定的行为。然而，从上述内容不难发现，监理员手中所掌握的权力较小，没有决策权与处罚权，在遇到各种各样的情况时，需要将情况上报至实业部和财政部这两个部门[2]。

太平洋战争爆发之后，新型股票公司的发展程度与之前相比有了明显

〔1〕 陈善政：《我国证券市场之发展史》，载《银行周报》1914年第1期。
〔2〕 刘志英：《近代上海华商证券市场研究》，学林出版社2004年版，第100页。

的提高，华商证券市场的交易活跃度猛增，于是在这样的社会背景下，《取缔买卖华商股票暂行规则》这部文件出现在了民众的眼前。具体来说，这部文件的主要内容有：

（1）股票商要到相关部门当中登记备案，除此之外还要上交一定的保证金。如果不这样做的话，那么不允许营业。只要是在上海这座城市当中从事各种交易活动的华商股票商，自文件对外实施之日起半个月内，华商股票商要到市社会局进行注册和备案。在这之后，市社会局再将相关文字资料递交至实业部备查。通过实业部备查之后的股票商，则要根据资本数额的10个百分点向相关银行部门上交保证金，在完成上述所说的这几个步骤之后，股票商才能够正式对外营业。

（2）每一种上市股票，均要由相关部门对其进行审核和检查，如果不符合相关条件的，那么不允许在市面上流通和交易。

（3）从股票商的角度来说，则要用现款现货的这种形式进行华股交易。不可以做出垄断以及控制市场价格等破坏市场秩序的种种行为。除此之外，还需要每30天把自身实际的营运状况报告至市社会局，由市社会局对其进行检验和审查。再经过市社会局的检验和审查之后，再由市社会局将相关文字资料上交至政府实业部，由实业部对其进行备查。

（4）如有不按照本规定操作的，那么则要在100元至500元的范围之内，根据其具体实际情况，对其进行惩处。如果情节特别恶劣的，那么则不允许其继续对外营业。[1]

为了能够将该条例落实到具体实践中，当时的市社会局还拟定了《取缔上海股票业商买卖华商股票暂行规则施行细则》。具体来说，该条例的主要内容有：

股票商在申请注册的过程中，需要交纳50元的注册费。如果没有被市社会局所认可的，那么不可以对外经营各种活动。除此之外，除了商立银行以及信托公司等兼营者，其余的全部要按照相关规定到指定部门交纳保证

〔1〕 杨德惠：《上海的华股市场》（下），载《商业月报》1946年第2号（期）。转引自刘志英：《近代上海华商证券市场研究》，学林出版社2004 年版，第 112 页。

金。[1]

随着上海华商证券交易所宣告复业，《证券交易所法》还有《交易所法施行细则》等相关文件的出台并实施，一套针对证券交易所监管的规则体系得以形成并出现。

在1943年的下半年，《上海交易所监理委员会组织规则》这部文件正式对外界公布并出台，这部文件的主要内容涉及：

（1）由实业部和财政部这两个部门共同赋予上海交易所监管委员会监管证券交易所的各项权力。

（2）只要是有价证券，不管是什么类型，如果没有经过检委会的核查和批准，一律不可以发行和流通。

（3）监委会可以在任何时间范围内对证券交易所以及证券经纪人的营业情况予以检查。一旦发现证券交易所以及证券经纪人做出了不合乎相关规定的行为，那么则要如实上报至实业部和财政部这两个部门。由实业部和财政部这两个部门对其进行查办。

（4）在特殊情况下，监委会可以让证券交易所还有证券经纪人上交营业概况等相关资料。

（5）证券交易所的内部工作人员还有证券经纪人对于监委会的检查要能够做到严格听从，如果有不配合的，那么监委会则可以根据相关法律规定，对其进行惩处，并且将相关情况报告至实业部和财政部这两个部门。

（6）监委会每个月要将工作报告按时且如实的上交到实业部和财政部这两个部门。并且由实业部和财政部这两个部门对工作报告进行全面的检查。[2]

在1943年的下半年，政府实业部对外正式颁布《上海华商证券交易所经纪人登记规则》，共9条，主要内容有：

---

〔1〕《取缔上海股票业买卖华商公司股票暂行规则及其修正卷》(1930年)，中国第二历史档案馆馆藏档案，档案号2012/2167。转引自刘志英：《近代上海华商证券市场研究》，学林出版社2004 年版，第 112~113 页。

〔2〕《交易所监理官暂行规程暨监理委员会组织规则》(1943年)，上海市档案馆馆藏档案，档案号R1/14/448。

如果一家公司的资本实收总额超过了100万元，那么则要准备申请书、资本证明文件、代表人履历以及相关文件到指定部门进行注册登记，除此之外，还要交纳1004元。分别为1000元的执照费和4元的印花税。在经过相关部门的核查和检验之后，符合相关条件的，则对其颁发执照。实业部在颁发执照的过程中，还需要详细记录下公司的名称、资本以及代表人履历等相关信息。[1]

1943年9月15日，就在交易所监理委员会执行管理职能不久，便颁布《修正交易所上市股票审查原则》，主要规定：

（1）严格遵守《公司法》的各项规定，并且获得登记执照的公司。

（2）实收资本超过500万的公司。

（3）营业时间超过一年的公司。如果有股票想上市发行，那么则先要经过一系列的核查，符合相关条件的股票，才能够在市面上上市，进行交易。[2]

从内容上看，该条例仅从公司注册登记、资本实力以及营业年限方面规定了上市公司股票发行的基本原则，对上市公司信息披露、经营业绩以及违约责任等方面没有做出具体的要求，内容十分简单，但与以往混乱无序的状况相比，还是有了很大的进步。

在1943年的下半年，汪伪政府在已经出台并实施的《交易所监理员暂行规程》的层面之上，对外界公布了《修正交易所监理员规则》这部文件。这部文件对于监理员的工作职责予以了详细的说明：

（1）监理员可以对证券交易所以及证券经纪人关于营业的所有事项和证明资料予以审查。

（2）监理员可以对证券交易所还有证券经纪人关于营业的所有行为予以监察。

（3）在特殊情况下，监理员可以让证券交易所和证券经纪人上缴与营业

---

〔1〕《行政院关于上海华商证券交易所经纪人登记规则卷》(2003年)，中国第二历史档案馆馆藏档案，档案号2003/3715。

〔2〕 王雄华:《上海华股市场的过去及将来》，载《中央银行月报》1946年第1期。

概况相关的各项文件。

(4)监理人倘若找出证券交易所还有证券经纪人在营业的过程当中做出了不符合相关规定的行为，那么则要如实地告知至实业部和财政部这两个部门。由实业部和财政部这两个部门对相关情况予以查办。

(5)监理员如果认为证券交易有停止对外营业的必要，那么则要将实际具体情况如实的告知到实业部和财政部这两个部门。由实业部和财政部这两个部门对其进行查办。

(6)监理员要在特定的时间范围内，要将证券交易所的营业概况等相关文件上交至实业部与财政部这两个部门。由实业部和财政部这两个部门对相关文件进行核验。

(7)监理员要在特定的时间范围内，将工作报告递交至实业部和财政部这两个部门。由实业部和财政部这两个部门对其进行核验。

(8)监理员不可以加入证券交易买卖的行列当中。[1]

在抗战胜利之后，政府又对《交易所监理员暂行规程》这部文件予以了更深层次的修正。在1946年的下半年对外公布并正式实施《修正交易所监理员暂行规程》。

在当时的社会环境当中，上海证券市场股票飞速地上涨，投机行为接二连三地出现，为了不再让这样的局面出现。在1947年3月，向外界正式公布《防止证券投机操纵办法》，并明确告知上海证券交易所要依照这部文件展开各项交易活动。具体来说，这部文件的主要内容有：

递延交割期限需要根据实际具体情况予以进一步的缩短，详细而言，期限应不超过5天。股票价格升降的限度要从原来的15个百分点，逐步调整到12个百分点或者10个百分点。巨额交易柜暂时先不对外营业。提升证券经纪人证据金的额度。避免证券经纪人做出不当的交易行为。禁止和取消证券黑市交易。[2]

从上述的内容中能够发现，这些办法的可操作性非常的强，对于避免股

---

〔1〕 蔡鸿源主编：《民国法规集成》（第97册），黄山书社1999年版，第209页。
〔2〕 吴锟：《财经两部防止证券投机操纵办法》，载《申报》1947年3月24日，第5版。

票投机活动的进一步加剧能够起到一定的遏制效果。然而，上海证券交易所并没有对这部文件予以高度的重视，并且觉得这些办法实施起来没有任何的效果，并且派杜月笙等人前往南京陈述自己的主张，最后的结果是南京国民政府表示这部文件不再对外实施和执行。[1]

六、南京国民政府期间公债市场的监管体系

（一）专设公债管理机构

在1927年的上半年，政府将“江海关二五附税国库券”对外大量发行，根据之前的失败教训和经验，为了让基金能够得到更加妥善的保管，明确表示“让相关团体排除各自的代表，建立起基金保管委员会”[2]，二五券会就此成立，主要负责二五附税库券的还本付息事宜以及库券基金的保管。每到还本付息之时，二五券会即从债券基金中提出全部应付金额，派分本息，并及时公布基金收支详情，每过90天就要“查验账目一次，以这种方式向社会民众传达出良好的信用”[3]。自二五券会监管以来，二五附税库券和其他一些由二五券会保管的债券得到了切实的保障，这些债券颇受投资者的追捧。因此，国民政府将新发行的多数债券交付二五券会监管，并充分认识到设立债券基金管理委员会的重要性。

1928年下旬，全国经济会议在上海这座城市成功举行，该会议通过了组织共同保管基金委员会案[4]。还是在1928年这一年，全国财政会在南京这座城市成功召开，在会议当中成功通过了《发行公债及订借款项限制办法》，在该办法中能够清晰地看到：

基金应该由专门的部门代为保管，换句话来说，也就是应由基金委员会

〔1〕 参见肖江：《本所大事记》，载《证券市场》1947年9月15日，第6版。

〔2〕 参见《库券基金保管委员会保管基金实况》（1927年），上海市档案馆馆藏档案，档案号Q173/1/29。

〔3〕 黄政：《债券基金情况》，载《申报》1927年10月1日，第2版。

〔4〕 参见周生：《上海共同保管基金委员会案细则》，载《银行周报》1928年第27号（期）。

对其进行保管。[1]

1932年3月，南京国民政府国债基金管理委员会正式成立，委员会由19人构成，涉及政府代表、钱业公会、全国商会联合会还有投资人士等。主要内容有：

（1）明确确定国债基金管理委员会的管理职责还有管理范围。

（2）公债库券的本金还有孳息在没有还清之前，国债基金管理委员会自身的职能不得扩大和改变。

（3）基金存放的单位，需要由该委员会决定。

（4）国民政府需要明确告知财政部，让财政部遵守相关的规定，把公债库券在特定的时间当中交到国债基金管理委员会的手中。

（5）与基金相关的各项收入和支出，每30天结算一次，并且要向外界及时的公示。[2]

国债基金管理委员会的建立，维持了政府债信的稳定，对之后国民政府公债发行创造了良好的环境。

（二）公债管理制度

在当时，国民政府为了确保政府债券能够大范围地发行出去，接二连三地选择了各种各样的强硬手段，对公债市场予以了全方位且强有力的整顿，使得一套颇为严密的监管体系形成。在国民党执政的早期阶段，就向外界正式公布了《关于发行公债及订借款项限制案》这部文件。详细内容涉及：

（1）属于国家债务，应专由财政部经理发行订借，省市债务由省市政府负责订借等相关事宜，不可以私自举办。

（2）举债所借来的款项需要用在指定的事业当中。

（3）属于国债范畴的，财政部明确其特定用途。

（4）属于省市公债范畴的，需要省市政府明确其特定用途。之后由财政

---

〔1〕 中国第二历史档案馆编：《中华民国史档案资料汇编》（第5辑第1编），载《财政经济三》，江苏古籍出版社1994年版，第4页。

〔2〕 参见张言国：《财政部关于国债基金管理委员会条例已通过致国债基金管理委员会快邮代电》，载《申报》1932年3月31日，第4版；中国第二历史档案馆编：《中华民国史档案资料汇编》（第5辑第1编），载《财政经济三》，江苏古籍出版社1994年版，第110~117页。

部对其进行核查。如果财政部认为正当的，那么则要将相关信息递交至国民政府。如果认为不正当的，得按照相关程序依法驳回。

（5）自1928年7月初开始，各省市债款倘若不经过财政部检查和审理就直接递交至国民政府的，那么财政部有权对其采取一定的措施。

（6）组织监督用途委员会。借款需要有充足的计划安排还有借款事由，如果没有经过委员会的同意，则不可以动用。

（7）基金应设基金委员会保管。[1]

这个法案对于公债的发行主体还有举债的路径等相关内容予以了具体的说明，对于中央政府等相关单位所作出的发行行为予以进一步的规范和管控。

除此之外，在1929年的上半年，《公债法原则》正式出台并公布，具体来说，对于公债发行条件与程序、公债用途、募集金额以及基金保管等方面作出了更加详细的规定。具体来看，主要包括如下规定：

（1）如果是中央政府举借公债，那么中央政府就需要把公债的特征、借额还有募集偿还方法等予以详细的说明，撰写成文，在经过财政部的详细检查之后，再转交至政府公布。

（2）地方举借的公债，如果没有经过中央政府的审批和查验，那么地方筹集公债的额度不能够超过100万元。如果没有经过上级政府的审批和查验，那么地方筹集公款的额度不能够超过5万元。

（3）中央与地方政府募集公债，均以不得充经常政费为原则。只能用在以下几个方面：用于生产投资，自身有清偿的能力，同时自身所作出的投资行为还不给国库造成负担。用于投资国家的重要设备，同时要以能够对国家以及民众的未来发展有益处作为前提条件。在尤为紧急的情况下，充整理债务之用，但以能减轻负担为限，不得移作别用。

（4）设定发行公债的最高额度，要以其他政务能够正常展开工作作为前

---

〔1〕《民国政府财政部档案》(1926年)，上海档案馆馆藏档案，档案号三〇1/2769。转引自财政部财政科学研究所、中国第二历史档案馆编：《国民政府财政金融税收档案史料(1927–1937)》，中国财政经济出版社1997年版，第154~155页。

提条件，同时还需要能够在特定的时间范围内清偿公债的本息。

（5）各项公债的收入和支出要划在预算的范围之内，公债报告要每年对外进行公布。[1]

无论是《限制案》还是《公债法原则》，其目的是控制公债发行的权利、限定发行的额度。通过各种各样的方式，保护政府的债信，促进政府公债的顺利发行，但实际上由于中央政府既是规则的制定者又是利益的获取者，所以上述规定大多时候都没有得到切实的落实和贯彻。

（三）发行公债弥补财政

制度变迁模式的逆向交替，是指强制性制度变迁与诱致性制度变迁在变迁过程中的目标存在不一致性。南京国民政府大量发现公债并不是以证券市场的健全发展作为第一核心要义，而是为了通过这种方式来谋求自己的利益。在政府利益的驱使下，公债市场成为国家掠夺的工具，政府无视市场发展的规律，对市场进行肆无忌惮的强制干涉，对近代证券市场的发展造成极大的妨碍。

（四）公债市场价格波动的历史考察

1921年，“信交风潮”爆发之后，政府公债逐步成为中国近代证券市场的主体。1922年，由于“信交风潮”的影响，证券市场极为消沉，全部债市从1月至7月均呈跌势。之后，政府对外正式公布并实施关税余款变通拨付办法，维护了担保基金的正常交易秩序，债市的活跃度呈现明显上升的趋势。虽然受到了战争等诸多要素的不利影响，债市呈现了回落的趋势，但是整体上来讲，债市还是在不断地增长。

在1923年1月，因为坊间有人曾提及安格连不再对基金进行保管，一时间谣言四起，债券价格开始明显地跌落。后来，安格连将事实向民众澄清，之后债券价格又开始回升。在这之后，政局发生了明显的变动，银根则变得不再宽松，唯有金融债券的价格一直猛升不降，其余的公债纷纷跌落，特别

---

〔1〕《民国政府财政部档案》(1926年)，上海档案馆馆藏档案，档案号三〇1/4895。转引自财政部财政科学研究所、中国第二历史档案馆编：《国民政府财政金融税收档案史料（1927–1937）》，中国财政经济出版社1997年版，第156页。

是九六公债，跌幅很大。

1924年上半年，抽签还本顺利，人们购买踊跃，债市的活跃度较高。但是到了8月，银根收紧，导致债券市场出现巨大的波动。尤其是江浙战争的爆发，导致政局处于持续变动的状态，再加上水灾等自然灾害的出现，造成债市价格猛跌。一直到战争结束之后，债市才得以慢慢地恢复正常。

在20世纪20年代，社会游资集中到了公债市场当中。债市在早期的上涨程度极高，后来因为茶茧交易的出现，才使债市上涨的速度降低。7月起，江浙形势又开始紧张，到了11月，浙军回撤，社会稍微安定下来，债市的整体水平才慢慢回升。从宏观的角度来说，债市呈现持续性的上涨趋势。

在20世纪20年代，债市起伏的波动并不大。均能够在特定的时间范围内清偿本金和孳息，债券的价格也长期处于一种较为稳定的状态。因为公债利息非常的高，所以民众会选择购买公债的方式提升自己的投资成本。到了下半年，银价下落，关税余款减少，影响公债基金，导致债市下跌，特别是九六公债。

1927年政局动荡，债市也呈现急剧下跌的趋势。在1月的时候，整理六厘公债的价格还在80元之上，然而在过了7个月之后，价格便急剧跌落到了36元。除此之外，7年长期公债价格在1月的时候还能保持在70元，然而过了7个月之后，价格却跌到了33元。这样的情况是往期没有出现过的。自9月后，政局慢慢地稳定了下来，债市的价格又逐渐开始上涨。至1927年年底，整理六厘公债已达55元以上，而7年长期公债则超过60元，较8月最低价已上涨20-30元[1]。

转年，社会时局已经不再剧烈地起伏。政府对向外界发行的大量公债表示了认可，债信等级慢慢升高。除九六公债，企业其他公债的市场价格快速上升。卷烟库券、善后八厘公债以及金融长期公债等均在市面上快速发行。因债信良好，行市也非常活泼。虽然5月间由于“济南惨案”，债市曾一

〔1〕 参见王会：《十六年内债市况随时局而波动》，载《商业杂志》1928年第6期。

度下落，但不久又见回升。其后多笔公债又有抽签还本消息，市价日涨，整理六厘公债曾达到85元，七年长期公债徘徊于80元左右。

到了1929年这一年，虽然社会动荡不安，债市发展水平不高，但波动幅度不大。

1930年，由于金价暴涨，进出口大受打击，持券人怀疑以关税担保之各项公债库券将受影响[1]，所以公债市场出现疲弱之势，7–8月更是出现狂跌。9月，债券价格才开始回升。

1931年"九·一八"事变以来，随着政局的变动债券市场狂跌，至11月下旬，时局未见起色，人心虚弱达到极点，证券市场更是一片抛卖之声，加之投机者的推波助澜，市价遂于11月24日到达谷底，每股平均损失20元[2]（见图4–1）。

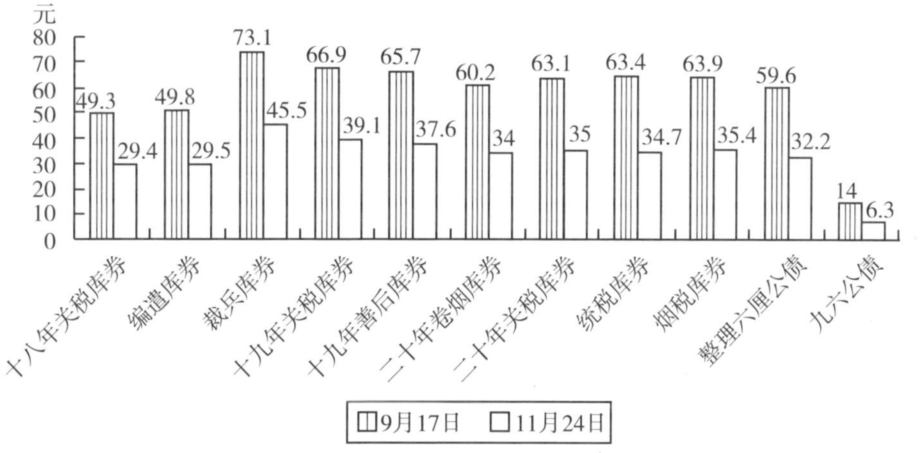

图4–1　"九·一八"事变前后公债市场价格变动情况

1932年2月至4月，因时局关系，上海的证券交易所暂停交易，5月1日才重新复市。

自5月以来，到1933年年初，虽然债券价格并没有保持在一个稳定的状态，而起伏程度并不高。

后来，债券的价格急速地上涨。因为当时社会的经济发展水平较低，工

〔1〕参见刘兵：《最近债券疲弱之原因》，载《钱业月报》1930年第7号（期）。
〔2〕《国难当前国人对于国家债券应有之认识》，载《钱业月报》1931年第11号（期）。

商业也没能够快速地发展起来，所以公债投机的行为接二连三地出现。1933年每月平均成交额超出票面26,500万元，可谓债市之“黄金时代”[1]。在1934年的上半年，每个月的票额能够超过32,400万元。但是详细而言，交割的比例并不高，担保基金亏空日多，债市价格下跌。

1935年11月4日，“法币政策”施行后，最初公债市价狂涨，但从12月初起，债价迅速地下跌，平均能够下跌15个百分点。

转年的上半年，由于整理公债案，债市的活跃度逐渐变高，公债价格也快速地上涨起来。而到了6月，由于西南军事行动的出现，使人心受到刺激，抛空者踊跃，债市慢慢地开始下跌。在这之后，社会时局转变，民众又有了购买公债的热情，统一公债甲种开始高于70元[2]。而到了年底，西安事变的出现，对各个交易市场造成了极大的影响。五种统一公债，一律惨跌4元停板。

1937年，债市渐趋稳定，公债市价节节攀高[3]。“七·七”事变后，证券市场顿起大波，公债价格大跌。“八·一三”事变后，上海华商证券交易所奉令停业。南京国民政府成立至抗日战争爆发前，公债市场价格波动情况（见图4–2）。

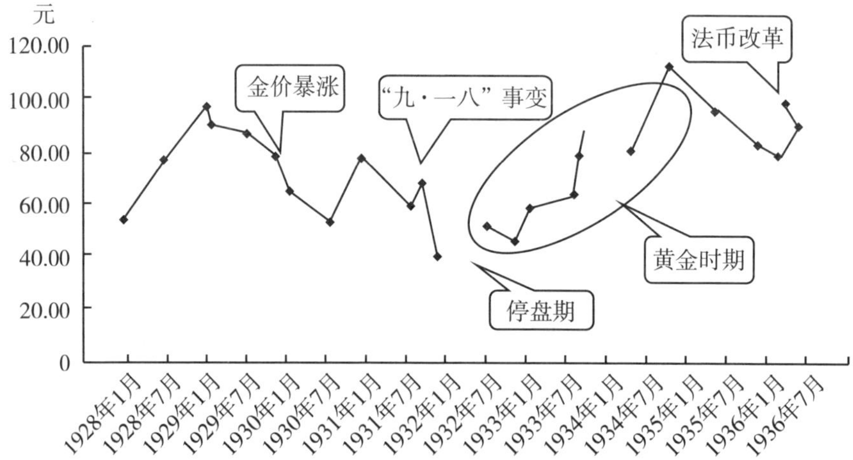

图4–2　1928—1936年国内公债价格指数

注：投资利益月息1分为100。

〔1〕吴庆：《金融市况·证券》，载《中行月刊》1934年第2期。
〔2〕参见沈重：《一年来上海金融市况》，载《中央银行月报》1937年第1期。
〔3〕参见张抗：《上海金融·债券行市》，载《金融周报》1937年第1期。

1939年2月，南京国民政府实行战时财政经济统治政策，颁布《非常时期公债停止还本付息的条例》，公债交易彻底停顿。太平洋战争爆发以后，汪伪政府更是禁止公债交易。抗战结束以后，由于证券交易所始终没有正式复业，且受内战的影响，公债交易市场一直没能活跃起来。[1]

1.一级市场与政府财政

笔者把政府公债的发行按照时间的顺序分为了三个不同的阶段。第一个阶段是十年内战时期，第二个阶段则是抗战时期，第三个阶段也就是全面崩溃时期。

（1）十年内战时期的政府公债发行

在十年内战时期，国民党政府和金融资产阶级互相联起手来，对外开始持续性地发行国内公债。通过这种方式，不单单为内战的发起筹集到了诸多资本，除此之外，还能够让金融资本家从中获得巨大的利润，从而实现了双方的互利共赢。在1927年至1937年这几年的时间当中，政府发行的公债统计（见表4-5）。

表4-5　1927—1937年南京国民政府发行的公债统计

名称	发行日期	发行额	实发额	利率	主要用途
江海关二五附税国库券	1927年05月	3000万元	3000万元	月7厘	军需
续发江海关二五附税库券	1927年10月	4000万元	4000万元	月8厘	军需政费
卷烟税国库券	1928年04月	1600万元	1600万元	月8厘	弥补财政
军需公债	1928年05月	1000万元	1000万元	年8厘	军需
善后短期公债	1928年06月	4000万元	3800万元	年8厘	弥补财政
津海关二五附税库券	1928年07月	900万元	900万元	月8厘	弥补财政
十七年金融短期公债	1928年10月	3000万元	3000万元	周8厘	金融事业
十七年金融长期公债	1928年11月	4500万元	4500万元	周2.5厘	金融事业
十八年震灾公债	1929年01月	1000万元	1000万元	年8厘	赈灾
十八年裁兵公债	1929年02月	5000万元	5000万元	年8厘	军需

〔1〕参见白丽健：《近代中国债券市场价格变动的原因分析》，载《南开经济研究》2000年第2期。

续表

名称	发行日期	发行额	实发额	利率	主要用途
续发卷烟税国库券	1929年03月	2400万元	2400万元	月8厘	弥补财政
海河工程短期公债	1929年04月	400万元	400万元	月8厘	建设事业
十八年关税库券	1929年06月	4000万元	4000万元	月7厘	金融事业
十八年编遣库券	1929年09月	7000万元	7000万元	月7厘	军需
粤汉铁路公债	1930年01月	2000万元	2000万元	年2厘	调剂金融
十九年电气长期公债	1930年01月	150万元	150万元	年6厘	建设事业
十九年电气短期公债	1930年01月	250万元	250万元	年8厘	建设事业
十九年关税公债	1930年01月	2000万元	2000万元	年8厘	调剂金融
十九年交通部电政公债	1930年04月	1000万元	1000万元	年8厘	建设事业
十九年卷烟税库券	1930年04月	2400万元	2400万元	月8厘	弥补财政
十九年关税短期库券	1930年08月	8000万元	8000万元	月8厘	调剂金融
十九年善后短期库券	1930年11月	5000万元	5000万元	月8厘	弥补财政
北宁铁路机车短期公债	1930年11月	500万元	500万元	月8厘	建设事业
二十年卷烟税库券	1931年01月	6000万元	6000万元	月7厘	弥补财政
二十年关税短期库券	1931年04月	8000万元	8000万元	月8厘	调剂金融
二十年江浙丝业公债	1931年04月	800万元	600万元	年8厘	建设事业
二十年统税短期库券	1931年06月	8000万元	8000万元	月8厘	弥补财政
二十年盐税短期库券	1931年08月	8000万元	8000万元	月8厘	弥补财政
二十年赈灾公债	1931年09月	8000万元	3000万元	年8厘	赈灾
二十年金融短期公债	1931年10月	8000万元	8000万元	年8厘	调剂金融
二十三年关税库券	1933年01月	10,000万元	5000万元	月5厘	调剂金融
二十二年爱国库券	1933年03月	2000万元	2000万元	月5厘	军需
二十二年续发电气公债	1933年07月	600万元	600万元	年6厘	建设事业
二十二年关税库券	1933年10月	10,000万元	10,000万元	月5厘	弥补财政
二十二年华北救济公债	1933年11月	400万元	400万元	年6厘	赈灾
二十三年意庚款凭证	1934年01月	4400万元	4400万元	月8厘	弥补财政
第一期铁路建设公债	1934年05月	1200万元	1200万元	年6厘	建设事业
二十三年玉萍铁路公债	1934年06月	200万元	200万元	年6厘	建设事业

续表

名称	发行日期	发行额	实发额	利率	主要用途
二十三年英金庚款公债	1934年06月	150万英镑	150万英镑	年6厘	建设事业
二十三年关税公债	1934年06月	10,000万元	10,000万元	年6厘	弥补财政
二十四年俄退庚款凭证	1935年01月	12,000万元	12,000万元	月6厘	弥补财政
二十四年统税凭证	1935年02月	12,000万元	12,000万元	月6厘	弥补财政
二十四年金融公债	1935年04月	10,000万元	10,000万元	年6厘	调剂金融
二十四年四川善后公债	1935年07月	7000万元	7000万元	年6厘	军需、金融
整理四川金融库券	1935年08月	3000万元	3000万元	月5厘	军需、金融
二十四年电政公债	1935年10月	1000万元	1000万元	年6厘	建设事业
二十四年水灾工振公债	1935年11月	2000万元	2000万元	年6厘	赈灾
二十四年短期库券凭证	1935年12月	10,000万元	10,000万元	月6厘	弥补财政
二十五年统一公债	1936年02月	146,000万元	146,000万元	年6厘	调剂金融
第二期铁路建设公债	1936年02月	2700万元	2700万元	年6厘	建设事业
二十五年复兴公债	1936年03月	34,000万元	34,000万元	年6厘	调剂金融
第三期铁路建设公债	1936年03月	12,000万元	8000万元	年6厘	建设事业
二十五年四川善后公债	1936年04月	1500万元	1500万元	年6厘	军需
整理广东金融公债	1936年10月	12,000万元	12,000万元	年6厘	调剂金融
二十六年港河美金公债	1937年04月	200万美元	200万美元	0厘	建设事业

在国民党执政的期间，主要依靠发行大量的公债来增加财政收入。而从用途的角度来说，通过发行公债筹集到的大量资金，大部分用在了军事战争上。在1927年至1931年这几年当中，公债用在军事战争上的占比达到了82.39个百分点。而在1933年至1937年这几年的时间当中，公债用在军事战争上的占比达到了54.16个百分点。[1]

值得肯定的一点是，国民政府通过发行公债所筹集到的资金，也有一部分用在了经济建设方面。从相关统计数据中不难发现，在1932年之前，为了筹集与经济建设相关的款项而发行的公债占比达到了17.21个百分点。而在

〔1〕参见张公权：《中国通货膨胀史》，文史资料出版社1986年版，第73页。

1933年至1937年，这一比例上升到45.82%。从上述中不难发现，用在经济建设方面的资金有了明显的提升。之所以会出现这种局面，一方面是孔祥熙在担任财政部长一职之后，为了支持蒋介石发起的战争，不惜挪用南京国民政府的主要财政收入。另一方面，华北事变爆发后，日寇想要进一步地吞并我国。在这种情况下，南京国民政府不得不做一些抗战的准备，加紧国防建设。此时公债用于交通建设共有7种[1]。除此之外，为了能够顽强抵抗西方列强的侵略，南京国民政府对煤炭以及钢铁等工业予以了高度的重视。换句话说，有一部分工业都是在1936年前后建成或动工兴建的[2]。可见，南京国民政府举借的大量公债，还是有一些投入了生产建设中，并不是所有的债款都用于非生产性开支。

（2）抗战时期的政府公债发行

抗战时期，国民政府沿河、沿海的关税和盐税都丧失了，财政万分困难，为应对庞大的军费开支，国民党政府大量发行公债，这段时期也成为中国历史上发行公债数量最大、发行方式最乱的时期。到1946年之前，政府共发行法币公债160余亿元、2000万英镑、2亿余美元，还有8000万石左右的粮食公债（见表4-6）。

表4-6　1937—1945年南京国民政府发行的公债统计

名称	发行日期	发行额	实发额	利率	主要用途
二十六年短期国库券	1937年08月	5亿元	1500万元	月6厘	弥补财政
救国公债	1937年09月	5亿元	22,250万元	年4厘	军需
二十六年整理广西金融	1937年12月	1700万元	1700万元	年4厘	调剂金融
二十七年国防公债	1938年05月	5亿元	3311万元	年6厘	军需
二十七年金公债	1938年05月	1亿美元	110万美元	年5厘	军需
		1000万英镑	13万英镑		
		5000万美元	462万美元		

〔1〕参见国民政府财政部公债司编:《十年来之公债》，中央信托局印制处1943年版，第8页。
〔2〕参见石柏林:《凄风苦雨中的民国经济》，河南人民出版社1993年版，第139页。

续表

名称	发行日期	发行额	实发额	利率	主要用途
二十七年赈济公债	1938年07月	3000万元	50万元	年4厘	赈灾
二十八年建设公债	1939年04月	6亿元	400万元	年6厘	建设事业
二十八年军需公债	1939年06月	6亿元	500万元	年6厘	军需
二十八年短期国库证	1939年07月	4亿元	300万元	年5厘	弥补财政
二十九年军需公债	1940年03月	1亿元	2934万元	年6厘	军需
二十九年建设金公债	1940年05月	1000万英镑	72万英镑	年5厘	建设事业
	1940年11月	5000万美元	1283万美元		
三十年军需公债	1941年02月	12亿元		年6厘	军需
三十年建设公债	1941年03月	12亿元	1000万元	年6厘	建设事业
三十年滇缅铁路金公债	1941年07月	1000万美元		年5厘	建设事业
三十年粮食库券	1941年09月	谷713万石	谷676万石	年5厘	军需
		麦207万石	麦60万包		
三十年航空救国券[1]	1941年10月	500万美元	404万美元	无息	军需
第一期土地债券	1942年03月	1亿元	1亿元	年6厘	金融事业
三十一年同盟胜利美元	1942年05月	1亿美元	1亿美元	年4厘	弥补财政
三十一年同盟胜利公债	1942年07月	10亿元	6亿元	年6厘	弥补财政
三十一年粮食库券	1942年09月	谷1138万石	谷1046万石	年5厘	军需
		麦240万石	120万包		
三十二年同盟胜利公债	1943年06月	30亿元	12.6亿元	年6厘	弥补财政
三十二年整理省公债	1943年07月	17,500万元	12,230万元	年5厘	调剂金融
三十二年粮食库券	1943年09月	谷2313万石	谷1379万石	年5厘	军需
	1943年09月	麦2313万石	麦251万石		
三十三年四川征粮收据	1944年02月	1200万石	1072万石	年5厘	军需
三十三年同盟胜利公债	1944年07月	50亿元	9.3亿元	年6厘	弥补财政

[1]转引资料未统计，本书补漏。航空救国券是国民政府行政院核准，财政部发行，由“中国航空建设协会”主办，规定战争胜利结束后，由财政部在国库收入项下，分5年抽签偿还，不给利息。

这一时期的国内公债，在弥补财政方面已逐渐丧失其在战前十年所拥有的举足轻重的地位。通常来说，公债收入和财政赤字的占比在80个百分点之上。[1]但是在“七·七”事变出现之后，上述这两者的占比每年呈现出直线下降的趋势，甚至有一年所占占比只有3.7个百分点，已是今非昔比。而且，表 3-7 中所列的公债的发行额，只表示发行开始时各债票面数额，对发行时是否照票面十足收款，发行后是否全部推销完毕，以及债款何时解到国库等一系列问题均未予以考虑。如果再考虑公债的实际销售情况，那么这段时期政府发行公债获得的收入与财政赤字之比可谓杯水车薪。1937—1944年，公债实际销售额没有超过财政支出的20%，平均值仅为7.7%，在1939年和1944年分别只占财政赤字的0.2%和0.7%（见图4-3）。

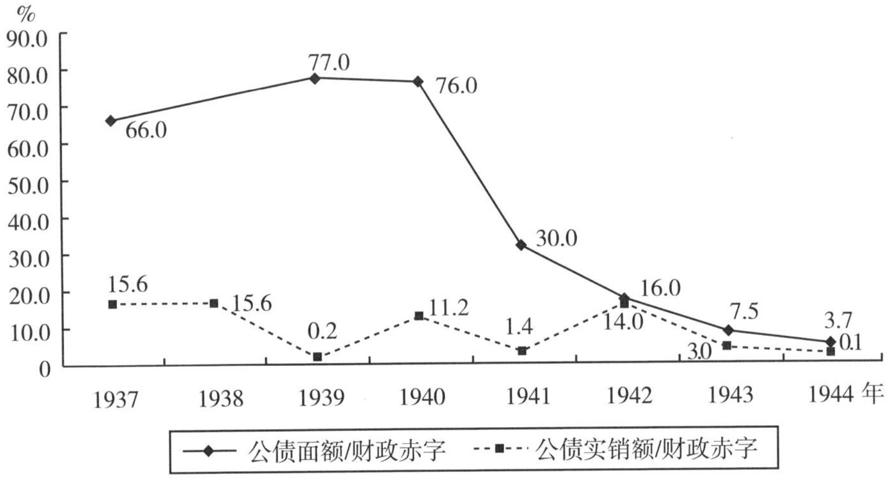

图4-3 1937-1944 年公债发行与财政赤字情况

（3）全面崩溃时期的政府公债发行

在抗日战争胜利之后，国民党挑起内战的事端，为了维持战争物资的需要，不只向帝国主义举借外债，除此之外，还盲目和任意地发起公债。在1949年9月之前，政府总计发行了10笔公债。数额约涉及法币3亿元、黄金200万两、金圆券5.2亿元还有银元3亿元（见表4-7）。

---

〔1〕 参见王磊：《抗战时期国民政府内债研究》，载《中国经济史研究》1993 年第 4 期。

表4-7　1945-1949年南京国民政府发行的公债统计

名称	发行日期	发行额	实发额	利率
第二期土地债券	1946年09月	3亿法币	3亿法币	年6厘
续发同盟胜利美金公债	1946年10月	4亿美元	8000万美元	年4厘
绥靖区土地债券	1947年03月	1000万石	1000万石	年4厘
三十六年短期库券	1947年04月	3亿美元	4249万美元	年2分
三十六年美金公债	1947年04月	1亿美元	5300万美元	年6厘
三十七年整理公债	1948年10月	5亿元金圆券	3000万美元	年5厘
三十七年短期库券	1948年12月	1亿美元	2000万美元	月1.5分
三十八年黄金公债	1949年02月	200万两黄金	9090两黄金	月4厘
三十八年整理美金公债	1949年04月	1.36亿美元	1.36亿美元	年3厘
三十八年爱国公债	1949年08月	3亿银元	1.2亿元美元	年3厘

从相关统计数据中不难发现，1936年债款收入占支出的比重为34.2%，1945年仅为0.4%，而1946年更是降至0.1%，1947年虽然略有上升，也只有3%。[1]战后，由于通货膨胀的加剧，发行公债的价值所剩无几，实施公债政策已经不能改变现有财政困难的局面。但政府还是变着花样，发行了几次以美金、金圆券、稻谷甚至黄金为计价的公债。

2.无限政府下的公债发行方式

公债的发行与交易本属于市场运行机制，公债发行虽然可出于财政赤字的原因，但投资者认购公债的前提必须是有利可图的，只有存在双赢的模式，公债市场才能形成一级、二级市场之间的有机结合。国民政府时期有部分公债是因民众购买而得以顺利发行的。例如，1933年2月发行的民国22年爱国库券，以华北烟酒税收收入为担保，共发行2000万元，年息6厘。发行之初正值热河抗战形势紧张，爱国公债的发行得到了民众的理解和支持，很快就被沪、津等地的民众认购一空。但是类似情况发生的次数少得可怜，1938年政府公债发行量为14.5亿元，由民众认购的仅为0.184 亿元[2]。

---

〔1〕 参见杨培新：《旧中国的通货膨胀》，人民出版社1985年版，第138页。

〔2〕 参见张公权：《中国通货膨胀史》，杨志信译，文史资料出版社1986年版，第21页。

由于民众的认购主动性并不强，所以政府就将目光转移到了金融机构的身上。政府运用各种各样的方式诱导金融机构加入认购公债的行列中。这样一来，就使近代中国银行业得以飞速地发展起来。但作为无限政府[1]典型代表的南京国民政府常常无视市场的存在，肆意践踏私人产权，将纠正市场缺陷作为借口，实施以其自身利益为主导的措施。无限政府通过不以诱致性变迁为基础的强制性变迁，并不是为了有利于经济或市场的发展，首先考虑的是为了政府自身利益的最大化，并不接受市场的反馈与修正，即当市场有反对声音的时候，打击对手是其唯一解决问题的手段。

（1）大棒政策下的强制发行

南京国民政府刚成立，便于1927年5月1日由财政部发行江海关二五关税国库券（以下简称二五附税库券）3000万元，以"充国民政府临时军需之用"，月息7厘，本息自1927年6月开始在30个月内还清。二五附税库券虽然还本期限较短，但对于金融业来说，这显然是一项不可靠的投资。因为政权成立不久，政局还不稳固，如果蒋介石政权垮台，公债就一文不值。在这种形势下，南京国民政府开始采用强制手段推销债券，无视市场反馈，强迫社会各界认购公债。

5月3日，蒋介石电令上海中行经理宋汉章承购二五附税库券1000万元，限于两天内解交南京。宋汉章于5月13日复函蒋介石，找了很多措辞和理由，表示不愿续垫[2]。这使蒋介石颇为恼火，称"此等商人毫无信义可言，何必客气"，态度强硬地再次要求上海中行在23日前补足1000万元之数[3]。最后，陈光甫致电蒋介石以辞去财委会主任一职相要挟，蒋介石担心因此会动摇金融业支持南京国民政府的基本立场，才就此罢手[4]。

勒逼上海中行无望后，5月中旬，蒋介石又亲赴上海，强令上海资本家

〔1〕 参见杜恂诚：《金融制度变迁史的中外比较》，上海社会科学出版社2004 年版，第214~246 页。

〔2〕 参见上海市档案馆编：《一九二七年的上海商业联合会》，上海人民出版社1983 年版，第95~96 页。

〔3〕 参见上海市档案馆编：《一九二七年的上海商业联合会》，上海人民出版社1983 年版，第105~106 页。

〔4〕 参见张光：《蒋介石致陈光甫电》，载《档案与历史》1927年第6期。

购买政府公债。例如，上海银行公会会员银行，除先前给政府的垫款余额以二五附税库券作偿归还外，又被指派认购了160万元的二五附税库券[1]。不仅要求金融财团认购，蒋介石还强迫大量私人企业认购公债。例如，闸北水电公司被指定认购 25万元、华商保险公司50万元、新新公司25万元、华成烟草公司10万元、丝茧公司10万元等[2]。

除了强行派购外，政府还使用了政治威胁、逮捕、绑架等恐怖手段强制推销公债。例如，因棉纱面粉大王荣宗敬对所派库券态度迟疑，蒋介石授意御用文人发表题为《江浙财界与三民主义》一文：

上海某一理事说，孙传芳又要来了，留些钱备孙来用吧，从而拒绝借款的事实。工商界除掉害群之马，努力承销二五附税库券，查荣宗敬甘心依附孙传芳，着即查封产业，并通令各军侦缉，荣宗敬答应承购库券25万元，通缉令才被取消。[3]

宋子文出任南京国民政府财政部长之初，也曾采用强制手段发行公债。南京国民政府发行的第二笔内国公债续发江海关二五附税库券时，财政部竟然强令工厂主、商人、银行界均须承购相当于全体员工1个月工资总数，或是相当于该企业1个月租金数额的国库券，职员和工人也要捐献相当于1个月的工资来购买库券[4]，可谓发行方式之荒唐。

（2）钱庄公债投资态度的冷漠与最终没落

在20世纪的初叶，上海钱业发展的速度有了明显的提升。然而到了1927年这一年，上海钱业的发展速度与水平呈现了直线下降的趋势。与以往相比，南京国民政府时期上海钱庄步入了全面的衰退期。当时有学者认为：

之所以在最近几年当中，中国钱业发展一年不如一年，是因为中国钱业受到了诸多不利因素的影响。具体来说，可以分为这几个方面。其一，组

---

〔1〕 参见中国人民银行上海分行编：《上海钱庄史料》，上海人民出版社1978 年版，第206~207 页。

〔2〕 参见王志：《蒋介石公债主张》，载《申报》1927年5月18日，第5版。

〔3〕 Charlie. T.Trumps, *Finance&Politics of china*, North China Daily News, 20 May 1927.

〔4〕 参见沈春雷主编：《中国金融年鉴》，西苑出版社1939年版，载沈云龙编：《近代中国史料丛刊续编》，文海出版社1979年版，第132页。

织的规范程度较低，经理职权过重，非常容易产生流弊的现象。其二，在钱庄当中工作的工作人员，虽然工作的经验较为丰富，但是自身的专业水平素质较低，无法快速的跟上社会发展的潮流。其三，已经不对外正常营业的钱庄，相关部门没有对其进行快速的处理，导致存款人自身的利益受损。其四，绝大部分的股东浑水摸鱼，虽然在早期家产较为丰厚，但是现阶段自己的资产所剩无几。在社会时局发生大的变动的情况下，没有进行垫款。最后，银行发展的速度急剧加快，对外界实施了各种优惠政策。这样一来，造成钱庄无法正常营运下去。〔1〕

银行发展速度的加快，势必会对钱庄造成极大的不利影响。然而钱庄作为当时非常重要的一个金融单位，出现快速的衰落背后肯定有深层次原因。仅从公债投资行为来看，由于钱庄的落后性、运作机制以及资力的限制，与银行业的积极认购相比，钱业始终处于下风。据统计，1927年全国银行业共认购公债总额约9000万元，1931年增加到21，000余万元，1935年更是增加到约60，000余万元。〔2〕同比钱业，从1927年到1935年钱业共认购南京国民政府债券不过265万元〔3〕，不及银行业一年认购总额的零头。

钱庄对认购政府公债的态度明显不够积极，而公债又扮演着维系中央政府正常运转的重要角色，这时，政府才发现了银行的重要性是如此之高。政府出台的各种政策，也均考虑到了银行的发展。具体来说：

首先，就重要性的角度而言，在20世纪20年代末，全国经济会议成功举办，从会议中能够不难发现，银行业代表的人数已经超过了100名，但是钱业代表的人数只有3名。

其次，在政策方面。在1931年2月新颁布的《银行法》中，明确规定钱庄也属于《银行法》适用范围，必须按照《银行法》的规定设立与运营，充分表

---

〔1〕 沈雷春主编：《中国金融年鉴》，西苑出版社1939年版，载沈云龙编：《近代中国史料丛刊续编》，文海出版社1979年版，第147页。

〔2〕 沈雷春主编：《中国金融年鉴》，西苑出版社1939年版，载沈云龙编：《近代中国史料丛刊续编》，文海出版社1979年版，第157页。

〔3〕 参见中国人民银行上海分行编：《上海钱庄史料》，上海人民出版社1978年版，第207~209页。

明政府有意弱化钱业的独立性。

最后，在业务方面。国民政府于1933年颁布实施的《废两改元》方案，彻底取消了钱业赖以生存的银两银元互兑收益。除此之外，《法币改革》颁布与实施，则彻底的取消了钱庄发行纸币的权利。从根本上剥夺了钱业生存的利润空间。[1]

正因为钱业对认购、承销政府公债不积极，在政府、银行和钱庄的三元博弈中处于不利位置，钱业才逐步被国民政府所放弃和边缘化。从过去的"百业领袖"沦落为金融市场中的配角，失去其在政府金融政策中的地位。正是这一转变从根本上改变了钱业的生存环境，彻底削弱了核心竞争力，加速钱业整体的衰退。[2]

（3）银行公债投资态度的转变与被迫改组

纯粹行政命令式的公债发行方式无视市场规律，无法常续下去，为了确保公债又好又快地发行，国民政府选择了高利息以及大折扣等手段，吸引银行积极认购，才使后期的公债发行变得相对顺利。但当公债发行碰到不畅时，国家至高无上的权利又会显现，甚至不惜颠覆整个金融业发展的方向，采取国家垄断的方式进行高压控制。

在高回报的利益驱使下，银行业整体忽视其主营业务，而大量投资公债市场。针对这一现象，当时就有人指出：

银行的放资，以公债为主要标的，是哪一国都没有的，这样的放资政策，决计不能使资金投到正途上去。[3]

由于债券市场常受政局、战事和外部的影响，公债价格起伏不定，波动很大，给银行带来了巨大的风险。以上海商业储蓄银行为例，1919—1926年，该行买卖债券获得的收益波动很大。1924年该行投资有价证券获利232，056元，占该年净利总额的近 20%，而下一年就出现了截然相反的局面，1925年该行投资债券即亏损28，123元（见表4-8）。

---

〔1〕 朱荫贵：《抗战前钱庄业的衰落与南京国民政府》，载《中国经济史研究》2003年第1期。
〔2〕 参见朱荫贵：《抗战前钱庄业的衰落与南京国民政府》，载《中国经济史研究》2003 年第 1 期。
〔3〕 郑民：《抗战前南京国民政府的政策》，载《银行周报》1923年总第750号（期）。

表4-8 1919-1926 年上海商业储蓄银行买卖证券投资损益

年份	买卖证券损益(元)	占该年净利比例(%)
1919	4041	1.10
1920	47,228	6.77
1921	10,061	1.10
1922	7310	0.91
1923	112,269	11.36
1924	232,056	19.96
1925	−28,123	−2.36
1926	−32,524	−2.24

从银行业的角度来说，国民政府时期银行设立甚多，同时倒闭率也很高，其中大多都是由于投资公债所拖累（见表4-9）。

表4-9 1912-1936年全国华资银行的开设与停业情况

时间(年)	新设银行(家)	平均每年新设(家)	停业数(家)	倒闭率(%)
1912—1919	66	8.3	44	66.7
1920—1927	120	15.0	91	75.8
1928—1936	134	14.9	31	23.1

注：该数据与上文及其他资料略有不同，但为保持统计口径的一致性，故对原始资料未予改动。

在20世纪初叶，全国共新设银行186家，平均每年新设12家以上，同时15年间也有135家银行倒闭，平均每年倒闭9家，平均倒闭率72.6%。中国银行业发展的现状甚是畸形，华资银行并不以资本主义工商业的发展为基础，而是具有很大投机性，缺乏稳定性。

银行业面对形势变化和残酷现实，开始考虑自己的长远前途，对政府发行公债开始有了抵触情绪，“政府更替频繁，国家破碎，军阀混战，纸币失信等一系列事实促使中国的银行界开始考虑自己的长远前途”[1]。在20世纪20年代，全国银行公会明确表示：

政府在这一时期，内债和外债加起来已经构成了不小的一笔数额。清偿的时间更是无法确定。如果长期这样下去，对于国家，对于社会都会造成极大的危害……政府没有采取任何措施清偿内债和外债的情况下，各个银行不可以购买政府发行的公债。通过这种方式，让政府从实质上解决财政问题。如果有银行不听从此项的规定，那么各在会银行则不再和该银行发生任何的业务关系，从而对其表示抵制。[2]

以上公告虽态度坚决，但由于当时投资公债还存在巨大的利益诱惑，所以难以完全实行，最终成为一纸空文，但是这种对银行业经营方向的觉醒还是给银行业以警示。

1931年年初，时任上海商业储蓄银行董事长的陈光甫通函全行，“不能做出投机的行为，保持和官场一定的距离，不能让呆滞放款的局面出现”。详细而言：

（一）不可稍事冒险投机。经营银行之最大忌事，厥为冒险投机。盖冒险投机乃赌博之一种，无论何业若稍事投机二行险侥幸，未有能获得良好之结果者，此揆之中外古今历史昭昭可考，因无须枚举。银行业一直以来备受社会各界所信任，如果银行孤注一掷，将社会各界的资金放在危险的领域当中，那么不单单会对自身造成极大的危害，同时还会对社会造成诸多不利的影响。既与银行的基本原则背道而驰，同时也没有任何的颜面去面对社会。

（二）与官场人士保持一定的距离。山西票号曾经极大地推动了我国金融业的发展，同时在金融业当中占据非常重要的地位，然而山西票号衰落如此之迅速，也是让人始料未及。对其进行一番深入探索之后就能发现，之所以山西票号会出现衰落，全在于当时的官场人物并不关心山西票号的发展。他们滥用手中所拥有的权力，只为谋求自己的私利。一旦政治上出现动荡，他们也必

〔1〕 参见中国人民银行上海市分行金融研究所编：《金城银行史料》，上海人民出版社1983 年版，“前言”第 14 页。

〔2〕《全国银行公会第四届联合会议公告（第一号）》，载《银行周报》1930年第24号（期）。

将倒台，类似的事件在历史上出现过多次，对其进行一番研究就能够发现。[1]

不仅如此，中国银行也曾经明确表示：

政府通过发行公债的方式获取到的大量资金，如果不用在生产的方面，那么只会让物价飞速的上涨。地价代表一种制造之人气，在经过一番热炒之后，交易的活跃度有所提升，但是这里面并没有从生产当中获取到任何的利润。所以经济繁荣的景象并不是真实的。只要社会时局发生了较大的变动，那么债信就会大幅度的降低。[2]除非政府能够降低公债的发行量，提升生产建设的速度与水平。

同时政府应年省一二千万元，立一减债基金，整理内外债，以树对外信用，而引外资之输入；一面立一中央与地方调和之发行制度，以期币制之确立，通货信用与数量之增加。[3]

中国银行认为仅依靠发行公债维持财政收支并不是长久之策，希望政府能够安定政治，鼓励创建实业，以此促进经济发展缓解财政压力。中国银行还通过各种各样的方式，呼吁其他银行能够将资金投向其他经济不发达的区域。除此之外，还明确表示要“尽最大可能吸收外汇，推动国货工业的进一步发展，对于农业生产以及铁道交通予以高度的重视”。[4]反映了其立足长远的业务发展模式。

可见，1931年“九·一八”事变以后，中国银行对认购政府公债的态度发生了明显的变化。这一现象也明晰地反映在统计数字上，1931年该行共持有有价证券144，803，147元，1932年下降为135，470，951元，下降6.44%，1933年下降为81，847，045元，比上年下降39.58%之巨（见图4-4）。

与此同时，多变的外部环境也促使银行业逐步减少对政府公债的投资。第一，国际市场上，美国高价购入白银，致使白银大量外流，造成白银存底急

〔1〕 中国人民银行上海市分行金融研究所编：《上海商业储蓄银行史料》，上海人民出版社1990年版，第329~332页。

〔2〕 参见中国银行总行、中国第二历史档案馆编：《中国银行行史资料汇编》（上编），档案出版社1991年版，第2055页。

〔3〕 中国银行总行、中国第二历史档案馆编：《中国银行行史资料汇编》（上编），档案出版社1991年版，第2130页。

〔4〕 姚崧龄编：《张公权先生年谱初稿》（上册），传记文学出版社1982年版，第122页。

剧减少，银根收缩，金融业陷入了萧条的境况。第二，经1932年公债整理以后，利息率被逐渐减低，年利息一般只有6厘。第三，过去发行折扣基本上被取消了。第四，再对公债进行整理后，证券二级市场上的债价没有明显的提升。第五，在20世纪30年代，金融市场出现了巨大的波动，绝大部分的银行由于投资公债而无法正常的经营下去。所以，根据以上种种缘由，一些发展眼光较为长远的银行，对公债投资过度的后果有了一个清楚的认知。于是开始提升工商领域的放款额度。

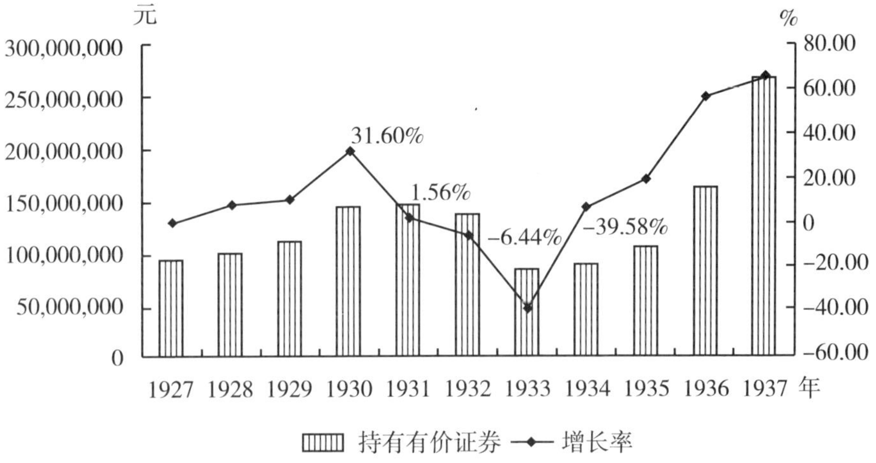

图4-4　1927—1937年中国银行持有的有价证券总额及增长率

在银行降低了对政府公债的投资热情之后，政府觉得对银行业进行强制的干预，希望能够通过这种方式，来继续获得银行的支持。在1935年的3月，蒋介石对当时的财政部部长孔祥熙说道：

社会之所以现阶段会出现动荡，百姓民不聊生，其根本原因就在于金融币制和发行这两者没能够予以高度的统一。具体来说，中国银行和交通银行这两家银行总是孤注一掷，不按照现有的政策办事，将国家和民众放在了一旁。如果不能够改变现有的局面，那么社会就会因此而消亡。所以，唯有对中国银行和交通银行这两家银行强制管制，让这两家银行服从于中央所做出的决定，只有这样，国家才会有发展的希望。[1]

---

〔1〕《国民政府财政部档案》(1930年)，中国第二历史档案馆藏档案，档案号三〇2/27。

于是，当时执政的政府以转变经济萧条的社会局面为由，对中国银行与交通银行这两家银行增资改组，通过这种方式，政府获得了对这两家银行的管控权。之后，政府又对4名商业储蓄银行以及中国实业银行等多家银行增资改组，逐步实现了对一些主要银行的强制性改造。南京国民政府通过对银行的控制和法币制度的改革，使其能够继续顺利发行政府公债。与此同时，南京国民政府依靠其一手扶持起来的中央银行的强有力支持，在政府债券发行上屡屡获得成功。到1934年年底，中央银行成为吸收政府债券的主角，持有政府公债达15，541万元。中央银行的规模同样在逐年的扩展。从早期的36，300万元上涨至47，820万元。[1]

七、夹缝中曲折发展的股票市场

现代意义上，一个成熟的、发达的证券市场应该以产业证券即公司股票和企业债券的发行和交易为主体，公债市场仅是整个证券市场的补充，与股票市场形成有机的统一。而近代中国证券市场虽起于股票市场，但由于股票市场自身发展中存在的种种弊端以及受政府公债政策的影响，使公债成为市场发行和交易的主体，股票变为配角，整个证券市场仅具有"财政服务的单一功能"[2]，特别是从 1921年"信交风潮"爆发以后，这一特点愈趋明显。

（一）萎靡不振的股票市场

与红火的公债市场形成鲜明对照的是萎靡不振的华商股票市场。1927—1936 年，华商产业证券市场显得十分冷清，股票交易主要集中在外商的众业公所。从发行市场上看，这一时期，近代产业证券还是有一定的发展。从相关统计数据中能够清楚地看到，在1929年年初至1933年年底这段时间当中，在上海这座城市当中获得的实缴资本就已经超过了2亿元，到1936年全国工矿业的资本总额达到13.76亿元。20世纪30年代以前，公司债券凤毛麟角，到20世纪30年代后，公司债券的发行量开始猛增。

具体来说，仅仅在1934年这一年当中，闸北水电以及启新洋灰等多家

〔1〕 参见中国第二历史档案馆编:《中华民国史档案资料汇编》，江苏古籍出版社1994年版，第588页。
〔2〕 朱荫贵:《试论近代中国证券市场的特点》，载《经济研究》2008 年第 3 期。

公司发行的公司债券数额就已经达到了1750万元[1]。在上海华商证券交易的买卖中，“98%是公债，股票交易稀少”，“股票仅仅是应应卯，拍拍空板而已”[2]。正如陈光甫所说，“除了少数外商股票以外，至少已发行一万以上的股票，绝大部分的外商股票，已经不具备有价证券的价值。一旦社会时局发生了变动，那么也就无法流通在市面之上。”[3]

所以，在这一历史阶段，产业证券并没有交易市场。公司债券由于数量不大，而逐渐被隐没于市面当中。

（二）股票市场的复苏与畸形发展

抗战爆发后，华商股票交易比较沉寂，上海华商证券交易所也于1937年8月11日奉令停业。[4]当上海租界得以形成的时候，当地的工商业也随之而得到了快速的发展。随着华商股份制企业的纷纷创立，使从事华股交易成为可能，也变得有利可图。再加之外商股票兴盛的示范效应，从1940年后，上海的华商股票交易日渐兴盛起来。

（三）1939—1941年的股票市场

“九·一八”事变后，上海众业公所外商股票交易数量急剧减少，价格也随之下落，如果假定1931年7月末股票价格为100元，到1935年上海众业公所外股价格即为57.11元，因为“八·一三”事变，外股指数到1938年更是跌至45.81元。这一跌势一直持续到1938年2月才停止。此后，价格开始回升，1939年股价指数回升至64.67元，较最低价已经上涨了40%左右。

例如，1940年年初每股价值28元的怡和纱厂股票，在1940年“四月末五月中旬的热狂投机期达到82元”。1939年每股价值约170元的上海纱厂股票，此时价格也达到“约240元之上”。又如，1939年9月价格仅仅5元的上海地产股，此时价格“腾跃到40元”。再如，1940年2月价格3.2元的橡胶信托股，此时达到16元，同期0.8元的地傍橡胶股，此时为3元，13.8元的英渣华股票达到

---

〔1〕 参见马寅初：《上海证券交易所开拍产业证券行市之可能呼》，载《东方杂志》1934年第1号（期）。

〔2〕 郑仁木：《民国时期证券业的历史考察》，载《史学月刊》1998年第3期。

〔3〕 张郁兰编：《中国银行业发展史》，上海人民出版社1957年版，第77~78页。

〔4〕 参见任建树主编：《现代上海大事记》，上海辞书出版社1996年版，第673页。

60元等。[1]在不超过两年的时间，外商股票价格飞速地上涨。[2]。但是好景不长，1941年5月，美国发生股市风潮，上海的外商银行提存越来越多，投资人士的注意力已经不集中在购买外国股票上。太平洋战争的打响，使外商股票交易活动被迫停止。这一波外股价格波动就此被强制中断了。

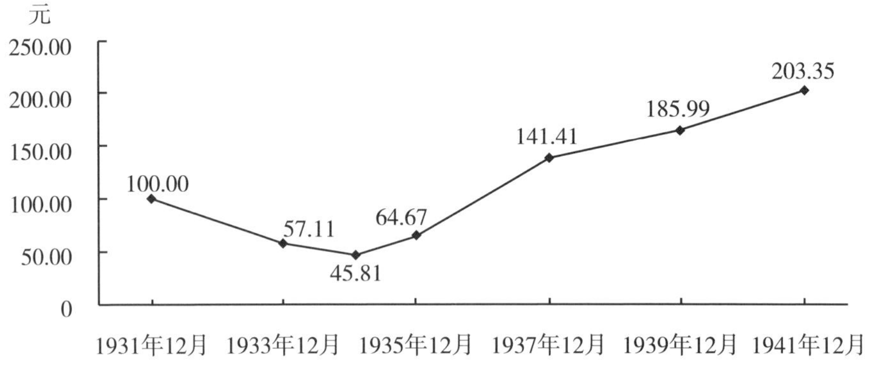

图4-5　1931—1941年上海众业公所外商股票价格指数

注：1931年7月为基期，即股指等于100。

资料来源：中国经济统计研究所编：《经济统计月志》（第8卷），1941年第10期。转引自朱荫贵：《“孤岛”时期的上海众业公所》，载《民国档案》2004年第1期。

（四）1942—1944年的股票市场

在1941年年底，太平洋战争打响，原来上海“孤岛”的局面被打破。

因为汪伪政府全面取消了公债交易，投资者的投资目光集中在了华股市场当中。华股交易的活跃度猛然上升。在1942年之前，在上海这座城市经营股票的公司不超过20家。然而仅仅在一年当中，就建立起了127家经营股票的公司。这些公司如果以资本作为划分的依据，那么资本在10万元以下的公司有56家，资本在10万元至20万元的公司有72家，超过20万元的公司数量一共有17家。[3]。同期，天津的证券贸易行在最高峰时也有100多家[4]。在1942

〔1〕　参见周毕见：《战时下的上海经济》，日本东亚研究所译，东亚研究所1942年版，第224~225页。转引自朱荫贵：《抗战时期的上海中国股票推进会》，载《中国经济史研究》2006年第4期。

〔2〕　参见黄棠：《外商股票总诠》，载美商环球信托公司经济研究部编：《日用经济月刊》（第2卷第6期），西苑出版社1940年版，第545页。

〔3〕　参见吴毅堂编：《中国股票年鉴》，中国股票年鉴社1947年版，第9页。

〔4〕　参见钟思远：《旧中国的股票市场》，载《海南金融》1998年第2期。

年这一年中，股价增长率要比物价增长率高1倍有余[1]。证券交易投机盛行，呈现畸形繁荣的假象，以至于伪上海证券交易所的涨停板“几至无日无有”，股价的高位与年初时相比，“甚有相差四千倍者”[2]。但是后因时局不稳，经营日趋冷淡。

这一时期的证券市场价格波动，可以从中国经济研究会编制的股价指数中体现出来。中国经济研究会所编指数是以1942年6月为基准，所包含的股票，原为永安公司、新新公司、中国国货、中国内衣、永安纺织等16家。1943年7月，增选中国纺织、信和纱厂、久安实业、新亚建业、新益地产、康元制罐、美亚绸厂7家。1944年4月起，又增选荣丰纺织、景福衫袜、中国丝业、信谊药厂、永兴地产、联华地产、中国投资、国华投资、信义机器9家，前后共计32家。

从图4-6 中可以看出，上海华股价格指数从1942年6月的100点开始缓慢上涨，到1943年1月达到 166.7点，增幅近67%，到1943年中期达到348.7点后股指直线上升，至1944年1月达到历史新高的1437.7点，之后又像坐“过山车”似的直线下探，至1944年6月止跌至751.3点，结束了这一段股市波动期。

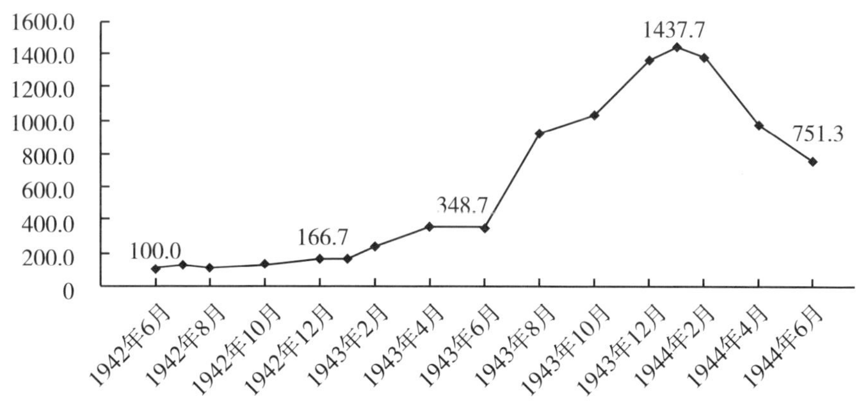

图4-6　1942年6月—1944年6月上海华商股票价格指数

注：以1942年6月股票价格为基准100。

资料来源：贤宝：《华股市价指数》，载《华股研究周报》（第10卷）1944年第7期。

---

〔1〕 参见吴冈编：《旧中国通货膨胀史料》，上海人民出版社1958 年版，第 158~159 页。

〔2〕 吴毅堂编：《中国股票年鉴》，中国股票年鉴社1947 年版，第 10~15 页。

（五）1947—1949年的股票市场

在20世纪40年代中期，证券市场被予以正式建立起来，但是在早期，证券市场的成交量并不尽如人意，其价格的变动开始是极不乐观的。举例来说，永安公司在9月发行的股票价格为每股360元，而在2个月之后，股票价格则降到了239元，之后更是跌至130元。新亚药厂在9月发行的股票价格为每股155元，而在2个月之后，股票价格则跌至35元，之后更是跌到了25.6元。[1]整体考察，能保持八成票面价格的股票不超过3家。在11月，为了扭转现有的局面，证券市场新设开拍便期交割的股票，然而并没有什么效果。交易柜台前只有永纱和华丰等热门股的热度较高。举例来说，12月9日至14日这几天的成交股数，永纱占到总交易额的58个百分点，华丰则占到了14个百分点，信和占到了9个百分点，新光占到了9个百分点。

但是，在国民党政府于1947年2月17日颁布《经济紧急措施方案》、《取缔黄金买卖办法》以及《禁止外国币券流通办法》之后，大量游资转入股市，股票交易量猛增，股票价格开始攀升。[2]自上海证券交易所再次对外营业至1947年12月的这段时间当中，股价飞速猛涨30倍，上市股票的种类已经多达32种，实际参加交易者更是高达210家。

在这段时间当中，上海证券交易所所获收益更是高达590亿元。具体来说，经手费用为457亿元，上市费用35亿元。前者的占比为77.46个百分点，而后者的占比则达到了5.93个百分点。[3]但是，这种繁荣的景象并没有保持多长时间，自1948年以来，法币制度崩溃，通货膨胀恶性发展，股票价格全面下跌，国债交易十分冷清，证券市场再次步入低谷，拖到中华人民共和国成立前夕，各交易所纷纷停业。

因为同时期发生了严重的通货膨胀，所以在研究股指的时候，要剔除物价的因素。以当时上海最热门的华商股票——永安纱厂股票为例，剔除了通

---

〔1〕 参见朱斯煌主编：《民国经济史》，银行学会1948年版，载沈云龙编：《近代中国史料丛刊》（第3编），文海出版社1985年版，第108页。

〔2〕 参见徐鑫：《南京国民政府经济紧急措施方案》，载《大公报》1947年5月13日，第6版。

〔3〕 参见中国人民银行总行金融研究所金融历史研究室编：《近代中国的金融市场》，中国金融出版社1989年版，第463~464页。

货膨胀率的永纱指数，以1946年9月第3周为100点，从1947年2月的91.6点开始进入了股价上升期，至1947年7月达到最高的251.0点。尔后开始步入下降期，中间虽有起伏，但是下降趋势明显，至1949年4月上海证券交易所停业前夕，股指跌到33.3点（见图 4-7）。可以说，在中华人民共和国成立前，近代证券市场又经历了巨大的波动。

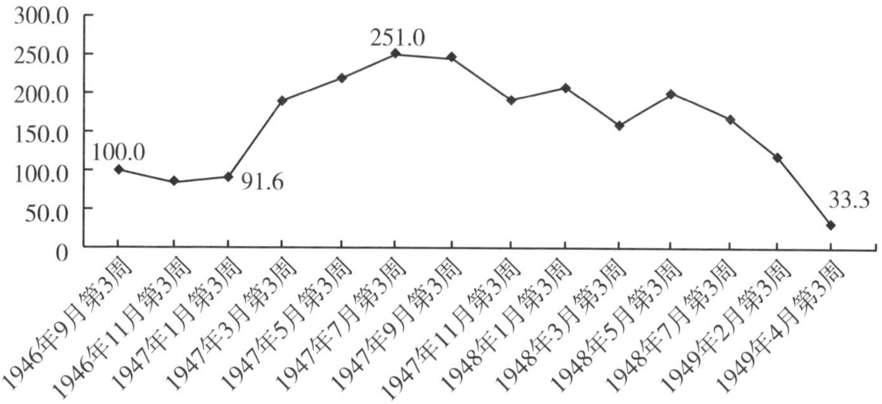

图4-7　1946年9月—1949年4月永安纱厂股票指数

注：以1946年9月第3周股票价格为基准100。

此时的华商股票交易仅仅是场外交易，比较有代表性的则是1940年年底在上海建立起来的"中国股票推进委员会"，地址设在北京路中一信托公司大楼。参会的有中一、久安、和祥、华丰、新华银行还有永大银行等。该委员会将"增加股票流动的速度，提升投资活跃度，大力发展实业"为目标，为委员会当中的成员提供便捷的信息查询服务。

除此之外，该委员会还公布并实施《组织章程》以及《代客买卖方法》等一系列制度。但是太平洋战争爆发后，中国股票推进委员会被迫宣告解散。推进会的存在虽然违反了当时的《证券交易所法》，但在一定程度上促进了中国股市的发展水平。

在太平洋战争打响之后，汪伪政府对外开始实施"战时经济统制政策"，诸多的证券交易不再开展各项交易活动。只有华股允许交易。新兴的华商股票公司，正是在这一时期当中快速地开始发展。绝大多数的游资纷纷涌入到华股中。根据相关统计资料显示，在1942年年初，只有永昌、福康以及中国股票公司等几家公司经营华股。而到了1942年12月，股票公司的数量猛增到146家，翻了10多倍。[1]

在这之后，各种股票接二连三地上市。自1942年8月以来，新股上市的盛况是往年从来没有过的。举例来讲，永昌股票公司发行的新股就超过了50家。具体来说，有纺织业18家、印刷造纸业6家、化妆品1家、地产业2家、交通业6家和其他12家[2]。这时的华股交易市场十分混乱，盛行投机炒作之风。

面对这种情况，政府对外公布并实施《买卖华商股票暂行规则》，规定各股票商应办理登记并缴纳保证金，上市流通的股票应经法定机关审核，股票交易情况应呈报备案。该条例的出台，遏制了证券市场中的违法行为，在一定程度上维系了岌岌可危的华股市场。

随着政局的稳定，汪伪政府决定恢复停业已久的华商证券交易所。在原华商证券交易所董事长张慰如和总经理沈长庚的努力下，1943年9月29日，华商证券交易所正式宣告复业，并于11月8日开门营业，专营华商股票[3]，首轮上市股票共计108种，后陆续增至199种[4]。交易所复业之初交易颇为活跃，其中永安纱厂、新亚药厂和新益地产等股票最为热门，涨幅很大。然而，自1944年之后，股市发生了剧烈的动荡，股票价格一落千丈。

为了扭转股价不断跌落的局面。在1945年年初，华商证券交易所用变相期货交易的方式刺激股价的上涨。尽管对股票的种类进行了限定，但是在运用这种方式之后，股市的活跃度一下子就提升了许多，这是由于交割期限在7天后，就能够开展套利活动，为投机者提供了方便。另外，伪币贬值厉害，为了保值，游资大量进入股市，导致4月6日有95种股票涨停，15日更是全部涨停板，且有照涨停板行情另加价成交的。这种涨风持续了近3个月，直至8 月10日日本宣布无条件投降后，股票市场突然由一片涨停变为一片跌

〔1〕 参见俞增康:《上海证券交易所复业问题》，载《银行通讯》1946 年第 4 期。
〔2〕 参见陈善政:《八年来的上海股票市场续》，载《银行通讯》1946 年第 4 期。
〔3〕 参见倩君:《证交复业后洋股不开拍》，载《华股研究周报》1943年10月18日，第7版。
〔4〕 参见投资周刊社编:《证券交易所》，中国文化服务社1947 年版，第 36~37 页。

停，这正是人们在战争结束之际，无法预料未来局势和政策的变化，处于迷惘状态下的心理反应。

纵观汪伪统治时期开业的交易所，营业期虽不到两年，投机气氛严重，并以汪伪的经济政策需要为基础，但就交易所业务本身而论，把交易对象从公债转变为华商企业股票，描绘了近代证券市场新的一页。

（六）近代证券市场的历史终结

抗战结束以后，上海的伪上海华商证券交易所与天津的伪华北有价证券交易所均被取缔，两地的证券交易转入黑市。重新设立证券交易所，以此控制金融活动、抑制通胀、刺激经济振兴被提上议事日程。

在1946年上半年，国民党政府对外正式宣布建立上海证券交易所，在下半年召开发起人会议，宣告上海证券交易所设立，将原先的上海华商证交所和外商设立的众业公所统一起来，形成了中国统一的证券交易市场。证券交易所开业后，由于开始只做现货交易，行情不好、交易寥落，股价走低，因此屡遭指责。

1947年2月17日，国民党政府对外正式发布并实施《经济紧急措施方案》《禁止外国币券流通办法》等多项文件。由于这些措施禁止金钞买卖，使金融市场投资领域变得极其萎缩，大量社会闲散资金因"走投无路"，只得流入流动性较强的证券市场，股票交易突然活跃起来。据统计，截至1947年年底，上海从事证券业者多达20余万人，证券市场上吸引的游资大约为法币1500亿元，上市股数总计约395亿股，如按年终收市价格匡算，总市值超70，700亿元。当然，这种繁荣是一种泡沫，是由市场上的过度投机所造成的，它既不能促进社会经济的发展，也不能长久地保持下去。

进入1948年后，随着国民党军队不断溃败，政局处于动荡飘摇之中，经济形势急剧恶化，通货恶性膨胀，证券市场遭受一系列的沉重打击。1948年4月，南京国民政府宣布取消"便期交易"，证券市场遭受致命打击，股票价格一落千丈。同年8月19日，由于《金圆券币制改革方案》这部文件被正式实施，上海证券交易所也就无法对外进行营业。

在转年的年初，上海证券交易所在政府的批准之下再一次对外正常营业，同时对外公布和实施《上海证券交易所复业办法》，共11条。根据该办法，复业后的证交所只准经营政府债券以及民营事业股票三类，一般来讲要以现货交易为限[1]。但由于国民党军队的节节败退，上海证券交易所复业2月余，到5月再次停业，随后不久就遣散了交易所的全部员工。1949年6月10日，上海解放，这也就意味着这一时段的证券交易正式完结。

八、南京国民政府期间公司债的发行情况

除了公债与公司股票之外，还有公司债券的发行，然而债券所发行的数额与前两者相比较少。

表4-10　中国近代历年公司债发行统计（1912—1937）

发行年份	发行总额（万元）	发行年份	发行总数（万元）
1912—1921	456.2	1935	900
1922—1931	750	1935	941.5
1934	600	1937	1500（计划中）

表4-11　中国近代公司债一览表（至1937年3月底）

公司名称	发行年份	利率	期限	发行额	现负债额
启新洋灰七厘	1935	年7厘	20年	190.11万元	180.00万元
永利化学（一）	1937	年7厘	10年	1000.00万元	1000,00万元
江南水泥	1937	年7厘	15年	150.00万元	150.00万元
纬成	1929	年1分	5年	100.00万元	52.00万元
美亚织绸	1936	年8厘	5年	50.00万元	45.00万元
江南铁路	1935	年6厘	12年	300.00万元	300.00万元
民生实业	1935	年1厘	8年	100.00万元	93.00万元
三北安航业（一）	1929	年8厘	7年	350.00万元	—
三北安航业（二）	1937	年8厘	8年	450.00万元	350.00万元
闸北水电（一）	1934	年8厘	8年	450.00万元	337.50万元

〔1〕 参见上海市档案馆编:《旧上海的证券交易所》，上海古籍出版社1992年版，第260页。

续表

公司名称	发行年份	利率	期限	发行额	现负债额
闸北水电（二）	1936	年8厘	6年半	121.5万元	112.5万元
北京电车	1926	年8厘	12年	150.00万元	96.00万元
中兴煤矿	1926	月1分	6年	200.00万元	—
六河沟煤矿（一）	1934	月1分	5年半	150.00万元	150.00万元
六河沟煤矿（二）	1935	年8厘	11年	250.00万元	250.00万元
大通煤矿	1936	年1分	6年	70.00万元	51.10万元
先施	1936	月1分	10年	200.00万元	180.00万元
永安	1936	年9厘	10年	500.00万元	500.00万元
通泰盐垦	1921	年1分	5年	300.00万元	180.00万元
茂昌	1935	年9厘	10年	60.00万元	48.00万元
总计				5197.70万元	3845.10万元

根据相关数据资料显示，我国近代历年公司债券发行额已经超过了4763万元。[1]

中国近代公司债，因为发行的数额不高，所以并没有在历史当中留下一定的痕迹，然而对于少部分企业却能够起到极大的推动作用，丰富了这部分企业的资金筹集的路径。公司债券作为一种金融工具，推动着近代企业资金筹集手段的发展与进步。

九、民国十三年公债风潮

金融风暴影响较大的一共有三次，也就是19世纪80年代的矿局倒账风潮、20世纪初叶的橡皮股票风潮以及20世纪20年代的信交风潮。然而较小的风潮却一直没有中断过，可以说每年都会有晓得金融风暴。由于1924年下半年出现的北京公债风潮涉及的范围非常大，出现的问题较为典型，所以非常具有代表性。笔者对这起金融风潮产生的缘由以及发展过程等加以概述，从而反映出中国近代证券市场的属性和出现的种种问题。

〔1〕 参见沈春雷：《中国金融年鉴》，文海出版社1949年版，第238页。

(一)风潮经过

自1912年至1924年这一时间段当中，政府累计发行的国债已经将近3亿元，[1]因为自1921年后整理公债基金案的确立以及关税余款变通拨付办法的执行，公债基金确定，使债信能够保持在一个较为稳定的状态。

自民十“信交风潮”之后，市面上发行的主要是公债。因为上述所说的这几种事由，公债价格自1924年的上半年飞速上涨，转折点则出现在了8月中旬，到了8月中旬，公债价格忽然呈现直线式的下跌。虽然风潮的影响较为严重，钱庄因为亏本而停止营业。但是从北京证券交易所的角度来说，因为在公债价格快速下跌的过程中，没有运用科学且合理的措施对其进行挽救，造成买空一方每万元损失达3000万之巨。表4-12展现的内容则是8月10日各债券收盘行市与8月20日各债券收盘行市比较。

表4-12　1924年8月10日与8月20日债市行情对照

债名	期或现	8月10日价（元）	8月20日价（元）
金融	8月货	91.75	79.00
金融	9月货	93.00	80.50
整六	8月货	81.10	63.00
整六	9月货	81.10	66.00
七长	8月货	73.00	57.00
七长	9月货	73.55	58.00
九六	现货	35.25	27.60

注：参见巫哲：《北京公债市面之暴变原因及其应付情形》，载《银行周报》1924年第34期。

(二)风潮发生原因

1.天灾人祸

此次风潮虽然首先出现在上海这座城市，然而风潮快速地驶向北京。在1924年8月，江浙战争的帷幕拉开，上海当地民众人人自危，购买公债的认购者相继将公债抛出，导致公债的价格飞速地下跌，金融风潮就是在此期间慢慢形成并出现。除此之外，在当时特定历史时期，华北地区水灾泛滥，民

〔1〕 参见蒋凡：《民国十三年公债事情之经过》，载《银行周报》1924年第51期。

众心神不定，均想把自己手中所持有的债券变为现金，这也是导致债券价格快速下跌的一个重要缘由。

2.银根紧缩

在每年的下半年，因为我国土货在收购的过程中，需要现金，也就导致了认购者将手中的债券在下半年纷纷选择抛出。因此，这也是导致债券价格下跌的一个重要因素。

3.投机者操纵

浙江战谣接二连三地出现，导致公债价格下跌。除此之外，在证券市场当中还有许多投机行为的出现。举例来说，在上海公债行市低迷的期间，有经纪人叶某，将公债500万元抛出，导致公债价格直线跌落。[1]

在1924年的秋季，证券市场产生了巨大的波动。将整六作为举例的对象，在7天之内，由最开始的80元，逐渐下跌至67.15元，最后更是下跌到了63.2元。在较短的时间当中，价格产生了巨大的波动，如果没有人从中作梗操控，绝不会出现这样的情况。

4.北京证券交易所违法自做交易

在《证券交易所法》中明确地指出：

证券交易所还有证券交易所内部的工作人员不可以在工作所在地进行业务的往来。

然而从现实的角度来说，在证券交易所当中出现了大量的投机债券买卖，交易所经纪人做出了种种投机行为。后来，有一部分买空者不予交款，正是以这种投机行为作为自己不交款的一大理由。金融风暴的出现，证券交易所是要承担一部分的责任。

（三）善后交割办法

1924年8月25日是北京证券交易所当时的期货交割日。在8月24日，国务院举办会议，表示要如期交割：

财政部还有农商部这两大部门明确表示，现阶段公债价格的直线下跌，

---

〔1〕 参见《北京公债市面之暴变原因及其应付情形》(二)，载《银行周报》1924年第35期。

如果选择展期交割的方式，那么不但不会扭转现在的不利局面，反而会让证券市场身陷囹圄之地。因此，仍要选择如期交割的这种方式。〔1〕

转天，有议员数名，在交易所的入口处不让交易所经纪人进入交割。交易所经纪人表示，交割作为一种商行为，其他人自身是没有权力对这种行为进行干预和组织，之后数名议员散去。

9月，期货交割更是进展艰难。在9月中旬，由财政部门组织，和农商部、卫戍司令部、京师警察厅以及银行公会等多家单位举办官商联席会议，在经过多次协商之后，明确了善后办法：

9月期货，根据8月下旬的行业市场价格来计算，盈亏差额按照50个百分点来结算，相关事项由交易所负责。根据8月23日行业市场价格，金融为81.50元，最高到94元。将94元和81.50元互相对比，差额是12.45元。按照50个百分点来计算则为6.22，由之前的400元保证金作为抵充，剩下的只要再赔付200元就了事。〔2〕

9月25日交割亏长结数超过了70万元，按照50个百分点来计算的话，最后计算出的数额大致为36万元。没有交割的有10多家，有一部分是自身没有能力再进行交割；另一部分则是对交割不予认可。在此次交割的过程中，有一部分自身已经倾家荡产，只可以通过有价证券来完成交割。由于上个月的交割已经花费了大量的财力，这次的交割更是雪上加霜。交易所则指出，在完成交割之后，实在没有能力交付款项的，数额总计有16万元左右，这一部分的钱财由交易所进行赔付。〔3〕

（四）“京兆实业厅”调查北京证券交易所报告

在金融风潮出现之后，社会各界纷纷表示这是由证券交易所一手造成的。于是相关部门令京兆实业厅对此问题予以深入调查。以下是调查的最终结果：

本厅在接到上级命令之后，在8月27日这一天，与大同地区以及宛平地

〔1〕《北京公债市面之暴变原因及其应付情形》，载《银行周报》1924年第34期。
〔2〕《北京公债市面之暴变原因及其应付情形》，载《银行周报》1924年第34期。
〔3〕 参见《北京公债风潮之余波》，载《银行周报》1924年第40期。

区的行政官员一同前往证券交易所对其进行深入调查。在经过一番调查之后能够看到，证券交易所证券交易的数目，一律是由交易所经纪人在证券交易的过程中，在当日交易账上盖章，通过这种方式，来体现届期交割。证据金底薄，每万元收证据金400元左右。〔1〕

而从公债行情的角度来说，将上海作为主要依据，用北京银行的银号来冒充经纪人，之后由上海分号每天向各地告知债券行情。在交易所开盘的过程中，交易所经纪人对当时的市场行情进行考虑，证券买卖的过程公开透明，目前还没有找出这家证券交易所任何的操控证据。从这家证券交易所的业务规则当中能够看到，如果行情市价出现了较大的波动，处于一种极其不稳定的状态当中，那么则要根据实际具体情况停止市场集会，证券所经纪人停止各种买卖。

证券交易所并没有在8月15日至19日这几天公债价格明显下跌的时候作出停止市场集会的行为，而是选择在8月26日交割完之后，停止市场集会，这样的做法显然是不妥的。在《证券交易所法》中明确表示："凡是在证券交易所当中工作的工作人员，不可以在证券交易所当中进行任何的交易往来。"而证券交易所则打着本所的旗号，向其他银行进行证券上的交易，这更是违背了《证券交易所法》当中的规定。

在《证券交易所法附属规则》当中曾经明确表示：

买方和卖方各自所缴纳的证据金，一定要超过买卖价格的十成。在该所业务规则当中同样说明了证据金的数额要以买卖双方的数量作为主要的依据。在调查过程中发现，该所收集的证据金需要在1000元之上，但是该所仅仅收取了400元，同时在公债价格直线下跌的情况下，证据金也没有予以追加。这样一来，就会出现大量的投机行为，导致证券市场出现具体的波动。概括而言，该所尽管没有明确地做出操控证券市场价格的具体行为，但是自身的做法也稍欠妥当，因此也就不能够怪社会各界人士对于该所的种种议论。〔2〕

---

〔1〕《北京公债风潮之余波》，载《银行周报》1924年第40期。
〔2〕《北京公债风潮之余波》，载《银行周报》1924年第40期。

（五）农商部处分北京证券交易所训令

在1924年年底，北京农商部对北京证券交易所明确表示：

在对廖劲伯等人申请解散北京证券交易所这个案件进行调查的过程中。发现北京证券交易所做出的行为不符合《证券交易所法》当中的相关规定。北京证券交易所既没有按照相关规定收取证据金，同信托部的设立也没有向任何的部门告知。所以，根据交易所法的相关规定，北京交易所对外停止营业三个月，并且所设立的信托部予以取缔。[1]

第三节 南京国民政府期间的证券法律

一、南京国民政府期间的证券法律体系概述

在经济发展到一定阶段之后，就会形成并出现证券市场。证券市场有投机的成分，因此在证券市场当中也就存在各种各样的不确定性因素。在证券市场当中进行业务往来的行为主体，因为受到利益的驱动，所以通常其自身的行为会与证券市场所设立的种种规则分道扬镳。反过来说，如果想要使证券市场能够又好又快地发展下去，那么需要投资人士的鼎力支持与热情参与，这样一来就会导致投资和投机在证券市场中同时出现。适当的投机能够使证券市场的活跃度显著提升，同时还能够让通融资金的功能得以全面地展现出来。然而，倘若投机过度，那么就会对市场秩序造成非常不利的影响，除此之外，还会对金融发展水平的进一步提高造成极大的妨碍。

所以，为了能够保证证券市场能够长期稳定地发展下去，同时不让投资人士的权益受损，所以政府机构的监管在这里就显得极其重要。对证券市场当中的交易行为主体进行科学且合理的监督，不单单能够有效避免市场风险的出现，同时还能够切实保护投资人士的自身权益不受到损害。

---

〔1〕《北京证券交易所已开市》，载《银行周报》1925年第2期。北京证券交易所于1925年1月5日重行开市，3月18日开做期货，并公布期货办法简章十一条。参见《北京证券交易所已开做期货》，载《银行周报》1925年第10期。

但是，从现实的角度来说，近代证券市场的运行，并没有与之对应的法律法规以及监管部门对其进行有效的监管。国家政策的实施与执行成为对证券市场进行调控的一种重要方式。在证券市场运行的早期阶段，还没有公布和出台与之对应的法律制度，这样一来，就会导致证券市场总是处于一种不稳定的状态中。在国民党执政期间，不单单对政治统治予以了高度的重视，除此之外还选择了种种有力的方式对经济进行科学的管控。具体来说，相关部门从立法与监管机构两个不同的角度对金融市场进行了强制性干预（见表4-13）。

表4-13 1927-1949年证券立法与监管情况

类型	颁布时间	立法名称	立法机关
基本法	1929年12月26日	《公司法》	国民政府
基本法	1935年1月1日	《刑法修订》	国民政府
基本法	1946年4月12日	《公司法修订》	国民政府
专门法	1927年11月22日	《交易所暂行办法》	财政部
专门法	1929年10月3日	《交易所法》	工商部
专门法	1930年3月1日	《交易所法实施细则》	工商部
专门法	1935年4月27日	《修正交易所法》	实业部
专门法	1942年8月26日	《取缔买卖华商股票暂行规则》	汪伪政府
税收方面	1928年3月19日	《交易所税条例》	财政部
税收方面	1928年11月2日	《修正交易所税条例》	财政部
税收方面	1935年5月6日	《交易所交易税条例》	实业部
税收方面	1935年7月12日	《交易所交易税稽征简章》	实业部
税收方面	1946年9月21日	《证券交易税条例》	实业部
税收方面	1948年3月23日	《交易所税条例》	实业部
监管方面	1929年1月26日	《验换交易所及经纪人执照章程》	财政部
监管方面	1929年12月1日	《设立股份有限公司招股暂行办法》	财政部
监管方面	1931年7月16日	《交易所监理员暂行规程》	财政部、实业部
监管方面	1931年11月12日	《上海交易所监理员办公处办事规则》	财政部、实业部
监管方面	1943年9月1日	《上海交易所监理委员会组织规则》	伪实业部、财政部

续表

类型	颁布时间	立法名称	立法机关
监管方面	1943年9月7日	《上海华商证券交易所经纪人登记规则》	伪实业部
监管方面	1943年9月15日	《修正交易所上市股票审查原则》	伪监理委员会
监管方面	1943年11月7日	《修正交易所监理员规则》	伪实业部、财政部
监管方面	1946年9月4日	《修正交易所监理员暂行规程》	经济部、财政部
监管方面	1946年11月15日	《取缔证券黑市交易布告》	财政部
公债管理	1928年7月	《关于发行公债及订借款项限制案》	财政部
公债管理	1929年4月22日	《公债法原则》	国民政府
公债管理	1932年2月	《国债基金管理委员会条例》	国民政府

资料来源：刘志英：《近代上海华商证券市场研究》，学林出版社2004年版；王志华：《中国近代证券法》，北京大学出版社2005年版相关资料整理所得。

总而言之，南京国民政府提出了证券法律体系具有以下特点：

第一，证券立法明确规定，一旦证券发行者、证券交易所等发现违法行为，严惩不贷，而且优化并完善了证券交易中明令禁止的条款。1935 年《修正交易所法》指出，公务人员不得参与投机，违者必究。该法第41条规定：

公务员不得委托经纪人进行买空卖空等基础交易。

并提出，经纪人违法必重罚。这一要点主要表现在第52条规定上：

想通过散布流言、动用武力以及胁迫的方式来随意更改交易所市价的人，判处两年以下的有期徒刑，并判其缴纳六千元以下的罚金。

反观北洋政府时期制定的《证券交易所法》可知，其在证券交易所经纪人及职员违法行为的处罚规定上，仅描述了行政处分和财产处分的规定，并没有涉及刑事处罚。随着1935年后新《刑法》的颁布，首次把证券违法和刑法结合起来，开创出了“伪造有价证券罪”，使得 1929 年制定的旧《刑法》主体更加丰满。

第二，从立法体例来说，1929年的《交易所法》，是将《证券交易所法》与《物品交易所法》两种法律融合在一起产生的新的法律。1921年，北洋政府《物品交易所法》正式颁布，其推动了物品交易市场的规范和完善。推动证券交易所和物品交易所的融合，更能保障立法的完善性。从总体来说，这一立法体例有一定的优越性，主要表现在规范了立法，便于后期对这一类法律的统一管理。但也存在一定的弊端，主要表现在证券交易所和物品交易所运用的运营规则千差万别，因此在实践中，难免会出现考虑不周的情况，增加了法律条文实际操作的难度。[1]

第三，丰富了证券上市条款。因为从民十风潮到抗日战争爆发这段时期，内国公债一直是中国证券交易市场上的主体，这段时期缺乏对公司股票和公司债券的交易。所以，证券上市的相关情况并未直接呈现在法律条文中。随着太平洋战争的大规模爆发，日伪政权取代上海众业公所，公债交易衰落已成定局，使华商股票异军突起，势不可当。1943年10月，为了检验上市股票的质量是否可靠，汪伪政府交易所监理委员会审定并公布了《上市股票审查原则》。[2]太平洋战争结束后，1946年7月，上海市证券市场筹备委员会制定并公布实施了《上市证券通则》[3]。而随着《上海证券交易所股份有限公司暂行营业细则》的撰写和公布，其一举颠覆了中国近代史证券市场证券上市没有可以实施的法律条文的事实，推动了证券市场法律条文的逐步完善。

第四，推动了公司股票和债券发行的立法进程。1929年，南京国民政府以《公司条例》为基础，颁布并实施了《公司法》，1946年，进一步完善《公司法》中的法律条文，确保公司股票和债券发行能和现实情况保持一致。

南京国民政府时期，在法律规定上有一定的特点。无论是1929年颁布实施的《公司法》，还是1946年对《公司法》的进一步修订和完善，都借鉴了《公司条例》。中国近代股份公司股票和债券发行的基本法规，都以《公司律》、《公司条例》和《公司法》为前提。

直到民国时期，中国近代有关证券的专门法规才得以逐步制定并完善。无论是北洋政府时期的《证券交易所法》、还是南京国民政府时期的《交易所法》和《修正交易所法》，都在规范我国近代证券法律体系中做出了卓越

---

〔1〕 参见李本森:《中国近现代证券立法的特点及启示》，载《法学》1996年第3期。

〔2〕 参见朗成:《上市股票审查原则若干情况说明》，载《平报》1943年10月12日，第8版。

〔3〕 参见上海证券管理会:《上海证券通则》(1946年)，上海档案馆藏档案，档案号Q327/1/14。

的贡献。

由于证券市场千变万化，所以政府主管部门也要从实际情况出发，推动相关规章制度的制定和实施，从而解决实际问题。因此，后期制定的《交易所交易税条例》《交易所监理官条例》等都属于规范证券法律中不可缺失的重要主体。

中国近代以来，在证券市场中占核心主体的主要是证券交易所，所以大多数和证券相关的法律法规统一都被称为证券“交易所”法。一般来说，政府主管官厅是证券交易所章程和规则发布的主要审核人和同意者。证券交易所一直在市场运作中扮演着不可或缺的角色，它能从市场出发，推动规则的制定和实施，只需要得到相关主管部门的认可，就能规范市场主体，确保市场主体遵守相关的规章制度。证券交易所中的业务规则、规章制度以及具体运营，都需要政府的批准和认可，都有明确的法律条文，能规范市场行为，在证券市场法律体系中占据重要位置。除此之外，规范证券市场的内容也在其他部门法中得到体现，其中《刑法》规定了证券市场犯罪的处罚情况，除此之外最高法院在相关案件的判决时，也要遵循一定的法律章程，因此证券法律已然随着时代的发展，越来越规范。

总之，不管是规范股票和债券发行的公司法规，还是证券专门法规，以及政府主管部门制定的各类规章制度，还有其他部门法中对证券市场的规定等，这些和证券相对应的法律条文，推动着我国近代证券法律体系更加完善。

（一）1927年《交易所暂行办法》

1927年，南京国民政府正式建立，其废除了北洋政府时期的全部立法，但具体新法还未颁布，因此这一时期，证券交易所的现实情况可以用“无法可依”来形容。因此，1927年11月22日，南京国民政府财政部正式颁布了内含9条内容的《交易所暂行办法》，作为旧法废除，新法未颁布的过渡性条例，主要包含以下内容：

（1）在国民政府没有完善相关法律之前，此前北洋政府颁布的《交易所法》《交易所法施行细则》《交易所法附属规则》《交易所交易税条例》《交易所监理官条例》及其他与交易所相关的法律条文，都不得继续使用。

（2）从即日起，国民政府财务部接管北洋政府农商部，继续全权管理交易所相关事宜。

（3）以前北洋政府农商部颁发的相关执照全不作数，各交易所及经纪人要想继续营业，必须重新办理执照，执照的核准及给予工作一律由国民政府财务部负责。

（4）各个交易所还未缴纳的税款，一律缴纳到国民政府财务部，由财务部监理官负责核实。

（5）对本办法有异议而且不遵守本办法的交易所，不得继续营业。[1]

1929年10月3日，国民政府制定的新的《交易所法》颁布并实施，1930年3月，国民政府工商部规范了交易所细则，并推动了《交易所法施行细则》和《交易所法》的共同运用。1929年颁布的《交易所法》一共涵盖8个章节58条，和此前北洋政府颁布的《证券交易所法》相比，内容更丰富更完善，共有23条新增内容，部分新增内容有：

同一地区的物品相同，交易所数量仅为一个，如果同一地区有多个经营同类物品的交易所，限期3年内完成全部合并事宜。随着规定的实施，上海证券物品交易所和上海华商证券交易所之间的合并改组已成事实。随着两家交易所理事会的不断交谈和协商，从1993年6月1日开始，华商证券交易所合并了证券物品交易，使上海华商证券市场早日统一的美梦成为现实。[2]

对交易所组织形式进行了规定，一般来说，有股份公司制和会员制两种基本形式，早前北洋政府的《交易所法》将股份公司制作为交易所的主要组织形式，但新《交易所法》明确提出：

对交易所来说，必须从地方商业情形和买卖物品种类的具体情况出发，选用交易所组织形式。借鉴欧美各国先进经验可知，股份公司制和会员制是

---

〔1〕《交易所暂行办法》(1927年)，国民政府财政部档案，档案号三〇2/787。转引自财政部财政科学研究所、中国第二历史档案馆编：《国民政府财政金融税收档案史料（1927-1937）》，中国财政经济出版社1997年版，第711~712页。

〔2〕苏洋：《华商与物品两交易所定期合并》，载《中央银行月报》1993年第6、7期。

他们交易所中两种基本组织形式。一般来说，处于繁华地区具有雄厚资本的买卖经纪人所处的交易所中多以会员制为主；如若不然，则以公司股份制为主，通过交易资本的积累，确保经纪人不会出现信用危机。综观我国交易现状可知，公司股份制是我国交易所中最适宜的组织形式。但是立法具体表现还要从商业的变化情况入手。假如仅以公司股份制为主，未免有些局限。而且现在上海金业交易所、华商证券交易所等都有一定条件发展会员制交易形式。〔1〕

对交易所经营、经纪人资格以及监督管理做出了新的规定。新《交易所法》规定：

交易所不得为本所股票之买卖；不管是谁，都不允许在交易所外进行买卖交易；没有雄厚资产、没有信用和没有经验的商家，不能承担交易所职员和经纪人的角色；一旦交易所中的交易行为触犯了法令，扰乱公共秩序，政府有权叫停交易所业务，以至于解散交易所，政府有权停止交易所的会员营业资格。〔2〕

1929年对《交易所法》进行了修正，这一修正都是从实际存在的问题出发制定的具体问题解决方法，这一法律有一定的适用性。

1935年4月27日，南京国民政府实业部推动了《修正交易所法》的颁布和实施，这一法律的颁布在揭发证券市场中存在的内幕交易和政府官员操纵市场行为中扮演着重要作用。这一法律一共有8大章内容，总体分为61条法律法规。相比于 1929 年《交易所法》，添加了新的条款，主要表现在：第41条：

公务员不得委托证券交易所经纪人或会员进行买卖空等基础交易。

《交易所法》第47条：

触犯第十五条或第十六条规定的相关从业者，处罚五千元罚款，并责令整改。

---

〔1〕 文红宇主编：《中国期货交易法律知识全书》，法律出版社1994年版，第995页。

〔2〕 参见上海市档案馆编：《旧上海的证券交易所》，上海古籍出版社1992年版，第294~300页。

《交易所法》第15条：

经纪人或会员不能在其他同样交易所中进行同样一种买卖。

《交易所法》第16条：

除了实业部核准的经纪人可以代办介绍，传达交易所买卖委托之外，其余任何人都无权进行此项操作。

《交易所法》第48条：

触犯第三十一条规定的人，无论是经纪人还是公务员亦或是会员，都需要进行相罚款，若有触犯刑法的行为，依据相关刑法法规处罚，严惩不贷。

《交易所法》第31条：

股份有限公司组织的交易所必须依据章程办事，买卖双方交付的本证据金金额必须在买卖登记价格的百分之八以上。

《交易所法》第31条第3项：

股份有限公司交易所买卖双方缴纳证据金金额、物品交易和棉纱的最低限度，还规定了证券交易和金业交易的最低限度，前者在百分之八以上，后者在百分之五以上。

《交易所法》第38条增加了新的规定：

一旦买卖成功，须由交易所双方经纪人或会员签字才算最终交易完成。

《交易所法》在原第42条的基础上进行了进一步的解释说明：

交易所监理员需要依从实业部的安排，合理检查交易所业务数据、财产以及经纪人或会员薄据，除此之外还要关注市场变动情况。交易所职员、经纪人和会员在监理员检查过程中需要全程配合，答疑解难，确保检查工作的顺利进行。监察院必须时刻派遣监理员，对交易所一切情况进行监督执行。[1]

通过对比可知，1935 年《修正交易所法》的实施，将证券市场违法行为的监管看作主要内容，严厉打击了市场操纵及内幕交易等违法行为，之所以对这部法律进行修正，主要是为了：

---

〔1〕 上海市档案馆编:《旧上海的证券交易所》，上海古籍出版社1992 年版，第 331~337 页。

取缔公务员在买卖空方面的投机交易行为，使得公务人员不能在交易所中进行买空卖空交易。[1]

（二）1929年《公司法》及1946年《公司法》修订

中国近代法制取得建设性成效之时，中国正处于南京国民政府统治时期。南京国民政府建立后，便积极修订完善北洋政府时期遗留的各种法律法规。从1929年开始，南京国民政府从实际情况出发颁布了一系列法律法规，尤其是《公司法》，内含6大章内容，法律条数最高可达233条。这6大章内容的基本分布情况分别为：第1章　通则；第2章　无限公司；第3章　两合公司；第4章　股份有限公司；第5章　股份两合公司；第6章　罚则等内容。

《公司法》是在北洋政府《公司条例》基础上进行修订和完善的，在内容介绍上，详细介绍了股份有限公司的相关内容，充实并丰富了公司在股票和上市上的角色扮演。与《公司条例》相比，进行了如下方面的修正：

（1）认购股份者首次应缴股款从不得低于票面金额的1/4提高到1/2。

（2）明确规定在股款缴足后，公司发起人必须在三个月内召集创立大会，否则不能视为公司成立。

（3）规定每股面额必须在20元以上，只需要满足缴纳要求，就可降低缴纳面额。

（4）一旦公司进行无记名股票的发布，则无记名股票股数必须处于总股票数的1/3以下。[2]

1929年南京国民政府颁布的《公司法》是对北洋政府《公司条例》的进一步修订与完善，其将更多的篇幅用来描述和介绍股票发行和上市交易，因此详细地描写了股份有限公司的相关情况。在对股份有限公司的介绍中提出，募集设立和发起设立都能设立公司，只要发起人成立公司时是以股份制为主的即可，除此之外，随着发起人认足法定股份后，公司成立时必须招募

---

〔1〕 严章：《制止公务员投机》，载《钱业月报》1935年5月19日，第5版。

〔2〕 上海市档案馆编：《旧中国的股份制（1868 年–1949 年）》，中国档案出版社1996 年版，第290~295页。

到足够的股份份额，才算公司正式成立。在对公司第一次股款缴纳的规定上，《公司条例》规定第一次缴纳股款必须要大于1/4，而《公司法》规定，第一次缴纳股款必须大于1/2；股票面额要大于20元；股票发行必须处于平价或溢价状态，折价发行不符合《公司法》对股票的基本规定。

1946年南京国民政府又在现有的基础上对《公司法》进行了进一步的修订和丰富，共提出360条相关法律，随着修订，这一版的《公司法》不仅内容丰富，而且规定完善具体。在这版中，对公司债的募集程序进行了简化，旧《公司法》规定，公司债发行，只需要股东会特别决议认可即可，而新的《公司法》提出，董事会决议，一致通过即可发行公司债。但这项规定过于简陋，因虽说董事会决议后公司即可募集债券，但公司股份根本没有缴足，和前项规定自相矛盾。公司额定股份总数一旦没有缴足，就必须先缴足股价，然后进行债券募集。一旦违反这一流程，就会使公司内部鸡犬不宁，不利于公司债券的正常发行，这也是新《公司法》中存在的一个显著弊端。

（三）1929年的《交易所法》及其施行细则

南京国民政府期间，整合归纳了北洋政府期间颁布的《物品交易法》，使其内涵更加具体，因此在1929年10月3日正式颁布实施《交易所法》，此后一年，工商部又明确其细则，进一步确定了《交易所法施行细则》，使其和《交易所法》结合起来运用。总体来说，《交易所法》内含8个章节58条重要内容，章节分布如下：第1章　交易所设立；第2章　交易所组织；第3章　经纪人及会员介绍；第4章　职员介绍；第5章　买卖介绍；第6章　监督介绍；第7章　罚则；第8章　附则。施行细则也涵盖了40条内容。

《交易所法》和《证券交易所法》相比较，新增了23条重要内容，是对前一法律法规的进一步完善，具体新增的法律条文有：

（1）交易所组织有股份公司制和会员制等两种基本形式；

（2）交易法经纪人资格限制上有了明显的区别，旧法严禁妇女作为证券交易所经纪人，新法则严禁无行为能力者作为证券交易所经纪人；

（3）罚则部分得到了进一步的丰富，新法明确规定，如有必要，追加违法者刑事责任，而旧法规定，处罚违法者的罚金，追究其财产；

（4）对经纪人和委托人在交易所保证金缴纳数额的多少上进行了进一步的规定，而且丰富了保证金缴纳的法律条文。

（四）1935年《修正交易所法》

1935年4月，南京国民政府在《交易所法》的基础上，进一步颁布施行了《修正交易所法》，从总体来看，和前者相比，章节没变，章目也没变，但对具体条款进行了进一步的细分和增加，使其增至61条。确定实业部是核准考察交易所设定和其他各项的主要负责人。总体来说，相比于原《交易所法》，《修正交易所法》增加了以下内容：

第41条：

公务员不得委托证券交易所经纪人或会员进行买卖空交易。

第47条：

违背第十五条或第十六条之规定者，一旦经纪人或会员使用支店或其他名义承揽相同买卖，将被处以五千元罚款；未经实业部核准，任何人都不能进行交易所的代办介绍和传达交易业务，即使是经纪人和会员，也需要获得实业部的批准。

第48条：

违背了第三十一条规定的经纪人、会员和公务员，都需要进行相应的处罚，一旦涉及或触犯其他刑法规定，则以法律的规章制度为主。

第31条：

股份有限公司在进行交易所的组织中，必须从具体章程出发，确保买卖双方的本证据金和具体要求相一致，总体来说，其金额必须在买卖登记价格的百分之八以上。

第38条：

经纪人或会员受人所托进行买卖交易时，必须依据不同的交易所，向委托方提供不同的计算方法。一旦买卖成交，则交易所双方经纪人或会员签字后即可生效，一旦经纪人或会员违背相关规定，则处罚条例以第五十三条为主。

第43条：

交易所监理员需要依从实业部的安排，合理检查交易所业务数据、财产以及经纪人或会员薄据，除此之外还要关注市场变动情况。交易所职员、经纪人和会员在监理员检查过程中需要全程配合，答疑解难，确保检查工作的顺利进行。监察院必须时刻派遣监理员，对交易所一切情况进行监督执行。

除此之外，将条款里面的21处的工商部改为实业部。[1]这是从证券交易在物品交易过程中出现的问题出发进行的进一步调整。

（五）1935年《交易所交易税条例》

1928年11月，南京国民政府财政部通过借鉴北洋政府的《交易所课税条例》，推出了《修正交易所税条例》的颁布和实施。在《修正交易所税条例》中明确规定，累进税制是基本制度，盈余 1 万元以内者免税、盈余满1万者课7.5%、满5万者课10%、满10万者课12.5%、满15万者课15%、满20万者课17.5%、满25万者课20%、满30万元者课25%。[2]由于上海交易所联合会的强烈反对，因此税率得到了显著的降低。

北洋政府时期，证券交易税主要将交易所作为征税的主体对象，而证券交易双方不需征税。随着时代的发展和证券交易市场的不断活跃，南京国民政府不仅对交易所进行了征税，而且对交易双方进行了征税，希望以此来推动自身财政收入的增加。因此，1935年推动《交易所交易税条例》的颁布和实施，其具体规定如下：

（1）有价证券依据买卖约定的价格进行相应的征税，买卖价格在百元以内的数目以百元计算，现货交易不属于有价证券的征税类型。在七日内履行相应征税交易的，以万分之四为基本税率，在七日之外履行相应交易的，以万分之七为基本税率。在有价证券征税过程中，政府发行的公债、库券交易

〔1〕 参见张言：《交易所监理员实施细则》，载国民政府立法院秘书处编：《立法院公报》1935年第69期。

〔2〕 参见《国民政府核准备案之修正交易所税条例》（1928年），中国第二历史档案馆馆藏档案，档案号三〇五/28。

不包含在内。

（2）在交易所进行买卖成交过程中，交易税的征收是以规定税率为主，原经纪人需要在其中起到中间角色，向买卖双方当事人进行征税，交付于交易所汇同转解；如经纪人不为附征交付，或交付不足额时，交易所应负责代交。

（3）交易所应将逐日成交数量及价格于次日填具清表，报告交易所监理员核明，并将应纳交易税税款径交国库。

（4）交易所监理员有检查监督交易所账册和经纪人账册的权利，通过查核确保交易成交数量和价格和实际情况保持一致。

（5）交易所在规定期限之外报告的，或报告中某些情况不真实的，必须对其进行相应处罚，一般500元罚金；若交易所出现偷税漏税现象，不仅需要征收其应纳税额，而且要对其进行进一步的处罚，一般来说漏税处以十倍至三十倍左右的罚金。如果是经纪人的个人原因导致交易所犯错，则追究经纪人的个人责任。

（6）交易所交易物品之种类，如有增加或变更，应依立法程序修订税率，征收交易税。

（7）如果监理员没有确定交易所的地方交易所，则地方财政机关或银行，依旧可以根据实际情况，设置相应的交易税，最终统一归财政部负责。〔1〕

（六）1946年《证券交易税条例》

随着抗战的结束，国民政府重新修订了《交易所交易税条例》，在1946年9月21日颁布实施了新的《证券交易税条例》。具体内容如下：

（1）有价证券以整数计算，不足万元的按万元计算，现货交易征收万分之五的交易税；在七日内缴纳交易税的，征收万分之十五的交易税，在七日之外缴纳交易税的，征收万分之二十的交易税。

（2）政府公债，现货交易不需要缴纳相应的交易税，除此之外，以七日

---

〔1〕 上海市档案馆编：《旧上海的证券交易所》，上海古籍出版社1992年版，第338页。

为交易期限的分界点，在七日内交易完成的政府公债，征收万分之五的交易税；在七日之外交易完成的政府公债，征收万分之十的交易税。

（3）征税针对主体是卖方，交易所统一汇缴，经纪人在其中扮演着代扣者的角色。

（4）交易所应逐日将成交数量、价格及应纳税额报告主管征收机关，将税款逞缴国库。各地主管征税机关必须时刻警惕，确保随时知晓交易所和经纪人的相关成交情况，具体到成交数量和具体成交价格。[1]

1948年3月，国民政府在原基础上进一步颁布实施了《交易所税条例》，明确规定，必须要将交易所总收益额的6%拿来当作交易税，具体征税方式以月税为主，交易所必须在每月初五之前对上月交易具体情况和总体收益进行一个核算，并通知当地征收机关，然后根据具体要求缴纳税款。必要时主管征收机关可会同交易所监理员随时抽查交易所各项账册。交易所不依规定申报缴税，科以1000万元至3000万元之罚款，隐瞒或报假者，不仅要补交应纳税额，而且要缴纳相应漏税罚款，一般罚款比例是应缴税额的10倍到30倍左右。[2]

二、股票交易和发行的法律制度

抗战时期，生灵涂炭，大上海面临沦陷，20世纪40年代末，西商上海股份公所被取缔，日伪政府加大对华商股票的投入，使华商股票交易曾一度达到巅峰，各个股票公司从中崛起，扛起肩负天下的大任。这使以专门经营股票的公司异军突起，1940仅有10家股票公司，但两年后股票公司增加到127家，可见其发展之迅速。由于缺乏统一的证券市场，投机之事随处可见。1942年8月26日汪伪政权通过《取缔买卖华商股票暂行规则》第12条的发布，重点查封了一大批股票公司。[3]1943年以后，上海华商证券交易所，通过对经纪人的

〔1〕《证券交易税条例》，载《证券市场》1946年第1期。

〔2〕参见《上海华商证券交易所致上海市银行业同业公会函及呈财政部文》（1948年），上海市档案馆馆藏档案，档案号S173/1/321。

〔3〕参见吴毅堂编著：《中国股票年鉴·中国股票论》，中国股票年鉴社1947年版，第31页。

核查，推动了股份公司的进一步增加，截至1943年年底，股份公司增加到300家。[1]

抗战胜利后，上海证券市场筹备委员会于1946年7月9日正式发布公告指出：

只要是上海市的银行、钱庄、信托公司和证券公司等和投资业务相关的公司，只需上交法人或个人经纪人的申请书并送进去审查，就能向外商销售证券业务。只要在上海市营业五年以上的各个证券交易公司，法人和经纪人都可以通过办理相关证件来核准注册，合理合法的进行营业执照的批复和发放。[2]

上海证券交易所于1946年9月9日正式开业，通过经纪人核准，最终发现个人经纪人和法人经纪人各占较大比例，总体来说个人经纪人占比较大，有160多家，而法人经纪人有50多家，经纪人总体超过245家。[3]这也奠定了证券交易所经纪人的实力巅峰时期。

随着股票市场的迅猛发展，1945年8月，华北有价证券交易所内达到开业顶峰期，据统计，申请参加的经纪人共有170多家，但最终符合开业条件的只有50多家。1948年2月16日，天津证券交易所正式开业，98家核准的经纪人在其中大展拳脚。[4]1949年6月1日，39家经纪人在天津证券交易所隆重开业。[5]

中国近代出现的证券交易所数不胜数，但仅有几个能靠良好的运营坚持到最后，比如，北京证券交易所和天津证券交易所一直靠着良好的运营位居高位，直到1952年才得以最终被关闭。最让人称道的以上海证券交易所为主。无论是北京证券交易所还是天津、上海证券交易所，都有共同的特点，早在设立之初就审核批准了具体的规章制度和营业细则。政府规定，证券交易所全权制定证券市场的业务规范，证券法规在上面仅以纲领性规定来展

〔1〕 参见周战：《上海华商证券交易所实施细则》，载《申报》1943年12月14日，第9版。
〔2〕 吴优：《上海证券交易所审查规则》，载《银行周报》1943年第28号（期）。
〔3〕 参见匡家在：《旧中国证券市场初探》，载《中国经济史研究》1994年第4期。
〔4〕 参见郝京：《天津证券交易所的审查细则》，载《银行周报》1948年第16期。
〔5〕 参见武力：《建国后第一家证券交易所的建立与结束》，载《经济研究资料》1992年第7期。

现。从总体来看，这些规则都是长期形成的，具有一定借鉴意义，所以操作性更强，在证券市场的正常运行中扮演着重要作用。每个证券交易所的营业细则在业务变更和其他方面都作用显著。其中最为出名的是上海华商证券交易所的营业规则，随着时代的发展，上海华商证券交易所的营业细则从最开始的55条到1928年的82条，可见营业细则的重要性。

1946年7月3日，财政部结合经济部，共同发布实施《上海证券交易所股份有限公司暂行营业细则》，这一细则相比于原来的增加了94条新内容，对"证券上市"做了详细的描写和介绍。[1]随着1929年《交易所法》的颁布和实施，证券交易所经纪人具体资格首次出现在人们的视野中，但那是原则性规定较多，其具体要求一律可在交易所营业细则中找到答案。

政府主管机构统筹营业细则的一切事项，具体内容涵盖14章94条内容，主要表现在开市闭市及休假日、经纪人代理人与营业员、经纪人公会、证券上市等多方面，与此同时受托、交易、保证金及证据金、经手费及佣金、计算、交割、违约处分及赔偿责任、公断、制裁、附则等也是细则中的重点展现内容。这一规则是财政部和经济部共同批准实施的又一准则，极具法律效力。

分析中国近代的证券交易市场可知，证券交易所一直是其中的重要主体，这是由于证券交易所能在市场交易和管理中通过各种规则的制定对种种的交易行为起到一点限制作用。总体来说，由于证券交易所的性质具有专业性和特殊性，所以能在政府机关的统筹下成为证券交易市场中不可或缺的一道靓丽风景。证券交易所通过发布公告的形式来公布具体的规则，并且每一经纪人都要依据一定的规章制度办事。在这方面，上海证券交易所就做得很好，通过《买卖零股办法》《套利交易暂行办法》《防止挂失股票流通办法》等规章制度的制定和出台，帮助自己省了不少事。[2]

（一）股票发行以股份有限公司的设立登记为必要条件

股份有限公司发行股票的前提条件是这一公司的设立必须具备一定的合法性，由于股票的发行和股份公司的存在是息息相关的，所以，为了确保

---

〔1〕 参见上海市档案馆编：《旧上海的证券交易所》，上海古籍出版社1992年版，第181页。

〔2〕 上海市档案馆编：《旧上海的证券交易所》，上海古籍出版社1992年版，第198页。

股票的顺利发行,《公司律》《公司条例》《公司法》都明确提出了股份公司发行股票需要注意的各种事项,具体表现如下:

《公司律》第27条提出:

公司必须以第二十一条声明为公司存在的前提条件,并遵循公司各项声明,才有刊发股票的权利,没有遵循这些声明的公司,无权刊发股票。

《公司律》第21条提出:

公司成立之前需要相应材料的整理和收集,待资料全部收集后,再去商部注册公司。

《公司条例》第128条提出:

没有设立公司就进行股票发行的,其股票都是无效的。

《公司法》第140条提出:

只有设立公司后才能发行股票;一旦违反前项规定,不仅公司发行的股票没有法律效应,而且持票人有权要求发行股票人赔偿自己的一切损失。

相比于《公司律》,《公司条例》丰富了相关规定,但《公司法》的严谨性更强,考虑得更加周到,不仅提出,没有注册登记的股份公司无权发行股票,而且提出一旦这公司死不悔改,发行人需要承担赔偿一切事宜,使认股人的权利得到了很好的保护。

市面上关于有价证券的流通,一般都和物品流通差不多,公司如果没有设立登记,其发行的股票就没有法律保护效益,一旦出现交易问题,就会呈现许多弊端,所以公司要想发行股票,就必须要登记。[1]

上文提出的股票发行,具体指的是股票的交付部分,而股票的招募、认股并未参与在内。公司只有设立登记完成后,才能按时交付认股人认购的股票。一旦出现提前交付股票的情况,但是公司设立失败,则公司需要赔偿认股人的一切损失。

《公司法》第87条明确规定,股份有限公司的发起人个数必须有7个,而且这7个发起人中,必须有4个人是在国内工作生活。《修订公司法》第133条

〔1〕 参见许安标:《公司法释义》,农村读物出版社2005年版,第92~93页。

第2款规定，发起人认股占据总额的1/10左右，《修订公司法》第160条规定，公司设立一年内，发起人的股份认筹不得人为转让。

（二）股份金额及最小面额

同一次发行的股票，金额必须确保统一，这对统计和管理股份有一定的重要意义，更重要的是，这有利于公司内在精神的完美体现。所以，《公司律》第24条规定：

股份银数必须划一，不得参差。

此后各项公司法规，都有这一条款的内容。

《公司条例》提出，股票票面金额一般分为50元一股和20元一股等两种表现形式，如果是分期缴纳，则以50元一股为主，如果是一次性缴纳，则以20元一股为主。

《公司法》提出，股票票面金额分为20元一股和10元一股两种表现形式。在这上面，提出要不断鼓励中小投资者，对出资有强大兴趣的以小额股份为主，这种临时措施虽然能够实行，但并非长久之计，总体来说会对投资者的利益产生影响，所以为了方便交易，从抗战时期开始，股票面额大多是小额10元。

每一股都是独立固定的，股票面额已经固定的，不能再对此进行划分。如果出现多人共同持有一份股票的情况，那么这些人中必须要有一个人站出来，行驶股东权利。[1]

（三）股票形式

《公司条例》第129条明确规定，公司发行的股票需要披露以下信息，首先是股票编号，其次是下列信息：第一，股票必须展示公司商号；第二，股票必须展示其注册的年月日信息；第三，股票必须展示其总额数和每股面值；第四，一旦股票中有一定的优先股，那么需要规定其具有的行使权利；第五，规定不同的股份缴纳者需要缴纳的股银数值。

《公司条例》第140条规定，需要对发行优先股股票进行特别的记载，对

〔1〕参见鲍乐蒂：《股票及其发行》，载《企业周刊》1943年第38号（期）。

公司来说，随着优先股的发行，公司必须在股票编号下方注明字样，便于区分优先股和一般股。

《修订公司法》第159条提出：

股票编号、各项注意事项等都必须提前标注，最后由董事签字盖章，具体内容展现包括：公司名称；公司设立登记年月日；公司股数总额及每股金额；公司股款分期缴纳者其每次分缴具体金额；区别优先股和一般股的相应字样；股票具体发行时间等。记名股票的所有者是一样，必须根据具体情况进行记名。

上述内容都是股票发行的必备装备，如果缺失则表明这一股票没有一定的法律效力。

（四）信息披露制度

信息披露制度的建立，推动了现代各国证券法律制度的建立，在投资者的投资决策中扮演着重要作用，也是投资者权益的重要保障，其中信息披露的真实性、及时性作用显著。企业需要公开真实的内容，确保自身的信用原则不被违背。对信息公开法律制度来说，及时性是第一要务，比如，股票公司仅在股票发行后才公开披露相关信息，那么这对投资者的投资判断根本没有一点意义。除此之外，发行人需要准备相应材料，通过媒体的作用随时展示自己，确保公众能得以随时查阅和随时了解最新动态。

虽然近代中国没有完备的股份公司制度和没有公开透明的信息公开制度。但法律仍对其有规定。股份有限公司是合资公司的一种体现，这是区别于传统家族产业的一种公司形式，由于股份公司有一定的商业秘密，所以其股份认购多以不特定公众为主。对一般公众来说，如果对一个公司了解不深，则没有底气去认购这家公司的股票，因为认购股票的前提是获取相应的利益，只有确保其利益符合内心所需，才能认购股票，确保投资的顺利进行。所以，法律明确规定，发行股票的公司在股票发行前必须披露一定的股票信息，而且其公告形式也必须根据相应要求撰写。

《公司律》第16条提出：

股份公司要想进行招股，首先是通过公告的形式告知众人，在其告知单上需要有以下内容：首先是公司名号和公司的具体发展方向，介绍公司贸易情况；介绍公司设立地方；介绍创办人个人的相关情况；介绍公司总股数和照每股银数的多少，介绍招股需要缴纳的税款多少；介绍创办人如何从中获利，介绍创办人在银钱交易中的相关合同。

然而，近代中国没有对这方面的法律规定进行进一步的阐述。在实际生活中，公司具体发展状况颇受证票商的关注。有些公司通过刊登公司内部的重大举措，为投资者提供一定的方便，与此同时也增加了公司的名气。而且这种手段，对证券交易价格的维稳十分重要。但从总体来说，这些都是商事习惯，没有相对应的法律条文加持，这是证券法规表现的最不健全的地方，需要得到进一步的改正。

（五）新股发行

股份公司股票发行有两种方式，初次发行和二次发行。上述讲述的是股票的初次发行，但二次发行才符合新股的发行要求，具体原因如下：筹集资金，扩展资本领域，由于股份公司有增加股款金额、公司债券的发行和公司新股的募集三种筹集资金的方式。要想增加股款金额，需要得到全体股东的同意，所以实施起来十分困难。而公司债券不是公司资本的体现，虽然可以通过募集来满足需求，但有一定的时间期限，所以也行不通。所以想要筹集资金扩大公司资本，就只能通过募集新股的方式来实现。

1.股票发行价格及股款的缴纳

《公司法》第96条规定：

股票发行价格要高于票面金额，第一次应缴股款占票面金额的一半左右。股票在发行中必须保持发行的平价性和溢价性，不能比票面金额还低。

之所以这样规定，是为了减少人们为追求钱财利益来发行股票，这样会损失不明真相者的利益，导致他们最终出现上当受骗现象。而且，股份有限公司仅对公司债务负责，一旦其发行股票比票面价格还低，并不利于债权人利益的保障，使交易具有一定的危险因素。

普通股票溢价发行，除了能够扩展公司财力外，更在债权方面作用显著。然而，中国近代公司要想溢价发行股票，离不开下述条件：首先，公司必须有远大的营业前途，利益可观，这样的公司即使股票溢价发行，仍然有人认购；其次，公司必须将提存公积金作为实力的代表，这样的公司溢价发行也有一定的吸引力；最后，公司开办不久，公积金丰厚，通过新股票的发行来增加自身资本，则新股东需要多缴纳一些股款。由于同一公司的股票金额都是一样的，所以溢价发行更有助于吸引新股东的注意力。

根据《公司法》第94、97条的规定，假如公司在初创时期就采用溢价发行法，那么认股人必须明确注明自身的认缴溢价额，确保股款本额和溢价额都能得到缴纳，缴纳方式有一次性缴纳和分期缴纳等两种方式。

从第一次缴款额来说，《公司律》和《公司条例》都明确规定，其缴款金额是票面金额的1/4左右。后来《公司法》调整到第一次缴款额是票面金额的1/2，是实践后的调整，但从总体来看，这一调整还是存在诸多问题。

2.新股发行的条件

（1）发行新股应有股东会的决议

公司通过发行新股的方式去增加公司资本，是一件十分重要的事情，《公司法》第186条法律明文规定：

股东会议能为公司变更章程和资本增减提供方便因此发行新股必须要经过股东大会的决议，否则就是一种违法行为，其发行没有一定的法律效应。

由于增加资本的决议十分重要，所以股东会议是大大区别于一般决议的，需要满足以下要求：

必须股东过半数参加会议进行举手表决，一旦出席股东中表决同一发行新股的人数占据总人数的三分之二，即可进行新股发行。[1]

由于普通决议中，过半数股东同意即可生效，但新股发行最少需要2/3股东的同意。但这不是硬性要求，还有一定的上升空间，《公司法》第186条提出：

一旦出席股东没有达到预定额，那么出席股东通过表决进行假决议，通

〔1〕 王效文：《公司法·股份有限公司》，载《现代法学》（第1卷）1931年第8期。

过无记名投票，公告假决议最后决定，在一个月内重新召开股东大会，通过出席股东表决的多少来衡量决议是否实施，一般来说出席股东表决过半，则表决最后即可通过。

此外，《公司法》第189条提出：

在进行新股发行和资本增加决议上，如果股东会通过这一诉求，就要查看公司以往股票的发行情况，若以往有发行优先股的事实，那么股东还要召开股东会讨论优先股发行的相关问题。

由于公司新股的发行会对优先股股东利益产生一定影响，基于此，法律也做了相应规定。

（2）《公司法》第187条提出：

公司非收足股款后，禁止资本增加。由于公司资本增加的主要目的是减少匮乏现象，然而股款还未收齐，法律就要对其严加限制，否则会出现新股发行，危害公司，损伤股东利益等行为的出现。[1]

（3）从《公司法》第188条可知：

公司为了提升本公司实力，能够进行优先股的发行，但必须明确优先股的具体范围。由于一旦公司营业业绩惨淡，就很难进行新股募集。除了通过优先股的发行来吸引注意力外，优先股的权利范围也必须有明确的说明，这对优先股股东权利的保障和普通股股东地位的提升上都有帮助。一旦公司在新股票中发行优先股，那么只要章程出现变化，持有优先股股东的利益肯定会受到一定程度的损害。

根据《公司法》第189条的规定可知：

股东会决议后，优先股东继续开会，只要优先股东中有三分之二的股东通过“假决议”支持此项决定，表明这一目标能够顺利达成。

（六）新股发行的程序

《公司法》第190条，借鉴了英德两国的法例：

公司在新股募集中，必须首先分认旧股东，然后进行新的招募。

---

〔1〕 王效文：《公司法·股份有限公司》，载《现代法学》（第1卷）1931年第8期。

之所以这样立法，是由于公司新股的添招，能够获取一定的利益。即使公司最终资本亏损，也不会影响新股的发行和完善。

1.认股书

公司在添募新股的过程中，董事必须通过联单式认股书认股，通过对各项事项的深入了解后，认股人需要表述其认股金额、具体住所，然后进行签字盖章。除此之外，公司具体名称、营业主要范围、股份总数及每股金额、店铺准确地址、如何公告、怎样当选董事及监察人、如何进行优先股的发行和认购、如何确定溢价发行金额以及其他各方面的事情，都必须涵盖在认股书内。

2.募集报告

股份有限公司募集新股，主要是推进自身资本的增加。因此，随着新股的认定，董事必须在第一时间收纳新股东的应缴股款，假如其应缴股款比票面金额还高，那么新股东必须同时缴纳溢价款和第一次股款。款项收全后，董事通过股东大会的召开，对募集新股的相关事项进行统一说明。由于发行新股是公司慎重考虑后决定的事情，所以董事在其中扮演着发起人的角色。公司创办后通过创立会的召集，给股东一个交代。而新股发行后，创立会中出席的有旧股东和新股东，虽然两者都有需要缴纳的股款，但两者存在一些差别。然而从应享权力来说，两者所享受的权力都是一致的。

3.新股登记

股份有限公司在募集新股的过程中，需要登记审查。审查没有结束之前，公司不得进行新股的发行。《公司法》第192条规定：

> 新股募集第一次股款收足并召集股东会后，董事必须在半个月内登记不同主管的发言，在登记过程中主要包含以下内容：增加资本具体的数额；增加资本准确的年月日；各新股已缴股款情况；发行优先股具备的权利；优先股总额数和每股金额数的具体展现。

4.新股股票应载事项

股份有限公司在发行股票之前，必须由董事会进行签字盖章，一般董事会在3人以上最好，新股的发行符合股票发行必备标准，根据《公司法》第

196条可知：

公司在进行新股的招募和发行过程中，必须对其股数和注意事项进行一个详细的说明，董事五人以上进行签字盖章才算最终生效。其内容重点包括：公司具体名称；增加股份总数及每股金额；发行优先股者所应具备的权利有哪些？如何增加股份股款，如何缴纳金额，是否需要分别缴纳。

5.股票发行的程序

（1）主管官署备案

《修订公司法》第133条规定：

发起人在招募股份过程中，必须首先向主管官署备案，具体备案情况如下：首先，营业计划书备案；其次，发起人姓名、经历和认股数目的备案；再次，招股具体章程的备案；最后，募股最后期限的备案。备案完成后，才能进行招股工作。一般来说，主管官署就是中央经济部下辖的社会局。

（2）发起人备具认股书

《修订公司法》第135条明确提出：

认股书内含招股章程，认股人在认股书上需要对自己的认股数、认股金额和具体住址进行详细的填写，并通过签名盖章确定最终的认股成效。

（七）缴纳股款

《修订公司法》第138条明确规定：

随着股份招募的逐渐完成，发起人必须首先对各认股人进行股款催缴盖章。当其股款金额超过票面金额时，认股人必须同时缴纳第一笔认股款和溢价额。

（八）公司申请设立登记

随着第一次股款的顺利缴纳，发起人必须在第2个月内通过创立会的开展，选择公司董事，并在半个月里向主管官署报备登记，其登记内容如下所示：

第一是公司具体名称；第二是所营事业；第三是公司股份总额及每股金额；第四是本公司、分公司具体住所；第五是具体的公司公告方法；第六是具体的董事及监察人人数介绍和任期情况；第七是确定订立章程的年月日；第八是对各股已缴金额的汇总和展示；第九是详细介绍董事及监察人的姓名、住所；第十是对具体解散事由进行说明。（第一百二十七条、第一百五十一条）只要公司登记完成，认股人的股份就是确定的，不得随意更改（第一百五十二条）。这能进一步保障债权人的利益。

（九）交付股票

股份有限公司只有完成全部登记后，才能根据认股人的认股情况进行股票交付。公司没有进行登记之前，没有发行股票的权利。在登记设立前交付的股票也是不作数的，若因此损失了投资者的利益，则发行人必须对其进行相应的赔偿。

《公司法》提出，董事5人签字盖章后股票才作数，《修订公司法》对其进行了进一步修改，认为董事3人以上签字盖章后，股票即可作数。因此，上海证券交易所章程明确规定，只需3名董事签字盖章，交易所股票即可顺利发行。[1]

三、证券交易方式和禁止交易的法律制度

虽然南京国民政府早在《交易所法》中提出，交易所组织原则有股份公司制和会员制两种形式，但直到1949年国民政府撤离到我国台湾地区，交易所仍然将股份公司制作为主要形式。所以，探究民国证券市场可知，股份制证券交易所一直占据民国的主流。

就股票上市和现期交易来说，1946年国民政府将现期交易作为主体交易类型，直到1949年国民政府《上海证券交易所复业办法》的出台，才改变了一直以来的看法，其第3条提出：

上海证券交易所的所有证券，只有政府能够做期货，其余的证券都以现货为主。[2]

如上所述，现货交易的款货交割时间会随着市场形势的变化而变化，具

---

〔1〕《上海证券交易所股份有限公司章程》第8条，1946年9月3日发起人会通过。

〔2〕上海档案馆编：《旧上海的证券交易所》，中国古籍出版社1992年版，第260页。

体表现在：前市成交，当天即可交割，后期成交，次日才可交割。假如次日是交易所闭市的时间，那么依据相关情况进行划分，一般来说有当日下午交割和下一开市日交割两种表现方法。

（一）证券交易方式种类

1.定期交易

关于“定期交易”又称定期买卖，即证券期货交易，国民政府期间的新修改如下：

1935年的《修正交易所法》是在1929 年《交易所法》基础上进一步修订的，其第28条指出：

有价证券在交易所的买卖期限必须在三个月之内。

《上海华商证券交易所业务规则》第13条提出：

定期买卖有三种期数的划分，首先是本月份定期买卖，其次是下月份定期买卖，最后是再下月份定期买卖。一般来说，本月份定期买卖的交货日是月底，在阳历买卖中盛行，对交货日和交货时间都有相应的要求。

《北平证券交易所业务规则》[1]第7条指出：

本月份的定期买卖有自己固定的停止交易时间，一般设定在交割期前两天，一到这时，买卖结束。

第30条：

一旦遇到交割期，就必须在交割期当天下午三点之前将各项买卖交割分布清楚。

第33条：

如果是定期买卖想要提前交割，只需要交割双方同意，即可办理。

2.约期交易

“约期交易”，别名“立限交易”，指的是双方约定一定时期，自行进行交易。这是一种新型规定，由国民政府颁布实施。

1949年1月，股市持续低迷，上海交易所抱着刺激的心态通过增加佣金

〔1〕 南京国民政府时期，北京证券交易所改称北平证券交易所。

的形式，将买卖的注意力吸引到自身来。在1949年1月4日正式进行便交交易。便交交易是新一种期货交易，在这项交易中，以永纱纱厂为代表的14只股票率先开启了便交交易的风潮。[1]证券交易所之所以大幅度调整便交办法，主要就是为了活跃市场，推动交易的进一步进行。

3.递延交割

抗日战争前期，以北京、上海为代表的证券交易所都提供定期买卖。随着1946年9月，上海交易所隆重开业，现货交易成为交易所的主流交易。《上海证券交易所暂行营业细则》第54条提出：

本所债券、股票市场，都主要以现货交易呈现出来。

然而现货交易在证券交易所营业初期表现并不太乐观。1946年11月14日，国民政府财政部、经济部推行《上海证券交易所递延交割试行办法》及《递延交割之本证据金及追加证据金缴纳办法》，[2]具体内容如下：

（一）现以永纱为主的六种股票试水，进行递延交割交易，具体成交单位和交易方式都符合现期交易习惯，推行现期交易和递延交割交易共同发展，但需要分别使用，避免混为一谈。

（二）交割期限：暂定交割期以星期为单位，每星期五是最主要的交割期，每期的递延交割交易必须在星期四前开启，到下星期三后停止，递延交割交易停止后，仅以现货交易为主。两者的交割办法都是一样的。

（三）本证据金：从成交价银入手，成交价银的百分之三十就是本证据金的收取标准，但其中有百分之十的本证据金需要进行现金缴纳，其余的百分之二十的本证据金以证券代替。证券按照本市价的七折计算，只要交割完成，重新发放证券。

（四）追加证据金：一旦市价出现涨跌现象导致损额情况突出时，以具体的损额情况征收。假如交易苏呢严重，但是其他交易盈余充足，可以通过抵充的形式减少净损额的缴纳比例。交割完成后进一步发放。

上海证券交易所递延交割业务的实施，在刺激市场，活跃股市中扮演着

---

〔1〕 参见华宣：《胜利前后之华商股市》，载《银行周报》1946年第5、6期。

〔2〕 参见华宣：《胜利前后之华商股市》，载《银行周报》1946年第5、6期。

重要作用。一般来说，证券“递延交割”和定期交易有异曲同工之处，但相比于定期交易，其期限短，必须在一周内交割完成。即使这样，上海证券交易所在试行期间仍然一片萧条，股市活跃度不高。究其原因，内战使通货膨胀，导致股市萧条，因此证券递延交割业务也没有得到很好的发展。

上海证券交易所为了试办递延交割业务，一直递交各项所需材料，直到1948年4月4日才收到财、经两部的电令：

上海证券交易所证券递延交割业务和期货交易是同一交易类型，主要宗旨是促进投资，加大生产。现在正值动乱时期，这种具有投机性质的交易不符合国家经济政策的要求，也不利于社会金融的发展，所以应该取缔：（一）上海证券交易所递延交割业务从1947年4月5日开始不得继续进行，依据相关规定结清账户即可；（二）后期现货交易仍然是证券交易所的核心业务，禁止一切形式的期货交易的举办。[1]

1948年4月10日，上海证券交易所召开记者招待会，总经理王志莘就递延交割业务停办一事由衷的感慨道：

（一）套期图利的行为并未不会促使机会主义的诞生，必须要求有资本实力的人并且愿意把自己的钱投入到生产当中去的人，但这就不是机会主义所期望的交易方法；（二）交易有利于集中市场上流动资金的作用，能够为商业活动提供相应的方便，但是不允许资金用于囤积居奇，更不允许交易引起物价大幅上涨，等交易终止物价会跌的现象发生；（三）市场的利率取决于市场上资金的供需关系，套利的也符合市场的供需关系，所以我不认为套利可以提高市场物价的说法。

据相关数据收集，套利利率普遍不高于市场上的黑息。末尾阐述一下中国通货膨胀，物价搞得离谱，普通老百姓的生活难以为继，很多工厂濒临倒闭，投机倒把囤积居奇存在很多不正常的现象。这种现象的产生并不是因为证券交易场所的存在，也不是因为买卖双方交易所产生的，当买卖停止以后，流动资金会大量购买物资，股票因为没有频繁地买卖，他的涨落变化无

---

〔1〕《上海证券交易所公告》，载《资本市场》1948年第3期。

常，这一点很值得关注。

4.套利交易

民国期间的股票交易市场，股票套牢的方法大概有两种："其中一种是债券贷款上的套牢"，这种被称作"套借"；另一种是以现货为基础长期合同为依托的交易方式，被称作"套利"，又或者称作"鞘取"；这两种是股票交易市场上的套牢方法。我们常说的"套利"，也被叫作"套息"，这是一种在股票交易当中为了降低风险，保证自己利益的常用方法。股票交易当中有一种限定时间的买卖方式，因为存在无货却先要交钱的现象，长远来看在一段时间以内它的价格都会高于现在的价格，这种方式就可以从当中赚取相应的差价。它的利率虽然没有市场利率高，但是它有更高的保障性，并且可以快速变现的优点，所以很多喜欢投资的人都喜欢这种方式。

1946年12月12日，上海股票交易所颁布推行了《套利交易暂行办法》一共10条，第二年2月22日再次颁布《修正管理套利办法》一共4条。

最开始上海股票交易所"套利"只有永纱和信和两只股票，当时买卖是以5万股为单位的，它交易过程当中的，证件、货物交接、手续费、交易产生的税金、交易允许的期限，都要依据原来的现金交易的规定决定。

《修正管理证券套利办法》规定：

上海股票交易所的工作人员，在接受客户所托付的买卖交易以后，必须要在上海股票交易所里边进行，不能够使用企业内部转账的形式成交，在买卖关系确立以后必须要把最后的单据交到财务处来核实，经核实无误以后盖章来作为证明；证券交易所的工作人员和客户相关股票交易的账本，应该单独地整理，并且要标注清楚，代替客户交易的字样，不能够和其他的账本混乱的记在一起；股票交易所的工作人员在帮助客户发生买卖交易的时候，应该定期向客户公开对账，股票交易所的工作人员在替在帮助客户结清本金的时候，除了交易所产生的差额之外，不能够有其他的利息和红包的交易，但是银行、钱庄、信托公司的公司法人因为不能够以公司法人的身份来进行股票买卖的人除外。

"套利"某种意义上来说也是一种期货的买卖方法，在1948年4月和延期交易一起被国民政府取缔。

(二)证券交易禁止的法律规定

1.关于场外交易的新规定

《交易所法》第40条规定；

任何人，都不能够在股票交易所之外用差价买卖股票交易的方式，成立和股票交易所相似的场所。

《修正交易所法》第40条完全保留了这一条规定。

1949年《上海证券交易所复业办法》在其中的第9条更加详细地进行了规定：

证券交易所的工作人员在交易所以外进行买卖活动，一经证实将会交给法院来审判，并且会联合财务部、工商部撤销他的营业资格证明。

2.禁止散布虚假信息

《上海证券交易所暂行营业细则》第90条第2款明确规定：

在股票交易所碰到的以下几种情况，必须向上报告，申请暂停营业，或者注销该人或者机构的注册资格，又或者注销他的账户；在市场上散布谣言，诈骗、扰动市场正常交易的人或者机构。

《修正交易所法》第50条：

通过散布谣言想要扰乱股票交易所和市场价格的人、诈骗、用暴力威胁，这些行为将会被判处两年以下有期徒刑，同时罚款六千以下。

对于那些扩散谣言图谋不轨的人处罚非常的严重。

3.禁止交易欺诈行为

《上海证券交易所暂行营业细则》第89条规定：

股票交易所工作人员和委托他的客户如果碰到诈骗行为，有权利上报请求停止交易，并且对其进行处罚金，暂停他的商业活动，注销他的注册资格，开除、辞退。

工作人员和客户的诈骗行为，股票交易所和管理局必须按照实际情况，作出恰当的惩罚。管理局有权利对违反规定的人按照以上规定进行惩处，但是证券交易所想要进行处罚，必须要报告上级主管部门，得到允许以后，才能进行处罚。

4.禁止对交易所职员行贿

《修正交易所法》第48条规定：

股票交易所工作人员收受贿赂，或者收取事先约定好的资金的人，判处一年以下有期徒刑，并且判处罚款三千元以下的惩罚。

5.其他禁止交易行为

《证券交易所法》第33条规定：

严禁发布虚假市场价格，严禁用非正常手段影响正常市场价格，触犯规定的人将会被判处千元以下百元以上的惩罚；凭借不正当手段获利千元以上的人，罚款获利的两倍以下、获利以上的处罚。

《修正交易所法》第41条：

股票交易所的工作人员或者客户，不能够帮行政人员进行卖空、买空的经济活动。股票交易是一种特殊的市场交易，法律明确禁止行政人员不能够进行股票交易，并且股票交易所的工作人员不能够接受行政人员的委托，帮他们进行做空、做多的经济活动。

《上海证券交易所暂行营业细则》第89条规定：

股票交易所的工作人员和他的客户在遇到以下情况的时候有权上报并且请求暂停交易，同时收取处罚金、禁止继续经营、注销他的从业资格、除名辞退；有诈骗情节的人；如果是不真实的买卖或者非法集合进行交易，企图扰乱市场正常秩序的行为，但并没有成功的人；根据自己意愿增加或者减少委托金的行为违反股票交易所的规定、违反本条例和其他明文禁止的条例，违反股票交易所办法；向政府瞒报或者谎报的人；不遵守政府颁布的规定和管理局办法的人；有关部门或者管理局或者股票交易所对于何时账目出现问题的时候，拒绝接受质询或者逃避询问的人；所有可能导致股票交易所名誉损失、阻碍权力行使、生意好坏造成不好风气或者损害的人；取得股票交易从业资格以后两个月之内不再本股票交易所进行交易的人；无恰当的原因在本股票交易所交易不满六个月以上的人；交易人员在本交易所每个月资金流动不高于三十万元时；不向交易所报告就购买本交易所证实的股票的人；有偷税漏税嫌疑的人。

该细则第90条还规定：

股票交易所如果遇到以下情况，有权利暂停其营业活动，注销其注册资格，或者交易所除名；应该向本交易所上交保证金却未交保证金交到交易所却当作新的交易的人；散布虚假消息，诈骗、企图然乱市场秩序的人；用违法违规的方法想要骗取赔偿金的人。

该细则第91条规定：

经营人员在营业暂停的情况之下，不可以出现以下几种情况：工作人员在营业暂停的情况下接受客户新的买卖交易委托；发布营业广告和市场价格表，私自透露市场价格，诱导客户进行委托交易。

在我国近代证券法律体系当中股票交易法是其中极其重要的一块内容。这大部分表现于，近代我国证券专门的规定，大多是特定于股票交易市场所规定的，《证券交易所法》，本质上就是“证券交易法”。除此之外，股票交易市场自己制定的规定以外，还会有很多有时间性质的条例，利用公告的方式来推行。这些条例的本质，大多是和股票买卖的内容相关。

我国法律明确只可以在股票交易所集中买卖，不可以在股票交易所之外进行买卖活动。《证券交易所法》的实施，意在禁止股票交易所以外的股票买卖活动，但是我国各个时期的股票买卖在股票交易所之外进行的买卖活动从来没有停止过。

要尽可能利用股票交易所的自律能力，股票交易所所规定的买卖办法成为股票买卖活动当中的很重要的法律依据。类似地，有关股票上市买卖办法就是让上海证券交易所临时性事项的条例，并没有通过立法的形式来修订法规和相关规定的方法来完成。

股票买卖的相关规定都是在实际买卖活动当中不断完善修改的。我国股票交易市场并不稳定，政府总是会发布一些阶段性的临时办法来规范市场行为，解决当前的问题，并在市场稳定以后重新对法律法规进行完善修改，采取相应的方法来稳定市场，避免市场的大跌大涨，以此来采取有效的措施。

四、南京国民政府期间的证券交易所的法律规定

1937年“八·一三”抗战以后，上海成为铁蹄下的土地，所有的股票交易不得不取消。之后外商股票交易所也关闭。1943年汪精卫伪政府下令重开上海股票交易所。当时上海甚至是我们全国仅仅只有这一个股票买卖交易场所。

在抗战结束以后，上海股票交易所在1946年9月9日正式营业，9月16日正式开始进行交易。

我国股票交易的黄金时期由此展开。但是这个股票交易所和之前的有如下几点不同：

（一）组织统一

在抗战之前，上海一个地区就有三四个股票交易所，即上海证券物品交易所、上海华商证券交易所、上海众业公所，日商取引所（1918—1927）。日商上海取引所倒闭以后，他的交易物品都并入了其他的交易所，上海之后华商证券交易所和上海众业工会并驾齐驱。日伪时期，上海华商证券交易重新开门以后，上海股票交易得到了统一。在那个时代政局动荡，市场很紊乱，战争以后的股票交易所，建立在之前上海华商证券交易所的基础之上，同时承接上海众业的营业活动，成为上海仅有的一个股票交易场所。

（二）官商合办

虽然战争已然结束，但上海证券交易所的组织形式仍是股份制，上海证券交易所共有10亿资本，其中上海华商证券交易所股东占比份额就达到了60%，其余的40%的股份主要由以中国银行、交通银行等为主的五个国家行局占领，都以国有控股形式展现出来的。[1]因为商股股东多，股权不统一，再加上国家行局较少，因此，战后的上海证券交易所总体上属于民营创办国家控制的交易所，在当时占据绝对地位。这一改变，为南京国民政府在证券市场金融政策的制定和完善上奠定了极强的经济基础。

（三）决策与执行分开

以前，上海各证券交易所的问题决策和经营管理是由理事会全权负责

〔1〕 参见《上海证券交易所概述》（1947年），上海市档案馆藏档案，档案号Q327/1/185。

的，但是上海证券交易所借鉴了西方管理的优点，提出决策是决策，执行是执行的理念，就决策而言，通过理事会的设置决定交易所中所有事物。理事会里面一共有21个人，包括常务理事、理事长等多重职位，理事长是公司的门面，是总经理，拥有一定的执行权。总经理下面是总经理助手，由协理组成，这一设置借助了旧上海的证券交易所管理体制。反观以前，杜月笙任上海证券交易所理事长，王志莘在其中扮演着常务理事和总经理的角色。直到1949年2月21日，总经理一职才换人担任，由顾善昌全权取代。〔1〕

（四）基础扩大

战前的证券市场，中心不同，基础不同，力量分散化明显。新的证券交易所成立后，不仅涵盖旧有股东，而且促进了国家五行局的进一步投资，推动交易所交易规模的扩大。除此之外，通过经纪人范围的核准，不仅涵盖本国会员和经纪人，而且涵盖其他行业从业基础具有规定资格的个人经纪人，推动相应基础的扩展，提升了证券交易所的实力。

（五）市场性质转变

战前，华商市场的证券以公债为主，仅在财政调整上作用显著，属于"财政市场"，战前，西商上市证券以外商股票为主，在外商资金流转中运用较广，属于"外资市场"。虽各有所偏，但总体和中国产业所需的资金联系较少，所以还算不得是长期的资金资本市场。随着上海新证券交易所的开业，不仅推动了其营业范围的扩展，而且交易所内不仅有本国企业股票债券，而且有本国政府公债券和外商证券等，真正的兼容并蓄，为资本市场性质的转型奠定了坚实的基础。〔2〕

五、公司债的发行

公司债和普通债有着较大的区别。换句话说，也就是股份公司由于自

〔1〕 参见联合征信所：《上海金融业概览》，联合征信所 1947 年版，第 447 页；《证交今日正式复业上市股票有三十种》，载《申报》1949 年 2 月 21 日，第5版。

〔2〕 参见吴毅堂编：《中国股票年鉴–中国股票论》（上编），中国股票年鉴社1947年版，第54~55页。

身经营的需要，在符合相关法律法规的前提条件下，所发行的特种债。不仅如此，这种债具有极强的流通性，同时将发行债券作为先决性条件。

纵观我们近代史，股份公司的发展水平并不高，公司债发行量也不多，相关的法律法规也没有对股份公司发行公司债这一行为予以具体的说明。笔者在下文当中会对公司债发行的相关规定与说明予以详细阐述。

（一）公司债的种类

1.记名式与无记名式公司债

《公司法》第185条：

公司债券可分为记名式和无记名式两种不同的形式。从后者的角度来说，尽管流通性较高，但是无记名式债券只要丢失，那么可以应用的救济方式少之又少。所以，法律为了能够确保债权人自身的合法权益，要规定如果债券的形式是无记名式，那么债权人自身拥有一定的权利，将无记名式更改成记名式。

如果将记名式债券对外出售或者转让时，一定要将受让人的基本信息资料登记在册。如果不这样做的话，那么持有公司债券的人不可以将债券对外出售或者转让。

综观近代股份公司，所发行的公司债绝大部分都不是记名式的，然而倘若持有公司债券的持有者，将无记名式的证券更改为记名式的，那么不予无记名式的公司债券挂失。[1]

2.短期与长期公司债

将清偿本金和孳息的期限作为先决性条件，则可以把公司债划分成短期公司债和长期公司债这两种不同的类型。从前者的角度来说，也就是在较短的特定时间范围内清偿债务和资金。时间范围最短1年，最长为10年。从本质上来说，这种债券与钱业拆借资金并没有显著性的差异。尽管公司发行债券的缘由各种各样，然而绝大部分和金融紧缩以及利率高涨等影响因素有关。所以短期公司债只能缓解短期的周转不灵问题。只要扭转了金融市场

〔1〕 参见白丽健：《近代中国公司债发行的效果分析》，载《南开经济研究》2000年第1期。

形势低迷的这种局面，那么就再选用发行长期债券。

在1934年这一年，六河沟煤矿公司不单单发行了短期公司债，同时还发行了长期公司债。具体来说，该公司发行短期公司债数额达到了150万元，发行长期公司债数额达到了250万元。[1]

3.信用与抵押公司债

在发行信用公司债的过程当中，并没有任何的抵押物来做担保，仅仅是用公司的信用来对公司债进行担保。倘若公司没办法清偿自身的债务，那么认购公司债的认购人员就可以对发行信用公司债的主体提起诉讼。在发行信用公司债的时候，需要将以下这几项内容作为前提条件，通过这种方式来对公司的行动起到一定的制约作用。具体来说：（1）公司所获得的财产，不可以对其设定抵押权。（2）在公司没有清偿自身的债务的情况下，一般来讲，不可以发行新的债券。（3）通过发行公司债所获得的资金，需要专款专用，不可以用在清偿旧债等途径当中。

从相关调查数据当中能够清晰地看到，近代股份公司并没有出现过发行信用公司债。

抵押公司债，换句话说，也就是指将公司资产作为公司自身的担保条件向外界发行的一种公司债券。倘若公司在特定的时间范围内无法清偿债款和孳息，那么拥有债权的行为主体就可以对公司用来抵押的这部分财产进行处分。抵押公司债，总的来说，较为稳固。

六河沟煤矿公司首次所获得的200万公债，就是将公司的所有资产作为抵押。在"公司债章程"当中可以清晰地看到：

该公司总共筹集到200万公债，将公司全部资产作为抵押。[2]

（二）募集方法

《公司法》第186条：

股份有限公司由于自身营运发展的需要，而计划发行公司债的时候，如果没有获得股东会的同意和认可，那么公司债不允许发行。倘若出席股东会

〔1〕 白丽健：《近代中国公司债发行的效果分析》，载《南开经济研究》2000年第1期。

〔2〕 燕信：《六河沟煤矿募集公司债》，载《银行周报》1926年第44期。

的股东有超过半数之上的股东同意发行公债，那么股份公司才可以发行公债。如果出席股东会的股东人数没有达到相关人数规定的，那么在30天当中需要再次召开股东会。

债券数额：具体来说，可以划分成三种不同的类型。首先，发行累计的数额不超过已经缴纳股款的累计数额。比如，一家公司的法定股本为1000万元，该公司已经缴纳的股款为500万元，那么在这种情况下，公司债累计的数额不可以高于500万元。倘若该公司的法定股本为1000万元，该公司已经缴纳的股款为1000万元，那么在这种情况下，公司债累计的数额不允许高过1000万元。其次，如果公司的现存财产数额没有高于已经缴纳股款的累计数额，那发行的累计数额不可以超过公司的现存财产数额。然而在现实当中，现存财产的累计数额一般来讲总会高于已经缴纳资本的数额，如果发行公司债以上述所说的内容作为前提条件，那么就会和“不可以超过公司已经缴纳的股款的累计数额”相违背。

所以，从这个角度上来说，现存财产额应等同于资本净值。根据上述所说，那么第二种发行情形应该是：公司的现存财产额没有超过已经缴纳股款的累计的数额的时候，那么发行总额不可以超过现存财产额。举例来说，一家公司的资本收足数额已经高达1000万元，由于自身的营运状况不佳，导致自身的资本净值只剩下了800万元。换句话说，公司债总额则不可以高于800万元。除此之外，从第二种发行情形当中能够看到，如果公司的资产净值已经超过了已经缴纳股款的累计数额，那么公司债发行的总额可不可以超过净资产额呢？倘若一家公司的资本收足数额已经达到了1000万元，由于自身的营运状况良好，法定公积金也随之而增多，让自身所获得的资本净值数额达到了1200万元，在这样的前提条件下，公司债发行的总额是不是应该为1200万元，或者是1000万元？倘若依照上述所说的第一种情形，那么公司债只能够发行1000万元，然而从根本上来说，公积也属于资本的范畴当中。也就是说，资本也可以增添到1200万元。那么这样说的话，公司债发行1200万元也是应该被允许的，之所以这么说，是因为发行额没有超过资产净值。

债券金额：公司债券每张债券的数额要在20元或者20元以上。在法律层面上并没有其他特殊的规定与说明，如果公司想要筹集到更多的资金，那可以发行券面额不同的债券。然而有一个前提条件就是，每张债券的数额要大于或者等于20元。

《公司法》第180条：

发布募集公告，募集公司债时，董事应该向外界公布以下内容：公司称号，公司债利率；公司债清偿的方式还有清偿的限定时间，公司债券面额；公司现存资产累积的数额等。

置备应募书：由董事会撰写出应募书，将上述所说的几项基本信息填入应募书当中。之后应募人再填写相关的信息资料，在应募书上签字。

《公司法》第171条：

缴纳公司债债款：公司债募足时，董事会应向各应募人请求缴足其所认数额。

公司股款与公司债有着较大的差异，换句话说，前者能够次第缴纳。而公司唯有在着急需要大量的资金时才能够将发行公司债这一事项提上议案。倘若公司债可以次第缴纳，也就丧失了募集债券本身的价值和意义。

（三）债券发行

公司债券，由于涉及的相关利益主体很多，要通过法定的这种方式来予以规范。具体来说，公司债券在发行的过程中应予以编号，由董事三人之上签名确认。

1.从《公司法》当中能够看到，在公司债券当中要对以下内容进行记录

公司名称，公司债利率以及公司债清偿的方式还有清偿的限定时间等。

2.存根簿记载事项

公司债存根簿，上面应该注明编号还有以下内容：

公司债债权人的基本信息以及取得各债券年月日等内容。

3.登记方法

《公司法》第181条规定：

在公司债款收足之后，董事应该在半个月当中根据券面记载的相关内容向主管官署申请登记，同时要递交以下资料：最近公司贷借对照表以及债

款缴足证明书等。

六、证券上市和交易的法律制度

《上海证券交易所暂行营业细则》第36条明确声明：

上市交易涵义严谨，公债对象只局限于地方政府以及中华民国中央政府，且同时得到呈奉的上市同意。当上市交易结束，便意味着其奉部令被禁止。

声明中指出，只有政府有权利开始和结束政府债券等上市买卖的权利，这与大多数营业细则有出入，一般的上市交易过程为，先取得证券交易所的资格核实，然后进行财经机构最终表决。所以，该章节将民国时期的企业债券以及股票上市的法律条文讨论作为重点。

证券获得证券交易场所的登记资格以及开始买卖交易便是证券交易的内涵。[1]证券交易场所对证券性质有严格的限制，交易内容以有价证券为主，然而该有价证券必须符合上市条件和其所在公司也有法律规定，公开发行的有价证券不一定拥有挂牌交易的资格。

其中，有关上市企业的法律声明如下：

股份两合企业、股份有限企业、国外企业但拥有国内《公司法》效力保护的三类企业股票有在证券交易所进行买卖的资格。另外，需符合《公司法》的国内登记程序，且企业经营内容不可脱离国民经济领域，必须拥有卓越的盈利能力以及充实的固定资产，企业股票过户手续方面严格法律化，对外详尽公开企业的真实经营内容。同时，在国内营业是三类企业拥有上市资格的基础条件。[2]

另外，上市条件中认为，《证券交易所法》和《公司法》是上市企业申请债券和股票等内容上市必须要遵循的两部法律，并且坚决按照政府程序落实手续。

针对企业上市中的债券在完成以上法律条件后，债券过户手续完全与

〔1〕 参见《上海、深圳证券交易所交易规则》第126条第3款。
〔2〕《上市证券通则》第2条（1945年）上海市档案馆藏档案，档案号 Q327/1/14。

法律相符，而且具有金融机构认可的担保品、政府认可的保管机构以及真实的保证基金也是申请证券交易上市的必要条件。以上资格，上市交易企业缺一不可。

《修正上市股票审查原则》归交易所监理委员会管理，其曾在1943年10月对其进行了内容修改[1]：

拥有超过人民币五百万元的企业实际收益资产是企业申请上市的资本条件限制，其增加资本部分是否纳入实际收益资产中要经过政府部门的严格审查。另外申请股票上市的企业，必须拥有超有一年的营业时间。若在特殊的战后期间，营业时间与资本量将不被纳入资质审查条件中，仅需要按照《公司法》交易流程申请即可。

（一）上市申请程序

《修正上市股票审查原则》和《公司法》规定：

上海证券交易所是企业债券或股票上市的第一申请部门，所有的申请书面材料严格按照上交所规定的内容和纸张尺寸，最终交由上交所审查；若证券交易所通过申请材料和认可企业资格，便送审国家经济和财政机关，两政府部门将最终批复结果告知证券交易所，由证券交易所告知上市企业申请结果；如果出现政府部门驳回上市企业的申请要求，也同样由证券交易所对企业进行告知；针对申请上市成功的企业，在接到申请通过的消息后，需要根据交易所上市费用标准，完成第一次上市费用的确认与缴纳，完成以上步骤后，便可对外进行上市信息公开。已上市企业后期出现票面金额、证券信息变动时，发行债券或股票的企业要及时撰写并提交证券交易所变更材料，在这个过程中，也需要缴纳变更上市登记费用。

在申请上市过程中，企业要提供的材料较为纷杂，且审核严谨。申请书是申请材料的关键，但同时相关证明文件超过21类。[2]但证券交易所对申请书的文本内容以及印刷标准作出了清晰的规定，政府部门同时也明确了相关

〔1〕 1943年10月11日交易所监理委员会审定，12日《平报》报道。

〔2〕 参见《上海证券交易所股份有限公司证券上市申请书》(1946年)上海档案馆藏档案，档案号Q327/1/69号。

材料的要求，申请上市的企业根据细则完成即可。

（二）申请公司及时报告义务

《暂时营业细则》是针对上市企业突发变故时通过的法律条文，企业公开发行股票和债券过程中，如遇到影响企业大变动情况，需根据报备交易所。细则中第40条第4款明确指出：

当申请上市的企业面临此6种变动时，需及时向交易所进行报备：保管机构以及担保品变更；企业实际收益资本数量不稳定；收入审核范围内的资产被进行买卖；企业股份票面金额降低或增加；发行公司出现债券变动。

紧接着第5款指出：

当企业邻近过户期间时，若上市公司进行债券本息以及股息红利等权利和资产发放时，要在过户期的最后十天之前在交易所进行报备。

（三）申请公司声明遵守事项

上市申请书是公司申请债券和股票上市的第一个步骤，因此填写过程中也需确认填写人自发遵循以下声明：

当企业内部结构以及经营内容转变时，需将本情况上报证券交易所，期限为10日；证券交易所有权咨询和得到企业业务的及时问题答复；申请上市的企业要受到证券交易所公开的制度和规范的约束，按照流程和法律进行交易，比如，上市费和变更费等费用的缴纳需及时；企业若存在红利、股息等权利发放时，应将情况在过户截止前的十天之内上报交易所；企业若出售经营业务、公开发行公司债或者优先股、转变票面金额、实际资本意外增加或降低等情况，即刻上报证券交易所；企业每年度按照《公司法》撰写营业报表，在证券交易所规定时间内送达，并且通过审核后进行社会公示；发行证券前的企业出现印鉴更换情况，也及时同步消息至证券交易所；企业若在上海拥有证券机构，且注册机关同在上海时，必须严格遵守上交所的过户时间和流程安排。[1]

（四）停止或终止上市的有关规定

企业停止发放债券和股票有两种情况：第一，企业在申请上市过程，资

〔1〕《上海证券交易所股份有限公司证券上市申请书》（1946年），上海档案馆藏档案，档案号Q376/1/49。

格审查未通过；第二，已成功上市的企业在运营和发展过程中，如出现组织内部结构变化、企业违反法律规定等问题，那么债券和股票发行将会被证券交易所停止交易。

《暂行营业细则》第42条指出：

当上市公司的送呈文件中存在不真实内容，证券交易所会暂停甚至取消其上市活动以及发行债券的权利。

1946年相关部门对《公司法》进行了修订和审查，其第195条指出：

当企业负债或者不具备了负债偿还能力，董事会要及时宣布破产；上述两种情况中，若董事会未能及时决策部署，每人缴纳1000元以下罚款；证券交易所有权因为企业不符合法律及规定，而终止或取消企业上市；企业的上市有关费用未能按时缴纳；企业明确的经营内容与实际情况不符便取消上市资格；未能遵循交易所上市相关决议；企业被疑似对债券和股票暗箱操作，产生人为流通时，以及企业破产、停业以及解散时，上市终止；当企业实际资本仅有上市时资本量的1/3时，股东会报告要及时召开。

七、证券交易所经纪人法律规定

南京国民政府期间，法律法规关于经纪人的资格的最新修改规定：

（一）增加对于自然人学历与信誉的规定

《经纪人通则》第4条写道：

个人经纪人要求诚信处事、品德端正。同时，必须是年龄超过20岁的中国籍公民；拥有规划证券或者理财投资相关经理工作；而且教育学历需高中以上，同等学力也被认可。

从规定中可看出，品行和教育条件要求详细。由于代表人是法人经纪人的必备，二者条件要求相同。

（二）法人、合伙组织、外商法人经纪人资格

1.《交易所法》增加了法人经纪人的资格条款

该法第11条指出：

中华民国的法人想要成为经纪人和会员，必须符合以下要求：当企业性

质属于股份两合企业、两合企业以及无限企业时，内部的工作员工和无限责任股东需为中华民国公民；股份有限企业情况有所不同，当决议权和股份集中起来超过50%时，必须要求内部2/3监察人和机构以及董事成员为中华民国公民；而对于部分合伙商业组织，沿用第一条法律条文。

交易所经纪人和法人性质相关。当企业性质属于股份两合企业、两合企业以及无限企业时，内部的工作员工和无限责任股东需为中华民国公民，若该类企业内部存在外国籍员工或者董事会成员，那么该企业便不再拥有交易所经纪人身份。

股份有限企业情况有所不同，当决议权和股份集中起来超过50%时，必须要求内部2/3监察人和机构以及董事成员为中华民国公民。其中牵扯到决议权和股份额占比的差异，当决议权和股份持有额全部超过50%，或者国人持有股份额超过50%但决议权不及50%的两种情况时，同时监察人和董事低于2/3，那么交易所经纪人身份便不再属于该企业。

代表人是法人经纪人的必备，其余个人经纪人资格相同。成为证券交易所经纪人的对象有证券企业、金融投资企业、信托企业、钱庄以及银行机构。多个股东出资建设的机构，在当时被称为合伙组织商号，该商号也可被称为公司，但二者实际性质存在差别，比如，部分商号没按照《公司法》步骤在法律上进行注册，不具备法律认可的“公司”身份，因此严格来讲，被称为合伙组织。在对外公共关系层面，基本与无限公司一致，举个例子，债务由合伙人共同承担。想拥有交易所经纪人资格的话，每一个合伙人必须为中华民国国民，否则便失去身份。〔1〕

外国籍证券交易所经纪人存在于战后时期，要经过法律注册和资格审查：

外商若在国内某地区申请发行证券，必须坚持在当地有超过5年的营业期，那么便可向有关部门注册成为具有法律认可的法人身份，然后有成为证券交易所经纪人的资格。若时间出现偏差，那么可申请临时经纪人资格，但

〔1〕 参见郑爰諏编：《交易所法释义》，上海世界书局1930年版，第19页；孙坤：《钱业公会反对合伙连合分担制》，载《银行周报》1928年第38期。

必须在半年内重新获得中国法人身份，否则取消临时身份。[1]

2.法人经纪人最低资本

战争往往引起金融或证券市场的波动，交易所经纪人损失惨重也会连带交易所，证券行业百废待兴。紧接着，提高经纪人条件考核成为规避危机的一大措施，经纪人自身的殷实的资本成为信用担保。《经纪人通则》中指出：

证券公司、企业和投资公司以及法人经纪人的资本条件分两种：第一，上述4种企业性质若属于股份两和、两合或者无限公司性质的话，5000万元是资本起始条件；第二，若属于有限公司或者股份有限公司的话，那么资本条件放低在10，000万元上。

《经纪人通则》第4条声明：

5000万固定资产是个人经纪人的资本最低标准，但若存在合伙组织性质，那么资本条件将提升至5000万元。

《上海证券交易所复业办法》第5条：

上交所的经纪人资本条件进行了新一轮修改，至少拥有50万金圆。

（三）经纪人设立程序

证券交易所经纪人涉及方面纷杂，因此法律将对各个流程和资格审核进行详细的说明。

1.申请注册

《交易所法》第9条规定：

经纪人所在交易所向工商部门申请注册是成为交易所经纪人的必走之路。

详细的注册流程如下：

交易所对一式两份的商事履历书和志愿书加具意见说明，转交至当地主管部门，由主管部门移交政府机构进行身份审查和注册。可以看出，工商部等机构与经纪人不能直接交流，同理交易所也，只能通过当地主管部门进

〔1〕《上海证券交易所股份有限公司暂行营业细则》第6条。

行传达。地方主管机构将文件意见的添加要根据情况具体分析决定。因此，个体交易所经纪人需要得到三个部门机构的认可和审查。

《证券交易所法施行细则》第24、25条规定：

证券交易所是承担转交经纪人材料于农商部的机构，但从证券交易所的角度看，除特殊情况外，与农商部的接触必须通过地区主管部门。

《交易所法施行细则》第17条：

公司组织和合伙组织申报经纪人资格时，准备的材料有差异。对于公司组织来说，职员信息表、股东名簿、财产详情、贷借对照表以及企业规定等必须材料；而合伙组织需要进行组织契约、出资数额、合伙人信息、代表者履历书等材料收集。

《上海证券物品交易所营业规则》第4条：

两名介绍人与介绍志愿书和商事履历书是向交易所申请经纪人的条件之一，志愿书中需明确资本性质数额以及种类等。证券交易所将会针对材料审核，最终加具意见，在经过经纪人公会的审批后，将其申请移交农商部，发布营业执照。

《上海证券交易所暂行营业细则》第8条：

经纪人有其所属交易所，其申请流程和材料均按照所属交易所范式进行，包括商事履历书和志愿书等。志愿申请书的审查期限为30天，在此期间会告知申请者。交易所加具意见的志愿申请书将最终由经济和财政两个机构审核完成注册，最终下发营业执照。保证金方面，申请人需在执照下发后的三日内向固定银行上交，将缴纳凭证的信息填入申请书忠，最终入住交易所，进行信息公开。

2.经纪人变更

（1）注册无效

《上海证券交易所营业细则》第10条：

当交易所发现经纪人的商务履历书和志愿申请书等材料中存在非真实内容，其有权向地区主管部门申请取消其申请人的经纪人资格，进而吊销执照。

（2）经纪人转让

《上海证券交易所暂行营业细则》第11条规定：

经纪人所属交易所拥有对经纪人的管辖权。当无营业经商意愿时，经纪人要及时填写材料申请执照销毁。

《商报》是当年上海商业界的报刊，1946年7月《商报》介绍，相关部门更新了管理交易所经纪人的规章制度，早期的经纪人无意愿继续营业时，会进行经纪人转卖交易，但现在必须按照规定商报经济和财政两部门销毁营业执照。[1]

3.经纪人终止

（1）终止的条件

《证券交易法》未对停止经纪人的原因进行说明，而《交易所法》中认为：

不再具备经纪人资格、身亡、企业离散、销毁注册超过有效期、经纪人除名、终止经营、经营更换等是停止经纪人资格的主要原因。

现实生活中，该原因更加复杂多样化。

（2）终止的后果

经纪人是一个中介，将买卖双方连接起来，也集合发行人和投资人为一体，成为证券领域不可或缺的组成部分。但经纪人作为一个不稳定因素，直接影响到市场安全和正常运行，因此规避终止经纪人和严格的终止程序应运而生。

《交易所法施行细则》第21条：

当经纪人遭遇以下条件时，该交易便会终止移交到工商机构：经纪人违反规定失去资格；经纪人歇业、离散以及身亡等。

该细则第22条：

经纪人为非本所进行业务处理，其经纪人资格失效。

《上海证券交易所股份有限公司暂行营业细则》第28条：

〔1〕　参见徐过：《证券交易所经纪人现状分析》，载《银行周报》1946年第38期。

歇业不受转卖限制，歇业时，经纪人必须呈报歇业申请说明，除去营业执照。即便是转卖，如果不进行歇业申请，那么歇业不成立。当经纪人在转卖营业执照后，出现身故等情况，歇业情况与前者适用。因此，在这个过程中，其他经纪人可代替该经纪人完成业务处理。

该细则第29条：

被除名以及身亡的经纪人，如果尚有经济关系未处理，那么将有本经纪人委托其他经纪人进行注销或者其他模式处理。当本经纪人无意解决事项，其所属交易所便有权委托其他经纪人进行处理。

该细则第30条：

被除名、撤销注册以及身亡的经纪人，其所属证券交易所有权进行债务和债券的平衡处理，当抵消出现剩余情况时，那么该经纪人及其承继人不受影响。

4.关于对经纪人义务、责任和限制的法律规定

《证券交易所法》和《交易所法》当中都有规定，股份公司所组织的证券交易的证券买卖者，只能由在交易所取得了经纪人资格的经纪人进行，而投资者也必须要通过交易所经纪人才能完成证券买卖。证券交易经纪人既可以买卖上市债券以及股票等，也可以在其中选择一项来专营或者兼营。那么具备了证券交易所经纪人资格之后，则可以在证券交易所进行买卖证券业务，这也是经纪人的权利。不过经纪人也由相关法律来约束，经纪人需要承担自己应尽的义务，并承担相应的法律责任。

（1）保证金制度

中国近代证券交易所都由股份有限公司所组织而成，如果委托人受到违约的损失，则需要交易所来完成赔偿。并且交易所也需要向经纪人来追偿，经纪人要承担在买卖过程当中的一切损失，不过因为交易的安全起见，法律也有规定，经纪人先向交易所缴纳保证金，如果有出现违约的情况，则交易所先向受违约方进行赔偿，再从经纪人保证金当中扣除，假如保证金完全不足以支会赔偿损失，那么可以向经纪人继续追偿，这也是保证金制度的立意所在。经纪人的保证金则要放于证券交易所当中。

经纪人在接到领取执照通知后，应于20日内出具请领书及缴纳保证金，否则其执照无效；证券交易所于经纪人之保证金需以国债票抵充时，其作抵价格，须禀报农商部备案；经纪人保证金，须缴由证券交易所提存地方或其附近地方经理国库之银行。[1]

《上海华商证券交易所营业细则》第39条规定：

经纪人应缴纳保证金及证据金，以履行其担保。

关于保证金额及其代用品，法律规定：

经纪人应缴存之保证金额，须在五百元以上，由该证券交易所酌拟数额，订入公司章程，禀经农商部核定。[2]

此规定只有最低限额，具体金额授权交易所拟定。

在战后，经纪人所缴纳的保证金，可以分为债券以及股票，每一种定为5000万元，40%为现金缴纳，还有60%则为有价证券或者是以房地产充之，不过房地产部门则不能超过30%。有价证券和房地产可以代替价格，经由本所拟定完成，再予以公告。如果有价证券或者是房地产出现跌价，那么在跌至两成之后，经纪人需要如期向交易所补交代用品，并转存中央银行，在涨回原价时，可以再发还。此种保证金，无论为现金或代用品，都要有一定的数额，确保在发生交易风险时，可以保证金来抵充。

关于保证金之发还规定：

经纪人在丧失经纪人资格或将交易所一切交易帐目了结后，可向交易所领回保证金。保证金缴纳现金时，交易所尚须付给一定的利息。[3]

缴纳代用证券附有息票者，由交易所代为领取，最后如数付给本人。

（2）证据金制度

投资人在证券交易所买卖的有价证券，一定要把证据金缴纳好，它的作用其实与经纪人保证金在一定程度上有区别，保证金会有固定数额，且需要一次缴纳清楚。而证据金则在每一次交易时，根据比例缴纳，假如有出现违

〔1〕《证券交易所法附属规则》第6、19条。

〔2〕《证券交易所法施行细则》第15条。

〔3〕《上海华商证券交易所营业细则》第42条。

约的情况，那么则以证据金作为违约金。

《证券交易所法附属规则》第10条：

买卖两方应缴之证据金额，在约定买卖价额十分之一以上，追加证据金额在约定买卖价额十分之五以下，均由该证券交易所酌拟比例率，订入公司章程，禀经农商部核定。时价变动逾原证据金半额时，所应缴之追加证据金额，得以时价与约定买卖之差额为限，由该证券交易所订入章程，禀经农商部核定。

证据金种类及数额：《上海华商证券交易所营业细则》第43条规定：

交易证据金分为本证据金、追加证据金、特别证据金、交割准备证据金、临时追加证据金五种。本证据金：于记账价格百分之三十范围内，由理事会议决，由买卖当事者双方缴纳。追加证据金：为本证据金的半数或四分之一，按买卖成交日记帐价格与每日记账价格相比较其差损额，达于本证据金半数或四分之一时，不论若干次顺次或一时，令损者一方缴纳之。追加证据金当日如无该月期记帐价格，得比照其他月期记帐价格计算，令损者一方缴纳。特别证据金：因市价率有非常变动或其他理由，本所认为必要时，得对于现存买卖或新买卖于本证据金三倍范围内，令买卖当事者双方缴纳。特别证据金得视各经纪人买卖数量之多寡，用累加率令其缴纳。交割准备证据金：为预先提交证券交割之用，其数量本所认为已多，考虑交割有窒碍时，得对于现存买卖双方或一方，全部或一部令其缴纳之。临时追加证据金：凡遇同种类、同月期之交易涨落逾四元停拍时，其差损金额应照四元计算，由损者一方缴纳，俟翌日记账完毕后，其余数得发还之。

关于证据金的缴纳的规定：

经纪人为巨额交易，或已有巨额交易而更做新交易，交易所认为危险或认为市价有非常变动时，得令经纪人对于其全部或一部之新买或新卖依证据金之数额预先缴纳，遇必要时，并得限制买卖之数量。应预缴之证据金非缴纳后不得为新买或新卖。预缴证据金缴纳后有交易时，得充为本证据及特别证据金。经纪人将卖出之证券预先提交本所者，得免其缴纳交易证据金。前项提交之证券买回或交纳交易证据金外，须供交割之用，遇有违约时，得视为交易证据金之代用品而处分之。交易证据金缴纳之时限. 应于成交之次日午前为之，但本所认为必要时，得令其提前缴纳。交易证据金得以本所指定之有价证券或钱庄本票代用之，其代用价格由本所按照市价随时决定，公告市场。但追加证据金，特别证据金及交割准备证据金临时追加证据金须缴纳现金。

前者为有价证券或者是钱庄本票的记名者，则需要由记名人附以权柄单。后者可以代用有价证券，或者是钱庄的本票，而在交易所当中需要换现金，或者是代用价可有变动时，则要马上补足，经纪人在定期之内要把现金与代用证券等按数额缴纳好。

证据金之发还规定：《上海华商证券交易所营业细则》第49条规定：

交易证据金在下列情形下得发还经纪人：履行交割者于清算终了时；转卖买回者于清算终了时；追加证据金于缴纳差损额回复至本证据金之半数或四分之一时；特别证据金于事由消灭时。

（3）经纪人义务

经纪人称为证券交易所经纪人，首先要对证券交易所尽其义务，遵守交易所所制定的章程和规则。《上海证券交易所暂行营业细则》规定：

证券交易所经纪人有遵守下列规定的义务：经纪人对于交易所章程、规则、市场公告及一切批示，悉应遵守，不得诿为不知，任意违背；经纪人执行其业务时，必须依照良好商业习惯，公平交易，对委托交易必须谨慎从事；对于证券交易所应负其买卖所生一切责任；经纪人应设置营业所。其分设营业所者，须预征本所同意，并向本所登记；经纪人关于买卖，应备用本所定式之帐簿，但经经纪人公会之议决，得添用必要之补助簿；经纪人应将所用帐簿置于营业所，本所得随时检查，如有询问，应即答复，调取文件，不得拒绝；经纪人应定期编制财务报表，经注册会计师审查后，陈报本所。经纪人应将所用账簿置于营业所，证券交易所可以随时检查，如有询问，应即答复，调取文件，不得拒绝。[1]

---

〔1〕《上海证券交易所暂行营业细则》第7、12~18条。

（4）经纪人责任

经纪人的业务只能依附在证券交易所上，而法律也仅仅只承认在其场内的交易，才为合法行为。而如果交易上的违约，那么首先要承担赔偿责任的则是证券交易所。不过经纪人在民事权利上虽然是独立的，但对于交易时所出现的问题，依然需要承担责任。在《证券交易所法》第13条规定：经纪人对于证券交易所应负由其买卖所生之一切之责任。《交易所法》第17条规定与此条相同。

《修正交易所法》扩大了经纪人的责任范围，其第54条规定："经纪人同居亲属或雇员如违背法律规定而从事经纪人代办介绍或传达交易所买卖委托业务，应处5000元以下罚锾，不得借口非本人指使而免其处罚。"

（5）对经纪人的限制

法律对证券交易所经纪人所能从事的业务范围进行了规定，假如超出了法律许可的范围当中，则需要受到法律处分。而证券法规与《上海证券交易所营业细则》当中，则对证券交易所经纪人的行为有以下规定：

关于竞业禁止：

经纪人既在证券交易所注册为经纪人，便不得兼营同类业务，亦不得为其他经纪人的董事、无限责任股东或合伙人。不得兼充其他交易所之经纪人。〔1〕

关于禁止转让：

经纪人不得转让，如无意营业时，应申请废业。应报由证券交易所转请财政、经济两部，撤销注册，缴销营业执照。法人经纪人的代表人须经交易所同意方准更换。〔2〕

例如，1946年12月9日上海交易所监理员办公处呈财政部：

查第229号兴昌号经纪人陈俶以经纪人牌号转让他人，坐收渔利，与证券交易所营业细则第11条之规定不合。〔3〕

---

〔1〕《上海证券交易所股份有限公司暂行营业细则》第7条。

〔2〕《经纪人通则》第6条。

〔3〕《上海市证券交易所经纪人检查报告》（1946），上海档案馆藏档案，档案号二档三（2）/3189号。

此外，经纪人并不能收外界的存款，如果是委托人预缴纳的款项，或者是委托售证券所得的现金，也不能付利息。而证券交易所提出，对于经纪人的买卖数量也需要有所限制。特别是经纪人不可以使用委托寄存证券与抵押物等进行出借与出售。经纪人对此不能有任何的操作行为。经纪人不能接受公务员所委托的交易。只能接受客户买卖，并且对于客户的真实姓名需要如实填写，不得有所隐瞒，对于公务员与交易所职员所委托的买卖不能接受。不过在实践当中，经纪人为了可以顺利地开展业务，往往会对委托人的身份信息进行保密，也不会把投资人的姓名登记在交易册上。因此，要想得知买卖证券者的真容还是非常困难的。

5.经纪人公会

根据《商业同业公会法》规定，如果是商业公司与行号等，无论是公营还是民营，那么在同一区域中同业的有三家以上，则需要组织商业同业公会。成立公会的目的在于"维持、增进同业之公共利益及矫正其弊害"。而证券交易所经纪人公会其实就是同业公会。

证券交易所经纪人公会的设立与职能，在法律中明文规定，在组织上虽然不能隶属于证券交易所，但在业务上需要受到证券交易所的约束。近代，中国先后所设立的证券交易所其实都会有经纪人公会的成立。[1]

《上海华商证券交易所业务规则》第20条规定：

经纪人为增进其营业上共同利益及矫正一切弊害起见，应组织经纪人公会。

《上海证券交易所股份有限公司暂行营业细则》第31条：

经纪人为增进其营业上共同利益及矫正一切弊害起见，应组织经纪人公会，并报请财政部、经济部核准备案。

证券交易所经纪人公会成立以该细则为法律依据。

（1）公会组织

证券交易所经纪人公会在设立了理事会与监管会之后，证券交易所经

〔1〕北京证券交易所称经纪公会而非经纪人公会，且其业务规则中亦未订有关于"经纪公会"的规定，这一点与同期上海另两个证券交易所（上海华商证券交易所和上海证券物品交易所）不同。

纪人公会设理事25人，候补理事11人，监事7人，候补监事3人。均使用会员记名头投票来选任，以次数多的当选，任期为1年，连选则可以连任。

（2）会员

证券交易所经纪人为公会的当然会员，必须加入，不能拒绝。其他行业尚有强制入会的规定，[1]何况证券交易所经纪人这种特殊行业，要求就更为严格。《上海证券交易所营业细则》第32条：

凡本所经纪人，均为经纪人公会会员。

《同业公会法》第12条：

同一区域内之商业同业公司、行号，不论公营或民营，除关系国防之公营事业或法令规定之国家专营事业外，均应为商业同业公会会员。

（3）公会职权

《商业同业公会法》第42条规定：

公司、行号不依本法加入商业同业公会，或不缴纳会费，或违反公会章程及决议者，得经执行委员会之议决，予以警告。如警告无效时，可以根据情节轻重对其施行下列处分：章程所定之违约金；有期间之停业；永久停业。

但该条同时规定，公会对“公司、行号”实行暂时停业或永久停业处分时，须经主管官署核准方可为之。

《上海证券交易所经纪人公会章程》第5条列举了该公会的职能范围如下：

会员间或会员与非会员间争议调解事项；《上海证券交易所暂行营业细则》规定的公断及评议事项；有关证券交易法规及办法的研究改善与建议事项；会员对委托人收取佣金标准拟订事项；有关本业各项研究与调查统计及刊物编辑与出版事项；会员业务规约厘订事项；会员纪律维持事项；会员权利维护事项；会员福利事业举办事项；其他有关事项。

（4）证券交易所对经纪人公会的限制

《上海证券交易所暂行营业细则》第33条规定：

---

〔1〕 参见王宗培：《同业公会会员欠缴会费及同业抗不入会应如何处置案》，载《立法专刊》1933年第9期。

经纪人公会所定之规约，与诸规定及决议事项，须经本所认可，方得施行。若认为与《交易所法》及证券交易所章程、规则及批示有不合时，得令其一部或全部复议更正，于必要时并得撤销以前之认可。

证券交易所提出，在必要时，可以派员列席经纪人公会。而交易所对于经纪人公会人员依然有干涉之权。像是证券交易所如果认为经纪人公会“议董”在没有能力胜任时，可以有权令其解职。而在战后，上海证券交易所的营业细规并没有这一点。所以由此得知，证券交易所经纪人公会其实已经具有了一定的自主性。

证券交易所经纪人公会可以说是中国近代证券商自律组织的，在不同时期都发挥了不同作用。但因为业务受到证券交易所的制约，所以范围还是十分狭窄的，不过，可以发挥出来的作用十分有限。

6.经纪人的发展总结

证券市场拥有多个主体，经纪人则是作为连结证券发行人以及投资人之间的重要桥梁，因为作为枢纽的位置，其作用也十分重要。所以经纪人的活动，也作为证券法规范的一个重点。

在我国近代的证券市场当中，最初是起源于上海的股票交易，最初的交易者为股票掮客，在后来因为股票买卖事业变得越来越强，所以兼营者也都改为专营。

在1914年，同业掮客专门成立了“上海股票商业公会”，其中会员有13家，由此也开始了证券经纪人。在公会时期，股票商们被称为股票掮客，之后证券专门颁布了《证券交易所法》。在证券交易所成立之后，一般的股票商人则更名为证券交易所经纪人，需要遵守相关的经纪人法律规定，在现代，对于经纪人这一记号的含义十分宽广。不过在当时，如果从经济学角度看，其实意义有很大不同。只要是在一切商事中居间，则可以被称为经纪。那么经纪业所办理的商事，并不需要有损益责任，仅仅只以获得酬劳为目的。所以，证券交易所经纪人的业务并不因为居间所限制。

不过在证券交易所之外，中国近代的证券交易市场其实还有非常多的证券号与股票公司等。在它们中，有一部分都是以《公司法》来进行登记为公司或者的商号，多数的商号仅为合伙组织性质，而在还没有证券交易所，或者证券交易所暂时关闭之进，它们则发挥交易所的职能，既可以代客买卖，也可以自行交易，功能多样。而在太平洋战争爆发后，上海西商证券交易所被取代，公债交易则又停止，游客们都趋势于华商股票，这些股票如雨后春笋般崛起，在巅峰时期到达了14家。在1942年8月，股票公司每周都有新上市的股票。不过在中国近代，证券交易所经纪人的业务范围十分狭窄，只能有自营与代客买卖两种方式，对于有价证券承销、包销及放款等业务并没有能力开展。

证券业又被称为特种行业，所以要想从事经纪业务需要具有资格，在中国近代有关于证券交易所经纪人的资格规定较严，并且在规定前后有所差异。《证券交易所法》当中规定，妇女与25岁以下年龄人，不得成为证券交易所经纪人。而到了《交易所法》则取消了性别约束，并且年龄也降至20岁以上。不过在战后，对于个人经纪人的财产资格、学历还有道德品质等都有了要求。

由此可以知道，法律对于经纪人的资格要求变得愈加严格，而取得法律交易所经纪人资格者，假如不愿意继续营业，那么也可以转让，在《证券交易所法》中对此并不限制，只是交易所业务规定当中，假如经纪人想要依法转让，必须将业务了结清楚。但这一情况在战后则发生了改变，法律明文规定，如果经纪人不愿意继续营业，或者因为其他的一些原因导致业务荒废，则必须要吊销营业执照，并且不能自行处理。这一规定也使不符合条件的经纪人要想进入证券市场则非常的困难了。总而言之，中国近代证券交易所经纪人的法律制度已经趋向于完善，对于当时的经济与证券市场的发展还是较为适用的，但在一些方面还需要调整与完善。

八、南京国民政府期间证券监管法律制度

（一）证券监管机构

在近代，国家权力于经济领域已经很少有盲区，特别是在工商金融事业

上，政府则订定章，制定各自权限范围。

1.中央监管机关

（1）中央主管机关

南京国民政府在成立之初，最开始是以财政部与工商部作为主管，在后来则把工商部与农矿部结合到一起，成立了实业部。在1935年，《修正交易所法》更改实业部作为主管机关。在1937年10月，经济部成立之后，主管权又归属到了经济部上。而证券交易所注册登记与监督检测的事项则统统由经济部门主管。《经济部组织法》第11条规定，把经济部商业司职掌事项的第7项，规定为“关于交易所之登记及监查事项”[1]。

在抗日战争时期，上海失守。1943年8月，上海公共租界收归汪伪政权，而汪伪政府则于9月，饬令上海华商证券交易所复业，中国近代证券市场一时之间呈现新局面。而汪伪政府则以财政、实业两部门来主管证券市场。在日本投降之后，国民政府又改由财政部与经济部来主管，在管理权限上则主要倾向于财政部，财政部作为业务主管其作用也较强一些，经济部则只是负责注册与登记等事宜，作用相对弱一些。中央一级管理机构的沿革大多如此。

（2）中央派出机构

在初期并没有上海交易所监理官署，一直是由南京国民政府所管理，设立了金融监理局。后来，财政部则设立了钱币司接管金融监理局监管事务。但很快又将交易所监理官署正式更名为上海交易所监理员办公处，制定《交易所监理员暂行规程》和《上海交易所监理员办公处办事规则》。

2.地方主管官厅

根据北洋政府时期所颁布的《证券交易所法》还有后来的《交易所法》等，在其中都有对地方政府对于证券市场的相关权责进行了规定。北京政府与南京国民政府在管理初期，各省都是以实业厅作为主管机关。而上海在还没在成立特别市之前，则都是由江苏实业厅主管，在之后则为上海特别市社

---

〔1〕 钱信：《经济法规汇编》（第五集），西苑出版社1942年版，第59页。

会局。北京在当时还为京兆实业厅。而从总规定上看，地方部分所发挥的作用并不大，只负责转呈备案，而实际的管理则是由中央派机构，也就是交易所监理员办公处所负责。

3.监管范围

南京国民政府统治时期，对有关于中央机关的监管范围，以及证券交易所的设立，在核准证券交易所经纪人对于证券交易所的业务管理、核准证券发行这些方面都没有修改完善之处。

《证券交易所法附属规则》第10条是关于证据金制度及防范交易风险的重要条款，该规则规定：

买卖两方所缴证据金金额，应在约定买卖价额十分之一以上，追加证据金额在约定买卖价额十分之五以下，均由该证券交易所酌拟比例率，订入公司章程，禀经农商部核定。在有时价变动，逾原证据金半额时，所应缴之追加证据金额，得以时价与约定买卖之差额为限，由该证券交易所订入章程，禀经农商部核定。

（二）中央派出机构的监管范围

在1930年，证券市场由实业部主管，而在1931年7月财政部又公布了《交易所监理员暂行规程》，其中的第13条有所规定：

凡设有交易所地方设置交易所监理员若干人，由实业、财政两部派充之，监理员得酌用办事员，其名额由实业、财政两部定之。监理员有权承实业、财政两部部长之命，依照《交易所法》及本规程之规定执行交易所之监督检查事项；得随时检查交易所及经纪人关于营业一切簿据文件；得随时监察交易所及经纪人关于营业一切行为。

监理员的职责是：

在其认为必要时，得令交易所及经纪人编制营业概况及各种表册；如发觉交易所及经纪人关于营业之簿据文件及关于营业一切行为有虚伪及违法等情事，应即据实呈报实业、财政两部核办；对于交易所一切事项认为有应行纠正或取缔之必要时，应随时呈请实业、财政两部核办；监理员每月须将各交易所之营业情形、市场概况及各种关系表册书类，于次月十日以前呈报实业、财政两部查核；监理员须将每月工作情形编成报告，于次月十日以前呈报实业、财政两部查核。[1]

1946年8月，上海证券交易所正处于筹备复业期间，而南京国民政府财部会的经济部又同时实行《修正交易所监理员暂行规程》，与1931年的条例相比又少一条，内容大致相同，不过将原有实业、财政两部更替为财政、经济两部。将该规程第12条有关监理员薪俸规定删除，对于监理员办公处的内部则进行了更为详细的规定，其中第11条为：

监理员办公处设秘书二人、稽核四人至六人、办事员六人至八人、雇员八人至十二人。[2]

根据监理员办公处人员编制的相关规定得知，在实际的管理当中，其实已经积累了非常多的实践经验。

在南京国民政府统治时期，上海交易所监理员办公处将监管的职能发挥到了最大，这给证券市场的管理也带来了很重要的作用，比如，制定递延交割暂行办法、证券价格升降幅度等。这些都是由监理员办公处与经济两部进行处理，不仅有效地提升行政效率，对于稳定市价以及防止投机等起到了重要的作用。

（三）监管措施

根据上述内容可以得知，近代中国政府的证券市场，在其监管内容主要有几个方面：

南京国民政府在监管期间，推行的是“统制”的经济政策，通过法律手段强制对证券市场进行控制，规定十分严格。到了1929年10月，国民政府颁布了《交易所法》；1930年3月，又公布《交易所法施行细则》。对于证券交易与物品交易所的规定，在仔细阅读了条例与条款后，可以了解到近代中国政府对于证券市场的管理方式以及监管力度。

证券上市交易具有一定的标准，但这需要经过一系列手续与条件限制。在1946年7月9日上海市证券市场筹备委员会，正式公布了《上市证券通则》，

---

〔1〕 刘志英：《近代上海华商证券市场研究》，学林出版社2004年版，第19页。

〔2〕《修正交易所监理员暂行规程》（1947年），上海市档案馆藏档案，档案号Q327/01/48。

在其中第7条规定：

中央政府或地方政府公债呈奉财政部令准上市或停止或终止上市，公司股票及公司债券首先要由上海市证券市场筹备委员会审查，通过后方可上市交易，从而对上市证券的审查有了一定的法律标准，以保证上市证券的质量。[1]

在近代中国的不同时期，证券交易所政府主管机关虽然也有不同，不过对于证券交易所的监管力度却一直没有放松，而且还呈现逐渐加强的趋势。

中国近代的证券交易所多数为股份公司形式，公司以营利作为目标，政府再赋予其一定的监管职权，但如果不从各方面进行约束，对经纪人与委托人的利益必将会有所影响，而最终受到影响的则是整个证券市场，由此造成经济动荡以及社会不稳定因素。如果造成这样的情况，就违背了最初设立证券交易平准市场、调剂金融的初衷。而民国政府假如利用法律与行政手段，那么需要注意发挥证券交易所的自律职能，不仅有助于采取限制措施，又不至于失控，而政府需要掌握好主动权以保证伸缩有度。

在民国十三年的公债风潮当中，北京证券交易所因为违法操作，被判决暂停营业3个月，而在复业之后还需要受到处分。

（四）证券交易所监管体制的确立

上海交易所监官公署可以说是近代中国管理证券市场中最重要的一个机构，同时其作为北洋政府一直到南京国民政府证券市场最为有利的监管措施之一，对于证券市场监管机制而言是一项重要的变革，经由地方监管与证券交易之后，其体制直接改为中央垂直管理。

在南京国民政府成立之后，马上将北洋政府上海交易所监管官给撤销了，并将其并入国民政府财政部。而这也是北洋政府上海交易所监理官与南京国民政府监员办公处之间一个重要的过渡机构，而这些过渡法也都是由其拟订发布，在南北政权的交替之时，各交易所都可以做到有法可守。而上海

---

〔1〕《上海证券交易所股份有限公司暂行营业细则》(1946年)，上海市档案馆藏档案，档案号Q327/1/14。

金融监理局《征收上海交易所交易税计划书》中，对变动以及交易所管理的必要性也进行了说明：

交易所为特种营业之一，非经政府特许不能设立。设立以后非有严密之监督，不足以防患未然而保社会经济之安全。……我国自民国三年公布《证券交易所法》，始有上海华商证券交易所之设立。迨民国九、十年间，上海交易所风起云涌，数月之内成立数十所之多，于是续有物品交易所条例之公布。然虽公布法例，而无专员驻沪，实行监察，各所又复阳奉阴违，率多逸出法轨以外之行动。以至民十、民十一之间，交易所之倒闭者数十家。而私人之倾家荡产、轻生自尽者，固不知凡几。而社会一般之经济损失，竟至三千万元以上，此交易之不守法与政府无人执法之过也。……北方政府亦稍知前此之失，始有民十五《交易所交易税条例》及《交易所监理官条例》之公布。复以委任不得其人，各所有所藉口，乃至勾结军阀，缴二十万元以缓其执行。[1]

在北洋政府时期，战火连天军阀割据，中央政府彻底对经济失去控制，不属于自由经济的状态，而是彻底地混乱无序下去。国家没有办法统一规划，而各种政治势力也参与到投机。这给经济发展带来了非常重大的影响。而证券市场由此受到的伤害也是最严重的。再加上证券市场其本身带有投机性质。如果不加以严格控制，很容易会失控。风潮迭起也是一个十分重要的原因。北洋政府时期证券市场几次大的风潮，完全都是因为证券业内人士的操纵，而每一次的风潮都会带来震荡，这也给经济带了非常严重的伤害，因此倾家荡产的人不在少数，只有少数的投机家富裕起来，而这对社会的稳定其实非常不利，也并不利于经济的发展。

而国民政府在需要加强政治统治时，需要采用强有力的措施完成经济控制，再从立法与设置监管政府机构等两个方面入手。政府还有理论界都在主张使用生产买卖业应限于动产或有价证券，而不及于不动产。

在战后上海证券交易所仅仅剩下一家，在当时也并没有华洋之分，监理

---

〔1〕《国民政府财政部档案三》(1943年)，国家第二档案馆藏档案，档案号(2)4787。

员办公处的监管作用还是十分明显的。而在此时，市场价格虽然也有波动，但场外黑市交易依然没有办法杜绝。但因为监理员的办公处就近在咫尺，所以问题很快得到处理，解决还是较为合理的。特别是在对证券交易所的控制上，效果非常好，投机操纵的情况已经非常少。

第五章　结　　语

第一节　近代证券思想的沿革

一、近代各时期证券思想总结

本书的证券思想章节，对中国证券市场100多年的发展历程中显现的证券思想进行了梳理。从历史发展的长时间轴跨度，总体反映中国证券市场产生、发展和演变的来龙去脉，具体再现中国证券市场在不同的历史时期不同的侧面及其特点，对中国证券100年来的证券思想有一个较全面、系统的了解和认识。

在阐明各个历史时期，中国证券市场独特经济思想和经济背景的基础上，通过历史分析和比较，进一步揭示不同历史时期中国证券市场发展走向的内在规律，进而为中国证券市场未来发展提供可资借鉴的东西。

本书也为研究中国经济史、金融史以及经济思想史，提供一些资料和线索，既是法制史也是经济史，是跨学科的研究。

晚清时期的证券启蒙思想是中西合璧的典型。因为晚清时期是中国历史上中西相接、新旧更替的社会巨变时期，观念转折，思潮迭起。最先出场的是近代中国最先"开眼看世界"的早期资产阶级的启蒙思想家魏源。紧接着的是"自强""求富"的洋务思想家们。他们的经济思想中不乏证券思想。洋务派的李鸿章、张之洞都是代表人物。

洋务企业家的证券思想渗透在实务中。洋务企业家就是洋务派举办的民用企业的总办、会办，他们大多由买办转化而来，既懂洋务，又通晓西方情况。他们的代表人物有唐廷枢、徐润、郑观应、经元善、盛宣怀，其中郑观应的经济思想成就最高，同时他还是中国近代早期的资产阶级的改良思想的重要代表。

几乎与洋务思想同时兴起的还有从洋务思想转变而来的早期资产阶级改良思想家。甲午战争失败后，改良思想发展成为社会的主流思潮。最后登场的是以孙中山为主要代表的资产阶级民主革命派。每一种思想都是历史转折时期撞击的火花，它们共同构成中国近代思想史。

改良派的证券思想有些折中的属性。资产阶级改良派的经济思想，是19世纪最后二三十年逐渐产生和形成的一种资产阶级的意识形态。以1894年为界标，将资产阶级改良派的经济思想划分为初期和后期两个发展阶段。初期资产阶级改良思想在19世纪六七十年代开始产生，其著名代表人物有王韬、郑观应、钟天纬、马建忠、薛福成、陈炽、何启、胡礼恒等。

后期资产阶级改良思想始于19世纪末期，其代表人物有康有为、严复、谭嗣同、梁启超等。初期资产阶级改良派的证券思想初期资产阶级改良派大多目睹或直接参与过洋务运动，他们不仅具备较为深厚的学术理论基础，又对实际的经济问题具有丰富的知识和经验。同时，他们中的许多人有在国外游历、考察的经历，拥有当时第一流的西学知识。所以他们的经济思想较前更加深刻，这在他们对股份制公司和公债的认识上可得到全面的印证。

在19世纪末期的变法维新运动中，资产阶级改良派的经济思想发展到一个新的、比较成熟的阶段。表现在证券思想上是股份制公司思想和公债思想更趋成熟，还论及证券交易所的建立。后期改良派证券思想的集大成者要数梁启超，康有为和严复，在某些证券思想方面也有独到的认识。改良派的经济思想仍有发展。不乏新的内容。在证券思想方面，公债思想内容更加丰富，还出现更系统的证券交易所的思想。

革命派的证券思想资产阶级民主革命派的主要代表人物有孙中山、廖仲恺、朱执信、章炳麟、刘师培，但论及证券思想较多的只有孙中山一人。孙中山作为革命派的伟大先行者，他的证券思想主要体现在他为完成大规模实业建设所需资本的筹集讨论之中。

辛亥革命后，一批民族企业家上层人物在各级政府中担任要职，对当时政府制定的有关发展民族资本主义经济的政策法令发挥了积极的作用。同时，随着民族资本投资兴办工矿是实业热的兴起，许多民族企业家就经济发展中的问题发表自己的见解和主张，形成各自的经济思想。他们中的代表人物有张謇、周学熙、梁士诒。

北洋政府时期的证券思想和证券市场情况能够反映这一时期证券思想日趋成熟和证券市场制度日益完善以及规模初具的中国证券市场的历史状况。王恩良、周沈刚的证券思想极具代表性。

南京国民政府时期的证券思想，反映这一时期中国证券市场的财政特征和战时上海“孤岛”、国统区、敌占区的证券市场演变，以及战后证券市场由“繁荣”迅速衰亡的过程。

从宋子文的传统的、收缩的公债思想政策到孔祥熙的外放式的冒险的公债思想和政策，从马寅初到陈善政，南京国民政府时期，在北洋政府时期负债累累的基础上，难以开拓新的格局。加之连年战乱军费开支巨大，未能力挽狂澜。

二、主要观点

(一) 近代中国证券市场是一个不可分割的整体

我国证券市场最早出现在清朝的后期，在民国初年得以发展起来，在这之后还有过快速发展的几个阶段。尽管证券市场在发展的过程中并不是一帆风顺的，而是动荡不安的，然而却一直没能被消灭。从晚清到北洋政府时期，再到南京国民政府期间，总体上看，是有前后传承的关系，是一个不可分割的整体。

(二) 外源化的证券思想变迁

真正促使中国证券市场产生的并不源自近代商品经济的发展，而是源自西方帝国主义的掠夺和我国财政的需要。

从国内商品经济发展的角度来说，虽然在清朝的早期阶段就已经出现了资本主义发展的苗头，然而因为受到几百年来传统封建思想的影响，资本主义发展的速度并不快。西方帝国主义还没有对我国进行肆意掠夺的时候，我国的社会经济形式主要是自然经济。所以，在清朝后期，近代商品经济由于受到了诸多不利条件的制约，也没能够得以快速地发展起来。

而在证券市场出现后，信用制度以及银行才得以快速地发展起来。如果要将信用制度和新式银行作为推动证券市场得以形成并出现的先决性要素，显然是不妥当的。西方帝国主义在我国国内的大肆掠夺，不单单严重阻碍了我国社会经济的发展，同时还使自然经济快速地消亡。一方面来说，因为西方帝国主义大肆地掠夺原料，导致商品市场在我国得以形成并迅猛地发展起来。另一方面，西方帝国主义在我国进行投资，建立起了许多的企业和工厂，这样一来，就把资本主义生产方式等渗透到国内，让劳动力市场得以形成并出现。所以，从这个角度来说，我国的商品经济并不是在资本主义发展过程中所出现的产物，而是西方帝国主义在入侵我国之后所形成的一种新事物。

西方帝国主义的入侵和大肆掠夺，让清政府的财政危机进一步加剧。正是在这样的社会背景下，为了抵抗西方帝国的入侵，洋务运动得以出现。政治动因的出现，使近代企业接二连三地被建立起来，反过来说，又极大地推动了中国证券市场的出现与发展。除此之外，清政府为了扩大自己的财政收入，被迫无奈之下仿造西方的经济模式，引用了公债制度。

（三）历史创新点

尽管旧中国证券市场和产业发展并没有紧密地联系在一起，然而如果对其进行深入研究一番之后，依旧能够从中发现有诸多值得参考的地方。无论是政府做出的发行公债的行为，还是《证券交易法》的出台和制定，均是在我国历史上没有出现过的。在当时的社会背景当中，如果想要快速和顺利地发行公债，那么必须要有行之有效且具有高度针对性的技术手段作为前提条件。因此，从这个角度上来说，保证金制度的实施还有对于交易登记交割事项上的规范，均有诸多可以借鉴和参考的地方。

（四）证券市场是一种以商品经济为基础的经济制度和信用制度

从证券市场的角度来说，它是商品经济发展到一定阶段的产物，同时它也是经济制度与信用制度这两种制度发展到一定程度的产物。它最突出的一项作用就是能够对资源予以一定程度的优化。换句话说，它自己并没有任何的财富价值，只不过是让证券市场自身的功能与作用全方位地发挥出来，从而对资源进行科学且合理的分配。

自19世纪初叶，中国证券市场得以形成并缓慢发展起来。外资证券是在我国最早出现并发行起来的，而在外资证券出现之后，华商证券等其他证券才得以逐步出现。

第二节　近代证券市场的特征分析

一、近代证券市场波动的市场因素分析

（一）公司价值

因为股票的本质决定了股票价格是公司价值的外在表现形式，所以公司价值是影响股票价格最直接的内在因素。在交易过程中，股票价格变化过程基本上是对公司价值的不断评估的过程。

近代证券市场产生之初，人们对自己购买的股票一无所知。他们盲目地投资购股，“并不问该公司之美恶及可以获利与否，但知有一公司新创，则不论如何竞往附股”[1]。例如，在1883年国人狂热认购华商工矿企业股票的时候，有一部分工矿公司“并不知道下一步该在什么地方挖矿”[2]；除此之外，还有一部分“只是买了几亩地就叫作自己已经拥有了矿产，盖起了几间草屋就叫作搭建起了矿场”[3]。可见，当时的投资者买卖股票并不是以公司

---

〔1〕 信华：《购买股分亦宜自慎说》，载《申报》1882年9月2日，第4版。

〔2〕 孙云鸿：《中西公司异同说》，载《申报》1883年12月25日，第3版。

〔3〕 车明：《论致富首在开矿》，载《申报》1882年9月23日，第5版。

的盛衰、公司的业绩为依据，“专以买卖股票为重，则其视公司也反轻”，投资者“则其意专在乎买卖股票，而初无意于公司”[1]。1910年时，橡胶股票被炒上了天，但市面上竟有不知橡胶为何物者。橡胶股票的暴涨大大超过了其内在价值，这些橡胶公司有一部分为皮包公司，有一部分公司则准备做地产交易，真正有所发展的为数不多。可见，近代证券市场价格的涨跌并不以公司的价值为基础，而只是“就股论股”，金融市场完全脱离了实体经济的发展。

（二）银行利率

人们之所以愿意投资股票和公债，主要在于可从公司盈利或公债利息中获得回报，并将证券投资回报率与银行储蓄回报率进行替代比较，因此，银行利率的变动必然引起证券价格的变动。按照等量资本获得等量收入的原则，如果股息率或债息率高于利息率，人们对证券的需求就会增加，证券价格就会上涨；反之，人们对证券的需求就会减少，证券价格就会下降。即证券价格随银行利息率的提高而降低，随银行利息率的下降而上涨。这种情况下所形成的证券价格也被称为证券市场的理论价格。

但是，近代证券市场价格的涨跌与市场利率水平却没有替代关系，甚至大多时候表现出同步性、一致性。从图 5-1 中可以明显看出，证券市场出现股票价格高峰时，市场利率通常也保持在一个较为高水平的状态。举例来说，在1882年至1883年这两年当中，随着股价飞速地上涨，利率也上升至了0.31与0.22。转年，股价飞速地下跌，导致利率也随着下降至0.04。再如，在1941年至1943年这几年的时间当中，因为华商股价的直线上升，导致利率与往常相比有了较大的波动。1941年利率还是0.06，到了两年之后，利率则猛升至0.19。

---

[1] 李兴：《近代投资者状况分析》，载《申报》1883年6月3日，第7版。

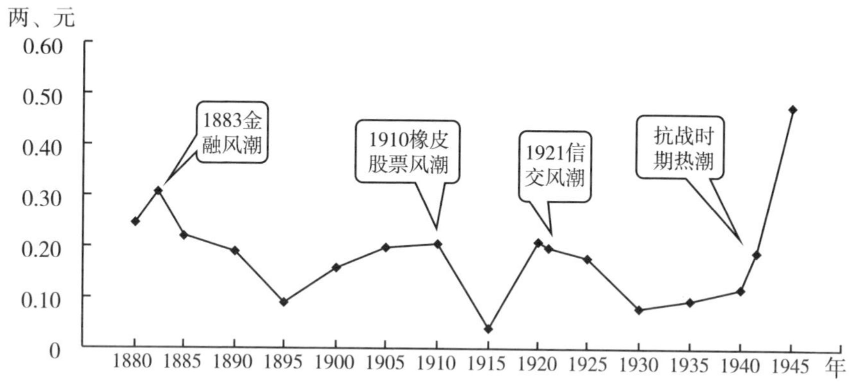

图5-1　1880年至1945年上海日拆年平均值

注：1880—1932年单位为两；1933—1945年单位为元。

资料来源：中国人民银行上海分行编：《上海钱庄史料》，上海人民出版社1978年版，第628~629页。

从上文当中能够清楚地发现，近代证券市场价格波动和利率并没有显著性的关联。投资人士所做的投机行为，投机心理较为严重。通常来说，证券市场的投资回报要远远超过存款孳息，那么这样一来就会造成本来该用在实体建设方面的资金得不到有效的利用。换句话说，近代证券市场在特定历史时期并不是正常的，而是病态的。

（三）投机行为

从债券市场上看，近代债市价格的大起大落与投机的关联程度也很大。绝大部分的投机人士会选择买空卖空的手段，根据债券行情作出自己的判断，从中获取巨额的利润。

交割数对成交数的比例数额高，也就意味着债券投资之实际的成分越大。以1931年至1934年上海华商证券交易所债券交割情况为例（见图5-2）。1931年的平均交割率为12.91%，1932年为13.67%，1933年下降为3.96%，1934年前5个月为4.68%，4年平均约为8.8%，表明在公债流通市场上投机活动占到全部交易总量的90%以上[1]。特别是1933年1月以后的交割比例则是显形

〔1〕 姜良芹：《南京国民政府内债问题研究：以内债政策及运作绩效为中心》，南京大学出版社2003年版，第171~176页。

低落。正如上文所述，1933年开始是公债市场的“黄金时期”，公债价格上涨猛烈，这种情形也从一定程度上说明，政府公债价格的涨跌受投机行为的影响明显。

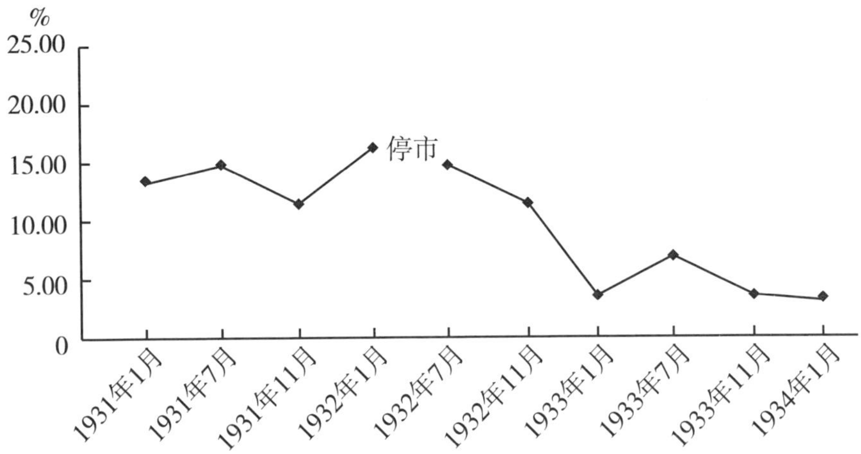

图5-2　1931年—1934年1月上海华商证券交易所公债交割比例

资料来源：于英杰：《近代中国内债之视察》，载《东方杂志》1934年9月刊。

（四）其他因素

造成证券市场波动的还存在很多其他的因素，例如自然灾害、战争等无法预知的非系统性因素。这些非系统性风险给证券市场的影响是无法规避的，在近代证券市场更有着明显的体现。近代中国，从经济结构的角度来说，农业在经济当中的地位极其显赫。生产状况对于国民经济活动的发展趋势有着较为深刻的影响。

在19世纪80年代，金融危机还没有出现的时候，我国农业生产的危机就已经慢慢形成。在19世纪70年代后期，我国北方地区出现了大规模的旱灾，在3年的时间当中，北方绝大部分的城市均没有任何的粮食收成。在旱灾出现的阶段，由于没有饭吃而死的人数已经远远超过了1000万，甚至有的地方的死亡率已经达到了95个百分点。农业生产水平直线倒退，上百万的饥民出逃，导致当时社会出现了较大的动荡。[1]

〔1〕 参见李文海等：《中国近代十大灾荒》，上海人民出版社1994年版，第80~113页。

农业生产水平的直线倒退，导致农民购买力快速地降低。这样一来，就会对工商业的快速发展造成了严重的妨碍。所以，从这个角度来说，19世纪所爆发的大规模的旱灾，为之后所出现的金融危机，埋下了一定的祸患。

公债市场价格波动的情况也可以反映这一规律。例如，1924年湘、直、豫大水，苏浙大旱，1934年各省旱灾，1935年大水，都影响公债市场的价格变动。北洋政府时期的每一次军阀混战与政局变动，南京国民政府时期的新旧军阀间的征战、日本的侵略，都给公债市场以影响，有的甚至引发公债风潮。例如，1924年的江浙战争，1931年的“九·一八”事变，1932年的“一·二八”事变，1936年12月的西安事变以及1937年的“八·一三”事变等都曾使债市暴跌，甚至交易为之停顿，直至局势平定后始告复业。有时政府官员变动，也对债券市场造成影响。例如，1927年安格联免职，引起债券市场大跌。1933年国民党财政部长宋子文去职，同样也引起市场价格发生大的变动。

二、近代证券市场波动的政府因素分析

（一）法律法规缺失，制度供给不足

如果就立足于供给和需求层面上而言，制度存在截然相反的两种不同的状态。一种状态是均衡的，那么另一种状态也就是不均衡的。从前者的角度来说，制度供给与制度需求这两者达到一定的标准，达到高度的统一后，制度变迁就不再进行下去。但是无论就哪个角度而言，制度均衡的复杂性是非常强的。通常而言，制度的非均衡才是一种较为正常和普遍的状态。制度非均衡，换句话说也就是社会大众对于现在所实施和执行的制度不予以认可，想要改变或者推翻制度，但是却处于还没有改变或者推翻的一种状态，其关键就在于制度供给。它是导致制度非均衡出现的关键性缘由。详细而言，也就是社会大众对于新制度的所需无法从制度供给当中完全获得。这样一来，就会造成制度真空的局面出现。倘若在政府强制性变迁的阶段，因为高层领导者利益等相关要素的缘由，造成制度供给无法全面地发挥出它自身的作用与效果，同样会有制度供给不足的局面产生。

倘若就证券市场的层面而言，如果一个国家的证券法律的作用较为突出和明显，那么就能够极大地推动自身国家证券市场的进步，能够让市场资源得到科学且合理的配置，从而使自身国家的经济水平得以显著性地提升。但是从现实的角度来说，近代证券市场立法层次明显较低，有一部分法律法规还有待进一步的完善与细化，不单单无法有效遏制和防范不法分子所做出的不法行为，同时还使证券市场出现较大的波动。

哪怕对外界公布和实施一些证券市场法规，然而因为受到外界一些要素的影响，使相关的法律条文制定得非常简陋和粗糙。

虽然就立法的角度而言，并没有对信息披露等方面予以详细的规定，尽管这能够加快公司上市的速度，然而却使市场信息无法得到进一步的调整与规范。由于信息的不透明，就会导致在投资方面出现诸多的不确定性因素，因此，投资人士在投资的过程中就需要得到一定的补偿。而从现实的角度来说，官利制度的出台与实施，换句话说也就是补偿的一种外在体现。[1]另外，政府授权设立的正式证券交易所也严重滞后于证券市场的发展。

（二）公债基金不稳，政府债信动摇

证券市场中的政府公债之所以能够存在，是因为它是以国家信用为基础的，而国家信用之所以能建立起来，是因为它依据的是国家主权。而国家手中所持有的主权，可以为国家带来一定的财富，这些财富能够快速地偿还掉国家的债务，这样一来，基本信用就慢慢得以形成并出现。一般情况下，政府公债以国家信用为支撑，是风险性最小、安全性最高的债券，是其他有价证券无法比拟的，而且政府公债的利率一般来说要远远超过银行储蓄利率。所以，社会大众总是会对政府公债产生较大的信任，认为政府公债的投资风险较低，能够获得的利润较高。

然而到了近代，正是这一不容置疑的政府公债债信遭到了破坏，国家信用基础受到极大动摇。证券市场上公债价格涨落变动的剧烈程度通常与公债基金的稳定与否有关，本息稳定之公债，因其还本付息，确实可靠，一般无

---

〔1〕 参见成九雁、朱武祥：《中国近代股市监管的兴起与演变：1873-1949年》，载《经济研究》2006年第12期。

剧烈变动，其投机性也比较小，市价高低无大的悬殊。凡本息不甚确实的公债，其还本付息，稍有疑难，便有急剧波动，其投机性也较大，市价高低有极大之悬殊。南京国民政府时期，政府债信没有得到根本的改善与维护，一有风吹草动，就有被彻底击垮的可能。1932年公债整理宣布了政府债信的破产，之后1936年统一公债的发行与流通，更能够反映出社会各界人士已经对政府债信没有了强烈的信息。一言以蔽之，之所以证券市场无法保持长期的稳定性，是因为政府债信在其中产生了较大的影响。

（三）制度供给混乱，制度效率低

近代证券市场的制度供给时常是混乱无序的，必然造成制度无效，削弱制度供给的成效。

在国民党执政期间，尽管农商部以及财政部这两大部门对当时的证券市场起到了一定的监管作用，而其他部门也参与到了其中。详细而言，对国民党执政的早期阶段在财政部建立起了金融监理局这一部门。根据相关规定，它负有审核交易业务等一系列的工作职责。[1]到了1928年的下半年，这个部门正式改名为泉币司，对于全国范围内的金融事务还有行政事务予以一定程度的管理。

因为各个管理部门的职能有所不同，因此对看待证券市场的角度也大相径庭。这样一来，就会造成在当时历史时期实施的各项政策难免发生矛盾和冲突。因为在当时没有对证券市场予以科学和有效的管理，所以这也就使监管的权威性大打折扣，使监管制度的效率无法得以显著性的提升。

（四）实施机制不健全，制度执行力差

换句话说，倘若执行机制的水平较低，那么也就会造成制度效率的低下。执行机制的层次不高，则会导致制度无法落实于具体实际当中，流于形式。从近代证券市场的角度来说，虽然在制度供给方面存在大量的问题，但是和法律执行乏力这个问题相比起来也就变得不值得一提。近代政府管理当局对证券市场的交易活动，只有制定法规的立法形式，而缺乏对执法状况

---

〔1〕 参见《国民政府财政部金融监理局组织条例》，载中国第二历史档案馆编：《中华民国史档案资料汇编》（第5辑第1编），载《财政经济四》，江苏古籍出版社1927年版，第1~2页。

进行严格审查，有效监督的实质性管理。

对证券市场而言，之所以会出现违规交易，是因为在制度上存在诸多的漏洞，造成了违规收益远远超出了违规成本。证券市场立法的进一步优化，只是会使不法分子受到相应的惩处，唯有执行机制才可以将其落实到具体实际当中去。从更深层次的角度来讲，倘若制度上存在一定的不科学，对不法分子的惩处力度不强，那么不法分子在他所谋取到的利益和惩处之间进行一番对比之后，将会选择做出不法行为，通过这种方式来获取私利，那么必将带来市场的动荡。

在北洋政府时期，当时的法律是无法与租界抗衡的。在租界当中创办交易所的行为主体，大肆滥用洋人的特权，无视当时北洋政府的法律。具体来说，有一些人则会选择寻求地方军阀势力的庇护，谋求军阀割据势力的保护[1]。

批准设立机关数量的快速增长，造成了北洋政府所下达的法令流于表面形式，对交易所事业无法予以科学和高效的管理。详细而言，证券交易所的设立，其目标限定在进行各种债券交易的商人，然而从现实的角度来说，则是“不仅仅有商人，还有政府官员，还有学者”[2]。绝大部分的证券交易所自身设立的条件简单粗陋，证券经纪人并没有通过各种资质的审核，很多人都属于滥竽充数。

（五）“寻租”现象严重，制度供给时有过剩

制度供给过剩，换句话说，也就是从社会的角度来说，有一部分制度是无用的，或者自身的效用已经不适用于当时的社会。供给过剩的情况通常来说会和政府的价格控制有着较为紧密的联系。同样的，制度供给过剩同样和政府的干预密不可分。政府过多的干预、管制会导致寻租，即政府或个别政府官员利用手中的权力，通过一些非生产性的行为，为个人捞取好处，获取利益的行为。这种行为有的是非法的，有的合法不合理，但通常会造成社会不公和市场的不稳定。

---

〔1〕 参见朱彤芳编：《旧中国交易所介绍》，中国商业出版社1989年版，第41页。
〔2〕 冯子明：《民元来上海之交易所》，载《银行周报》1947年第23期。

在“寻租”活动频繁出现的前提条件下，官僚会从利己的角度考虑，让原本合理的制度不能完全地发挥出效用，从而导致长时间的制度供给过剩。

三、近代中国证券市场的制度变迁轨迹及特征

证券市场制度由西方社会传入近代中国之后，经历了代理公司、茶会交易、股票公会等松散的交易形式，由于市场失灵的情况频频出现，导致证券市场长期处于一种不稳定的状态。慢慢地，政府开始对证券市场予以重视，同时通过运用发行公债，对证券市场予以监管等一系列的方式，促使证券市场秩序向井然有序的方向发展。随着政府介入程度的不断深入，在巨大寻租利益的驱使下，政府开始强行干预证券市场的运行及控制其发展的方向，整个证券市场逐步失去了其必要的独立性。虽然，近代中国证券市场制度变迁的实际轨迹存在迂回性和曲折性，但是从逻辑轨迹上看是从一个极端（市场失灵）到另一个极端（政府垄断）的变迁过程。

（一）初级行动团体是证券市场制度变迁原动力

自洋务运动出现之后，西方股份制以及公债制度等相关思想学说慢慢地渗透至国内，除此之外，证券交易的这种交易形式也逐渐地在我国兴盛起来，受到了国内社会各界人士的高度认可和好评。国内的专家学者们慢慢地对西方证券市场制度开始进行深入的探索与分析，从而在此基础之上提出要建立起能够适应于我国自身实际发展的证券市场和股份公司。如果立足于近代中国证券市场变迁的制度需求的层面而言，无论是股份公司、股票经纪人还是坊间的投资者均对证券市场制度有着极大的需求。

因此，上述所说的这些主体凑集在一起也就自然而然成为近代证券市场制度变迁的初级行动团体。初级行动团体所做出的种种努力，为后来的制度确立打下坚实的基础。从宏观的角度上来说，无论是我国证券市场发展的早期阶段所走的道路，还是西方已开发国家的证券市场所走的道路，均离不开股份制经济的发展。当然，由初级行动团体引导的制度变迁必定存在种种缺陷，这些缺陷在近代中国证券市场的发展过程中暴露无遗。

（二）初期以诱致性制度变迁为主导

近代证券市场的产生与初步发展的历史进程，表现出自发产生，自主发展的特点。在自由市场模式下，证券市场的发展是自发的、渐进的和自主的。“看不见的手”引导着市场的发育，当市场误入歧途时，则通过震荡，使其重新回归于合理[1]。

从证券市场制度变迁的角度来说，社会各界人士的聚集，形成了初级行动团体。就制度变迁的主体特征的层面而言，证券市场制度的变迁模式并不是“自上而下”的，反过来说，而是“自下而上”的。也就是制度变迁是由于社会因素的产生所出现，而政府作为执政部门则是对制度变迁的最终结果表示肯定。一言以蔽之，近代证券市场制度变迁的主体特征，将诱致性变迁作为核心因素，而将强制性变迁作为辅助性因素。

总的来说，由于制度的变迁是以诱致性为核心，市场的发展又有着显著的自发性。所以一旦市场的导向偏离了正确的轨道，那么市场就会通过震荡的这种方式，来让市场的导向改变错误的方向，走向正确的道路。

（三）后期以强制性制度变迁为主导

在“信交风潮”出现后，证券市场的活跃度明显下降，社会大众对股票市场上的各种交易抱有极其谨慎的态度。尽管有一部分大的企业的股票依旧在发行和流通当中，但成交量却少之又少。除此之外，在20世纪20年代，政府通过公债整理案，使政府债信的程度获得了一定层次的提升。当“信交风潮”过去之后，证券市场上只有公债还在市面上流通和交易。

政府发行公债的目的，不是对财政予以更深层次的优化和改革，而是政府在被迫无奈之下用发行公债的方式来扭转当时财政赤字的局面，是为了巩固自身的阶级地位，为了更好地统治社会。因此，证券市场不单单全面地展现了政府的功能，同时政府也对证券市场予以了非常严格的管控。换句话来说，政府对证券市场进行了一定的强制性干预。

尽管政府通过这种方式能够在短时间内快速对证券市场的制度和机制

〔1〕 杜恂诚编：《上海金融的制度、功能与变迁 1897—1997》，上海人民出版社2002 年版，第10 页。

予以完善和优化，然而市场外制度的变化和内生制度发展规律这两者间所产生的冲突，造成了市场运行机制无法正常地发挥出自己的功用，导致市场制度出现了诸多的弊端与漏洞。其中最大的缺陷就是证券市场发展不以健全市场机制、完善市场规则为目标，而是以政府利益为终极目标，证券市场的发展以付出“政策租金”为代价。

外生性制度与内生演变规律这两者间所产生的矛盾和摩擦，导致了市场资源无法得到科学和合理的配置，使市场效率无法得以快速地提升，这也是近代中国证券市场历经近80年的发展历程，却始终没能得到较好发展的最重要的原因之一。

（四）市场运行与制度体系表现出制度低效性

从制度经济史学的角度来说，制度也离不开效率评价这一个关键性的问题。换句话来说，也就是制度不仅仅有高效和低效这两者的区分，同时还有着有效和无效这两者的差异。证券市场效率能够全面地展现出证券市场自身能不能无误和科学地定价，同时把资本配置到效益层次较高的公司当中，从而使社会福利能够充分地发挥自身的效用。近代中国证券市场尽管从某种意义上说有效地抵制住西方帝国主义的经济渗透，推动了民族工商业前进的脚步，[1]然而从宏观的角度来说，它的整体效率并不高。而如果立足于内在效率的层面之上，证券市场的功能不齐全，造成市场在长时间当中无法处于一种稳定的发展状态，没有办法全面地展现出正常的效用。

从现实的角度来说，购买股票的投资人士，并没有对公司未来的发展前景予以高度的重视，公司价值的变化和证券价格起落这两者间并没有十分紧密的联系。一言以蔽之，证券市场价格决定机制受到了投机者所做出的投机行为以及政府的强制性干预的影响，使市场效率无法快速地提升，同时市场功能还无法得以全面地展现出来。

近代证券市场内部机制的不健全、市场约束机制的不完备等这一系列的因素，造成了市场无法正常和顺利地发展下去。证券市场制度最早起源

---

〔1〕 参见匡家在：《旧中国证券市场初探》，载《中国经济史研究》1994年第4期。

于西方国家，并且这项制度是从西方国家慢慢地传入国内。但是在传到国内之后，这项制度并没有根据当时我国的实际具体情况予以一定的调整和修正，这就导致了这项制度和当时特定时期的社会经济发展水平严重不符。因为受到时代环境等诸多因素的影响，近代证券立法无论做出了怎样的努力还是无法完全适应市场的发展，虽然历经几次的修订，然而实际效果却不甚理想。

除此之外，证券的监管效果也不尽如人意，在证券市场中出现了大量的投机行为。就外在效率的角度而言，近代证券市场和产业关系并没有紧密地联系在一起，这样就导致了市场融资功能和资源配置功能这两大功能没有办法充分地展现出自身的效用。换句话说，近代中国证券市场一直以来都是不健康的，是病态的。不仅如此，近代产业的发展也不依托于证券市场，产业的证券融资比例很小。总之，无论是从内在效率的角度来说，还是就外在效率的层面而言，近代中国证券市场的运行效率并不高，对推动经济发展的作用有限。

（五）制度变迁的过程是制度移植过程

尽管制度变迁理论强调制度是“内生的”，制度的运行是要依赖于当时的社会环境，然而这并不代表制度是无法移植。通常而言，制度移植有自主型和强制型这两种不同的类型。证券市场制度对于近代中国来讲，属于自主型的制度移植，并非中国自创的，自发的，而是将已在西方市场经济国家运作了数百年的股份制制度、债券制度和证券市场制度学习、引进来的。制度变迁理论认为知识的不断积累，“边干边学”或“日常的、一点一滴的进步”是制度变迁的基础路径[1]。

近代中国证券市场的产生与发展的过程，从某种意义上讲，也是西方证券市场制度的引入和本土化的过程，具有制度变迁的学习性，展现出明显的“边干边学”、“学中干”和“干中学”的制度的移植特质。西方证券理论与证券市场制度在中国的传播并不是一蹴而就的，而是经历了一个由浅入深、由

〔1〕 参见［美］道格拉斯·C.诺斯：《经济史中的结构与变迁》，陈郁、罗华平等译，上海三联书店、上海人民出版社1994年版，第160页。

简入繁的演进过程。

与此同时，国人对西方证券理论与证券市场制度的理解，也经历了一个由简单到复杂、由感性到理性的认识过程。

（六）诱致性与强制性交替互动

诱致性制度变迁与强制性制度变迁这两者之间有明显的交替性。诱致性制度变迁完毕后，则需强制型制度变迁加以辅佐。政府运用自身的主导力量来有效弥补市场选择方面的短板与弊端，从而使市场机制的水平得以提高。[1]

倘若一项崭新制度的出现让初级行动团体无法获得潜在利润，那么初级行动团体就会想出各种各样的方法来阻碍新制度的实施与执行。在北京证券交易所以及上海华商证券交易所接二连三地出现在大众眼前的时候，社会大众错误地认为只要建立起证券交易所，自己就能够获得巨额的财富。于是人们开始纷纷打起了开办交易所的主意。

有一部分地方势力机构并没有对政府下达的命令予以高度的重视，自作自张地在当地开办起证券交易所。乃至财政部开始无视《证券交易所法》当中的各项规定，在上海花费大量的资金建立起了中华内国公债交换所。在1921年的下半年，建立在上海的证券交易所的数量就已经高达70家，之后交易所数量更是猛增。到了1921年11月，在上海新设立的证券交易所的数量就已经将近40家。而到了1921年12月，当地证券交易所的总量更是超过了140家，信托公司的数量则超过了10家。其他城市和地区纷纷效仿上海，在各地建立起多家交易所[2]，这是造成"信交风潮"出现的一个主要缘由。这不单单是初级行动团体为了维护自身的利益，不惜通过"钻制度漏洞"的方式导致了市场无法均衡和快速发展下去，同时还是由于政府制度自身存在重大的缺陷，造成的这样一种结果的出现。

---

〔1〕 参见杜恂诚：《金融制度变迁史的中外比较》，上海社会科学出版社2004年版，第202~203页。

〔2〕 参见朱斯煌主编：《民国经济史》，河南人民出版社1948年版，第149~151页，载沈云龙编：《近代中国史料丛刊》（第3编），文海出版社1985年版，第57页。

（七）制度变迁具有明显的时滞性

新制度经济史学下的制度变迁模型属于一种“滞后供给”模型，指在潜在利润出现和使潜在利润内部化的制度确立之间必定存在一定的时间间隔，即制度创新始终落后于潜在利润的出现。制度滞后是人类社会经济发展过程中经常出现的现象，近代中国证券市场变迁的过程中也明显存在制度变迁的时滞。

自19世纪70年代第一次轮船招商局股票的发行，到20世纪初叶《证券交易所法》的实施，在经历了40余年的漫长历程后，最终才实现了从无形市场向以证券交易所为主的有形市场的转变，这个过程表现出明显的制度供给时滞性。造成制度供给时滞的原因有很多，其中认识过程是造成近代证券市场制度供给长期落后的主要原因。

制度的供给者——近代中央政府了解证券市场制度，发现其潜在利润需要一个长期的认识过程，是在不断参与证券市场并获得利益的过程中逐步实现的，只有如此制度供给才可能跟上。而早期近代中央政府对金融市场采取的自由放任的管理模式，是造成制度供给时滞过长的一个重要原因。

四、近代中国证券市场的历史演进给予的启示

随着我国市场经济体制的建立健全，以证券市场为主体的资本市场在市场经济中的重要性日益增强。通过对近代中国证券市场发展历程的分析研究，可以从中得出一些有益的启示。

（一）证券市场对经济发展具有积极作用

证券市场是资金筹集过程中不可或缺的一个场所。具体来说，它不单单能够提升资金周转的速度，同时还能够增加资金积累，调节国民经济各部门的比例关系，促进经济发展的积极作用。近代中国证券市场的形成和发展客观上打破了延续几千年的我国传统的自给自足的自然经济模式，促使19世纪中叶的中国步入了近代社会化大生产和商品经济发展的时期，推进了中国经济的近代化进程。证券市场不仅使社会游资大批量地涌入，同时还极大

地激发出了社会各界人士对于投资的信心和热情，使股份制企业在当时被接二连三地建立起来。

举例来说，在20世纪20年代，由于当时军阀战争频频出现，当代的政府官员以及富商均“带着资金逃到上海避难，因此上海的现金数量明显增多”，在当时，如果要想让自己得以生存下去，那么只有去证券交易所中购买证券。虽然其中的绝大多数是“和公债不断的较量”[1]，导致其落入了控制政治的军人集团受众，然而从某种意义上说依然起到了推动民族工商业的作用。从相关的史书中能够看到，“全国范围内企业注册的数量……在民国时期翻了几番，全国证券交易所以及信托公司的数量快速地提升。”[2]可以看出，近代中国证券市场的形成与运营，对民族工商业收集游资，促进经济发展是有所助益的。

（二）证券市场监管体系是证券市场发展的保证

证券市场监管，换句话说，也就是证券管理机构通过法律还有一系列行之有效的行政方式，对证券的各种交易行为以及相关交易主体的行为予以一定的监督。如果对历史进行一番探索之后能够看到，如果要想证券市场长时间地保持一个较为稳定的状态，就要显著性地提升政府的监管水平以及监管力度。

旧中国证券市场曾经出现了几次巨大的波动。详细而言，不仅当时社会的商品经济基础薄弱，同时证券市场的监管也没能够充分发挥其自身的作用。

第一，从监管的角度来说，不仅没有对发行市场予以科学且合理的管理，对发行股票的一些信用工具，缺乏具体的申报机制，同时又没有一个具有高度针对性的证券评估办法，这样一来，就没办法确保企业发行证券的质量，导致投资人士在投资的过程中容易遇到各种不确定性因素。

自北洋政府时期，尽管《交易所法》这部法律文件已经在当时社会上实施，南京国民政府后来又对这部法律文件予以了更深层次的优化与完善，然

〔1〕 马寅初：《马寅初演讲集》（第2集），商务印书馆1928年版，第223页。
〔2〕 参见陈真、姚洛编：《中国近代工业史资料》（第1辑），三联书店1957年版，第10页。

而一直以来政局上的动荡，再加上为了妥善处理掉在财政方面的种种问题，政府总是会忽视法律的种种规定。这样一来，就让证券市场监管流于表面，造成证券市场的运行与发展一直处于一种无序和混乱的状态。

第二，对于流通市场没有予以高效和科学的管理。证券交易所在证券市场当中的地位是不言而喻的，证券交易所对于推动证券交易的良好发展有着极其关键的影响作用。然而值得注意的一点是，证券交易所只有在证券交易发展到一定阶段之后才能被建立。

但是，从现实当中不难发现，在近代证券市场的发展阶段，并没有对证券交易所的设立予以一定程度的管控。之所以在20世纪20年代初会出现“信交风潮”，是由于政府对于证券市场没有予以高度的重视，没有对其予以严格的监管，导致各种不确定性因素接二连三地出现。

“信交风潮”的爆发，不单单让证券市场早先打下的坚实地基崩溃，同时还让股票市场进入长时间的低迷期，导致近代中国证券市场从此一蹶不振。

（三）中介机构的发展是证券市场基本要求

市场中介，换句话说，也就是将证券的上市以及流通作为先决性要素，为交易的双方主体提供一定的服务，从而使资源得到科学且合理的配置。它也被叫作证券中介服务机构。

证券市场中市场中介的出现，使交易双方的关系得到更深层次的发展，市场中介自身所从事的工作，不仅确保各种类型的有价证券能够顺利地上市和流通，同时还能够推动市场秩序往更高层次的发展。市场中介在证券市场中占有极其重要的地位。

在近代中国证券市场的发展过程中，诞生了各类证券市场的中介机构和中介组织，主要包括股票公司、信托公司等各种经营、代理证券投资业务的机构。但是由于市场不健全、监管不力和认识不足等原因，这些中介机构不仅没能起到促进证券市场健康发展的积极作用，反而成为破坏市场发展，扰乱市场秩序的罪魁祸首。例如，1921年“信交风潮”爆发的主要原因就是交易所和信托公司的建立，极其不符合当时历史时期我国社会经济的实际发展水平[1]。

同时，这些信交企业还充当了金融诈骗的工具，囤积居奇，操纵市场价格，导致证券市场长时间处于一种不稳定的状态中。

（四）商品经济是证券市场的经济基础

证券市场只能是在商品生产和商品流通充分发展的基础上自然形成，必须有发达的商品经济作为基础，不能凭空制造。如果出于某种需要，人为的、脱离客观实际而建立的证券市场必然是行不通的，或者是没有生命力的，最终一定要失败。西方证券市场的产生与发展，是得益于资本主义商品经济的大发展。同样地，从近代中国证券市场的角度来说，它的发展和商品经济有极其密切的关系。

然而近代中国证券市场的形成并出现，是从西方移植过来的，是一种舶来品。因此无法全面地适应于当时的社会发展需要，导致在后续的发展过程中，无法形成较大的气候。在20世纪20年代，商品经济的发展水平首次有了大幅度的提高，同样的证券市场的发展速度也得以加快。因为北洋政府的无能，当已经出现经济失控的局面的时候，没有予以快速地调整和纠正，造成了中国证券市场失去了一个大好的发展契机。在南京国民政府时期，又希望自身能够对社会经济结构进行强有力的管控，造成了官僚垄断资本主义的发展势头过猛。

在旧中国时期，商品经济总是出现这样或者那样的原因，导致自身没有能够快速地发展起来，没能够对证券市场的发展起到一定的积极作用。

（五）减少政府强制干预是证券市场独立性的保障

只有政府适当地对证券市场进行干预，证券市场才能够又好又快地发展下去。然而政府只要对证券市场进行干预，那么就无法有效地避免用权过度。怎样有效防范政府用权过度，一直以来是经济学中的一个热门话题。从现实的角度来说，近代证券市场之所以能够快速地发展下去，是因为政府对证券市场进行了强制性干预，对证券市场的发展起到了至关重要的推动作

〔1〕 刘志英：《近代上海华商证券市场研究》，学林出版社2004年版，第19页。

用。然而政府为了能够扭转当时财政赤字的局面，过度地依赖于发行公债的这种方式，导致了当时正常的社会秩序受到了一定程度的影响。

由于政府的强制性干预，社会游资大量涌入政府公债当中，让公债成为证券市场中的一种主流债券，除此之外，政府还对金融机构予以了强制性干预，让自己拥有了对于证券市场完全的掌控权力，让证券市场完全为扭转财政赤字的局面所服务。这样一来，就导致了“政府失灵”的局面出现，同时还是近代证券市场一直以来无法快速发展下去的一个重要缘由。

（六）多层次市场结构体系是证券市场发展的方向

证券市场的结构，换句话说，也就是证券市场的构成和证券市场各个要素间的量比关系。就横向结构关系的层面而言，也就是凭借证券的品种而建立起来的一种结构关系。涉及股票市场还有基金市场等子市场，同时子市场和子市场间的关系尤为密切。

在旧中国时期，尽管证券市场的发展道路并不是平直的，然而证券市场在发展的过程中慢慢形成了一个颇具系统性的结构体系。具体来说，涉及股票市场以及政府公债市场等子市场。然而，从宏观的角度来说，政府公债由于一直在证券市场当中占据主流地位，剥夺和代替了绝大部分的市场资源。像产业证券等相关证券的作用，并没有全面地展现出来。

（七）企业与证券市场的关系是证券市场功能的根本

证券市场和产业这两者的关系是紧密相连，密不可分的。换句话说，前者能够为后者奠定一定的物质基础，同时还能够在后者发展的过程中充分的提高自身的综合实力。所以，从这个角度来说，促进产业发展，是证券市场的一项重要任务，而将公司作为典型的产业则是证券市场发展的先决性条件。一言以蔽之，唯有公司自身拥有了较高的业绩，产业的发展水平得以明显的提高，证券市场才能够又好又快地发展下去。

如果对近代新式资本主义股份公司进行一番深入研究之后就能够发现，它自身不仅具备西方公司组织运行的属性与特征，同时还展现出明显的传统经济要素的特点。举例来说，“官利制”的实行以及股份公司需要对相关部门“报效”等的一系列行为，全部和股份公司的本意背道而驰。

公司治理结构的不完备导致了近代股份公司无法长时间发展下去，没有办法为证券市场的发展奠定物质基础。这同样是近代中国证券市场无法顺利和快速地发展下去的一个重要缘由。

近代中国证券市场长时间处于一种极其不稳定的状态，导致了游资份量的加重，证券市场的投机者逐渐增多，没有办法为公司提供一个便利和高效的资金筹集的平台。

五、中国近代证券市场特点

如果对历史进行一番研究就能够发现，中国近代改革并不是主动和积极的，而是在被动的状态下进行。反观近代日本的做法，则和中国的做法截然不同。具体来说，日本在开展明治维新运动之后，国家财政收入得到了明显的提升，自己国家的主权成功从西方帝国主义的手中夺回，同时还和西方列强们一起加入了殖民侵略的行径中。而对照中国来讲，中国在面对西方帝国主义侵略的时候，并没有选择顽强抗争，而是选择消极抵抗的方式，使自己陷入了举步维艰的境地当中。

近代证券市场由于受到当时政局动荡以及半封建思想的诸多因素的影响，逐渐形成了自身与众不同的特点。概括而言，可以分为这几个方面：西商和华商共同存在，发展速度不快，政局动荡不安以及投机盛行等。

(一) 西商与华商市场并存

在近代时期，在国内还没有建立起证券交易所的时候，西南证券交易所就已经存在了很长的一段时间。在国人成功地建立起证券交易所之后，则出现了很多个市场并存的局面。等到20世纪40年代后期，太平洋战争的打响，才结束了这一局面。[1]

外商证券交易所的出现，对于证券市场起到了极其深刻和广泛的影响。详细来说，是外商证券交易所的出现对于中国近代证券市场的建立以及后续发展起到了一个带头示范的作用，培育出了国内最早的一批证券商以及证券

---

〔1〕 参见冯子明：《民元来上海之交易所》，载《银行周报》1947年第23期。

经纪人，推动了中国近代证券市场的发展。在20世纪初叶，日本商人在上海建立起了上海取引所。由于上海取引所的业务范围逐步扩大，将我国的证券也涵盖其中，导致实业界和金融界对此表示了强烈的不满，在这之后，开始纷纷创办起自己的交易所。[1]

然而，外商证券市场的出现，剥夺了一部分中国证券市场的市场份额，对近代证券市场的发展起到了极大的妨碍。具体来说，在当时的绝大多数的国内经商者将投资的注意力放在了外资企业的身上，这样一来，就使已经处于艰难境地的民资资本无力生存和发展，公司更是没有办法快速和顺利地筹集到大量的资本。

（二）发展缓慢不均衡

自19世纪70年代中国证券市场开始发展，一直到20世纪40年代，在这将近百年的时间当中，证券市场发展速度非常缓慢。

不仅如此，中国证券市场的发展也没能够长时间的处于一种均衡的状态。从地域分布的角度来说，证券交易所绝大多数被建立在上海、汉口以及宁波经济较为发达或者靠近沿海一带的城市，而内陆地区却几乎看不到证券交易所。从发展程度来说，上海的证券交易活跃度尤为显著，特别在国民党执政时期更能够有所体现。

例如，在1927年这一年，上海证券交易所的全年交易额为1.39亿元，而北京证交所全年成交额为1.04亿元。第二年，北洋政府的被迫下台，导致北京证交所成交额快速地下降到了0.56亿元，而到了1933年这一年，北京证交所的成交额再一次跌到了0.16亿元[2]。再如，在1933年，四明证交所全年的成交额是0.48亿元，转年的成交额增长至1.7亿元。而在1935年汉口证交所4月和5月这两个月的交易额是0.13亿元。

上述当中能够不难发现，证券市场处于一种极其不均衡的发展状态中。换句话说，这也从侧面展现出了中国经济发展的不均衡。在上海，金融机构的数量非常多，同时这些金融机构的经济辐射力和内陆地区相比，显然不可

〔1〕 参见杨荫溥：《中国交易所》，商务印书馆1934年版，第118页。
〔2〕 参见杨荫溥：《中国交易所》，商务印书馆1934年版，第128页。

同日而语。

除此之外，从证券种类的角度上来说，也能够充分展现出证券市场不平衡的发展状态。金融风暴接二连三地出现，使公司股票在行业市场当中无法正常地流通和发行。社会各界人士把投资的目光聚焦到了内国公债的身上。在1922年至1937年这几年的时间当中，上海以及天津等经济实力较强的几座城市证券市场中均以内国公债作为了主流。而公司股票的交易数量并不多。在抗日战争出现后，外商上海众业公所被迫停止对外营业，公债不再在市面上流通和发行，而公司股票则在这一时期得以快速地发展。而从本质上来说，股票交易活跃度的提升，并不是一种正常的状态，和产业关系并没有密切的联系。

（三）场内与场外交易结合

证券交易有两种不同类型的形态，一种是场内交易，另一种则是场外交易。如果在证券交易所这类金融机构对外正常营业的情况下，通常来说，政府不允许在场外进行交易。天津的证券交易所曾经有一段时间被迫停止营业。在这段时间，进行证券交易的双方主体并没有因此而停止正常交易。反过来说，当证券交易所对外正常营业的时候，尽管政府多次下达命令，不允许场外交易，而证券黑市并没有因此而完全停止交易活动。

在1947上半年，上海交易所监理员向财政部门明确表示，在经过一番调查之后，证券楼351号鑫泰为第231号经纪人杨长和，501号鸿兴为第237号经纪人杜维屏，中108室德昌行为第170号经纪人苏佩、王召，经营场外交易。[1]从上文当中就能够看到在当时场外交易的活跃度依旧很高。

（四）投机盛行畸形发展

就证券市场的角度而言，因为有期货交易的存在，那么就一定会出现买空卖空的行为。因此从这方面来讲，证券市场的投机性尤为显著。但是反过来说，投机活动虽然无法有效地防范，然而投机本身也有一定的正面价值，适当的投机会使证券市场的交易活跃度明显提升。具体来说：

---

〔1〕 参见《上海市证券交易所经纪人检查报告》（1947年），上海档案馆藏档案，档案号二档三（2）/3189。

如果投机适当，那么它的正面作用就能够发挥出来。倘若过度投机，那么就会破坏市场的正常秩序，让实业建设无法得以正常的发展，导致社会经济水平明显下降。[1]

从根本上说，证券市场同于投资市场。在近代，因为社会大众对于证券市场的了解还不充分，对于投资活动没有高度的关注，使投机活动接二连三地出现。哪怕在1931年至1935年这几年时间当中，证券市场的发展较为稳定，然而，上海证券交易的交割比例也仅仅达到了10个百分点。[2]

（五）发行市场与交易市场互为因果

在19世纪80年代，股票交易市场的繁荣程度达到了前所未有的境地。因为在当时发行股票并不是一件特别困难的事情。所以社会各界人士纷纷对股票进行认购和投资。然而有一些商人为了谋求私利，在证券市场做出了种种的投机行为，最终导致了金融风潮的出现。工厂破产接二连三地出现，使当时的股票交易被迫停止。除此之外，发行新股在当时也成为特别困难的事。

在20世纪20年代也出现了类似的情况。在当时，股票的发展势头迅猛，但是信交风潮的出现，导致中国证券市场再一次进入了低谷阶段。在近代，无论是哪一个时期执政的政府，其所发行的公债绝大部分均以高利率作为发行的先决性要素。除此之外，当时政局的动荡，社会大众对于债信的认可程度较低，使公债价格出现了巨大的波动，由此投机行为开始盛行。所以，公债逐渐代替了股票，在证券市场中成为主流。

在近代，股票在发行的过程中出现了诸多的问题，再加上金融风潮的出现，一直以来股票发行并不顺利。所以，当时的政府被迫对股票发行的政策做出一定的调整。对认股者给予一定的优惠待遇，从而吸引越来越多的投资者的目光。比如，"官利"制度在近代实施了很长一段时间。换句话来说，股份企业在发行内国股票的时候，有官利和余利两种不同的类型。不管企业最后是获得了利润还是出现了亏损，出资者均要获得一定的孳息。通常来说是

〔1〕 朱斯煌：《投资与投机》，载《银行周报》1932年第5期。
〔2〕 参见吴承禧：《中国的银行》，商务印书馆1934年版，第77页。

8厘,也被称为官利。

如果企业在营运的过程中获得了一定的利润,那么这部分利润除去费用等,在还能剩下一部分的资金情况下,将这部分资金按照比例分发到股东的手中,这也被称为红利。[1]

一言以蔽之,近代证券发行和交易市场这两者相辅相成,彼此互相影响。

第三节　中国近代证券发行法律制度的特点

一、证券发行法规是近代证券法律体系中最早法规

具体来说,在19世纪初,清政府对外界公布并实施了《公司律》。这部法律文件对股票发行等相关事项予以了明确的说明。尽管这部法律文件制定的较为简陋和粗糙,涉及的内容也不广泛,然而它仍然具有较大的现实意义。可以说,这部法律文件是中国近代证券立法历程的开端和起点。

这部法律文件是清末变法修律的产物,同时还是近代股份企业得以快速发展的基础。华商股票最早出现在19世纪后期,在华商股票出现之后,内国公债和公司债才依次出现。[2]

二、近代证券发行法律制度的最大特点是对公司股票和债券的发行规定限制较少

这主要是能够让实业发展的水平得以进一步的提升,让企业快速地获得大量的资金。具体来说,这个特点可以分为以下几个方面:

(一)股款可以分期缴纳

《公司条例》与《公司律》这两部法律文件明文表示首次股款只被允许

〔1〕 张一凡、潘文安主编:《财政金融大辞典》,世界书局1937年版,第98页。
〔2〕 参见王宗培:《公司债票在中国》,载《申报周刊》1945年第12期。

缴纳25个百分点。而在《公司法》这部法律中则表示首次股款要缴纳50个百分点。在规定的时间范围中倘若认购者没有缴纳剩余股款，那么发行人可以对其进行催缴。然而因为限定的时间范围较长，需要让认购者有一定的准备时间。倘若在这样的情况下，认购者还是没有予以缴纳，那么发行人则可以把股份转让。

（二）公司法规对公司债券的发行限制先严后松

从《公司条例》与《公司法》这两部法律文件不难看出，由于涉及债券主体自身的权益，所以这两部法律文件对于程序性要件规定得极为严格。倘若股份企业想要发行债券，那么必须要召开股东会决议，在超过半数以上的股东同意之后，才能发行至安全。然而在19世纪40年代，《公司法》对这方面的规定予以了进一步的调整。

（三）对增资扩股和发行新股票的规定

事涉变更章程，属公司重大事项，须经股东会特别决议，要有2/3多数通过。具体来说，也就是倘若发行新的股票没有得到超过多数的股东同意，那么在指定的时间范围进行公告，在公告完毕之后再次举办股东会，这次只要有半数以上的股东同意即可。

（四）“官利”制度的长期存在

“官利”制度作为一种商事习惯，具有浓厚的中国特色。[1]尽管在法律法规的层面对其有一定的约束，然而在近代一直没有被隐没和消亡。官利，换句话来说，也就是在公司被建立起来的早期阶段，在招股章程当中作为详细的说明：每年投资人士能够根据自己的出资占比得到相应的孳息。通常来讲是在年6厘到1分的范围之内。倘若公司营运水平较高，那么第一步则要缴纳官利，在完成这一步骤之后，倘若还有剩余款项，那么再对这部分资金进行分配。倘若公司经营不善，出现了亏损的情况，依然需要缴纳官利。这样一来，就会在法律层面上出现一个现象：公司在正常营运的过程中不可以减资，而要想减资则要通过一定的法律程序以及股东会的表决。倘若公司在自

〔1〕 参见［日］宫本通治编辑：《中支惯行调查参考资料》（第1辑），南满洲铁道株式会社上海事务所1941年版，第 339 页“合股字”。

身出现亏损的情况下依旧缴纳官利，那么出资总额一定会减少。这是近代公司制度当中的一个显著性特征。[1]

（五）对证券承销没有相关法律规定

详细而言，公司会依据通常的做法，由银行以及证券公司对证券进行承销。举例来说，通泰盐垦五公司在1921年发行的债券就是上海银业以及上海钱业所承募，在当时，认购者的数量非常多。

（六）对股份公司信息公开规定不够

股份企业依照相关法律规定向社会各界公开招股，之所以这么做，是为了能够让自身的产业得以资本化。民众在做出投资行为前，还有自身在持有一定的股份的阶段，需要对公司经营等相关事项有一个明确的了知。这是投资人士自身所享有的法定权利。从立法层面上对投资人士自身的权益予以保护，防范不法分子做出的不法行为。所以，信息公开制度的重要性不言而喻。

在近代，虽然我国对信息公开予以了一系列的说明，然而内容简单粗糙。从当时所颁布的《公司法》当中能够清晰地看到，如果一家股份企业想要在市面上发行股票，则要向相关部门递交企业的基本信息，相关部门对企业的基本信息进行一番严格审查之后，决定是否对其进行登记和注册。然而在公司发行股票之后，是否持续性地对外界公开信息，则没有予以详细的说明。

（七）小结

如果只是一味和盲目地注重获取官利，而对企业的营运予以忽视，[2]那么长此以往，就不会对与之对应的监督权予以高度的重视，这样一来就会导致企业自身的权益受损。公司如果在营运的过程中没有获得利润，股息依旧要照常下发，那么在这样的情况下，股息只能从股本当中予以扣除，这样一来，就会使资产总额明显的减少。这显然和股份公司制度制定的本意背道而

---

〔1〕 参见朱荫贵：《引进与变革：近代中国企业“官利”制度分析》，载《近代史研究》2001年第4期。

〔2〕 参见朱荫贵：《引进与变革：近代中国企业“官利”制度分析》，载《近代史研究》2001年第4期。

驰。这是近代股票发行制度的一个明显不足之处。

近代的公司法规和章程，对于优先股给予了极大的特权。换句话来说，优先股在获取利润的时候，自身享有一定的优先权。一家公司倘若要发行股票，不单单要召开股东会，由股东会超过半数以上的股东投票表决，同时还得需要优先股股东会的同意和认可，股票才可以发行和上市。从立法的层面而言，尽管对于优先股股东自身的权益予以了全方位的保护，然而这样一来就会或多或少对普通股股东自身的权益造成一定的妨害。

《公司条例》曾经明确表示，首次认购股份时，只要上缴25个百分点的股款即可。剩余股款款项缴纳的时间以及比例则要依照相关章程的规定。在20世纪20年代末，《公司法》进行了修订，将首次认股股份上缴25个百分点的股款，改为了首次需要上缴超过50个百分点的股款。之所以作出这样的调整，是因为在现实当中，剩下的75个百分点的股款通常并不能够快速和顺利地收取，这样一来，就会对公司正常的发展造成一定的妨碍。

从近代的角度来说，不管是股款分期缴纳规则的制定，还是官利制度的实施，均是为了能够让股票得以快速地发行和流通，吸引众多投资者。但是，股款在还没有足额缴纳完毕的情况下，股票就在市面上流通，这样一来就会造成诸多的问题。无论是官利制度，还是优先股的优先权，均和股份公司制度建立的初衷背道而驰，这样就会对公司的正常发展起到极大的妨碍。所以，为了将整体环境的质量予以进一步提高，才能够让证券在市面上得以快速流通和发行。

无论是《证券交易所法》，还是《证券交易所法施行细则》以及《交易所法》等相关法律文件，均对证券交易予以了规范和说明。除此之外，还有与证券业务相关的业务规则与章程条例对证券交易予以了详细的解释。

三、影响中国近代证券立法因素、证券立法特点和意义

（一）影响中国近代证券立法因素

尽管中国近代证券立法是从西方国家所传入。然而因为中国近代具有

特殊的社会背景，让证券立法具有了独一无二的显著性特征。对中国近代证券立法产生了深刻影响的要素有：

1.外来影响

第一则是政治影响。《公司律》这部法律文件是清朝后期立宪修律的一个重要产物。1900年，中国近代历史开始走向另一个开端。在当时，政府已经无力抵抗外来的侵略，在被迫无奈之下，对当时的大政方略进行了一定程度的调整，极力推崇变革的方式来维护政治阶级自身的利益。大力实施宪政改革，同时命令沈家本对当时的法律条文进行一定的调整和修改，参考西方国家：

现在所实施的所有法律条文均要依据交涉的相关内容，参考和借鉴其他国家的法律条文，在经过深入研究和琢磨后对现存法律进行修订，英国愿意助中国一臂之力，帮助中国更好的修订法律，当中国法律的审判方式和其他事宜得到了英国的认可之后，那么英国则不再使用治外法权。[1]

由于清政府在战场上的频频失利，使自身不得不对《钦定商律》等相关法律文件进行修订。由此就进入商事立法的历程当中。

在“七·七”事变之后，日寇的入侵，导致了我国大面积国土的沦陷。日寇侵占了上海这座城市，并且在南京成立起了伪国民政府。由此，西商上海众业公所被迫停止营业，内国公债交易也慢慢地淡出了大众的视野。但是反过来说，在这一时期，华商股票开始快速发展起来。在当时，股票交易在证券市场并不占据主流地位，哪怕有股票交易的出现，相关单位也只是进行一番形式上的审查，并没有相关的法律法规对股票交易予以了详细的规定和说明。所以，在日寇侵占上海之后，关于股票上市的法律法规才得以形成和出现。[2]

在19世纪60年代末，便已经建立起了西商“长利”公司。而到了19世纪90年代初，上海股份公司被正式的创办起来。在20世纪初，上海证券交易所正式出现在了大众眼前：

西商在我国进行了大量的证券业务交易，全部是以其当地国家的法律

---

〔1〕 王铁崖：《中外旧约章汇编》（第二册），三联书店1957年版，第107页。

〔2〕 参见殷国：《“七·七”事变后的上海证券市场》，载《企业周刊》1943年第42期。

作为参考依据，同时借鉴一般的商事习惯。[1]

在西商证券交易所创办之后，中国的证券市场才慢慢地出现并发展起来。证券市场的交易规则绝大部分沿用了西商证券交易所适用的交易规则。虽然中国绝大多数的商人对上海取引所的建立表示强烈不满，然而并没有否定和抵触对上海取引所交易规则的参考和借鉴。

在1947年的秋季，上交所向美国纽约证券交易所发送了一封信函，信函的具体内容也就是上交所向对方询问关于传送股票行情的手段：

本国现阶段所运用的传送股票行情的手段还有其不足之处，能不能改用Ticker System，同时还需要知晓这项制度的实际具体内容还有相关设施的费用明细。

之后，纽约证券交易所回复了上交所询问的事宜，同时还寄来了两本说明书，一本纽约证券市场概况。[2]这个事例，就是近代中国参考西方国家证券市场规则的一个充分体现。

从上文中能够清晰地看到，在20世纪初所实施的《证券交易所法》，则是有针对性的借鉴和参考了取引所法。而20世纪中叶所公布的《交易所法》以及《修正交易所法》这两部法律文件又是立足于《证券交易所法》的层面之上而修订。一言以蔽之，近代与证券相关的法律绝大部分参考了西方国家的法律制度。

2.近代中国证券市场是畸形发展

因为在旧中国时期，证券市场与产业发展的关系并不密切。也就是说，证券市场的出现和发展，并不是受到了商品经济的影响。而是西方帝国主义的入侵，使证券市场的发展速度进一步加快。

因此，证券市场的发展状况主要是受到了西方帝国主义入侵还有当时社会经济等诸多要素的影响。证券市场在当时成为政府扭转财政赤字局面的一种重要手段，并没有将证券市场用在社会经济的发展方面。这样一来，

---

〔1〕 更生：《上海西商证券交易所之略史》，载《银行周报》1960年第34期。

〔2〕 参见黄令：《近代中国如何参考西方国家证券市场规则》（1935年），上海市档案馆藏档案，档案号Q327/01/288。

就使得证券市场的发展偏离了正常的道路轨迹。

3.近代中国证券市场是半殖民地半封建性质

无论是股票还是债券，这两者均是从西方已发达国家传入至我国的。一般来讲，倘若一家公司想要发行股票，那么多半是政府官员在背后所操控。发行债券的种类通常以财政公债为主。政府之所以会这么做，并不是为了尽快清偿外债，而是为了维护自身的阶级利益，镇压民众所发起的各种反抗活动。和商品经济并没有较为紧密的关系。

4.近代中国证券市场发展不平衡

首先是证券市场结构的不均衡。详细而言，国债市场长时间占据着主流的地位，尽管股票市场的发展水平也有了一定的提升，然而每次时间都不长。

其次是地域发展的不均衡。在南京国民政府还没有成立的时期，上海证券市场的发展速度较快。南京国民政府成立后，政治中心的迁移，使北京证券市场逐渐退出了历史舞台，推动了上海证券市场的发展。上海证券市场的发展水平的不断提高和全国范围内其他城市的证券市场的没落形成了极其强烈的反差，全面地展现出地域发展的不均衡。

如果对近代证券市场研究一番能够不难发现，市场当中的投机现象较为普遍。笔者将民十信交风潮作为典型案例：

"信交"这一词语传入到国内，已经快有两年的时间。如果从现实的角度来说，信交交易活动推行的时间并没有超过数年，信托交易的推行也仅仅过了几个月。但是信交活动在其他国家所展现出的效果在我国没有发现，反而信交的弊端已经被大众所熟知。交易的当事人并没有看清信交活动的本质，而是误认为这种活动是能够让自己快速获得财富的一种重要方式。一个人抢购，那么其他人也就会纷纷效仿。达到成本上千万数额的股本，在一会儿的工夫就被抢购一空。[1]

---

〔1〕 裕孙:《信交狂潮之反动》，载《银行周报》1921年第50期。

上述所说的这种狂热现象，已经扭曲了投资的本质，是一种显而易见的投机行为。这么做的结果就是使绝大多数人败尽家业，正常的经济环境受到了诸多负面因素的影响，使产业无法得以快速和顺利地发展下去。

之所以会出现这种局面，大体来讲有两个方面的原因。一方面是因为证券市场自身就带有很强的投机特征；另一方面也和当时的社会背景有着密不可分的关系。

内陆地区的生产水平较低，社会游资纷纷涌入到上海这座城市。而对外贸易的进口额又总是大于出口额，社会的各个行业得不到长足的发展。所以，金融业由于资金膨胀的原因在这个时期快速的发展起来，投机现象非常的普遍。〔1〕

因此，上海证券交易所的活跃度非常高。不难看出，政局的动荡无法让经济得以快速地发展起来，使投资的各种不确定性因素增多。

5.国内资本主义经济发展的需要

在清朝末年，法律改革活动盛行，《公司律》首先出现在了大众的眼前。之所以会出现这样的情况，是因为商品经济以及股份制度的发展所需。在《公司律》还没有出台的时候：

国际约章，试办奏咨以及签署的协议等，没有相关的法律法规可以作为其主要的参考依据。〔2〕

在当时，公司的数量猛增，商事纠纷的数量与早期相比也有了很大的提升，所以亟待国家法律的公布与实施。举例来说，在20世纪初叶，上海的商业企业的数量已经超过了一千家，甲午战争爆发后，投资的热潮被再一次掀起。〔3〕

工业革命的出现，使近代公司制度得以形成。通常来说，规模不大的小作坊，可以用合资的方式创办。而像近代铁路、矿产等产业较为雄厚的：

---

〔1〕《证券市场之延革》(1935年)，上海档案馆藏档案，档案号(三)28592。

〔2〕王效文：《公司法·绪论》，现代法学社1931年版，第112~121页。

〔3〕参见徐鼎新、钱小明：《上海总商会史（1902—1929）》，上海社会科学院出版社1991年版，第23~24页。

无论是个人出资，还是合伙出资，均不能将其创办起来。唯有选择一种新的组织形式，对外界进行招股筹集。[1]

在近代民族资本主义发展的萌芽时期，无论是公司的创办和建立，还是章程的起草和拟定，均要通过清政府的审查。在当时并没有相关的法律法规作为参照，这对公司的发展造成了极大的妨碍。

在西商建立起后，国内才开始建立起新式公司。对于新式公司而言，规模制度也就自然而然地模仿西商商事制度。新式公司的获利水平颇高，在当时被社会各界人士所熟知。特别是政府官员对其予以了高度的重视：

就现阶段而言，如果要想扭转现在社会所处的不利地位，那么就要兴办公司。等到社会经济恢复过来，那么权利才能够牢牢地掌握自己的手中。公司的章程条例，需要尽快地公布和实施，从而让经商者所做出的行为有据可循。[2]

6.商人团体和个人的影响

在近代证券立法的阶段，商人团体等同样对证券立法起到了一定的推动作用。上文所说的《公司条例》就是一个很好的证明。《公司条例》这部文件是在实业家张謇担任农商总长一职时对外出台和颁布的。这部文件的颁布和张謇主动地推动工商业立法活动的开展有着密切的联系。

1914年年初大总统令：

张謇明确表示，《商律草案》这部文件的条数要比早期的清通行工商律多出二百多条，覆盖的范围较广。现阶段《公司条例》一共有二百五十一条，应允许先行出台。[3]

在上海取引所被正式建立起来的这个阶段，上海银行家虞洽卿则着手建立起证券物品交易所。他之所以会这么做，是为了让证券物品交易所能够和上海取引所予以抗衡。

在当时，正好是农商部对于《物品交易所法条例》起草和修订的阶段，

〔1〕 吴毅堂编著：《中国股票年鉴·中国股票论》，中国股票年鉴社1947年版，第1页。
〔2〕《商部奏呈议订〈商人通例〉暨〈公司例〉折》，载《光绪朝东华录》1903年12月。
〔3〕 张謇：《〈商律草案〉实施细则分析》，载《政府公报》1914年1月4日，第5版。

为了确保证券物品交易所能够进行核办，虞洽卿便动用自己的人脉关系，将《物品交易所条例》这部文件的条数增加到第46条：

在本条例公布和实施之前就已经创办的物品交易所，在本条例公布的九十天之内，根据本条例的相关规定，对物品交易所进行核查，在经过核查之后，符合各项要求的交易所则可以对外继续正常营业。

《物品交易所条例》第3条规定：

物品交易所如果交易的是同种类型的货物，那么可以在每一个区域内建立一家物品交易所。由农商部负责区域划分等相关事项。[1]

在1926年的秋季，《交易所监理官暂行条例》与《交易所交易税征收条例》的出台与颁布，引起了上海同业的强烈不满和抗议。上海同业对北京农商部提起了撤回申请，然而并没有得到任何的答复。后来，上海同业则向北京农商部提起行政诉讼，起诉北京农商部颁布的这两个条例属于违法行为。北京农商部迫于外界的种种压力只得作罢。

在1935年，《修正交易所法》和《交易所交易税条例》这两部文件正式颁布，因为税率设定过高，各个交易所纷纷对其表示抗议。立法院不得不把税率下调，再行公布。从上述中能够发现，商人团体在当时的实力已经不容小觑，对证券立法能够产生极其深刻的影响。

（二）中国近代证券立法的特点和意义

中国近代证券立法所历经的道路颇为曲折。虽然证券是由西方国家传入中国，但是中国的证券立法并没有生搬硬套西方国家的制度和法规，而是立足于自身实际情况，有针对性地参考西方国家的证券制度。所以中国近代证券立法的特点非常的鲜明和独特。

中国近代证券立法是中国国情和西方制度这两者融合在一起的产物。证券立法需要从中国自身的实际具体情况出发，所以时代性非常明显。具体来说，证券立法不仅有与之对应的法律法规，还有规章规约以及业务规则等，所以它又具有极强的层次性。不仅如此，它还具有一定的及时性以及广

〔1〕 庞小凯：《洪承祈为交易所注册及交易所法修订事与闻兰亭等往来函电（1920年12月）》，载上海档案馆编：《旧上海的证券交易所》，上海古籍出版社1992年版，第96~105页。

泛性等。

中国近代证券法律制度的演变,具体来说可以分为三个阶段。无论是哪一个阶段,均依照当时的中国国情建立起与之对应的证券规范。然而,因为受到诸多外在因素的影响,中国近代证券法律制度依旧存在诸多的不足之处与弊端。

如果对近代世界经济深入探索一番之后就能够发现,在证券市场发展的早期阶段,并没有与之对应的法律法规对各种交易行为进行规范,而是以当时的商事习惯作为主要的依据。股份公司制度的出现,才使相关法律法规得以出台和颁布。美国长期以来对证券市场没有予以高度的重视。在20世纪20年代末经济危机爆发之后,美国才逐步对证券市场进行干预。

清朝晚期,则是中国近代证券法律制度发展的一个开端。具体来说,在当时特定时期,《钦定商律》以及《公司律》等相关法律文件相继出台。《公司律》这部法律文件对股份企业的股票发行予以了明确的说明。从宏观的角度来说,这是对早期股份制实践经验的一个高度概括,其历史价值非凡。当然反过来说,《公司律》这部文件也存在诸多的不足之处。比如,对于股份发行的相关事项没有予以详细的说明。尽管规定了股款能够分期缴纳,但是这会导致后续出现催款困难等一系列问题的发生。

之所以要公布和实施证券法,是为了有效防范过分投机的行为出现,不让投资人的自身权利受到侵害。倘若在证券市场中并没有出现过分投机的现象,那么证券监管也就无从谈起。反过来说,如果没有过分投机,那么证券监管的出现就会极大地妨碍证券市场的正常发展。

在国民党执政时期,政府公布并出台了《公债法原则》,对公债的发行以及募债的用途予以了明确的规定和说明。在此之后,债信水平逐渐提高。除此之外,还颁布了《交易所监理员规程》,在这部文件中明确表示,监理员不可以在交易活动中进行投机买卖,使监理员的工作行为得到了进一步的规范。

从法律实施效果的角度来说,尽管在证券法中明确规定了不允许场外交易,但是场外交易依旧没有停止,投机以及多空操纵等事情接二连三地出现。之所以会出现这样的局面，是因为受到了当时时局的影响。在近代，自从鸦片战争爆发后，社会就长时间处于动荡之中，社会经济无法快速地发展起来。尽管商人的手中有资金可以投资，但是在当时的处境下也无法进行长期投资。再加上当时社会经济通货膨胀加剧，所以，投机盛行是当时一个较为普遍的社会现象。

从现实的角度来说，如果社会环境能够长时间处于一种稳定的状态，就会对证券立法起到极大的推动作用。如果社会环境不稳定，那么经济也就无法快速发展起来，各种投资风险就会接踵而至，造成投资市场出现巨大的动荡。倘若没有了投资市场，那么企业也就无法正常的营运下去，使整个经济陷入低迷状态当中。

内国公债的发行不单单对证券市场的发展起到了极大的促进作用，同时对当时的经济发展同样起到了极其深刻的影响。具体而言，内国公债的发行，将大折扣和高利率作为先决性要素，占用了大量的证券资源。而筹集到的绝大多数款项，又用在了战争开支方面，并没有将其用于经济建设当中。总的来说，国债发行的利率以及数额等均要在合理的范围之内，尽最大程度和经济发展状况相契合。如果不这样做的话，那么就会对整个社会经济的发展造成极大的妨碍。

自由经济发展到一定阶段就会出现证券市场，倘若监管过于苛刻和严格，就背离了自由经济原则。然而对于一个经济水平较低的国家来说，又不可以对证券市场漠视不管。其关键就在于要对市场进行进一步的培育，从而让投资主体的头脑中树立起正确和科学的投资思想观念，在不违反相关法律法规的前提条件下，让证券市场的活跃度得以大幅度的提升。

除此之外，在信用经济发展到一定阶段后，同样也会出现证券市场。从现实的角度来说，要严格防范投机行为和欺诈行为的出现。市场经济的核心要义在于诚信，是对规则的服从和遵守，而这一点单凭法条对行为人进行约束，力度是远远不够的。所以，在证券市场规则加入道德条款，是非常具有现实价值的。

因为治外法权，西方帝国主义在中国建立起证券交易所，对于证券市场同样起到了极大的影响。等到抗日战争结束后，证券市场才获得了高度的统一和集中。证券交易所有两种组织形式，即会员组织及股份公司制证券交易所。

在近代，中国所建立起的证券交易所，绝大部分为社会名流所控制。从现实的角度来说，股东会自身所应享有的权利并没有真正地得到法律的保护。

在战争结束之后，南京国民政府为了进一步加强对证券交易所的管控，命令上海华商证券交易所不得再对外营业。于是，政府就成为大股东，让证券市场成为政府调剂金融的一种重要方式。近代中国证券市场证券法律的特点很明显。

在国民党执政的阶段，不单单对与证券市场相关的法律法规进行了调整，除此之外，还大范围地宣传和推广证券市场的监管政策。具体来说，则是上海交易所监理官的建立以及《交易所监理员办公处规程》的公布与实施。

政府对证券市场予以统一管理后，使《交易所法》这部法律文件的效用得以充分发挥出来。南京国民政府对证券市场的监管得当，有效避免了上任政府对证券市场干预过度的局面出现。从相关资料中不难发现，比如，20世纪30年代出现的郭标"公债抛空案"还有"公务人员操纵证券市场案"[1]就属于此类。

总的来说，中国近代证券法律制度在清朝晚期开始形成并出现，在北洋政府时期快速发展起来，而到了南京国民政府时期，又从更深层次的角度对其予以了完善。如果没有19世纪70年代股份制度的出现，那么《公司律》以及《公司条例》等相关法律文件就不会公布。如果没有北洋时期的证券立法，那么证券法律体系也就无法被建立起来。

1.中西合璧的立法精神

中国近代证券立法不单单有针对性地参考了西方发达国家的立法经验，

---

〔1〕《严厉制裁现任官吏抛卖公债案》(1946年)，上海档案出版社，国民政府财政部档案(三)(2)4464号。

同时还立足于中国国情之上。因为在19世纪初清政府对外界公布并实施的《公司律》无法满足市场规范所需，因此在当时请来日本法学家志田钾太郎协助我国起草商律。[1]

在上文中所提及的《证券交易所法》，里面绝大部分的内容则借鉴了日本取引所法的相关规定：

比方说在同一个区域当中进行物品交易，那么交易所营业的期限则以十年为期，等到十年期满之后根据当地自身的实际具体情况决定是否续展。交易所经纪人的获取资格以及相关程序等，则和取引所法并没有显著性的区分。[2]

然而通过相互对比之后就能够发现，在19世纪初所公布的《证券交易所法》并不是生搬硬套日本的取引所法。比方说在取引法当中明确表示，交易所的组织形成可以分为两种，一种为股份公司形式，另一种则是会员制。在当时的特定时期，日本的交易所数量已经超过了40所，绝大部分为股份公司。实行会员制的公司只有两家。[3]因此，依照当时中国经济水平较低的现状，《证券交易所法》第5条明确规定：

证券交易所的组织形式仅有股份公司。

反过来说，西方发达国家绝大部分则会实行会员制。换句话说，这种组织形式需要以商业水平较高以及信用等级较高的经纪人作为先决性条件。而反观中国的社会环境以及背景，如果选择会员制组织，则明显与实际情况不符。

2.立法与时俱进

证券立法是时代发展到一定阶段的产物。在《证券交易所法》这部法律文件对外界公布的期间，证券市场遭受到诸多不利因素的打击，组织规模还没有扩大，上市交易的证券类型则少之又少。在《证券交易所法》对外界公

---

〔1〕 参见林咏荣：《我国公司立法的回顾、检讨与展望》，载《法学论集》，台北，华冈出版有限公司1977年版，第103页。

〔2〕 王岗：《日本取引所调查录》（一），载《银行周报》1935年第39期。

〔3〕 参见杨荫溥：《中国交易所论》，载《旧中国交易所股票金融市场资料汇编》（上），书目文献出版社1995年版，第95页。

布4年后，北京证券交易所才得以正式建立。

虽然1914年所颁布的《证券交易所法》还有诸多需要进一步改善和优化的地方，然而对比当时中国的经济水平，还是能够体现出这部法律文件的先进性。

南京国民政府则把《证券交易所法》与《物品交易所法》这两部法律文件有机的联系在一起，制定出《交易所法》。[1]证券交易以及物品交易均以集中交易作为第一核心要义，因此把上述两个法律文件结合在一起，还是能够极大地满足当时社会所需。

在20世纪20年代末所出台的《交易所法》，明显比《证券交易所法》高了一个层次。详细而言，交易所不仅可以选择股份公司制，同样还可以选择会员制。南京国民政府在起草《交易所法草案》的阶段，曾经详细的解释立法意图：

就现阶段来说，交易所选择股份公司制较为妥当。但是立法需要从长远的角度考虑，如果仅仅只是制定股份组织，那么未免太过狭隘。所以在经过深思熟虑后，将《证券交易所法》和《物品交易所条例》这两部文件有机地联系在一起，有针对性的参考和借鉴其他国家的法律法规，制定成本草案。加入会员制这种组织形式，方便以后实施。[2]

1929年和1914年相比，国家形势已发生翻天覆地的变化，商业发展速度提升，证券法律规定也有了一定的变化。证券交易所既可以选择股份公司组织，也可以选择会员组织。这样为后续的发展打下良好的基础。

3.立法体系多元化、多层次

中国近代的证券立法，在经过了多重审查后才被正式颁布。比如，《交易所法》和《修正交易所法》这两部法律文件就是如此。除此之外，还可以依照实际具体情况，由行政部门依次制定与实施，具有较高的层次性。不同层次的法规可以发挥出不同的效用，对证券市场可以进行全方位的规范和调

〔1〕 参见郑爰诹编：《交易所法释义·叙》，上海世界书局1930年版，第58页。

〔2〕《交易所法草案说明》，载《旧中国交易所股票金融市场资料汇编》（上），书目文献出版社1995年版，第336页。

整，从而确保市场秩序不被受到破坏。

在1929年的上半年，立法院对《交易所法》和《交易所法施行细则》这两部文件进行了审查。在经过审查后，法院把《交易所法施行细则》交到工商部的手中，由工商部对其进行修订。[1]

除此之外，工商部时还可以根据社会发展的实际具体情况，自主制定临时性法规，从而妥善处理在现实中所遇到的难题。在19世纪，农商部对外界公布并实施《交易所监理官暂行条例》和《交易所交易税征收条例》。[2]

证券交易所营业细则是近代证券法律规范当中不可或缺的一项要素。法律明确表示，交易所经纪人所做出的各项行为需符合相关业务规则。这些业务规则需要通过相关部门的审核和认可。一旦经过审核，这些业务规则就有了法律效力，如果交易所经纪人做出了不符合业务规则的行为，就会受到相应的惩处。

比如，上海证券物品交易所经纪人公会对外界公布和实施的《受托契约规则》等。[3]

证券交易所的业务规则，通常来说具有较强的操作性。无论是证券交易所还是证券经纪人均要遵循相关规定。然而，它不可以和基本法规相冲突。否则，业务规则就没有了实施效力。

举例来说，《交易所法施行细则》第38条规定：

在《交易所法》还没有颁布之前，如果有交易所的章程与《交易所法》以及本细则发生了冲突，那么则要在《交易所法》实施后的六个月之内，对章程进行修改，将其上报至工商部，由工商部对相关章程进行审查。

国民政府司法院判解第903条进一步解释该条称：

《交易所法施行细则》第三十八条当中所说的交易所章程，对于现行法

〔1〕 参见胡立：《交易所法草案案审查报告》，载立法院秘书处编：《立法院公报》1930年第10期。

〔2〕 参见张睿：《农商部对交易所的管理制度》，载《晨报》1926年9月10日，第7版。

〔3〕 参见上海市档案馆编：《旧上海的证券交易所》，上海古籍出版社1992年版，第107页。

没有详细规定的内容，则不可以认为是相互冲突的。[1]

4.立法前进行田野调查，立法修订具有及时性

法规的颁布与实施，需要有较高的稳定性。然而自身也需要根据时势，做出一定的调整，从而切实地满足社会所需。工商法也是这般。在清朝末年，《公司律》对外正式公布后，请来日本法学家志田钾太郎协助我国拟定商律。在《公司条例》实施之后，又经过了两次的调整。[2]在国民党执政时期，无论是《公司法》的颁布还是《公司法施行法》的实施，均是以满足当时社会所需为目的。

20世纪20年代末，在《交易所法》正式实施之后，因为时局的变化，导致该法被进一步修改，也就是变为了后来所出台的《修正交易所法》。在这部法律文件出台之前，立法院派陈剑如等人去上海进行实地考察。《修正交易所法》在原法的基础设施上，新添加3条。[3]根据当时的社会具体情况，新添加第41条规定：

证券交易所“证券经纪人或者内部会员不可以做出买空卖空的行为。”在立法院经过激烈讨论之后，最终表示该条文可以通过。[4]

5.理论与实践结合，立法基础具有广泛性

在国民党执政时期，对于专家立法予以了高度的关注。学者马寅初是近代大众所熟知的一名经济学家。马寅初不单单在大学校园内向学生们传授证券业务方面的知识，同时还在1935年和其他专家学者共同起草和拟定《修正交易所法》这部法律文件。《公司法》这部法律文件在起草的过程中，集结了诸多的学者专家，比方说有傅秉常以及史尚宽等人。[5]专家立法可以让制定法变得更加科学和合理，让法律的效用可以全面地展现出来。

---

〔1〕 吴经熊编：《六法判解理由汇编》(第二册)，载《司法院解释检查表》，会文堂新记书局1941年版，第64页，判解第903条。

〔2〕 参见谢振民编著：《中华民国立法史》(下)，张知本校订，中国政法大学出版社2000年版，第806页。

〔3〕 参见立法院秘书处编印：《立法院公报》1935年第69期。

〔4〕 《立法院修正交易所法》，载《银行周报》1937年第14期。

〔5〕 参见谢振民编著：《中华民国立法史》(下)，张知本校订，中国政法大学出版社2000年版，第811页。

不仅如此，商人团体同样为中国近代证券立法贡献出了自己的一份力量。从前文中可以得知，《公司条例》这部法律文件就是立足于上海总商会发起起草的商法草案的层面之上对外界公布并实施。《交易所法》在拟定的过程中，曾经也听取了金融专业学者的建议。[1]

〔1〕 参见马寅初：《新颁布之交易所法》，载《中央大学法学院季刊》1930年第1期。

第六章　近代中国证券研究对当代中国证券业的启示

在对中国近代社会和证券市场还有证券法律制度进行一番深入探索和剖析之后，能够获得以下几个方面的启示。

一、社会稳定是一个社会经济发展的先决条件

如果对中国近代历史做一个高度概括性的总结，那么就是国家在拯救自身危亡和在谋求生路当中努力存活。在走向富强的道路上，我国历经了百般磨难，最为关键性的一个因素就是战争的频繁出现。特别是在北洋政府时期，军阀战争接二连三地爆发，使国家财政收入的绝大部分都用在了军政费用方面，占据了用于经济建设的资金款项。西方列强对我国虎视眈眈，同时国内内乱还一直没有停止。在这种内忧外患的情况下，国家经济发展速度必然会有所降低，甚至停滞不前。

从实业的角度来说，社会长期处于一种不稳定的状态，社会民众没有了长期的目标与打算，更不会对长期投资抱有较高的热情。换句话说，如果投资人士缺乏主动性，对投资没有热情，那么证券市场也就没办法发展起来。如果社会长时间不能稳定下来，那么经济就无法快速和顺利地发展，对于证券法治建设水平的提高造成一定的妨碍。

二、民主与法治是市场经济的制度保障

在近代，我国战乱频现，是民主与法治存在诸多弊端的一个后果。民主

与法治的发展要将文化传统作为先决性要件。

民主与法治可以确保人在劳动的过程中全面地展现出自身的创造力，提升人改造世界的能动性。民主与法治的不健全，是导致近代经济发展速度无法快速提升的一个关键性缘由。

在辛亥革命结束之后，帝制被隐没于历史的舞台，中华民国政权以及相关制度被依次建立起来。然而军阀战争的频频爆发，国家实力无法显著性地提升，使新的经济制度只是流于形式，而无法落实到具体实际当中。

这是值得我们去深入研究和探讨的一个课题。就证券市场的角度而言，它的投机性非常显著，证券法律规范不单单需要社会民众在自己的头脑中树立起正确的守法观念，同时还有具备一定的社会责任感。

三、中国证券的未来

证券还有证券法的出现，不只是工业革命发展到一定阶段的产物，同时还是社会政治革命的一种产物。

工业革命的出现，让工业化的生产出现在大众的视野当中，颠覆了传统的经济经营方式。而社会政治革命的进行，则让社会等级特权成为过去式，追求人人平等是当时的一个伟大目标。

股份制度和证券市场这两者均对社会政治的进一步发展起到了极大的推动作用。所以，就这个层面而言，上述这两者是可以让社会资源得以科学配置的重要方式，而证券法则是实现这一目标的制度保障。[1]

自20世纪80年代我国实施改革开放政策以来，社会经济的发展速度有了明显的提升，社会民众的生活质量也有了质的提高。然而“让一部分人先富起来”只是一种临时性的政策，并不能将其作为长期性的政策。如果要想让全民都能够富起来，就需要从股份制和证券市场这两个方面着手。

通过十余年的发展，我国证券市场的发展水平已经有了明显的变化。尽管现阶段已经实现法治天下，然而所要解决的难题依旧较为棘手。从本

---

〔1〕 本书所讲的平等并不意味着平均，而是人格、机会上的平等。

书的角度来说，现代证券法要予以高度重视的几个问题依次为：国有股上市交易问题、对监管者的监管问题、上市公司退出机制的建立以及与证券市场紧密相关的正在开始进行的商业银行运作方式问题等。这些问题在处理的过程中会面临许多困难，对牺牲利益予以均衡是妥善处理这些问题的核心所在。

公司之所以会对外进行资金上的筹集，是为了能够显著性提升自身的获利水平。而投资人士之所以会进行投资，是为了能够和公司共享利益，从而让自己的生存质量得以提高。如果立足于现代经济状态的层面，这是让绝大部分的社会民众能够获得财富的一个重要方式。证券市场建立的目的也是能够让全民致富。然而如果在证券市场中出现了种种的投机行为，那么这种行为就是对这个伟大使命的亵渎。市价无法长期保持在一个稳定的状态，就会使投资的不确定性因素增多。这样一来，投资人士不仅无法从企业发展中得到利润，让自身的生活质量得以提高，同时还有可能会让自己倾家荡产。虽然在我国的证券市场中并不存在期货交易，然而市价却依旧无法处于一种平稳的状态，避免投机行为的出现还有内幕的操纵依旧相当棘手。

从法律的角度来说，它的活力就体现在它是能够逐渐调整和优化的。换句话说，在证券市场发展到一定阶段之后，交易的类型还有交易的手段均会慢慢地丰富起来。我们只是需要思考和探究怎样让这一局面快速地到来以及如何降低在这个发展过程中所花费的各项成本。中国现行证券法在未来的发展道路依然要全力以赴，奋勇前行。

附录：中国证券市场大事记（1840—1949）

1840年，鸦片战争爆发，外国资本主义开始侵入中国。

1843年，上海开埠，首批外国股份制洋行登陆上海。

1844年，外商在上海设立从事进出口贸易的股份制洋行多家。

1845年，上海辟界，例如银行在华设立机构，它是外商在华设立的第一家股份制银行。

1853年，上海道吴健彰为镇压上海小刀会起义，向外商赊账雇募船炮，成为近代中国的第一笔外债。

1853年，清政府开始使用大清宝钞，并发户部官票。

1853年，北京创办第一家官银钱号。

1864年，外商股票在中国发行，大英自来火房发行股票5万两。

1865年，汇丰银行在华设立，外国在华规模最大的受殖民统治地区股份制银行。

1866年，上海大英自来火房发行公司债券，成为中国发行较早的债券。同年，外国银行纵容自己的买办和钱庄勾结，引发了中国近代史上的第一家最大的银行股票风潮，使刚涉及证券交易的中国人蒙受巨大的损失。此次风潮以上海为中心，波及各通商口岸和商业部门。

1869年，英商在上海设立长利公司，它是专门从事外商股票买卖的公司。

1873年，轮船招商局成立，它是中国人自己创办的第一家股份制企业，所发行的股票是中国的第一张股票。

1874年12月，吴淞铁路动工兴建。汇丰银行贷给陈葆祯“福建台防款”200万两。

1876年2月，清政府允许左宗棠借洋款1000万两。

1876年4月9日，李鸿章主张吴淞铁路由中国照原值买回，另招华商股份承办。

1876年12月1日，吴淞铁路全线通车。

1878年7月25日，开平矿务局正式成立，计划招股100万两。

1878年，上海机器织布局发行股票不成功；英国贷款给清政府修筑京奉铁路。

1881年11月8日，唐胥铁路举行通车典礼。

1882年4月，李鸿章派郑观应在沪试办机器织布局。

1882年9月，上海平准股票公司设立，是中国人自办的第一家专门从事股票买卖的公司。

1883年1月，上海金嘉记源号丝栈亏折巨款56万两，突然倒闭，殃及钱庄40家。1883年，上海大买办、投机商人胡光镛搞丝业投机失败，引发了钱庄倒闭与股票大跌风潮。

1886年8月，开平铁路公司成立，伍廷芳任总办。

1887年4月26日，《申报》刊登《开平铁路公司招股章程》拟股100万两，并决定改名为中国铁路公司。

1888年，一些外商在中国组织的股票掮客公会专门从事外国股票的交易业务，这是中国最早的股票交易市场。

1891年，上海股份公所设立，它实质上是外商上海股票掮客公会，也是后来外商众业公所的前身。

1894年，清政府为筹备甲午战争军费。首次效仿西方公债制度，在国内“息借商款”，开公债市场的先河。

1895年7月，《俄法洋款合同》签订，借款4亿法郎，合银1亿两。

1896年3月23日，英德5厘借款合同签订，借款1600万英镑。

1897年5月27日，中比议定《芦汉铁路借款合同》。

1897年8月，英商福公司成立，妄图攫取河南、山西矿权。

1897年，中国第一家股份制银行中国通商银行成立并公开发行股票。

1898年4月14日，中美设立《粤汉铁路借款合同》，盛宣怀把粤汉铁路承筑权出卖给美国合兴公司。

1898年，清政府为履行《马关条约》中的甲午战败赔款协议，发行“昭信股票”，名股票，实为债券。

1901年，英美法德借款给清政府开修粤汉铁路，1936年全线通车。

1901年，盛宣怀奏设上海商业会议公所，后更名为上海总商会。

1903年4月，赫德提出中国币值改革案，力主确立金本位制度。

1903年5月21日，湖南士绅商以美国合兴公司将粤汉铁路股票私售比利时为由，电请外务部废约。

1903年7月，盛宣怀与中英公司订立《沪宁铁路借款合同》。

1903年11月，清政府公布《奖励公司章程》20条，鼓励集股经营。

1903年12月，《钦定大清商法》颁行。

1903年，清廷于六部之外专设商部，并任命载振为尚书，伍廷芳、陈壁为左右侍郎，张睿为头等顾问官，以指导全国的工商事务。

1904年1月21日，清廷第一部直接兴创办公司有关的法律《公司律》奏准颁行。

1904年9月，清政府废止《粤汉铁路借款合同》，赎回自办。

1904年，梁启超首倡设立“中华愚迁公司”（证券交易所）。

1905年9月，清户部银行开业，资金400万两，分4万股，官商各半。

1905年，上海众业公所成立。

1906年2月6日，张之洞奏准成立官督商办湖北粤汉、川汉铁路股份有限公司。

1906年6月，日本设立南满铁路株式会社，总社设大连，分社设东京，资本2亿日元。

1906年9月，清廷改户部为度支部，商部为农工商部。

1907年3月，中英订立《广九铁路借款合同》。

1907年4月，川汉铁路改为商办。

1907年12月，山西商民为集资收回矿权，成立“保晋公司”。

1907年，袁子壮等重议创办证券交易所。

1908年7月，户部银行改称大清银行。

1908年，“公平易”和“信通”两个专门从事股票交易的公司成立。

1908年，清政府为解决“筹款赎路”成立了交通银行，也是中国最早经营证券的银行。

1909年6月，清政府与英、法、德三国银行团签订了《湖北湖南两省境内粤汉铁路、鄂境川汉铁路借款合同》。

1909年，中国民间证券茶会交易市场开始形成，上海福州路大新街拐角处的惠芳茶馆较具有代表性。

1910年3月24日，邮传部批准湖北设立商办粤汉川汉铁路公司。

1910年6月，因橡胶股票价格暴跌引发橡胶股票风潮。

1910年，清政府为镇压辛亥革命，发行“爱国公债”。

1911年5月，盛宣怀与四国银行团订立粤汉川汉铁路借款合同。

1911年6月1日，清政府路款双夺，四川省成立保路同志会。

1911年6月6日，广东铁路股东反对铁路国有，力争商办。

1911年8月24日，川路股东大会决议全蜀股东不完捐税，不纳丁粮，政府所借外债，川民概不担负，并呼吁罢课罢市，是日成都全市罢课罢市。

1912年1月1日，中华民国南京临时政府成立。

1912年1月8日，临时大总统颁布发行中华民国军需公债，定额1亿元。

1912年，北洋政府召集全国工商巨子在北京开会，商讨设立证券交易所事宜。

1913年4月26日，袁世凯政府向五国银行团借款2500万英镑，史称“善后大借款”。

1914年4月，北洋政府经西原龟三之手，向日本借款1.4亿日元，史称“西原借款”。

1914年8月，北洋政府公布国内公债条例，募集公债1600万元。

1914年秋，北洋政府农商部批准正式组成上海股票商业公会，标志着中国证券市场由茶会时代进入公会时代。

1914年12月29日，北洋政府农商部总长张謇拟定旧中国第一部证券法规——《证券交易法》，允许私人投资开设证券交易所，进行国债、股票和公司债券的买卖。

1914年5月，北洋政府农商部颁布《证券交易所法施行细则》。

1914年，北洋政府设立国内公债局，专司举借内债事务。

1915年8月1日，全国银币统一，皆用袁世凯头像银元。

1916年，孙中山、虞洽卿向北洋政府呈请设立上海证券交易所。同年汉口证券交易所设立。

1918年1月，北京政府财政部与日本正金银行签订1000万日元借款合同。

1918年，北平证券交易所成立，是中国人创办的第一家证券交易所。

1918年，日商上海取引所（证券交易所）成立。

1920年，上海证券物品交易所成立。

1920年，根据《证券交易法》规定，上海股票商业公会改组为上海华商证券交易所。

1921年2月，北洋政府批准成立天津证券花纱粮食皮毛交易所股份有限公司。

1921年冬，由于滥设信托公司和交易所，上海爆发了“信交风潮”。年底，上海信托公司只剩下中央、通易两家。

1921年，北洋政府发行“九六债券”，正式名称是“偿还内外短债八厘债券。”

1924年7月至8月，在京沪证交所上市交易的政府公债价格先是急剧上升，而后因传言和投机者打击一路狂跌，大量交易者包括社会名流损失惨重，迫使北京证交所停市长达4个月之久。

1926年，发生“九六公债风潮”。

1927年，南京国民政府停铸“袁大头”银币，改铸孙中山开国纪念币。

1927年，南京国民政府发行江海关二五库券，标志着国民党政府发行内债的开始。

1928年2月20日，海丰县苏维埃人民委员会发布第4号令，决定成立劳动银行。

1928年8月31日，南京国民政府金融监理局奉财政部之令改为泉币司后，原管事务都移交给了泉币司办理。

1929年，南京国民政府修订并颁布了新的《交易所法》。

1930年9月，闽西苏维埃政府发布公告，闽西工农银行建立。

1930年，南京国民政府颁布新的《交易所法施行细则》。

1931年1月，汉口证券业公会成立，附设证券交易市场。

1931年4月，南京国民政府又决定重新恢复交易所监理官制度，在上海设立交易监理员办公处，由财政部与实业部各派交易所监理员1人。

1931年6月23日，闽西苏维埃政府发布扩大工农银行股金的通知。

1931年11月7日，红色政权中央工农银行设立，各根据地银行成为它的下属分行。

1932年11月8日，南京国民政府行政院议决招商局收归国营。

1932年12月，中华苏维埃共和国湘赣政府发行革命战争公债。

1932年，南京国民政府宣布改变所发公债的还本付息办法，宣告国债债信第一次破产。

1932年，四川军阀刘湘为了便于发行债券，批准成立重庆证券交易所。

1933年7月22日，中华苏维埃临时中央政府决定发行公债300万元。

1933年8月，中央苏区召开南部和北部经济建设会议，出现手工业生产合作社发展的高潮。

1933年，苏区开始发行粮食债券，它开创了中国公债史上粮食公债的先例。

1933年，南京国民政府向美国借5000万美元，史称“棉麦大借款”。

1934年1月，南京国民政府发行关税公债1亿元。

1934年4月30日，南京国民政府铁道部公布《民国二十三年第一期铁路建设公债条例》。

1934年5月2日，南京国民政府与意大利议成2000万元借款。

1934年5月28日，南京国民政府公布《民国二十三年六厘英金庚款公债条例》。

1934年7月1日，闽浙赣省苏维埃政府发行粉碎敌人五次围攻决战公债。

1934年，中共中央委员会、中央人民委员会再次颁布《关于在今年秋收中借60万担及征收土地税的决定》。

1935年11月，南京国民政府公布《金融改革令》，废除银元，改用法币、实行白银国有。

1935年，法币政策实施。

1936年2月1日，南京国民政府开始发行国债“民国二十五年统一公债”，宣告债信的第二次破产。

1937年8月1日，南京国民政府财政部公布《救国公债募集办法》。

1937年10月，南京国民政府经济部成立之后，其证券监管权又被改属经济部，证券交易所的注册登记和监督检查事项统由经济部主管。

1937年，上海华商证券交易所奉命停业。

1937年，革命根据地陕甘宁边区银行成立。

1937年，北京证券交易所停业，南京国民政府宣布停止公债还本付息。

1939年，中国股票推进会在上海成立。

1940年，宋子文家族设立“雍兴实业股份有限公司”。

1946年3月，南京国民政府改组为天津有价证券交易所，资本增至10亿元，几经周折于1948年2月才正式开业。

1946年6月1日，山东矿业股份有限公司成立。这是解放区民主政府扶持私人经济，吸收私人资本振兴工矿业的重要措施。

1946年9月16日，上海证券交易所正式开业。

1946年10月1日，南京国民政府财政部、经济部在上海设立交易所监理员办公处，委派王鳌堂、吴宗焘为上海证券交易所监理员。

1948年8月19日，国民政府第三次实行币制改革，废除法币，改用“金元券”；上海、天津证券所停业待命。

1948年11月18日，华北、山东、晋绥、陕甘宁各解放区协商决定，将华北银行、北海银行、西北农民银行合并，成立中国人民银行。于12月1日发行中国人民银行钞票（简称新币），定为上述区的本位币，统一流通。

1948年12月1日，解放区联合会议决定：将华北银行、北海银行、西北农民银行合并成立中国人民银行。总行设在石家庄，次年2月迁北京并发行中国人民银行券即人民币。

1949年5月，上海解放，上海证券交易所关闭。

1949年6月1日，天津证券交易所设立，它是中华人民共和国成立的第一家证券交易所。

主要参考文献

一、中文著作

[1]杜恂诚:《民族资本主义与旧中国政府(1840-1937)》,上海社会科学院出版社1991年版。

[2]金国珍:《中国财政论》,商务印书馆1931年版。

[3]贾士毅:《民国财政史》(下册),商务印书馆1917年版。

[4]贾士毅:《民国续财政史》,商务印书馆1932年版。

[5]康有为:《理财救国论》,上海广智书局1912 年版。

[6]康有为:《康南海文集》(第3卷),上海共和翻译局1914年版。

[7]李伯重:《理论、方法、发展趋势:中国经济史研究新探》,清华大学出版社2002年版。

[8]刘克祥、陈争平:《中国近代经济史简编》,浙江人民出版社1999年版。

[9]梁启超:《政闻时言》(下册),商务印书馆1916 年版。

[10]刘志英:《近代上海华商证券市场研究》,学林出版社2004年版。

[11]马寅初:《马寅初全集》,浙江人民出版社1999年版。

[12]孙毓棠:《抗戈集》,中华书局1981年版。

[13]孙文学、齐海鹏:《中国财政史》,东北财经大学出版社1997年版。

[14]魏源:《魏源集》,中华书局1983年版。

[15]吴承明:《经济史:历史观与方法论》,上海财经大学出版社2006

年版。

[16]伍启元:《中国工业建设之资本与人材问题》,商务印书馆1946年版。

[17]王志华:《中国近代证券法》,北京大学出版社2005年版。

[18]王宗培:《中国之内国公债》,上海长城书局1933年版。

[19]徐鼎新、钱小明:《上海总商会史(1902—1929)》,上海社会科学院出版社1991年版。

[20]杨荫溥:《中国交易所》,商务印书馆民国1930年版。

[21]杨荫溥:《中国交易所》,上海商务印书馆1934版。

[22]杨荫溥:《民国财政史》,中国财政经济出版社1985年版。

[23]杨志华:《证券法律制度研究》,中国政法大学出版社1995年版。

[24]周伯隶:《中国财政史》,上海人民出版社1981年版。

[25]周育民:《晚清财政与社会变迁》,上海人民出版社2000年版。

[26]左治生:《中国财政历史资料选编》(第11辑),中国财政经济出版社1987年版。

二、中文论文

[1]杜恂诚:《关于中国近代经济史研究方法的创新》,载《中国经济史研究》1996年第1期。

[2]刘斌:《试论中国近代股票市场的兴起和特征》,载《理论与改革》2007年第4期。

[3]李伯重:《历史上的经济革命与经济史的研究方法》,载《中国社会科学》2001年第6期。

[4]陆丹林:《国贼蒋介石做交易所经纪人的罪证》,载《历史教学》1952年第9期。

[5]潘培志:《近代中国证券交易所探析》,载《广西广播电视大学学报》2000年第1期。

[6]宋士云:《清朝末年中国的证券交易》,载《山东师大学学报》1997年第6期。

[7]尹振涛:《经济史学研究范式探索——兼评杜恂诚〈金融制度变迁史的中外比较〉》,载《中国经济史研究》2008年第4期。

[8]易棉阳、姚会元:《1980年以来的中国近代银行史研究综述》,载《近代史研究》2005年第3期。

[9]吴承明:《经济学理论与经济史研究》,载《经济研究》1995年第4期。

[10]吴承明:《中国经济史研究的方法论问题》,载《中国经济史研究》1999年第1期。

[11]吴承明:《谈谈经济史研究方法的问题》,载《中国经济史研究》2005年第1期。

[12]王玉茹:《经济史与经济学理论》,载《学术月刊》2007年第1期。

[13]汪中华:《试论旧中国证券市场的兴衰》,载《学术交流》1998年第5期。

[14]张杰:《二重结构与制度演进——对中国经济史的一种新的尝试性解释》,载《社会科学战线》1998年第6期。

[15]张春廷:《中国证券市场发展简史(民国时期)》,载《证券市场导报》2001年第5期。

[16]郑仁木:《民国时期证券业的历史考察》,载《史学月刊》1998年第3期。

三、中文报纸杂志

[1]黄政:《债券基金情况》,载《申报》1927年10月1日,第2版。

[2]鲁西:《日占时期上海股票市场》,载《大公报》1940年8月12日,第7版。

[3]刘言:《惊心动魄之内外债》,载《申报》1921年7月15日,第9版。

[4]马建忠:《借债以开铁道论》,载《申报》1882年8月12日,第8版。

[5]钱繁:《交易所监理官实施细则》,载《晨报》1926年9月10日,第7版。

[6]吴琨:《财经两部防止证券投机操纵办法》,载《申报》1947年3月24日,第5版。

[7]王权:《平准公司各股份市价》,载《申报》1882年6月13日,第8版。

[8]王权:《平准公司各股份市价》,载《申报》1882年9月27日,第4版。

[9]王信:《周财长之谈话与避津》,载《申报》1921年8月26日,第5版。

[10]王志:《蒋介石公债主张》,载《申报》1927年5月18日,第5版。

[11]张军:《罗掘俱穷之财部》,载《申报》1921年5月6日,第6版。

[12]周南:《周财长发表整理内债问题》,载《申报》1921年4月8日,第7版。

[13]张益:《倚伏中之本年财政》,载《申报》1921年9月2日,第6版。

四、外文文献

[1]Andrea Lee McElderry,*Shanghai old-style banks(ch'ien-chuang)*,1800–1935:*A traditional Institution in a Changing Society,Ann Arbor:Center for Chinese Studies*,University of Michigan,1975.

[2]Arthur N.Young,*China's Wartime Finance and Inflation*,1937–1945,Cambridge:Harvard University Press,1965.

[3]Chen Zhiwu,*Stock Market in China's Modernization Process:Its Past,Present and Future Prospects*,Yale School of Management,Working Paper,2006.

[4]Charlie. T.Trumps, *Finance&Politics of china*, North China Daily News, 20 May 1927.

[5]Frank M.Tamagna,*Banking and Finance in China*,New York:International Secretariat,Institute of Pacific Relations,1942.

［6］Goetz Mann,William N.and Andrey Ukhov,*China and the World Financial Markets* 1870－1930:*Modern Lessons from Historical Globalization*,The Wharton Financial Institutions Center,2001.

［7］Lance Davis,Larry Neal,Eugene N.White,*How it All Began:The Rise of Listingrequirements on the London,Berlin,Paris,and New York Stock Exchanges*,The International Journal of Accounting,2003,38.

［8］Lance Davis,Larry Neal,*The Impact of Micro Structure on the Efficiency of Security Exchanges,London,New York,and Paris,1800-1914*,in AEA Papers and Proceedings,1998,5.

［9］Lamy Neal,Lance Davis,*The Evolution London of the Rules and Regulations of the First Emerging Markets:The London,New York and Paris Stock Exchanges,1792-1914*,The Quarterly Review of Economics and Finance,2005,45.

［10］Philip C.C.Huang,*The Paradigmatic Crisis in Chinese Studies:Paradoxes in Social and Economic History*,Modern China,1991,3.

［11］W.A.Thomas,*An Intra-Empire Capital Transfer:The Shanghai Rubber Company Boom 1909-1912*,Modern Asian Studies,1998,32.

［12］W.A.Thomas,*Western Capitalism in China:A History of Shanghai Stock Exchange*,Ash gate Publishing Limited,2001.

图书在版编目(CIP)数据

中国证券一百年：1840-1949：近代中国证券思想、证券市场和证券法律研究 / 孙春蕾著. -- 北京：法律出版社，2021
ISBN 978-7-5197-5502-7

Ⅰ.①中… Ⅱ.①孙… Ⅲ.①证券市场—经济史—研究—中国—1840-1949 Ⅳ.①F832.97

中国版本图书馆CIP数据核字(2021)第058970号

中国证券一百年(1840—1949)
——近代中国证券思想、证券市场和证券法律研究
ZHONGGUO ZHENGQUAN YIBAINIAN (1840—1949)
—JINDAI ZHONGGUO ZHENGQUAN SIXIANG、ZHENGQUAN SHICHANG HE ZHENGQUAN FALÜ YANJIU

孙春蕾 著

策划编辑 孙东育
责任编辑 孙东育　曲　杰
装帧设计 贾丹丹

出版发行 法律出版社
编辑统筹 学术·对外出版分社
责任校对 王晓萍　王语童
责任印制 陶　松
经　　销 新华书店

开本 710毫米×1000毫米　1/16
印张 25.5　**字数** 342千
版本 2021年7月第1版
印次 2021年7月第1次印刷
印刷 三河市兴达印务有限公司

地址：北京市丰台区莲花池西里7号(100073)
网址：www.lawpress.com.cn
投稿邮箱：info@lawpress.com.cn
举报盗版邮箱：jbwq@lawpress.com.cn

销售电话：010-83938349
客服电话：010-83938350
咨询电话：010-63939796

书号：ISBN 978-7-5197-5502-7　**定价**：120.00元
凡购买本社图书，如有印装错误，我社负责退换。电话：010-83938349